·俄罗斯学·东部系列·

# 中俄地区合作新模式的区域效应

## REGIONAL EFFECTS
## OF CHINA-RUSSIA COOPERATION
## UNDER A NEW MODEL

郭力 著

社会科学文献出版社
SOCIAL SCIENCES ACADEMIC PRESS (CHINA)

# 前　言

　　中俄地区合作指的是中国东北地区和俄罗斯远东及西伯利亚地区的区域合作，该区域的合作是中俄全面战略协作伙伴关系的重要组成部分，对该区域的合作研究揭示了中国在与周边国家合作中的客观规律。笔者首次提出中国东北地区与俄罗斯东部地区通过开展以技术贸易为先导的产业合作，共同构建中俄地方国际化产业集群，进而将整个东北亚地区的经济合作联系起来，形成东北亚区域合作的新模式——"伞"型模式。中俄区域合作新模式的提出不仅为中国东北地区的振兴和俄罗斯东部地区的开发提供了一条新思路，也为加强东北亚区域合作，改变东北亚一体化现状寻找到了突破口。

　　本书的理论意义主要在于：一是打破了国际区域合作以整个国家为单位的经验和理论。目前的国际区域经济合作理论都是以国家为研究对象，区域经济一体化的主体也是国家，因而中俄合作新模式的提出丰富了国际区域经济合作理论的内容，拓宽了研究对象范围。二是打破了国际区域集团的主导国是发达国家的理念。世界上具有影响力的区域经济合作组织中，占据主导地位的仍是发达国家，如北美自由贸易区、欧洲联盟等，发展中国家虽然也可以获得一定的利益，但是与发达国家相比，仍处于附属地位。三是以两国部分相对落后地区合作的后发优势将成为推动区域集团化形成的主要力量的论证，来充实区域集团化的有关理论。

实践意义主要表现为：一是突破以货物贸易为主的中俄区域经贸合作现状，寻求多领域、多层次、多形式的全方位合作，实现对俄经贸合作战略升级，推动双方技术贸易的发展。中国东北三省不仅可以引进俄罗斯先进的技术，也可以输出其自身具有优势的技术，从而实现双方技术互动发展。二是东北地区的振兴离不开俄罗斯，俄罗斯东部地区开发也离不开中国，经济互补和共同发展是中俄两国合作的重要内容。深化中国东北三省和俄罗斯东部地区在石油、天然气、核能等能源产业和交通运输、机械制造等装备制造业领域的合作，实现中俄经济优势互补，共同发展。三是通过中俄两国区域经贸的合作与发展，重新确立中俄两国在东北亚区域合作中的地位和作用。中俄两国是东北亚地区重要的政治大国，两国经济的发展对提高双方在东北亚甚至世界上的地位都具有至关重要的作用。

本书的主要观点体现在：一是发展以技术贸易为先导的产业合作，推进中俄区域合作升级。发展中国东北地区与俄罗斯东部地区的技术贸易战略，引进俄罗斯的先进技术，争夺技术领域的优势地位，通过技术领先创造新的投资机会，创造新产业，创造新的比较优势。与自然资源产业的比较优势有所不同，未来技术产业必须是创造出来的，而不是与生俱来的，新技术往往会成为建立国际性重要新产业的基础。通过发展战略技术和战略产业提升产业素质，从而提升比较优势，突破多年来中俄区域经济合作一直以货物贸易合作为主的瓶颈，促使双方的合作向技术贸易和产业合作的更高层次发展。

二是培育中国东北地区与俄罗斯东部地区的地方国际化产业集群。集群战略在国内外区域经济发展中，无论是高科技产业集群，还是传统产业集群都取得了很大的成功。高科技产业集群如美国的硅谷、印度的班加罗尔地区、以色列的特拉维夫、英国的剑桥工业园、法国的索菲亚等，传统产业集群如意大利艾米利亚—罗马格纳地区、中国浙江嵊州领带集群、中国浙江海宁皮装集群等。在已有的产业集群概念的基础上，突破地域，充分利用中国东北三省和俄罗斯东部地区的优势，通过中俄两国部分地区产业的共同发展来形成新的地方国际化产业集群。

三是构建中国东北地区与俄罗斯东部地区的"伞"型合作新模式。

目前，东北亚各国都在探讨后"雁"型模式的建立。韩国提出了"东北亚中心国家"的概念；俄罗斯制定了"东部地区发展战略"，通过东部地区的对外联系，发挥其在东北亚区域合作中的作用。在此，中国提出了"振兴东北"，加强与俄罗斯东部地区的经济技术合作。激活中俄区域合作的潜力，形成地方国际化产业集群，它的区域效应该是推进东北亚区域合作的活力所在，它能改变东北亚传统的以日本为领头"雁"的合作模式，形成东北亚"伞"型合作的新模式。这一模式形成的支撑力量源于中国全方位对外开放和俄罗斯东部地区的开发战略，源于国际区域经济发展的新格局，源于中俄两国政府的积极努力。

在研究的基础上，本书在中俄区域合作方面提出了如下有代表性的观点：第一，研究了中国东北地区与俄罗斯东部地区合作升级的突破口，发展以技术贸易为先导的产业合作，把扩大贸易合作和产业发展有机地结合起来考虑区域经济发展的整体战略。

第二，探索了中俄区域合作的发展方向，即突破国界的地方国际化产业集群。产业集群的特点是资源、技术互补型，它是中俄区域经济发展的主要趋势和主要推动力。

第三，提出了东北亚区域合作的模式应该是"伞"型模式，即以中国东北地区与俄罗斯东部地区的产业集群为伞柄，它是"伞"型模式的支撑点，并以此为制高点向四周辐射，通过伞骨将东北亚各国、各地区结合起来，形成东北亚合作的新模式——"伞"型模式。

本书的基本架构包括八个部分。

## （一）"伞"型合作模式的基本框架

中俄区域合作的"伞"型模式是指中国东北地区与俄罗斯东部地区在大力开展以技术贸易为先导的产业合作的基础上，形成凝聚中俄区域互动发展的合力，实现资源最优配置，推动中俄地方国际化产业集群的建立，确立中俄在东北亚经贸合作中的主导地位。中俄地方国际化产业集群的区域效应将呈现"伞"型，以中俄区域合作优势为伞柄，通过伞骨——能源、科技、资金、物流、人才等要素的流动将区域内各国、各地区的经济合作联结起来，推动东北亚区域合作新模式的发展。从理论角度来说，中俄区域合作新模式具有可行性和必要性，主要表现为国际技术贸易成为国际贸易的重要组成部分，通过技术转移、技术溢出、技术创新等效应提高技术输出国和技术引进国的技术水平；技术进步促使同质企业和相互关联企业在空间上不断聚集，形成完善的产业技术链条，多条类似的产业技术链聚集在一起便形成了中俄地方国际化产业集群。

### （二）"伞"型合作模式的形成机理

建立中俄地方国际化产业集群是发展中俄区域合作新模式的重点和关键所在。中俄地方国际化产业集群将通过生产要素流动、深化分工、促进制度创新和社会资本利用、提高区域创新能力等途径，发挥区域经济效应。具体来说，中俄地方国际化产业集群区域经济效应主要表现为：第一，带动中国东北三省与俄罗斯东部地区经济增长，增强中俄区域合作；第二，促进中国东北三省和俄罗斯东部地区与日本、韩国的区域合作发展；第三，推动东北亚区域经济一体化发展。总之，中俄地方国际化产业集群将为中俄区域经济增长增添新的活力和动力，重建东北亚经济格局，确立中俄在东北亚区域合作中的主导地位，因而中俄各级政府有必要为推动中俄地方国际化产业集群的建立和发展提供必要的政策、资金、技术等支持。

### （三）"伞"型合作模式的制导环境

中俄区域合作"伞"型新模式的提出具有其重要的制导环境。区域经济一体化成为世界经济发展的重要趋势，相邻国家或地区都谋求通过区域一体化促进经济发展，提高国际地位。但是由于各种原因，东北亚区域经济一体化进程缓慢，因而只能通过部分地区率先实现一体化，再带动整个东北亚区域经济一体化发展。中国东北地区和俄罗斯东部地区地理位置临近，经济互补性强，2003年中国政府提出的"振兴东北老工业基地"战略和2007年俄罗斯政府提出的"东部开发"战略，以及双方不断进行的战略互动，为促进两国合作建立地方国际化产业集群、推动地区经济一体化发展进而促进东北亚区域经济一体化发展提供了良好的外部环境。

### （四）"伞"型合作模式的现实依据

以产业技术需求为动力是新模式的现实依据，因为中国东北三省的产业对先进技术存在大量需求，而俄罗斯的产业技术优势与东北三省的需求存在很强的互补性，尤其是俄罗斯东部地区高新技术发展潜力巨大。俄罗斯政府高度重视俄罗斯东部地区的对外技术合作，虽然从目前情况来看，俄罗斯东部地区对外技术合作困难重重，但是随着区域经济一体化和经济全球化的发展，俄罗斯东部地区高新技术转移将会不断走向成熟，政策将会不断完善。中国东北三省急需俄罗斯先进技术的产业不仅包括现代农业、装备制造业、石化等传统产业，也包括计算机、航空航天、生物制药等高新技术产业。产业技术需求是中国东北三省与俄罗斯东部地区开展技术贸易的动力，是推动中俄区域合作新模式建立的重要现实基础。

### （五）"伞"型合作模式的保障条件

以俄罗斯技术水平为保障是新模式形成的必要条件。中国东北地区与俄罗斯的技术合作应立足俄罗斯的科技发展水平与实用技术的领域，俄罗斯技术转让项目的科技含量直接决定中国东北地区引进俄罗斯技术的水平。在当今世界 102 项尖端科学技术中，俄罗斯有 77.45% 处于世界前列，其中 52 项占据世界主导地位，27 项具有世界一流水平。西伯利亚分院的材料学物理研究所国家科学中心在新材料工艺学、激光物理学研究所在光电子与激光工艺方面、生物化学研究所在生物工艺方面、催化研究所国家科学中心在化学工艺与催化方面的技术研究，都在世界同类学科中占有重要的地位。目前，西伯利亚的高科技优势，主要体现在航天技术设备（运载火箭、通信卫星、导航卫星和其他卫星）、民用与军用飞机（包括飞机发动机与航空技术设备）、系列核动力设备、电子技术（包括硅生产技术）、激光技术（包括制造和使用高能激光处理各种技术难题）、硅技术、速器技术、建立在应用新一代催化剂基础上的催化剂技术、生物化学技术（基因工程）、煤炭深加工及煤炭化学、信息技术及多门类仪表制造技术等方面。俄罗斯的技术水平是"伞"型模式的重要支撑，也是促进新模式形成的必要条件。

### （六）"伞"型合作模式的客观基础

"伞"型合作模式的客观基础在于：一是俄罗斯国内区域发展的客观需要。俄罗斯东部大开发的兴起，说明其要发展落后地区的经济，进而实现区域经济的均衡发展，其重要的步骤就是以与亚太地区的合作促进开发。二是加强与中国东北地区的贸易合作。2003 年，中国振兴东北地区战略提出后，双方的贸易和投资规模更是呈现不断扩大的趋势，这是中俄经济发展的必然结果，符合经济发展规律，同时也是中俄区域合作新模式建立的基础。从目前东北三省与俄罗斯的贸易情况来看，双方的传统贸易仍存在许多问题，如贸易商品结构单一、贸易方式有限等。利用博弈论对东北地区和俄罗斯的贸易进行分析，结果表明，双方的不断重复博弈将推动中俄贸易继续向前发展，不仅传统贸易规模不断扩大，而且中俄产业合作将促使双方贸易合作向多领域、高层次发展，促进技术贸易和服务贸易的全方位发展，双方将进入更高层次的博弈过程。三是全面发展边境贸易。在中俄长达四千多公里的边境线上，黑龙江省与俄罗斯接壤就有三千多公里，黑龙江省的边境贸易是中俄贸易的重要组成部分，且有不可代替的作用。鉴于此，"伞"型合作对推动中俄区域的合作与发展的作用不可低估。

### （七）"伞"型合作模式的逻辑起点

以国际技术贸易为先导形成产业集群的"伞"型新模式，强调的是模式的逻辑起点，重视中俄科学技术合作的推进作用。中国东北三省与俄罗斯技术合作的历史可以追溯到 20 世纪 50 年代苏联的援华建设。2000 年以后中俄战略性协作伙伴关系的建立，以及技术合作环境和技术政策的不断完善，推动东北三省同俄罗斯技术合作进入新的发展阶段。在中国东北老工业基地振兴战略与俄罗斯东部大开发战略的实施过程中，东北三省和俄罗斯东部地区以区域内企业为主体，以科技园区、技术合作中心为载体，以产业发展为平台，通过科技人才与技术设备流动、合作研究与开发、技术知识产权转让等多种合作方式，促进双方科技交流及技术、资金、劳动力等要素在区域内合理配置，实现以技术贸易为先导的中俄产业互动发展，推动中俄地方国际化产业集群的建立。

### （八）"伞"型合作模式的实现途径

通过分析，可以得出构建中俄区域合作新模式是十分必要和可行的。建立中俄地方国际化产业集群是"伞"型合作新模式的重点和支撑点，根据产业集群理论及中国东北三省和俄罗斯东部地区产业发展情况，本书提出了中俄地方国际化产业集群的"井"字发展模式。以中国东北装备制造业、汽车产业、俄罗斯东部地区能源产业及化工产业四个具有比较优势的产业为中心，以相关政策和相关产业为支撑，以技术交流与合作为纽带，构筑具有地方国际化特色、辐射和带动能力较强的区域经济综合体，即中俄地方国际化产业集群，形成能源产业集群和装备制造业集群。

为了推动中俄区域合作新模式尽快建立，并发挥其区域效应，本书提出以下几点建议。第一，增强政府在中俄区域经济合作中的引导作用。东北三省的政府应打破行政区域的限制，联合研究设计与俄罗斯东部地区的合作方案，制定切实可行的产业政策，完善技术合作机制，调动对俄技术合作主体的主观能动性，转变对俄技术合作中心与科技园区的功能，树立崭新形象从而加大对俄的吸引力。第二，充分发挥中俄区域技术合作的先导作用。创新双方合作方式，针对大项目合作可采用"2＋1""1＋1"和"1＋1＋1"模式，培育地方国际化技术交易市场，定期举办专项技术博览会，整合东北三省的先进技术，形成对俄技术品牌。第三，全面提升中俄区域产业合作的辐射作用。合理配置生产要素，促进产业结构优化升级，促进生产的专业化分工与协作，延伸产业链条，发挥新兴战略性产业的带动作用。

正是由于研究的应用性，所以对中俄区域合作的现实研究有非常重要的应用价值。一是突破以货物贸易为主的中俄区域经贸合作现状，寻求多领域、多层次、多形式的全方位合作，实现对俄经贸合作战略升级。推动双方技术贸易的发展，中国东北三省不仅可以引进俄罗斯先进的技术，也可以输出自身具有优势的技术，实现双方技术互动发展。二是东北三省的振兴离不开俄罗斯，俄罗斯东部地区开发也离不开中国，经济互补和共同发展是中俄两国合作的重要内容。深化中国东北三省和俄罗斯东部地区在石油、天然气、核能等能源产业和交通运输、机械制造等装备制造业领域的合作，实现中俄经济优势互补，共同发展。三是通过中俄两国区域经贸的合作与发展，重新确立中俄两国在东北亚区域合作中的地位和作用。中俄两国都是东北亚地区重要的政治大国，两国经济的发展为增强双方在东北亚甚至世界上的地位都具有至关重要的作用。

同时，作者在研究的过程中，陆续在国内外刊物上发表了一些阶段性成果，收到了良好的社会影响，获得了企业、政府的肯定和好评。主要体现为以下几点。第一，通过经济合作促进中俄双方的政治合作。政治和经济密不可分，彼此可以互动发展、互相促进，共同的经济利益是政治合作的助推器。中俄经贸合作范围不断扩大，会增强双方政治互信，丰富中俄战略协作伙伴关系的内容，推动两国战略协作伙伴关系向更高层次发展，巩固两国合作的政治基础。

第二，促进双方人文交流，推动中俄两国文化中心的建立。中国幅员辽阔、历史悠久，俄罗斯地域宽广、文化灿烂、民族多样、景色优美，通过经贸合作带动双方在文化、卫生、体育、媒体、旅游等领域的交流与合作，通过互办国家年、语言年或举办大学生交流、研讨会等活动增进两国人民友谊，是巩固中俄双边关系发展的基础。

第三，中俄在世界上以同一种声音说话，在国际事务中密切配合，可以增强双方在世界上的影响力。当今世界正经历大变革、大调整、大发展，中俄是邻国、大国，也是联合国安理会常任理事国，两国战略协作伙伴关系的发展对建立公平、公正、包容、有序的国际金融新秩序，以及提高发展中国家和新兴经济体国家的代表性和发言权具有重要推动作用，可以更好地造福两国人民，为维护世界和平、促进共同发展作出更大的贡献。

笔　者

2013 年 12 月

目 录

# Contents

# 第一章
## "伞"型合作模式的基本框架

　　2003 年，中国政府提出了对于东北地区等老工业基地的振兴战略，并陆续颁布了多项深化改革与开放、促进东北地区振兴的区域发展的优惠政策。2004 年和 2005 年，中俄两国总理定期会晤公报都强调，支持中国企业参与俄罗斯西伯利亚和远东地区的开发，鼓励俄罗斯企业参与中国西部大开发和振兴东北老工业基地建设。这标志着东北振兴战略的提出，为中俄两国区域合作创造了新空间，中俄区域合作已由单纯互补性的初级贸易阶段向以互补性为基础、实现双方高层次互动性合作的战略转变。2007年 1 月，在中国东北地区全面振兴的背景下，俄罗斯政府提出了"东部大开发"战略，即对俄罗斯的西伯利亚和远东地区进行深度开发。2009年 9 月 23 日，中俄正式批准《中国东北地区同俄罗斯远东及西伯利亚地区合作纲要（2009～2018）》（以下简称《规划纲要》），这标志着中俄两国地区性合作已经进入一个新的实质性操作阶段。《规划纲要》涉及口岸及边境基础设施建设和改造、地区运输合作等 200 多个重点合作项目，《规划纲要》的制定具有目标明确、指向性强，区域分工、辐射面广，项目繁多、任务量大等特点。《规划纲要》为中俄两国地区合作翻开了新的一页，指明了一个新的方向。在中俄总理第十四次定期会晤期间，温家宝总理和普京总理对落实该纲要达成了共识。在新的合作形势下，从中国东北地区和俄罗斯东部地区经济发展的实际出发，着眼于推进中俄边境地区的深入合作，更好地规划东北亚区域合作的发展前景，依据区域经济发展理论，笔者首次提出了推进中国东北地区与俄罗斯东部地区合作全面升级的"伞"型合作新模式。

# 一　中俄区域"伞"型经贸合作的新模式

## （一）什么是中俄区域"伞"型合作新模式

中国东北地区与俄罗斯东部地区合作的"伞"型新模式随着中俄区域经济合作规模的不断扩大、合作领域的不断拓宽、合作层次的不断深入、合作途径的不断增加，打破了原有合作模式的束缚，是顺应历史发展的必然产物。俄罗斯东部地区是指俄罗斯的亚洲地区，新模式是指中国东北地区与俄罗斯东部地区应该大力开展技术贸易，并以此为先导推动双方的产业合作，从而形成凝聚中俄区域互动发展的合力，达到最佳资源配置的合作效果，并以此为中心向东北亚区域辐射，形成联动效应，确立中俄在东北亚区域经济合作中的影响与主导地位。从俄罗斯的行政地理划分上来看，俄罗斯东部地区包括西伯利亚和远东地区，约占俄罗斯领土总面积的2/3。

### 1. "伞"型模式的具体形态

新模式的形态是指在中国东北地区与俄罗斯东部地区大力开展以技术贸易为先导的产业合作的基础上，形成地方国际化产业集群的优势，成为东北亚区域合作的支撑点和产业合作的凝聚点，进而形成新的经济增长极，这一增长极的区域效应呈现"伞"型。区域效应体现在利用中国东北地区与俄罗斯东部地区位于东北亚腹部的区位优势，以双方产业合作的合力优势为伞柄，利用回波效应的作用，促进中俄地方国际化产业集群尽快形成，并以此为制高点向整个东北亚地区辐射，通过伞骨——能源、科技、资金、物流、人才等要素的流动将区域内各国、各地区的经济合作联结起来，形成东北亚区域合作的新模式——"伞"型模式（如图1-1所示）。

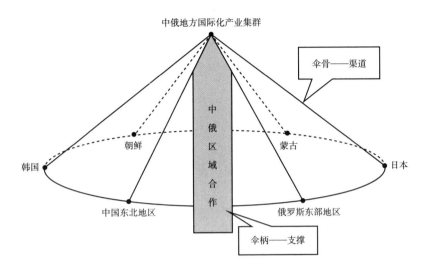

图 1-1 中俄区域合作"伞"型模式

### 2. "伞"型模式的具体内容

新模式的内容是把发展以技术贸易为先导的产业合作,作为中国东北三省与俄罗斯东部地区合作战略升级的突破口,把扩大贸易合作与产业发展有机地结合起来,统筹考虑区域经济发展的整体战略。首先,大力开展技术含量高的资源加工业、以深加工为主的农副产品加工业、以高科技为引领的新兴产业,以及资金和技术密集型的机械制造业等领域的全面合作,以产业合作为龙头带动中俄边境地区的贸易与高层次、规范化的国际规则接轨。

其次,明确中俄区域合作的发展方向应该是突破国界的经济增长极,表现为地方国际化产业集群,这是在产业集群的理论和实践上的新的探索。其重点是要改变以国界划分经济主体的习惯方法,以地方国际化产业集群的方式对中俄边境地区的自然资源、人力资源、科技资源和资金等生产要素进行重新配置,达到中俄区域合作利益的最大化。中俄地方国际产业集群的特征是资源技术互补型、高新技术主导型、专业人才共享型、经济效益双赢型,是推动中俄区域经济发展的原动力和必然趋势。

最后,确立中俄区域合作形成合力的领域,并成为东北亚各国参与区域合作的主要方向。凭借跨国大项目和产业发展的优势,以及独特的资源优势，凝聚东北亚地区的资金、技术和人才，成为东北亚区域经济的重要支撑点。

**3. "伞"型模式的理论意义**

构建新模式的目的在于通过中俄两国区域经贸的合作与发展，重新确立中俄两国在东北亚区域合作中的地位和作用。

第一，打破了国际区域合作以整个国家为单位的经验和理论。新模式的实质是促进东北亚区域一体化的建立，区域经济一体化是世界经济一体化目标在区域层次上的率先实现。因为世界各国、各地区经济发展水平的差异长期存在，这决定了世界经济一体化的实现是一个漫长的过程。在各个相对独立的区域内部，一些国家基于区域自身优势条件或者迫于外部经济、政治和安全因素的压力，利益共同点比较多，有可能首先在区域层次上建立一体化组织①。在以往的相关理论中，国际区域经济合作或区域一体化，都是以整个国家为主体，而新模式则是以两个国家的部分地区为主体与其他国家合作，这种合作形式目前在理论上还无人进行探讨。

第二，打破了国际区域集团的主导国是发达国家的理念。目前世界上所形成的关于区域经济一体化的理论基本上是以市场经济国家为研究对象的，如欧盟、北美自由贸易区、亚太经合组织等，并据此提出衡量区域经济一体化程度的六种形式，以及区域经济一体化的开放性、排他性、广泛性、竞争性、多层次性和不平衡性等特点②。这就决定了在不同的区域经济一体化形式中，有相应的经济合作规则和政策，形成不同程度的贸易创造、贸易转移和贸易扩大效应。而新模式是指发展中国家和转轨经济国家通过合作而形成区域主导力量，并以此对区域经济发展形成日益强大的凝聚力，从而创造新国际区域合作形式下的效应最大化。

第三，利用地方国际化的后发优势推动区域集团形成。"伞"型新模式所推动的是东北亚区域经济合作与区域经济一体化，其核心是以中俄合作的后发优势来支撑整个东北亚区域经济一体化的形成和发展，从而确立中国东北地区和俄罗斯东部地区以产业集群的方式，成为东北亚经济发展的中心。

---

① www. xingyun. org. cn/blog/UploadFile，2006 年 12 月 20 日。
② 周延丽：《中国东北振兴战略与俄罗斯开发远东战略的联动趋势》，《俄罗斯中亚东欧市场》2006 年第 12 期。

### 4. "伞"型模式的实践意义

新模式的实践意义主要包括以下几点。一是推动中俄两国区域经贸合作的发展，提高中俄两国在东北亚区域合作中的地位；二是东北地区的振兴离不开俄罗斯，俄罗斯东部地区开发也离不开中国，经济互补和共同发展是中俄两国合作的重要内容，新模式为双方顺利实施地区经济振兴战略提供新的思路；三是改变双方区域合作以货物贸易为主的现状，寻求多领域、多形式的全方位合作，实现对俄经贸合作战略升级；四是整顿中俄边贸秩序，在俄罗斯加入 WTO 之后，规范历史上形成的民间认可的贸易形式，尽快转变贸易方式，使中俄贸易方式与国际贸易规则接轨。

## （二）"伞"型合作模式的内涵

实现东北老工业基地振兴的重要途径之一就是扩大对外开放，通过引进国外资金和先进技术，优化资源配置，调整产业结构，提高生产效率，重现老工业基地的辉煌。毫无疑问，这也是中俄区域合作新模式提出的基本出发点和它的内涵所在。

### 1. "伞"型模式提出互动发展

互动性是指在科学发展观及构建和谐社会战略思想的指导下，以互补性为基础，双方的合作内容、方式、机制更为紧密地协同和联动，双方相互理解和支持，在共同的需求和利益中实现经济互相促进和缠绕着向前发展。互动性更强调人的互动，包括人才的培养、文化的认同、信任的构建、和谐的培育、自律性和责任心的增强。经贸投资合作阶段的最大制约因素将是人才和人的因素，而人的因素只能采用互动的方式解决，提高互动性是推动中俄区域经济合作全面战略升级的根本保证。振兴中国东北老工业基地与开发俄罗斯东部地区战略的同步实施，为这两个毗邻地区经济的互动和经济合作的互动发展提供了难得的机遇，将推动中俄双方经济进入一个新的发展阶段。

### 2. "伞"型模式重视共生发展

目前，中俄两国都处于经济加速发展的新阶段，两国间互依性合作要素必将越来越多，其中有些要素是其他合作伙伴难以替代，甚至无法取代的。随着时间的推移，两国经济发展的互依性更加明显，互依性要素必然导致共生性发展。共生性合作不仅要考虑从对方"获取"互补性要素，同时在合作时还要考虑对方发展的需要，把共同发展的利益和需要作为双方合作的出发点、基点和目标，从而达到共赢的目的。因此，共生性合作更能体现"战略协作伙伴关系"的内涵与真谛。共生发展合作是中俄两国战略利益的汇合点，两国共生发展的战略利益对两国各自的国家利益有包容性，或者说两国共生发展合作的战略利益并不排斥两国各自的国家利益。加快共生发展合作，有利于促进中俄两国经济发展，有利于巩固和强化中俄两国各自的国家利益。

### 3. "伞"型模式强调和谐发展

中俄这两个正在崛起的大国，经济实力快速增长，在国际经济格局中的地位逐渐提高。十余年来，中俄经济的稳步增长，为"伞"型模式的推进奠定了坚实的基础，同时也为中俄区域进一步和谐合作提供了良好的条件。从表1-1和表1-2中可以明显地看出，中国经济持续增长已是不争的事实，而俄罗斯的经济，除受世界经济危机影响的主要年份外，正常年份的经济增长在世界各国中也名列前茅。

表1-1　2001~2012年俄罗斯年度国内生产总值及人均国内生产总值

| 年度 | GDP(当年价格) | | GDP(2008年价格) | | 人均GDP | |
|---|---|---|---|---|---|---|
| | 百万卢布 | 增长率(%) | 百万卢布 | 增长率(%) | 卢布 | 美元 |
| 2001 | 8943582 | 22.4 | 26062528 | 5.1 | 61367 | 2100 |
| 2002 | 10819212 | 21.0 | 27312267 | 4.7 | 74458 | 2375 |
| 2003 | 13208234 | 22.1 | 29304930 | 7.3 | 91365 | 2977 |
| 2004 | 17027191 | 28.9 | 31407837 | 7.2 | 118391 | 4109 |
| 2005 | 21609765 | 26.9 | 33410459 | 6.4 | 150997 | 5339 |
| 2006 | 26917201 | 24.6 | 36134558 | 8.2 | 188910 | 6948 |
| 2007 | 33247513 | 23.5 | 39218672 | 8.5 | 233948 | 9145 |
| 2008 | 41276849 | 24.2 | 41276849 | 5.2 | 290771 | 11700 |
| 2009r① | 38808748 | -6.0 | 38048376 | -7.8 | 273476 | 8609 |
| 2010r | 45166047 | 16.4 | 39669023 | 4.3 | 317201 | 10442 |
| 2011 | 54369084 | 20.4 | 41384824 | 4.3 | 380342 | 12939 |
| 2012p② | 62356920 | 11.8 | 42899186 | 3.4 | 436062 | 14033 |

①r表示最终数据。

②p表示初步数据。

资料来源：根据俄罗斯联邦统计局网站相关数据整理计算得出，http://www.gks.ru/。

表1-2　2001~2012年中国年度国内生产总值及人均国内生产总值

| 年度 | GDP | | 人均GDP | |
|---|---|---|---|---|
| | 亿元 | 增长率(%) | 人民币 | 美元 |
| 2001 | 1096552 | 8.3 | 8622 | 1041 |
| 2002 | 120332.7 | 9.1 | 8398 | 1135 |
| 2003 | 135822.8 | 10.0 | 10542 | 1273 |
| 2004 | 159878.3 | 10.1 | 12336 | 1490 |
| 2005 | 184937.4 | 10.4 | 14185 | 1739 |
| 2006 | 216314.4 | 11.6 | 16500 | 2052 |
| 2007 | 265810.3 | 13.0 | 20169 | 2553 |
| 2008 | 314045.4 | 9.0 | 23708 | 3386 |
| 2009 | 340902.8 | 9.2 | 25608 | 3590 |
| 2010 | 401202.0 | 10.3 | 29991.8 | 4283 |
| 2011 | 471563.7 | 9.2 | 35000 | 5414 |
| 2012 | 519322 | 7.8 | 38354 | 6100 |

资料来源：中国国家统计数据库，http://www.stats.gov.cn/tjsj/ndsj/。

从表1-1和表1-2中，可以明显地看出两国经济的发展情况，中俄两国都已经走上崛起的道路。制定适宜的经济发展战略，协调国内经济均衡增长，在经济高速增长的同时，保证经济增长的质量，已经成为中俄两国经济发展的重要任务。为此，中俄两国先后制定和实施了东北振兴和东部开发战略。正是在新的形势下，"伞"型合作模式凝聚了中俄两国经济发展战略的共同点，在互动发展和共生发展的基础上实现和谐发展，在经济发展中实现双赢。这是中俄两国人民的共同愿望，也是分散两国经济发展风险的战术选择，更是两国成功实现崛起的战略需要。

## （三）"伞"型合作模式的新理念

### 1. 以技术贸易为先导

新模式提出通过开展以技术贸易为先导的产业合作来促进中俄合作区域的经济振兴。中国东北三省通过与俄罗斯东部地区开展技术贸易，引进俄罗斯的先进技术，争夺技术领域的优势地位，通过技术领先创造新的投资机会，发展新产业，创造新的比较优势。与原有的自然资源产业比较优势有所不同，未来技术产业必须是创造出来的，而不是与生俱来的，新技术往往会成为建立国际性重要新产业的基础。通过发展战略技术和战略产业，提升产业素质，从而提升比较优势，打破多年来中俄区域经济合作一直以货物贸易为主的局面，促使双方的合作朝更高层次的技术贸易和产业合作方向发展，从而使生产要素得到优化配置，提高生产效率。

**2. 以地方国际化产业集群为路径**

新模式提出了中国东北地区与俄罗斯东部地区形成多个产业合作的地方国际化产业集群的命题。集群战略在国内外区域经济发展中，无论是高科技产业集群，还是传统产业群都取得了很大的成功。高科技产业集群如美国的硅谷、印度的班加罗尔地区、以色列的特拉维夫、英国的剑桥工业园、法国的索菲亚等，传统产业集群如意大利艾米利亚—罗马格纳地区、浙江嵊州的领带集群、海宁的皮装集群等都是成功的例子。本模式的命题是在已有的产业集群概念的基础上，突破地域，以中俄两国部分地区产业的共同发展来形成新的地方国际化产业集群。这一命题的提出源自跨边境地区产业集群的宏观背景，来源于经济全球化和区域集团化的发展趋势，而它的微观动力则基于发挥资源互补性所取得的经济效益，加快实现国际地方间的多种产业链的合作，促进双方地方经济的快速发展。

**3. 以"伞"柄的合力为支撑**

"伞"型新模式提出了以中国东北地区与俄罗斯东部地区的合作为伞柄，并以此为支点向周边辐射的合作方式。目前，东北亚各国及学界对合作模式尚未有成型的概念和理论。韩国首先提出了"东北亚中心国家"的概念，建设以仁川为中心的东北亚物流中心[1]；日本在 20 世纪 80 年代末，就提出了以日本为领头雁的东北亚区域"雁"型合作模式[2]；俄罗斯制定了"新东方政策"，通过东部地区的开发，扩大其在东北亚区域合作中的影响和作用；2003 年，中国提出东北振兴战略，主要内容之一就是进一步加强对外开放的力度，扩大与俄罗斯东部地区的经济技术合作。"伞"型模式的出发点和支撑点正是通过扩大对俄罗斯的开放，强化中俄

---

① 卢武铉就职演讲，《韩国之窗》2003 年 3 月 25 日。
② 尤安山：《东亚经济多边合作的发展趋势》，《世界经济研究》2004 年第 4 期。

跨国的区域产业合作,目的是在新模式的框架下,激活中俄区域技术、经济合作的潜力,建立中俄地方国际化产业集群。俄罗斯东部地区大开发的提出和《地区合作规划》的签订,已经初步说明双方产业合作向纵深发展的趋势。中俄地方国际化产业集群的区域效应具体表现为促进中国东北地区和俄罗斯东部地区的深层次合作,形成东北亚区域发展的推动力和支撑力。而这一区域效应的实现,将改变东北亚以日本为领头雁的传统合作模式,形成以中俄伞柄为支撑的、辐射整个东北亚的新区域合作模式。

**4. 以互动互利发展为引力**

新模式提出在互补基础上的互动合作是实现中俄区域资源优化配置的科学发展观。中俄区域合作新模式的提出是以能源、科技、劳动力资源和轻工业互补为基础的,而在合作中绝对优势互补能否实现,资源配置能否优化,还取决于双方是否具备互动合作的条件。根据科学发展观的理念,中俄区域经济合作发展的目标不仅是进出口总额、投资额等单纯性经济指标的增长,而应该是综合发展,比如中俄边境地区整体经济增长、人民生活水平普遍提高、社会文明程度提高及社会环境的祥和安定等。而相邻区域的和谐是两国长期可持续合作的基本要求,具体表现为中俄双方对平等信任、尊重理解、责任心和自律性的认可及支持程度。推进中俄双方人文合作的理念是互动合作的核心和出发点,也是实现区域资源优化配置的必要条件。

# 二 构建"伞"型区域合作新模式的依据

自 1992 年俄罗斯独立以来,中俄双方在各领域的合作逐渐展开,尤其是在区域贸易合作中,双方的贸易规模逐年扩大,贸易额快速增长。中国东北三省对俄贸易额 2005 年与上年同比增长 49.23%,2006 年同比增长 22.11%,2007 年同比增长 58.36%[①]。2008 年以来,东北三省的对俄贸易一直呈上升趋势。但在东北三省与俄罗斯双方货物贸易中还存在众多的问题,如俄罗斯政策多变性、不可忽视的"灰色清关"的存在、对初

---

① 根据黑龙江省商务厅、吉林省商务厅、辽宁省商务厅各年统计数字整理。

级产品征收的高关税等，都对中国商品出口造成不利影响。从中俄经济发展形势来看，现有的合作模式已不能满足双方发展经济的需求，中俄区域经济合作急需另辟蹊径。"伞"型模式的构建从实质上来讲，是中俄双方通过开展技术贸易，推动中俄地方国际化产业集群建立，使其成长为东北亚地区重要的经济增长极。

### （一）国际技术贸易发展的牵引

国际技术贸易是指不同国家或地区的企业、经济组织或个人，按照商业条件签订技术协议或合同，进行有偿技术转让，是以技术为交易标的的国际贸易行为[①]。第二次世界大战之后，知识经济时代的来临促使技术成为影响经济增长的重要生产要素，经济全球化打破了技术在国家间转移的壁垒，因而国际技术贸易迅速发展起来，其速度不但快于货物贸易，而且也快于一般的服务贸易，成为国际技术转移的主要形式之一。

科学技术是第一生产力，在现代经济增长理论中，技术是影响经济发展的重要内生变量，技术进步和技术创新成为经济增长的核心内容。由于当代科学技术涉及的领域越来越广，开发和更新速度不断加快，技术研究和开发所需费用剧增，就算是科技发达的美国、西欧或日本等也无法在所有的产业和技术层次上保持领先地位，对于多数的发展中国家而言，独立进行原始技术创新更是困难。在这样的情形下，国际技术贸易在国际贸易中的重要地位日益凸显。技术贸易的开展对于技术引进国和输出国来说都是有利的，一方面可以直接提高引进国的技术水平，节约技术研发费用和研制时间，增强企业创新能力；另一方面输出国也可以通过技术输出筹集资金，及时进行技术升级和产业结构调整。

无论是从古典贸易理论还是现代贸易理论来看，各国生产本国具有优势的产品，通过国际交换获得自己不具有优势的商品或稀缺产品，对贸易双方都是有利的。因为双方根据优势进行分工，使资源得到优化配置，提高了生产效率，从而提高了社会福利水平。国际货物贸易和国际技术贸易都是国际贸易的重要组成部分，二者对提高世界技术水平，促进各国经济

---

① 饶友玲：《国际技术贸易理论与实务》，南开大学出版社，2006。

发展及推进经济全球化进程起到了重要作用。

国际技术贸易是在国际货物贸易发展到一定程度和规模的基础上产生和发展起来的,以国际技术贸易的发展为契机,国际货物贸易的规模和领域进一步扩大。各国经济发展水平、技术、人力资本及资金情况的差异,导致国家的技术创新能力不同,从而出现了技术差距。正是由于这种技术差距的存在,使得技术先进的国家希望利用自身的技术优势获取经济利益,而技术落后的国家同样期望获得先进的技术,为经济增长提供技术动力支持。

根据技术差距论和产品生命周期的观点,技术先进国最初可以凭借技术优势,通过货物贸易在国际市场上占据垄断地位,随着贸易规模的不断扩大,为了获得特殊的利益,技术先进国会通过技术贸易的形式将技术转让给技术落后国,从而促使双方贸易形式从最初的货物贸易向技术贸易发展。具体来说就是,技术先进国通过与技术落后国的商品贸易获得垄断利润,但是随着该产品贸易规模的扩大,技术落后的国家通过对进口产品的模仿、学习,逐步缩小与技术先进国的差距,加之消费者对产品的需求提高,从而导致双方之间产品贸易规模下降。为了保持自己在国际市场上的优势地位,技术先进国需要及时进行技术创新和产品升级换代,而此时技术落后国虽然通过货物贸易掌握了一部分技术,但是由于贸易不涉及生产过程,对于产品的核心生产技术并不了解,因此技术先进国和技术落后国之间就存在技术供给和技术需求的要求,从而促使双方之间的技术贸易迅速发展起来。

与传统的国际货物贸易相比,从某种意义上来说,国际技术贸易对技术引进国的影响更直接、更有力。首先,技术贸易为技术引进国进行自主创新提供了技术和人力资本支持。自主创新是提高一国竞争力和科技地位的核心,在开放的国际环境下,自主创新应建立在对技术先进国科技成果的引进和学习的基础上。无论是通过国际技术贸易引进成套生产设备,还是引进专利技术,都直接提高了技术引进国的技术水平。同时,新技术引进的过程也是对新技术学习、掌握的过程,因而国际技术贸易提高了技术引进国的人力资本存量。

其次,国际技术贸易有利于完善技术引进国的技术创新诱导机制。在从引进技术到实现技术产业化的过程中,技术贸易会产生一系列的外部效应，表现为改变国内企业、政府等主体的内在创新意识，并改善技术创新主体内外部制度环境，从而使国内整个创新诱导机制反应更加灵敏，最终完善国家技术创新机制和提高国家技术创新能力[①]。

最后，技术贸易的开展提高了技术引进国在国际分工中的地位。技术作为生产要素在国家间流动改变了根据国内静态生产要素进行国际分工的局面，国内技术水平的提高和技术创新能力的增强会提高技术引进国在国际产业链上的地位。同时，改善技术引进国的出口产品结构和国际贸易环境，能够使其从国际贸易中获得更大的利益。

### （二）国际技术贸易对产业集群形成的作用

#### 1. 国际技术贸易与技术进步

从经济学的角度来说，技术进步可以理解为既定产出下生产成本的节约或既定成本下产出的增加。经济学家熊彼特认为技术进步是一个包括技术发明、技术创新和技术创新扩散三个环节的过程，而且这三个环节是紧密相连的。技术发明具有一定独创性和实用性，技术创新是指将技术发明用于生产、实现其社会经济价值，当更多的企业被吸引到该技术创新队伍时就实现了技术创新扩散，在扩散的过程中又会出现新技术、新成果和新知识，因而技术发明、技术创新和技术创新扩散形成了相互联动的环节，它们之间的演进过程被称为技术进步[②]。国际技术贸易成为促进技术发明、实现技术创新、推动技术在世界范围内扩散的重要途径。

国际技术贸易的基本方式主要包括许可证贸易、技术服务与咨询、特许经营、合作生产以及含有知识产权和专有技术许可的设备买卖、国际工程承包、利用外资等[③]，其中利用外资引进技术将利用外资和引进技术结合起来，成为当前国际经济技术合作领域中新的发展方向。各国根据自身实际情况对技术贸易方式有不同的规定。《中华人民共和国技术进出口管理条例》第二条规定："技术进出口是指从中华人民共和国境外向中华人民共和国境内，或者从中华人民共和国境内向中华人民共和国境外，通过

---

① 余敏:《国际技术贸易与技术创新关系》,《商情》2008 年第 5 期。
② 饶友玲:《国际技术贸易理论与实务》,南开大学出版社,2006。
③ 谢富纪:《技术转移与技术贸易》,清华大学出版社,2007。

贸易、投资或者经济合作的方式转移技术的行为","包括专利权转让、专利申请权转让、专利实施许可、技术秘密转让、技术服务和其他方式的技术转移"[1]。

国际技术贸易主要是通过跨国公司实现的。跨国公司凭借其雄厚的资金实力、丰富的人力资本、所掌握的先进技术及遍布全球的生产和销售网络,在国际技术贸易中占据支配地位,通过独资经营、合作经营、特许经营等各种各样的方式促进国际技术贸易发展。它所进行的直接投资活动本身就涉及资本、知识和技术等生产要素的国际流动,同时与一般的技术贸易形式相结合,可以有效地提高生产要素的利用效率,因而近年来各国都加大了吸引外资的力度,通过利用外资,引进先进技术。

跨国公司的对外直接投资对技术进步的影响主要表现为以下几点。首先,对跨国公司而言,它可以通过扩大市场范围并利用技术优势获得高额的垄断利润,有利于进行新技术的研究和开发,从而维持甚至增强公司的竞争力。此外,目前跨国公司发展的一个明显趋势就是在世界各地设立研发中心,充分吸收当地的优势资源并结合当地市场的特征进行技术创新。跨国公司将分布在各国的研发中心结合为一个整体,利用每个中心的优势,形成遍布全球的技术创新网络。通过技术创新网络的发展,提升跨国公司的技术研发能力和市场适应能力,增强公司的国际竞争力。

其次,跨国厂商通过各种途径向东道国进行投资,这一过程不仅涉及资金、技术向东道国的转移,同时跨国公司还提供了相关的设备、管理经验、企业家才能等转移的可能性。跨国公司通过技术扩散[2]带动东道国技术进步的途径主要表现在以下三方面。第一,跨国公司有意识地向东道国以技术贸易的形式转移技术,从而获取收益,同时直接提高了东道国的技术水平。没有技术输出的对外投资,往往缺乏竞争耐力和市场扩张力,跨国公司凭借其自身的技术优势、资金优势、科学的组织管理体系等,并结

---

① 饶友玲:《国际技术贸易理论与实务》,南开大学出版社,2006。
② 熊彼特、舒尔茨等对技术扩散都有不同的定义,在此将技术扩散定义为在贸易、投资或其他经济行为中,先进技术拥有者有意或无意地转让、传播技术,其他经济体通过各种渠道获得该项技术的过程。其中有意识的技术扩散被称为技术转移,无意识的技术扩散被称为技术外溢。

合当地的区位优势，使技术投资本土化和资本化①。越来越多的跨国公司通过向其海外子公司直接输出先进技术，培养其核心竞争力，从而达到占领市场的目的。在这一过程中，跨国公司对直接提高东道国企业技术水平的作用有限，主要就是在当地雇用的员工在与外方的技术人员及管理人员接触的过程中，逐渐掌握了技术。

跨国公司对外投资的另一条途径就是与东道国的企业合作建立合资公司。双方共担风险、共享利润，为了在国际市场竞争中占据更大的市场份额，获得更多的利润，双方需要共同保证生产技术的先进性和产品质量。在利益的驱动下，跨国公司会尽可能地将先进技术转移给东道国的公司，在此过程中，跨国公司的管理经验和企业文化对东道国公司也产生了潜移默化的影响，从而增强双方的共同性，减少合作过程中的摩擦。跨国公司对合资公司的技术转移直接提高了公司的技术水平，并且通过先进的组织管理，提高了对资金、技术的利用效率，对东道国的技术进步具有重要作用。

第二，通过技术外溢效应，促进该国的人才培养，增强企业吸收、改造和发展技术的能力，同时促进相关产业技术的发展。相对于正式的技术转让协议来说，技术外溢成为更重要的促进东道国技术进步的途径。马库森将跨国公司对外投资产生的技术外溢分为水平型技术外溢和垂直型技术外溢，前者指跨国公司对东道国内同行业企业产生的技术外溢，后者指跨国公司对与其所在行业相关联的其他行业产生的技术外溢②。技术外溢的途径包括竞争效应、示范效应、培训效应和关联效应。

跨国公司对外投资产生的竞争效应和示范效应是紧密结合在一起的。跨国公司向其子公司或者合资经营公司转移一项新技术后，凭借其先进的技术和管理经验等优势，无疑会打破东道国原有的市场状态，加剧当地的市场竞争，刺激当地企业改善经营管理机制、努力提高技术水平，以达到增强市场竞争力的目的。当地企业通过引进新设备、新产品，模仿学习跨国公司先进的生产技术和产品选择、营销策略、组织管理方式等非物化的

---

① 刘志伟：《国际技术贸易教程》，对外经济贸易大学出版社，2006。
② 王文治：《外商直接投资后向关联效应的经验分析》，《中央财经大学学报》2008 年第 4 期。

技术，促进企业技术进步，提高生产要素的利用率。在这一激烈的竞争过程中，一些竞争力不强的企业不可避免地被淘汰，从而使资源流向效率高的企业，资源得到优化配置，提高了东道国整个行业的竞争力。

为了适应东道国市场、减少交易成本以及保证投资项目的顺利进行，跨国公司实现本土化生产和经营的趋势越来越明显，这必定要依靠东道国当地的人力资源，这就为提高东道国人力资源的技术能力创造了有利条件。为了保证企业的顺利运营，跨国公司会对员工进行一系列培训，这些员工在培训学习的过程中积累了各种相关的技能，提高了东道国人力资本的质量和数量。当这些人流动到东道国的本土企业或自己创办公司时，在跨国公司所学的各种技术将会随之外流，技术外溢也随之发生。

跨国公司通过产业链的前向及后向联系，提高了东道国内与其密切相连的上下游企业的技术水平。后向联系是指跨国公司与东道国当地供应商之间的联系。东道国企业在向跨国公司提供原材料、零部件和各种服务的过程中，为了达到跨国公司投入品的质量要求，会通过各种途径提高自身的技术水平。同时，跨国公司往往会帮助当地有前途的供应商建立生产设施，为提高产品质量或推动产品技术创新，而对其提供技术援助或信息支持，为当地企业提供人员培训并协助其管理[1]。前向联系是指跨国公司与下游企业之间的联系。东道国企业通过购买跨国公司生产的中间技术产品，提高自身产品的质量和生产效率，其产品的相关技术（如维修、操作等）随之向东道国企业转移，这种前向联系将促进东道国下游产业的技术进步。

第三，通过技术创新效应，增强该国相关企业的创新意识和创新能力，为其培养创新环境，从而实现整体技术水平的全面提高。技术创新是一个企业、一个产业增强竞争力、实现可持续发展的重要动力。跨国公司进入东道国市场，本身就会刺激当地企业进行技术创新，此外技术外溢也为企业进行模仿创新提供了有利条件。因而，跨国公司首先会刺激同行业的企业进行创新，进而带动与其密切相关的产业进行技术创新，提高企业和个人的创新意识，这对提高国家创新能力、形成国家创新机制具有重要

---

[1] 白露、王向阳：《FDI技术溢出机理及对策研究》，《工业技术经济》2009年第5期。

意义。

此外，东道国进行技术创新的制度环境也将得到改善。就企业来说，竞争的压力迫使其不断地进行技术创新，需要大量的人力与资金投入，因而企业主希望可以获得相应的收益，否则就会产生创新惰性，只是单纯地模仿学习。此时，国家需要建立一整套专利制度和知识产权保护制度，使企业能够获得创新利益。为了保证企业能够引进先进的技术并顺利投入生产，政府需要建立专门的技术金融制度，为企业提供足够的资金支持。

跨国公司在东道国设立的研发中心也有利于当地技术创新能力的提高。这些研发中心所进行的研发活动更多的是为了适应当地的市场需求，因此他们所雇用的科技人员更多的是来自东道国的高素质人才，通过参加培训和学习，这些人的技术创新思维和技术创新能力将不断提升。

**2. 技术进步与产业集群建立**

国际技术贸易促进各国技术的进步，加强了各国间的经济联系，推动了产业集群的建立和发展。

（1）产业集群的形成。最早开始关注产业集群现象的是经济学家马歇尔，此后人们从产业集群形成的原因及其对区域经济发展的作用等各个不同角度进行研究，目前产业集群已经成为各国政府促进经济发展的重要政策性工具。

自第一次工业革命以来，工业生产就存在两种范式：一是在工厂制基础上发展起来的大批量标准化生产，即"福特制"生产；另一种是根据顾客需求而进行的灵活生产，即"弹性"生产①。这两种生产方式各有利弊，"福特制"生产可以实现规模经济，但是生产的产品单一、缺乏创新，而"弹性"生产可以根据客户需要专门定制，但是无法实现规模生产，生产成本较高。

在这样的情况下，产业集群迅速发展起来，产业集群汲取了两种生产方式的优点，同时又规避了它们的缺点。产业集群的概念来自美国经济学家迈克尔·波特的新竞争经济学，指的是在某一特定区域中大量联系密切

---

① 柳琦、丁云龙：《产业集群的技术成因分析》，《中国科技论坛》2005 年第 4 期。

的企业以及相关支持机构以一个主导产业为核心，依靠比较稳定的分工协作在空间上集聚，并形成持续竞争优势的现象①。从目前世界各国的经济发展状况来看，产业集群已经成为一国实现经济增长的有效模式。在中国我们也看到了产业集群对经济增长的巨大作用，长江三角洲、珠江三角洲以及环渤海地区是产业集群分布的密集区，其中既有传统产业集群也有高新技术产业集群，也是中国经济增长最快的地区。

从本质上来说，产业集群是大量企业通过产业技术链聚集在某一地区的一种产业组织形式，是产业技术链的空间聚集，大量企业聚集在一起既能实现规模经济，又能形成专业化分工，从而实现灵活性生产。从生产的角度来讲，产业集群有利于降低企业的生产成本；从交易的角度来讲，产业集群有利于降低交易成本。生产成本和交易成本则是产业获得竞争优势的两个重要方面，因而对于各地区来说，建设具有竞争力的产业集群是实现经济发展的重要途径。

（2）技术进步与产业集群。国际技术贸易通过技术转移、技术溢出、技术创新等效应促进各国技术进步，为技术创新创造良好的环境，而技术进步对产业集群的形成和发展具有重要作用。

从宏观范围来看，技术进步主要表现为生产工具、设备的改善，生产工艺原理的创新以及生产技术流程突破原有的路径依赖，实现以内生增长为主的扩大再生产，从而提高经济效益的过程。技术进步要实现社会价值，一方面要求创新的技术大面积扩散和充分社会化，从而有效地降低企业之间的技术壁垒，为企业间共享同源技术（具有相同的运行原理，生产的产品具有替代性的技术）提供有利条件②。另一方面，技术进步的直接结果就是技术效率不断提高，技术内容日趋丰富，一些落后的技术逐渐遭到淘汰，大企业凭借其雄厚的资本实力和丰富的人力资本储备，成为技术创新的中心地，同质企业（指在技术谱系的某一环节上具有同源技术的企业，这些企业在技术上具有相通性）③ 为了及时获得先进技术，并在模仿的基础上进行再次创新，就会不断地聚集到技术创新中心的周围。总

---

① 〔美〕迈克尔·波特：《国家竞争优势》，中信出版社，2007。
② 柳琦、丁云龙：《产业集群的技术成因分析》，《中国科技论坛》2005年第4期。
③ 柳琦、丁云龙：《产业集群的技术成因分析》，《中国科技论坛》2005年第4期。

的来说，技术进步减少了企业间技术交流的障碍，同质企业为了获得先进的技术不断地向技术创新中心聚集。

生产效率的提高与专业化分工密切相关，技术作为影响产业发展的一个重要内生变量，与专业化分工是共同演进的，分工推动着技术进步，同时技术进步促使产业间及产业内分工不断细化、深化。随着技术进步，企业将有限的资源投入获益最大的生产部门，实现专业化生产，从而提高生产效率。专业化分工一方面使企业实现了规模经济，降低了生产成本，另一方面由于企业更多地依赖市场进行交易，从而增加了企业的交易成本。为了充分利用专业化分工的益处，同时加强与其密切相关的企业之间的紧密合作关系，降低企业之间的交易成本，相互关联的企业必然会在空间、地理上呈现集聚的状态。

这些同质企业以及相互关联的企业，在特定区域内不断聚集，相互之间的交流与合作不断增多，逐渐形成了一条完整的产业技术链条，多条类似的产业技术链聚集在一起，便形成了产业集群。从理论上说，以一条产业技术链为基础，就可以形成产业集群，但现实中更多的产业集群则是以众多相关联的产业技术链条相互交织形成的产业技术网络为基础构建而成的[1]。技术网络增强了上下游企业间的关系，不仅有利于同行业间技术的交流与学习，也为企业实现技术合作提供了方便条件。产业集群内部相互关联的企业通过产业技术链中横向或纵向的专业化分工，不但可以共享区域内人才、技术、信息等资源，而且推动区域产业快速发展，不断增强产业竞争力。

在国际技术贸易的带动下，产业集群的建立和发展提高了产业竞争力，成为促进区域经济发展的重要力量，推动区域间分工与合作的进一步发展，进而对产业集群形成一种反作用力，促使双方合作来构建地方国际化产业集群。首先，区域间的垂直分工合作，有利于提高产业的专业化水平，直接推动产业集群的建立；其次，区域合作降低了生产要素区际流动的障碍，尤其是对于流动性强的人才、资金、技术来说，在市场规律的作用下流向收益最大的区域，为产业集群的形成和发展提供有力的保障；再

---

① 柳琦、丁云龙：《产业集群的技术成因分析》，《中国科技论坛》2005年第4期。

次，区域合作可以加强双方的文化交流，增强了企业之间的信任关系，有利于降低企业的交易费用，提高产业集群的生产效率；最后，区域合作拓宽了产品销售市场范围，推动产业集群内企业生产规模的扩大和新企业数量的增加，致使产业集群的规模不断扩大。

从理论角度分析，通过技术贸易的发展促进中俄地方国际化产业集群建立是有基础的，也是可行的。技术贸易通过技术转移、技术溢出、技术创新等效应促进技术引进国和技术输出国的技术进步，而技术进步通过吸引同质企业和相互关联企业在特定区域聚集，形成完整的产业技术链，进而发展成为产业集群。

# 第二章
## "伞"型合作模式的形成机理

### 一　中俄地方国际化产业集群区域
### 效应的形成机理

中俄地方国际化产业集群是"伞"型合作模式形成的基础和必要条件。从目前的形势来看，中俄地方国际化产业集群的形成还需要一定的时间和过程，但是可以明确的是，中俄两国在产业合作的进程中，已经实实在在地向前跨进一大步，它的里程碑就是中俄两国签订了以产业合作为主的《地区合作规划》，从而开辟了中俄两国区域合作的新空间。

#### （一）建立中俄地方国际化产业集群是否已具备条件

根据产业集群理论，建立产业集群需要一些条件。那么目前中俄双方是否已经具备建立地方国际化产业集群所需的基础条件呢？我们从区位条件、经济效益、市场需求和产品差异化来进行具体分析。

首先，东北三省和俄罗斯东部地区具有优越的区位条件，而区位因素是形成产业集群的基础。通过对现实的产业集群进行研究发现，在产业集群形成初期，起主要作用的是区位因素，因而大多数产业集群都位于区域效应强的地区。这里的区域因素是指区域内的自然条件以及社会条件能为产业的生产经营活动带来与其他区域相比的优势,它是由区域本身的特性决定的。韦伯在对工业区位进行研究的过程中认为,区位因素包括地价与地租,厂房、机械设备与其他固定资产,材料、动力和燃料成本,运输成本,利率,固定资产折旧率等。经过层层剖析,他将一般区域因素归结为运输成本和劳动力成本两大类[①]。中国东北三省和俄罗斯东部地区处于东北亚的中心地带,毗邻经济发达的日本、韩国,俄罗斯东部地区有丰富的自然资源,并且技术实力雄厚,而中国东北地区自然资源的优势正在消失,但是有良好的工业基础和丰富的劳动力,双方在资源方面存在互补性优势。此外,中国东北三省和俄罗斯东部地区边境城市毗邻,交通便利,节约了生产要素的流动成本。

其次,中俄企业都具有追求规模经济效益的特征,而追求规模经济导致的递增收益是企业集聚在一起形成产业集群的根本原因。产业集群并不是一般的产业集聚,它是大量相关产业集聚在一起,而这种规模经济带来的外部性成为产业集群形成的关键因素。大量相关企业集聚在一起不但会加剧它们之间的竞争,迫使单个企业进行创新、改进技术,同时也会加强它们之间的有效合作,这体现为产业集群区内相关企业通过合作或者联盟的方式进行生产、销售等活动,从而吸引大量的劳动力和专业化供应商在此聚集。而由于集群导致的知识溢出更是帮助企业降低了创新成本。中俄地方国际化产业集群所要发展的装备制造业、能源产业集群都具有规模经济的特征,也就是说,这些产业中的企业需要达到一定生产规模后才会出现长期平均成本下降。企业规模生产需要大量的劳动力、资金和技术,因而产业集群所产生的外部规模经济的影响对企业的发展非常重要。目前在中国东北地区和俄罗斯东部地区,装备制造业与能源产业都有一定程度的发展,两国已具备合作建立装备制造业和能源产业国际化产业集群的基础。

再次,中俄两国的产品面临广阔的市场需求,市场需求可以通过企业规模和企业数量影响产业集群的发展。一般人们认为市场需求增加时企业的生产规模也应该扩大,从而获得更多的利润,但是根据生产理论,企业的生产规模是不能一直无限扩张的,会受到规模经济的内在约束。企业的

---

① 吴德进:《产业集群论》,社会科学出版社,2006。

最佳生产规模位于长期平均生产成本的一段区域中，当超过这段区域时就会出现规模不经济，也就是说企业的生产扩张是有一定边界的。这样来看，市场增加的需求不能完全由集群内的企业来满足，而应该吸引新的企业加入，企业数量的增加促进产业集群规模进一步扩大。

最后，中俄企业产品差异化推动产业集群的发展。大量生产相似产品的企业集中在一起，企业之间的竞争势必会非常激烈，而企业为了在竞争中胜出，需要花费大量的成本，此时市场就会出现挤出效应。部分厂商为了维护自己的市场势力而希望远离竞争者，从而迁出该地区，当挤出效应大于集群带来的集聚效应时，这个产业集群就不会存在了。但是，产品差异化可以在一定程度上缓解企业之间的竞争，也就是说，当产品差异达到一定程度时，产品的可替代程度就会降低，此时企业不仅可以利用价格手段参与竞争，而且可以利用产品特性优势占领市场，集聚效应大于挤出效应时就出现了企业的集聚。中国东北三省同时聚集着不同规模的汽车生产厂商以及零部件供应商，而各厂商所生产产品的差异性使它们拥有不同的市场。汽车产品从设计到生产、销售，生产者在各道程序的创新都能够帮助企业在激烈的竞争中占据一席之地。

此外，中俄政府对加强双方区域合作的政策支持，大量的科研机构、金融机构、行会等公共机构的存在，良好的基础设施建设都是促使中俄地方国际化产业集群建立的重要因素。

### （二）国际贸易对中俄地方国际化产业集群的推动作用

中俄两国之间有悠久的贸易历史，尤其是东北三省同俄罗斯之间的贸易额逐年增长。2003 年中国东北三省与俄罗斯的贸易额为 33.85 亿美元，2007 年增至 128.8 亿美元，增长了近 3 倍。以黑龙江省为例，由于地理位置临近以及产业结构互补，俄罗斯一直在黑龙江省的对外贸易中占据重要位置。从图 2-1 和图 2-2 可以看出，近几年来，双方的贸易关系越来越密切，贸易额大幅度增长。2007 年黑龙江省与俄罗斯的贸易额大致为2000 年的 8 倍，占黑龙江省对外贸易总额的 62%；2008 年即使是在不利的经济环境下，黑龙江省对俄贸易仍占据其对外贸易的半壁江山。从图 2-3 中可以看出，黑龙江省对俄贸易在金融危机之后，很快得到恢复。

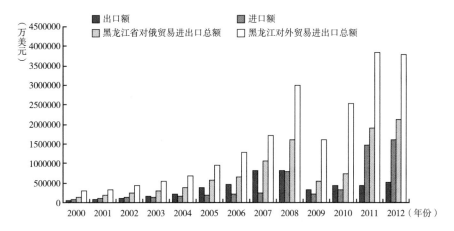

**图 2 - 1  2000～2012 年黑龙江省对俄贸易情况**

资料来源：根据历年商务部网站国别数据，《黑龙江省对俄贸易简要统计》，黑龙江省
商务厅对俄贸易处、哈尔滨海关统计处、中华人民共和国海关的有关数据整理。

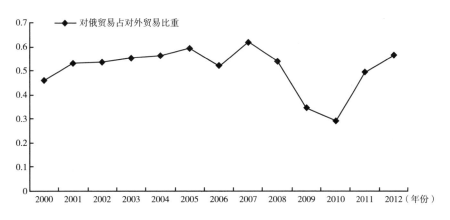

**图 2 - 2  2000～2012 年黑龙江对俄贸易指标变化趋势**

资料来源：根据历年商务部网站国别数据，《黑龙江省对俄贸易简要统计》，黑龙江省
商务厅对俄贸易处、哈尔滨海关统计处、中华人民共和国海关的有关数据整理。

根据区域经济学的观点，影响企业区位选择的区位力分为聚集力和分
散力两种。聚集力促使企业经济活动从一个区域向另一个区域持续转移或
者集中，其中促使聚集力产生的因素包括市场接近效应和生活成本效应。
市场接近效应是指在其他条件相同的情况下，企业偏好市场规模较大的区
域；生活成本效应指消费者在企业聚集地区生活成本比较低，从而会吸引

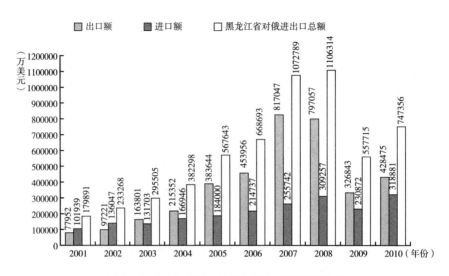

图 2-3  2001~2010 年黑龙江省对俄贸易情况

资料来源：根据 2001~2011 年黑龙江省统计年鉴整理。

更多的消费者迁入，导致市场规模扩大，进而吸引更多的企业迁至此地。分散力指的是区域内企业过于集中，导致企业竞争成本增加，降低了企业的盈利能力，因而企业会选择迁出企业聚集地。当聚集力大于分散力时，就会形成一条聚集性的循环累积因果链，在它的作用下该地区的区位优势不断增强，从而吸引更多的企业聚集[①]。

随着中俄贸易的开展，在中俄的边境出现了许多因贸易而兴起的港口城市，这些地区有广阔的市场、便利的运输条件，其区位优势条件逐渐形成一种聚集力，吸引大量的中俄企业。边境贸易的不断发展也使得这些企业的规模不断扩大、利润逐年增加，从而强化了这一地区的区位优势，吸引更多的企业到此投资，因而出现了产业集聚现象。以黑河市为例，为了促进中俄贸易迅速发展，1992 年国务院批准建立了黑河边境经济合作区。黑河市利用国家给予的优惠政策，积极发挥口岸优势，发展出口导向型工业和第三产业，2007 年的经济合作区生产总值为 2.2 亿元，同比增长 24.3%；对外贸易进出口额为 1.04 亿美元，同比增长 25.6%；招商引资

---

① 安虎森：《新区域经济学》，东北财经大学出版社，2008。

达到 5.85 亿元，同比增长 32.9%。合作区内的企业从 2005 年的 102 家增加到 2010 年的 450 家，这些企业的从业人员也增加到 6841 人[①]。相似的还有绥芬河、东宁等。

中俄传统商品贸易的发展为中俄合作建立地方国际化产业集群奠定了良好的基础，但是传统商品贸易的局限性，如对产品创新、企业技术改造、生产规模扩大等作用有限，使产业集群的发展受到了很大的限制。随着中俄合作规模的不断扩大、领域的不断扩展、层次的不断提高，原有的传统贸易的局限性也越来越明显。中国振兴东北老工业基地战略和俄罗斯东部大开发战略的实施，也需要中俄双方改变现有的贸易模式，进行贸易结构升级。国际技术贸易是国际贸易发展的高级阶段，与传统的商品贸易相比，技术贸易对一国经济的发展具有更大的推动作用。由于商品贸易交易的只是商品，企业得到的只是商品的使用权和所有权，而在现代知识经济社会，人们加强了对知识产权的保护，这会阻碍企业通过产品获得和利用核心技术。但是国际技术贸易可以解决这一问题，技术进口国根据自身的需求，通过技术贸易直接引进所需技术，节约技术研发费用和研发时间，迅速增强国家的技术实力。

我们可以利用东北三省同俄罗斯东部地区地缘接近、贸易历史悠久、存在技术差距等条件，积极同俄罗斯开展技术合作，随着合作的升级逐渐发展成为技术贸易。技术贸易产生的技术扩散、技术创新等效应将带动整个地区的技术进步，而技术进步通过一系列的作用机制促进产业集群因素的形成和发展，从而推动中俄地方国际化产业集群的建立。

### （三）中俄地方国际化产业集群区域效应的形成机理

中国东北三省和俄罗斯东部地区技术贸易的发展将会推动中俄地方国际化产业集群的建立，而该产业集群将促使生产要素区际流动、深化专业化分工、制度创新和利用社会资本，降低集群内企业的生产成本和交易成本，提高企业竞争力，从而增强能源产业和装备制造业的竞争力，带动东北三省和俄罗斯东部地区经济的发展，促使双方的区域合作进一步加强。

---

① 《2011 黑龙江年鉴》，黑龙江省出版社，2011。

**1. 生产要素流动**

中俄地方国际化产业集群最大的特征在于它是由中俄双方通过技术贸易合作共同建立的跨国界的产业集群。在目前情况下，中国东北三省和俄罗斯东部地区任何一方都没有能力独自建设具有强大国际竞争力的产业集群，因而双方应在各自优势的基础上，加强地区间的跨国合作，共同建设中俄地方国际化产业集群。双方技术贸易的开展，会改变生产要素和资源仅在一个国家或地区内部聚集的状况，生产要素尤其是流动性较强的劳动力、资本、技术，将打破地区行政规划的束缚，在中国东北地区和俄罗斯东部区域内依据市场原则自由流动，从而实现资源的优化配置。

俄罗斯技术资源相对丰富，而我国东北三省的科技资源相对稀缺，因而在市场机制作用下，为追求生产要素收益最大化，中国东北三省以技术贸易的方式从俄罗斯东部地区引进技术，对双方来说都是有利的。不仅可以提高东北三省的技术水平、科研创新能力，同时技术流动也会带动相应的人力资本和资金流动。双方生产要素的自由流动是中俄地方国际化产业集群建立的基础，而产业集群的建立会进一步加速生产要素在区际间的流动。

企业是生产要素的载体，生产要素流动实质上是企业的迁移，要以劳动要素为例来分析中俄地方国际化产业集群建立对生产要素流动的影响。相对于俄罗斯东部地区而言，中国东北地区劳动力数量和质量都具有一定的比较优势。随着双方能源产业集群的建立和发展，俄罗斯东部地区能源开采和加工发展所需劳动力短缺的现象越来越明显，对东北三省劳动力的吸引力不断增强。中国东北劳动力可以通过单纯的劳务输出实现流动，也可以跟随企业投资向俄罗斯东部地区迁移。当中俄双方的市场开放度达到某一特定值时，所产生的聚集力就会大于分散力，从而促使循环累积因果链的形成。在这一因果链的作用下，与能源开采和加工有关的企业不断向俄罗斯东部地区聚集，而这些企业发展所需的劳动力也会不断向这一地区流动，进而促进产业发展。能源产业集群是一个完善的生产链，某一个环节能力的增强都能带动其上下游产业发展，能源开采和加工业的发展会带动当地基础设施建设，吸引专业化供应商的到来等，进而推动能源产业集群进一步发展。

企业发展是产业发展的核心，只有增强企业的竞争力，产业的竞争力才会增强。在现代生产中，资本、技术以及组织管理成为影响企业发展的重要因素，获得这些生产要素也就成为企业发展的关键，而企业要获得这些要素不外乎两条途径，一是自身创造，二是通过与其他企业的合作获得。企业进行创新需要投入大量的资金、人力，因而对于一些中小企业来说，自行创新需要面对巨大的风险，多数企业会选择与其他企业合作，通过学习进行模仿创新。产业集群内生产要素的流动无疑增强了企业间的联系，为相互学习创造了良好的环境。

由于中俄地方国际化产业集群的特殊性，集群内企业之间合作和生产要素的流动会涉及国家间的政治问题。但是从经济发展的角度来说，由于生产要素的稀缺性，只有合理利用有限的资源才能够最大限度地发挥其促进经济增长的作用。

**2. 深化专业分工**

开展国际贸易会促进国家间的分工，技术贸易作为贸易发展的高级阶段，这一作用更明显。从亚当·斯密的古典经济学理论发展到后来的以杨小凯为代表的新兴古典经济学理论，都认为劳动力分工的日益深化和不断演进是促进经济增长的主要因素。一方面专业化分工有利于规模经济的出现，另一方面专业化分工导致交易成本上升，这两方面的作用都促使企业到特定区域集聚，从而发展成为产业集群。因而我们可以认为产业集群是企业为了获得由专业化分工产生的递增收益和降低专业化分工产生的交易成本的一种空间表现形式[①]。中俄地方国际化产业集群是众多企业以产业链为基础聚集在一起，这些企业不仅通过产业链形成一个整体，同时进行专业化分工，因而产业集群的建立不但会进一步深化中俄间的产业分工，同时也会推动产业内企业间的专业分工。

（1）实现规模经济。最早提出规模经济的是马歇尔，他认为大量企业之所以聚集在特定区域，最初的原因是自然资源或者国家政策的允许，而到了工业化时期，企业集群则是为了追求外部规模经济的利益。规模经济就是指长期平均生产成本随着生产规模的增加而下降，包括外部规模经

---

① 惠宁：《产业集群的区域经济效应研究》，中国经济出版社，2008。

济和内部规模经济两类。前者是指由于整个产业的发展导致该产业内单个企业的成本降低，这同产业集群有很大关系；后者指随着单个企业生产要素投入增加，企业的产出会以更大规模增加，这与企业的技术、组织及管理效率有关。中俄技术贸易的开展，可以促进技术引进企业和技术输出企业的技术进步，因而会出现企业内部规模经济，提高企业的生产效率，促进企业成长。对于其他企业而言，重要的是获得产业集群所能带来的外部规模经济。

马歇尔从新古典经济学的角度分析了产业集群所能带来的外部规模经济，克鲁格曼将其归结为以下三个方面。

第一，专业性劳动力市场。产业集群区内经营水平不同的企业集聚在一起，同时会吸引具有专业技能的工人聚集，这有利于创造完善的劳动力市场，因为这里存在许多潜在的劳动力需求和劳动力供应，"雇主们往往能找到他们所需要的专门技能的工人，同时找工作的劳动者自然也能找到需要他们专业技能的雇主"[1]。设想在装备制造业中有许多的生产厂商，它们都需要使用一种特殊的劳动力比如说高级焊接工，但它们生产的产品具有很大的差异性，面临不同的消费市场需求，因而它们对劳动力的需求也是不确定的，而且是不完全相关的。与此同时，这些生产厂商处于不同的生命周期阶段，它们对劳动力的需求也会存在差别，一部分企业对劳动力需求量大时，另一部分企业对劳动力的需求可能较少，因此这些企业对劳动力的需求可以相互弥补。产业集群降低了工人的失业风险，他们只不过是从一个企业转到另一个企业工作，转换工作地点而已，同时也确保了劳动力供应，使企业不会面临劳动力短缺的问题。

第二，专业化生产所得的中间产品。产业集群可以支持多种专用中间产品的生产，只有众多使用该中间产品的企业集中在一起才能使中间产品制造商使用专业化的、先进的机械设备，以较低成本来供应众多的消费者。从企业价值链来看，企业的成功运营依赖各个连接点的协调，其发展依附上游供应商和下游营销商及消费者，从产品的生产到销售这一过程中，良好的协调配合、中间投入品的低运输成本、良好的售后服

---

① 徐康宁：《产业聚集形成的源泉》，人民出版社，2006。

务等都能够增强企业的竞争力。此外，许多产品的生产以及新产品的开发需要专门的设备和配套服务，需要投入大量资金，单个企业无法提供足够大的消费市场来维持众多供应商的存在，只有众多企业集聚在一起才能扩大需求市场，使各种各样的专业化供应厂商生存，从而形成专业化供应商网络。供应商网络越密集竞争也就越激烈，从而使集群区内企业能够更容易获得最新的设备、最好的服务、最合理的产品价格，并降低生产成本和交易成本，增强企业价格竞争优势。以汽车生产为例，汽车生产过程中需要大量的零部件，而单个的汽车厂商无法自己生产全部的零部件，其需求也无法支持众多零部件供应商的生存。因而汽车厂商需要在一定的地域集中生产，经过专业化分工吸引一系列专业化供应商在其附近进行生产，正是由于这个原因，东北地区聚集了哈飞、吉林一汽、华晨等整车制造商，以及众多的零部件生产企业。同样，分工的细化和专业化，促进了资源的合理利用，延长了产业集群的生产链条，扩大了产业集群的生产规模。

第三，技术与信息的交流。在马歇尔生活的时代，信息、技术的传播是同距离紧密相关的，知识在当地的流动要比远距离流动更容易，"行业的秘密不再是秘密，而成为众所周知的事了……优良的工作受到正确的赏识，对于机械流程和企业一般组织上的发明及改进，因其所取得的成绩将迅速地为人所研究。如果一个人有了新思想，就会为别人所采纳，并与别人的意见结合起来，因此它又成为新思想之源泉"[①]。在现代社会中，产业集群同样有利于知识的传播。企业一般通过自主创新和模仿创新获得专业化的知识和技术，而进行模仿创新的前提是自主创新的知识溢出，自主创新需要企业拥有 R&D（研究和开发）能力及人才。当企业在某一地区集聚时，会吸引更多人才到来，为创新提供必要的人力资本。同时，企业之间激烈的竞争，会激发出更多的创新思想。在产业集群区内，具有专业技能的劳动者的流动性非常强，这同样有利于知识溢出，带给企业模仿对手的机会。此外，企业之间的合作也会由于地理位置的临近而变得更频繁和简单，因而集群区内的企业比外部企业更方便获得创新知识。

---

① 徐康宁：《产业聚集形成的源泉》，人民出版社，2006。

韦伯在分析工业区位选择时提到了集群因素，他认为企业在进行区位选择时运费与劳动成本最小固然重要，但是还应重点分析集群因素。他将集群因素分为四类。第一是技术设备的发展。技术设备的专业化加强，会促使一些企业独立出来，成为辅助性的工业基地，从而大大提高这些专业机器的使用效率，使企业从过去的对技术设备相互依存转为对集中专业化的设备服务。第二是劳动力组织的发展。韦伯将充分发展的、新颖的、综合的劳动力组织看作一定意义上的设备，劳动力组织的专业化促进了产业集群的发展。第三是市场化。产业集群可以最大限度地提高批量购买和出售的规模，因而企业能够得到供应商最低成本的供货。第四是经常性成本的节约。产业集群会促进基础设施的建设，而煤气、自来水、通信等基础设施的建设有利于企业经常性支出的减少。

　　马克思在《资本论》中提出，社会生产力的发展必须以大规模的生产与协作为前提。他认为大规模生产是提高劳动生产效率的有效途径，是近代工业发展的必由之路。只有生产达到一定规模后"才能组织劳动的分工和结合，才能使生产资料由于大规模集聚而得到节约，才能产生那些按其物质属性来说适于共同使用的劳动资料，如机器体系等，才能使巨大的自然力为生产服务，才能使生产过程变为科学在工艺上的应用"[①]。同时，马克思还指出生产规模的扩大会带来产、供、销联合，以及资本的扩张和生产成本的降低。

　　因而从规模经济的角度来说，产业集群内大量供应商的集中使企业以较低的成本获得上游产品，大量相似的企业集聚在一起创造了广阔的消费市场，而企业之间的竞争，更好地发挥了市场机制的作用，保持了产业集群的良性发展。

　　（2）降低交易成本。在经济发展的初期阶段，由于生产力水平较低，人们选择自给自足，也就没有分工。随着经济的发展，生产效率逐渐提高，人们开始认识到分工的好处，因而依据比较优势进行分工交易。但是随着生产分工越来越细，产品在质量、功能等方面呈现多样化的特征，企业要面对的中间产品市场也越来越复杂，这就意味着企业为了生产所支付

---

　　① 吴德进：《产业集群论》，社会科学出版社，2006。

的搜寻成本增加,同时企业数量增多导致的信息不对称也会增加交易的风险。因而,在本地区交易与在外地交易所花费的费用显然是不同的,相关企业从自身利益的角度考虑会本能地选择聚集在一起。首先,相关企业集聚在一起会缩小企业的搜寻范围,减少企业的搜寻成本;其次,企业地理位置的接近,会降低产品的运输成本,共享基础设施;最后,大量企业集聚在一起有助于企业相互了解和学习,相同的文化氛围也降低了由于欺诈行为导致的交易风险。总之,专业化分工的发展,将促进企业之间交易次数的增加、交易效率的提高,增强交易企业的相互依赖,企业发现交易集中在同一地点要比在多个地点更有效率,因而企业会逐渐聚集于某一地。同时,分工的不断细化还伴随着产业链条逐渐延长,中间产品不断增多,吸引更多的厂商到此聚集,因此产业集群也慢慢地发展起来。

从上面的分析可知,专业化分工促进了企业的集聚,进而促进了产业集群的形成,产业集群形成后会实现自我螺旋式的上升,交易成本将进一步降低,分工更加细化和专业化,为技术发展和创新提供有利条件,吸引更多的企业进入,促进产业集群的进一步发展。

**3. 利于制度创新**

对于中国东北三省来说,进行技术贸易将技术引进国内只是第一步,重要的是实现技术产业化,使其发挥促进经济增长的作用。技术被引进国内以后,最初仅仅在技术引进企业内部使用。随着产品生产和销售规模的扩大,会产生技术外溢,为企业模仿学习和进行技术创新奠定了基础。技术外溢需要一个良好的环境,需要制度的支持。制度的基本功能就是降低交易成本,产业集群是一种降低交易成本的制度安排,从这一角度来说,产业集群的建立可以为企业相互学习与合作创造良好的制度环境,降低技术外溢和技术创新的成本。企业因为合作而获得了比集群外企业高的效益,就会吸引新的企业进入,从而促使产业集群规模扩大。

科斯认为交易成本指的是不同经济主体在交易过程中进行谈判、讨价还价、搜集信息等所发生的费用。威廉姆森认为交易成本包括以下几个方面:第一,搜寻成本,指的是厂商搜集商品与交易对象信息所花费的成本;第二,信息成本,取得交易对象信息和交易对象进行信息交换所需的成本；第三，议价成本，针对契约、价格、质量讨价还价的成本；第四，决策成本，进行相关决策与签订契约所需的内部成本；第五，监督成本，监督交易对象是否按照合同进行交易所需的成本；第六，违约成本，违反契约所付出的事后成本[①]。当相关企业在某一地区的集聚逐渐发展成为产业集群时，首先表现为生产规模的扩大与生产成本的降低，其次就表现为企业的交易成本降低。这是因为：第一，处在同一制度的安排下，企业之间的摩擦减少，企业之间交流的障碍减少；第二，地缘接近与文化的相似性，便于各企业面对面地交流，有利于复杂知识的传播；第三，企业间非正式交流增多；第四，各种资源的共享也降低了企业的交易成本；第五，大量企业集聚在一起加剧了竞争，刺激了技术创新。

依照诺斯的解释，制度包括正式制度和非正式制度两部分。正式制度是指人们有意识创造的一系列政策制度的总和，包括政治制度、经济制度以及由此形成的等级制度。政府是正式制度的制定主体，可以通过正式制度创新促进产业集群的发展。正式制度创新是指政府根据自己的发展利益，通过制定一些差别制度来限制或者约束企业的行为，可以分为强制性制度创新和诱导性制度创新，前者指政府直接利用政策限制企业具体区位和活动范围，后者指政府通过制定一系列的优惠政策诱导或者吸引企业到政府期望的区位或活动范围内[②]。企业愿意接受制度的约束而在某一地区集聚的原因就在于企业可以获得制度创新的收益。政府为了吸引企业到它所希望的地区聚集，往往会实行一些特殊的优惠政策，例如土地政策、税收政策、财政补贴等。随着技术贸易的发展，政府同样会对那些引进新技术的企业给予一定的优惠政策，鼓励企业引进新技术、进行技术创新。当企业在某一地区聚集后，它不但会获得制度创新的收益，同时还会得到额外的聚集收益。例如，企业之间距离的缩短，加速了信息在企业间的流动，为企业相互竞争、相互模仿、相互学习提供了有利条件。某一产业的发展必然会吸引与其密切相关的产业和中介网络组织，从而延长该产业集群的产业生产链条。同时产业集群的发展有利于提高公共部门服务水平，

---

① 卢现祥：《新制度经济学》，武汉大学出版社，2004。
② 惠宁：《产业集群的区域经济效应研究》，中国经济出版社，2008。

这不但促进区域产业竞争优势的提升，而且促进产业集群的进一步发展。

非正式制度指人们在长期交往中无意识形成的、具有持久生命力的并能够代代相传的那部分文化，一般包括价值观念、伦理道德、风俗习惯、意识形态等因素①。产业集群区域经济效应的形成与发展既受到正式制度的影响，也受到非正式制度的影响，非正式制度同样有利于企业交易成本的降低。单纯地依靠正式制度并不能完全消灭企业合作过程中的欺诈行为，企业还要依靠道德约束自身行为。由于中俄双方企业有着完全不同的文化背景，文化差异导致企业要支付很高的交易成本，因而企业之间的相互信任对于降低交易成本具有重要的作用。新制度经济学代表人物诺斯、麦尼尼儿、威廉姆森等认为信任为交易双方提供了稳定预期，能够节约交易成本并限制机会主义行为，从而保证经济交易的持续进行。经济社会学家也认为信任有助于建立社会生活秩序，并保证其稳定性与持续性，他们认为将行为者联系在一起的并不是单纯的利益，还包括情感关怀、道德、责任、规范等社会因素②。信任同样有助于知识在企业间的传播，一般认为知识分为显性知识和隐性知识，前者也指编码知识，是可以通过各种有形媒介传播的，而后者指的是未编码知识，是人们在实践中感觉、领悟到的，难以具体化和系统化，如果没有面对面的交流很难传播或者说传播得很慢，例如劳动者的某项技能。集群内企业之间的信任关系为知识传播，尤其是隐性知识传播创造了良好的条件。不同企业员工之间大量的非正式交流、企业之间的相互学习，不但促进了自身技术进步，也有利于技术创新。

**4. 社会资本**

（1）社会资本概述。根据科尔曼的解释，社会资本是由构成社会结构的要素组成的，主要存在于人与人的关系结构之中，并为结构内部的个人行动提供便利。由于某些行动者的利益部分或全部处于其他行动者的控制之下，为了实现各自的利益，他们会相互进行交换，甚至单方转让对资源的控制，其结果就形成了持续存在的社会关系，这种社会关系不仅是

---

① 邱成利：《制度创新与产业集聚的关系研究》，《中国软科学》2001年第9期。

② 林竞君：《网络、社会资本与集群生命周期研究》，上海人民出版社，2005。

社会结构的组成部分，还是一种个人资源，这就是社会资本。权威关系、信任关系、规范的信息网络、多功能的组织、有意创建的组织等都是社会资本的表现形式①。王珺等根据民营企业发展对社会资本的需求，将社会资本分为个人关系资本与集群网络资本。个人关系资本指民营企业主从亲戚、朋友关系中获得机会与资源的能力，而集群网络资本是建立在企业参与专业化分工网络基础上的相互认同、互惠与信任。社会资本的形成不但依赖当地的文化传统、意识形态，也需要正式制度保障，地方政府可以通过创造鼓励诚信、鼓励合作的制度环境，促使社会资本的积累②。

产业集群是网络关系的综合体，企业是产业集群的核心，因而企业网络也成为产业集群网络的核心。产业集群内企业充分利用社会资本形成企业网络，促进专业化分工，降低交易成本，提高交易效率。首先，企业网络可以降低企业的各种不确定交易成本，增强企业抵御风险的能力；其次，网络关系可以创造各种基于资源与技术共享的合作氛围，提高企业的研发和创新能力；最后，网络关系可以实现企业间资源互补，突破自身能力的局限。总之，企业网络增强了企业的生产能力，扩展了企业的生产边界。由于地理位置临近、产业关联、工作人员频繁交流，集群网络的凝聚力增强。为了减少风险和不确定性，企业尽量利用这种特殊的信任关系来降低企业交易活动的不确定性，提高企业的经济效益③。

（2）模型分析。根据陈毅、张雪梅（2005）构建的模型，来分析说明社会资本对促进中俄企业专业化分工的作用以及专业化分工对产业集群发展的促进作用。

首先是对模型设定的一些前提条件。第一，假定在中国有一个汽车生产厂商，为了生产汽车需要投入一定的劳动力以及发动机这一中间产品。该汽车厂商可以自己生产发动机，也可以选择从俄罗斯厂商处购买发动机。该汽车厂商生产汽车的生产函数为 $y = a \cdot (x + x^d) \cdot L_y$，其中 $a > 0$，表示该厂商生产汽车的专业化水平，即投入同样的资源，专业化水平越

---

① 王雷：《社会资本积累与企业集群的持续竞争优势》，《广西大学学报》2004年第12期。

② 张毅、陈雪梅：《分工演进、社会资本与产业集群》，《当代经济科学》2005年第3期。

③ 惠宁：《产业集群的区域经济效应研究》，中国经济出版社，2008。

高，产出越大。$x$ 表示该厂商自己生产发动机的数量，$x^d$ 表示从俄罗斯厂商那里购买的发动机数量。假定生产技术是外生变量，$L_y$ 表示该厂商生产汽车所需投入的劳动力。

第二，汽车厂商生产发动机的生产函数为：$x = b \cdot L_x$，其中 $b > 0$，表示该厂商生产发动机的专业化水平，$L_x$ 为汽车厂商投入生产发动机的劳动力。

第三，该汽车厂商若从其他生产者处购买发动机，就需要支付一定的费用，那么预算约束为 $P_x \cdot x^d \leqslant P_y \cdot y$，其中 $P_x$ 为中间产品发动机的价格，$P_y$ 为最终产品汽车的价格。假定汽车为标准产品，它的价格 $P_y = 1$，那么约束条件就变为 $P_x \cdot x^d \leqslant y$。

第四，若汽车厂商在生产过程中只使用自己的劳动力而不雇用其他的劳动力，那么劳动力成本就不必进入成本预算约束，但是由于劳动力的数量有限，那么生产者就需要考虑劳动力在生产中的分配问题，假定生产者只有 1 单位的劳动力，则 $L_x + L_y = 1$，$0 \leqslant L_x$，$L_y \leqslant 1$。

第五，市场处于出清状态，生产可以全部转化为有效需求，因此厂商追求利润最大化的目标就转变为期望产出最大。

下面具体分析该模型。如果汽车厂商选择从其他生产者那里购买发动机，由于文化差异，以及市场的变动，双方交易存在风险，也就是说，俄罗斯发动机厂商会有违约的可能，这对中国的汽车厂商来说是一种不可预测的损失。以 $m$ 衡量交易效率（$0 \leqslant m \leqslant 1$），$m$ 越大表示交易成功的概率越大，那么汽车生产者就有（$1 - m$）的可能性自己生产发动机。在这种不确定的条件下，生产者的目标仍是追求利润最大化，但是在这种不确定的情况下，生产者并不知道哪种结果事实上会发生，所以它只是事先做出最优的决策，以最大化其产出，实现利润最大化。于是得到汽车厂商的期望产出为

$$
\begin{aligned}
E(y) &= m \cdot [a \cdot (x + x^d) \cdot L_y] + (1 - m) \cdot (a \cdot x \cdot L_y) \\
&= m \cdot a^2 \cdot b \cdot L_y^2 (1 - L_y)/(P_x - a \cdot L_y) + a \cdot b \cdot L_y - a \cdot b \cdot L_y^2
\end{aligned}
$$

下面分析在不同的交易效率下汽车厂商的生产选择，以及集群所特有的社会资本对专业化分工的影响。

情况一：当 $m = 0$ 时，也就说此时交易风险非常大，交易成本非常高，则

$$E(y) = a \cdot b \cdot L_y - a \cdot b \cdot L_y^2$$

要得到产出最大时的劳动投入量就是 $E(y)$ 对 $L_y$ 一阶导数为零，也就是

$$\mathrm{d}\,E(y)/\mathrm{d}\,L_y = a \cdot b - 2a \cdot b \cdot L_y = 0,\ 解得\ L_y = 1/2，所以\ L_x = 1/2。$$

由此我们可以认为，当交易风险非常高时，汽车生产者会选择将自己一半的劳动力投入汽车的生产，另一半劳动力投入发动机生产。由于交易风险太高，汽车生产商选择自己生产发动机，而不会从俄罗斯厂商那里购买发动机，因而也就没有专业化分工。

情况二：当 $m = 1$ 时，就是说中国汽车厂商同俄罗斯发动机供应商之间具有稳定的供应关系，双方之间不会出现违约的情况，不存在任何交易风险，则

$$E(y) = a^2 \cdot b \cdot L_y^2(1 - L_y)/(P_x - a \cdot L_y) + a \cdot b \cdot L_y - a \cdot b \cdot L_y^2$$

同理为了得到最大期望产出，对 $L_y$ 求一阶导数，使其为零，即

$$a \cdot L_y^2 - 2L_y \cdot P_x + P_x = 0$$

解得 $a = P_x \cdot (2L_y - 1)/L_y^2$，因为在第一个假设条件中 $a > 0$，所以得出 $L_y > 1/2$。为了保证上面所求的为极大值，所以要求二阶导数小于零，$2a \cdot L_y - 2P_x < 0$，得出 $a < P_x/L_y$。

由此得出，当交易效率非常高时，汽车厂商会将更多的劳动力投入汽车生产中，同时发动机也不再自给自足，而是从俄罗斯厂商处购买。因而在交易效率非常高时，生产者出现了专业化分工的倾向。厂商之间的信任、稳定的合作关系等集群所特有的社会资本降低了双方交易的风险，提高了交易效率，推动生产向专业化方向演进。

下面接着分析交易效率对期望产出的影响，即期望产出对交易效率求一阶导数为 $\mathrm{d}\,E(y)/\mathrm{d}m = a^2 \cdot b \cdot L_y^2 (1 - L_y)/(P_x - a \cdot L_y)$，根据上面求得的 $P_x - a \cdot L_y > 0$，可以得到 $\mathrm{d}\,E(y)/\mathrm{d}m > 0$。期望产出是交易效

率的增函数，也就是说交易效率的提高有助于期望产出的增加。

如果汽车生产商可选择的潜在交易伙伴越多，交易的可替代性就越大，这一厂商所遭受的风险损失也越小，即使原来的俄罗斯交易伙伴不履行合约，该厂商仍能选择其他的合作伙伴。假设 $r$ 为合约能够履行的概率，$N$ 为交易者的数量，那么生产厂商在这样的一个市场中交易成功的概率为 $P = 1 - (1 - r)^N$，很明显 $P$ 为 $N$ 的增函数。产业集群中众多企业的存在，不但会增强企业间的合作，同样也加剧了企业间的竞争，竞争者之间的可替代性促进了交易效率的提高。

通过推论可以得出，中间产品价格同样会影响厂商的期望产出，由于 $\mathrm{d}E(y)/\mathrm{d}P_x = -1/(P_x - a \cdot L_y)^2 < 0$，也就是说，中间产品价格越低，期望产出越大。因为这时汽车生产者越倾向于专业化分工，生产效率越高，也意味着发动机的生产更趋向专业化，因而发动机供应商也可以提高发动机的生产效率，降低发动机的生产价格。

通过这个模型，可以看出产业集群所特有的社会资本，包括企业之间的相互信任，以及稳定的企业网络，可以促进交易效率的提高、降低企业交易的风险（体现为 $m$ 的提高），从而推动整个行业上下游生产的专业化分工，降低中间产品价格，最终促使企业产量增加，资源在企业之间将得到有效配置。同时还会出现一批专业化的中间产品供应商，这不但能扩大产业集群的生产规模，还可以延长产业集群的生产链条，进一步促进产业集群的发展[1]。

### 5. 增强区域创新能力

通过技术贸易引进新技术的企业，无论是在技术创新还是在与技术利用相关的制度创新方面，无疑都会成为产业集群发展的核心区，也就是技术扩散的中心区。根据克鲁格曼的中心—外围理论，中心区的创新能力较强，外围地区的创新能力较弱，并且创新中心不会轻易发生转移，具有很强的区位锁定作用。但是知识具有水平效应，也就是说，知识可以溢出，这种知识或技术的溢出可以降低其他企业的学习成本，增加知识的积累，提高经济效益[2]。

---

① 张毅、陈雪梅：《分工演进、社会资本与产业集群》，《当代经济科学》2005 年第 3 期。

② 安虎森：《新区域经济学》，东北财经大学出版社，2008。

知识的溢出是局部溢出而不是全域溢出，是随着空间距离的增加而递减的，也就是说，由于知识传播受距离限制，因而离创新核心区越远，所能得到的溢出知识也就越少。中俄地方国际化产业集群内地理位置临近、社会资本以及集群网络制度的作用，使知识在集群企业间传播比集群外更便利。知识溢出的直接作用会降低企业研发投入成本，随着越来越多的企业在这一地区集聚，该地区的产品将同时具有成本优势和多样化优势，进而提升产业集群内企业整体的创新能力。

通过上面的分析我们可以得出，传统的商品贸易为中俄建立地方国际化产业集群奠定了良好的基础，两国间技术贸易的开展则直接推动了该产业集群的建立。中俄所特有的区域因素、产品面临的广阔市场需求、规模经济及其外部性、产品差异化是中俄地方国际化产业集群形成的基础。随着两国技术贸易的进一步开展，区域整体技术水平的提高，技术进步产生的技术外溢和技术创新等效应推动了中俄地方国际化产业集群的建立。该产业集群建立后会促进生产要素在区际的流动、深化专业化分工、为制度创新以及利用社会资本提供良好的外部环境，从而降低企业的生产成本和交易成本，增强企业的竞争力和区域创新能力，推动产业集群发展，为中俄区域经济增长提供新动力。区域经济发展促使双方区域合作向更高层次、更宽领域发展，推动双方技术贸易发展，形成一个不断增强的循环机制（详见图2-4）。

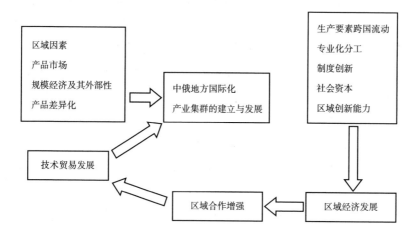

图2-4 中俄地方国际化产业集群区域效应形成示意

## 二 中俄地方国际化产业集群的区域经济效应

通过分析，可以看出中国东北地区和俄罗斯东部地区已经具备建立中俄地方国际化产业集群所需的必要条件，同时也从理论角度认识到产业集群区域经济效应的形成机理。中俄地方国际化产业集群的建立，将会加强中国东北三省和俄罗斯东部地区在各领域的合作，带动中俄区域经济的增长。与此同时，以中俄区域合作为制高点，对东北亚各国产生辐射作用，促进中国东北三省和俄罗斯东部地区同东北亚各国经贸合作的发展，形成东北亚区域经济合作的新模式。

### （一）中俄地方国际化产业集群促进中俄区域经济增长

迈克尔·波特在《国家竞争优势》一书中提到，一个国家或地区的竞争优势主要来源于该国或该地区内一些独特的产业集群优势。中俄地方国际化产业集群的建立和发展会增强中国东北三省和俄罗斯东部地区的竞争优势，使它们发展成为新的经济增长极，带动更大范围的经济增长。

中俄地方国际化产业集群利用自身的优势不但能够吸引其他地区资源到此聚集，尤其是技术、资金、人力资本等流动性强的生产要素，而且产业集群所特有的网络结构能够将吸引到的外部资源与集群内的资源重新整合利用，使其得到优化配置，从而提高本区域的生产效率，增强当地优势企业和优势产业的竞争力。中俄地方国际化产业集群对企业创新也有着非常重要的影响，企业之间既竞争又合作的关系有利于企业之间的知识溢出和模仿学习，从而降低企业创新成本，为新企业的诞生提供良好的外部环境。中俄地方国际化产业集群中装备制造业和能源产业的发展所产生的扩散效应同时带动与其相关产业的发展及周围地区经济增长，最终提升中国东北地区和俄罗斯东部地区的竞争力，建立中国东北地区和俄罗斯东部地区区域品牌，为当地经济实现快速、稳定、持续增长奠定基础。

#### 1. 带动中俄区域经济增长

中俄两国合作建立地方国际化产业集群的首要目的就是促进中国东北

地区和俄罗斯东部地区的经济增长，并由该地区带动更大范围的区域经济增长。无论是从古典经济增长理论还是现代经济增长理论的角度来看，经济增长是在诸多因素相互作用下出现的，任何单一要素都无法独自推动经济增长。古典经济学代表人物亚当·斯密和李嘉图都强调物质资本对经济增长的意义，资本同劳动结合才能更充分地利用自然资源，使之为人类的生产和生活服务。现代经济增长理论将技术因素、人力资本因素、制度因素纳入经济增长模型分析中。通过对古典与现代经济增长理论的综合分析得出影响经济增长的主要因素包括自然资源、劳动力、物质资本、人力资本、技术进步、制度、对外贸易等。

中俄地方国际化产业集群实质上是以中国东北地区装备制造业集群和汽车产业集群以及俄罗斯远东地区能源产业集群和化工产业集群发展为中心，以中俄双方的政策为支撑，通过双方的技术交流与合作建立的具有地方国际化特色的区域经济综合体。中俄地方国际化产业集群的建立与发展是中俄经济增长的结果，而产业集群的发展又为中俄的经济增长增添新的动力，从而极大地促进中国东北地区和俄罗斯东部地区经济的增长。

中俄地方国际化产业集群的建立将促进该地区装备制造业和能源产业竞争力的增强。一方面是因为产业集群不但能够吸引其他地区的资源聚集于此，而且能够对这些资源进行重新整合使其得到最优配置，从而提高企业的生产效率；另一方面是因为该产业集群能够为企业的技术创新活动提供良好的外部条件，企业之间的竞争增强了创新动力，而企业之间的合作降低了创新成本，此外还有相关服务机构为创新提供支持。

（1）吸引产业集群区外资源。近年来，为了促进该地区的经济发展，中俄双方都投入了大量的人力和物力，但是从目前情况来看，中国东北地区和俄罗斯东部地区发展最缺的依然是资金、先进技术和高素质劳动力等生产要素，中俄地方国际化产业集群的建立将会增强该地区对其他地区资源的吸引力。从其他产业集群的发展经验来看，吸引来的大量资金毫无疑问会成为当地经济发展的新动力，成为拉动经济发展的新增长点。在世界经济联系日益紧密的今天，来自发达国家跨国公司的投资对产业集群的发展无疑具有重要作用,因为这些公司不仅拥有雄厚的资本,还掌握最先进的技术、拥有科学的组织管理方式。

对于跨国厂商投资的作用,学者之间还有很大的争议。部分学者认为,这些投资是促进发展中国家经济增长的重要动力,如 Tprrisi (1985)、Tsai (1994) 就认为发展中国家在引进外资的同时,还可以通过引进新科学技术和新管理模式来带动经济发展,成为地区经济增长的关键驱动力之一[1];另一部分学者则认为发达国家的投资目的是控制当地的经济命脉,实际上是一种新的殖民形式。总的来说,跨国厂商对发展中国家的投资是一把"双刃剑",它确实在一定程度上缓解了这些地区资金缺乏的问题,通过增加投资和消费促进当地经济增长,但是长期来看却会阻碍发展中国家民族工业的发展,对实现经济长期、可持续发展不利。就中国的情况来看,改革开放 30 多年来,随着中国经济对外开放程度和市场化程度的不断提高,中国吸引的外资也在不断增长,2002 年外商直接投资 (FDI) 更是高达 500 多亿美元,超过美国跃居世界第一位;2008 年中国实际利用外资达到 952.53 亿美元,其中 FDI 为 923.95 亿美元;2011 年中国实际利用外资达到 1176.98 亿美元,其中 FDI 为 1160.10 亿美元[2]。Lheem (2004) 通过对中国 29 个省市 6 年 (1995~2000) 面板数据的分析,进一步证实了 FDI 与中国经济增长的相互促进关系[3]。

鉴于 FDI 对经济增长的重要作用,中国各省都制定了优惠政策来积极吸引外商投资。跨国公司在进行投资时主要考虑以下几个因素。第一是自然资源。虽然随着科技进步,自然资源在产品生产过程中的重要性有所降低,但是资源成本还是企业首先考虑的问题,尤其是对资源型生产行业来说,靠近资源产地就意味着生产成本的降低,丰富的资源对这类企业的吸引力是非常大的。第二是市场因素,包括市场规模及市场发展潜力。接近市场就意味着产品从车间到消费者的距离变短,为厂商占领市场赢得了时

---

[1] 张欣艳:《基于经济增长理论的中部经济崛起动因研究》,硕士学位论文,西南交通大学,2008。

[2] 中国商务部外资司,http://wzs.mofcom.gov.cn。

[3] 张欣艳:《基于经济增长理论的中部经济崛起动因研究》,硕士学位论文,西南交通大学,2008。

间优势，同时接近市场也有利于厂商搜集信息，听取消费者意见，便于企业进行产品改进。第三是政府的政策支持。所有的投资都具有风险和不确定性，为了规避风险，外商往往重视当地政府的优惠政策。除了以上因素之外，地理位置、基础设施、社会文化等诸多因素也会影响跨国厂商投资的流向。中国东北地区和俄罗斯东部地区有着吸引外资的良好基础条件，表现为这一地区有丰富的自然资源、较为充裕的人力资源、良好的基础设施等。

中国东北地区土地面积为 78.8 万平方公里，边境线长 4637 公里，有 2178 公里长的大陆海岸线，蕴藏着丰富的能源和矿产资源，分布着大庆、辽河、吉林三大油田和鸡西、鹤岗、抚顺等大型煤矿。俄罗斯东部地区是俄罗斯与亚洲地区联系的重要门户，自然资源更是丰富，土地面积为 1276.59 万平方公里，约占俄罗斯总面积的 2/3。在这片广阔的土地上有丰富的水力、森林、矿产、石油、天然气等资源，并且从技术上分析这些资源多数是可以利用的。据公布的资料显示，2006 年仅堪察加半岛西部 6 万平方公里的大陆架地区，就储藏有 18 亿吨石油和 23000 亿立方米天然气。据俄国专家估计，楚科奇的资源价值在 10000 亿美元左右[①]。西伯利亚能源储量占世界储量的 1/3，远东地区所有联邦都拥有石油和天然气资源，含油气区域面积约为 160 万平方公里，占该地区总面积的 25%。

东北三省形成了与全国各地和东北亚各国紧密相连的公路、铁路、水路及航空运输网络。贯穿整个东北三省的哈大线和京哈线不仅将黑龙江省、吉林省的沿边口岸和辽宁省的沿黄海、渤海的开放口岸连接起来，还将东北三省与国内其他地区紧密联系起来。大连市作为东北三省的港口中心，是联系东北亚各国的重要的海上枢纽，航空交通运输也非常便利。俄罗斯东部地区也具有庞大的海、陆、空、内河综合运输体系。如西伯利亚铁路和贝阿铁路经海参崴、纳霍得卡等沿海港口以及黑龙江、阿穆尔河流域多处内河码头，与太平洋海上运输线相连接，形成跨洲运输的最佳路线。

---

① 亚洲周刊：《俄罗斯为何对东部地区特别关注》，中国新闻网，2008 年 10 月 7 日。

富足的自然资源是经济增长的基础，技术和人力资本则是经济增长的核心因素。东北地区是中国的老工业基地，中华人民共和国成立时政府在这一地区投入了大量的人力、物力，虽然改革开放后由于国家政策倾斜导致这一地区同东部沿海地区的经济差距逐渐扩大，但是东北三省在重工业制造方面仍具有技术优势，石油化工、重型机械制造、机车和汽车及飞机制造、机床制造等在全国占有重要地位。该地区拥有大庆油田、鞍山钢铁集团公司、中国第一汽车集团公司等一批具有竞争力的大企业，这些企业经过多年的发展积累了丰富的经验，并且拥有一批专业化技术人才和先进的设备，在振兴东北老工业基地政策的支持下，许多国有企业又焕发了生机。东北地区拥有一批有经验的高素质技术人员和高技能的生产工人，且科研院所数量多，有高等院校 142 所，占全国高等院校总数的 11.6%，自然科学研究机构 700 多个，各类专业技术人员 215.18 万人，占全国技术人员的 9.9%[1]。俄罗斯东部地区虽然人口稀少，近年来出现了人才外流的现象，但仍具有雄厚的科技实力。这一地区不但拥有优秀的科研机构，同时也是俄罗斯科研人员比较集中的区域，尤其是西伯利亚。俄罗斯科学院西伯利亚分院在 20 世纪 80 年代就已是世界著名的科学研究院，拥有 11 个联合研究所，59 个科研中心和技术设计研究所。118 所高等院校为俄罗斯东部地区的发展储备了大量人才[2]。

近年来，中俄政府为了促进这一地区的经济发展制定了不同的政策。2003 年中国政府下发了《关于实施东北地区等老工业基地振兴战略的若干意见》，并把振兴东北老工业基地作为协调区域经济发展的重大战略，此后多年又制定了诸如支持国有企业的重组改造、加强对东北地区的信贷支持等多项优惠政策。20 世纪 90 年代中期，俄联邦就制定了《1996～2005 年俄联邦远东及外贝加尔经济社会发展专项规划》，2000 年普京授权修订规划并将执行期限延至 2010 年。经过先后七次赴俄东部地区考察，普京认为东部地区对俄罗斯国家安全具有至关重要的作用，决定实施新的东部大开发战略，并于 2007 年 2 月批准了《远东及外贝加尔地区 2013 年

---

[1] 崔亚平：《东北振兴与俄罗斯远东开发战略合作的机遇与挑战》，《辽宁大学学报》2008 年第 3 期。

[2] 世界十大著名高新技术开发区，中国知网，2006 年 3 月 10 日。

以前经济社会发展联邦专项规划》，联邦财政投入总额为5673.5亿卢布①。

中国东北三省拥有吸引外资的良好环境，但是多年来这一地区吸引的外资数量非常有限而且对外资的利用效率一直不高。例如，2001年中国东北三省实际利用外资为31.95亿美元，占全国实际利用外资总量的6.43%，仅相当于华东地区的1/7左右。国家实施振兴东北老工业基地战略后，东北三省利用外资的规模逐渐扩大，截至2005年，东北三省累计批准涉及外商投资项目47510项，合同外资金额957.88亿美元，实际利用外资金额409.52亿美元，分别占全国总量的8.59%、7.45%和6.45%②。

中俄地方国际化产业集群的建立充分发挥了本地区的原有优势，同时，集群经济的优势进一步增强了这一地区对外资的吸引力。集群经济本身就意味着成本的节约，这种节约既包括传统的生产成本节约，也包括交易成本的节约。产业集群区域内完善的基础设施、专业化供应商、劳动力市场以及知识外溢等对外商投资有很大的吸引力。

首先，基础设施和基础工业的发展状况决定社会生产的规模和效益，特别是对具备一定投资规模的大型企业来说，在一个基础设施薄弱的经济环境中生存，将会导致其投资收益递减。产业集群区内由于各企业从事的行业具有相似性或者关联性，为了节约成本，这些企业会聚集在一起完善区域内共享基础设施，例如交通、通信、水电等，完善的基础设施是企业发展的基础。其次，产业集群的发展会吸引大批供应商到此聚集，因而外商也愿意在此设厂，这可以帮助其以最优的价格获得上游产品，从而降低企业的生产成本，增强企业的价格竞争力。再次，厂商的集中能为拥有高度专业化技能的工人创造一个完善的劳动力市场，在其他条件相同的情况下，拥有高度熟练劳动力的地区比其他地区更具有吸引外商投资的优势，因为熟练劳动力可以直接进入生产，从而为企业战胜竞争对手节约生产时间，也节省了一笔培训费用。最后，在现代社会中，知识、技术的作用同

---

① 俄罗斯出台《远东与外贝加尔地区经济和社会发展2013年联邦专项规划》，www.most.gov.cn，2007年9月21日。

② 《东北地区等老工业基地外商直接投资》，泰顺经贸招商局，2007年3月13日。

劳动力、资本、原材料等生产要素一样重要，企业选址时会考虑企业如何才能更快地获得新技术、新知识，而相似企业在一起不但有利于企业进行自主创新，而且有利于创新通过正式或非正式途径在企业之间传播。

（2）整合资源提升区域创新能力。中俄地方国际化产业集群所具有的吸引资源的优势只是其竞争优势的一个方面，更为重要的是，该产业集群网络对丰富的区域内资源和区域外资源进行创新整合的能力，以及对区域创新的促进作用。

中俄地方国际化产业集群是一种介于市场与科层组织之间的网络组织，对资源的配置效率要高于市场和企业（详见表2-1）。鲍威尔认为，与其他的组织形式相比较，网络组织有利于企业降低监控成本，帮助企业获得更有价值的信息，还可以在市场形势发生改变时灵活地进入或退出市场。他还认为，网络是企业学习新知识和新技术、进行模仿创新的重要途径。

表 2-1 网络组织和市场、科层组织特征比较

| 主要特征 | 组织形式 | | |
|---|---|---|---|
| | 市场 | 科层组织 | 网络 |
| 基本规范 | 合约—财产权 | 雇佣关系 | 关系 |
| 沟通手段 | 价格 | 规范 | 互补的强度 |
| 解决冲突的办法 | 讨价还价或退出 | 命令和监督 | 与声誉相关的互惠机制 |
| 灵活性 | 高 | 低 | 一般 |
| 主体之间承诺的数量 | 低 | 中到高 | 中到高 |
| 组织氛围 | 精确的或怀疑的 | 正式的官僚主义 | 开放的、多方受益 |
| 参与者的偏好或选择 | 独立的 | 不对称的依赖 | 相互依赖 |

资料来源：蔡宁、吴结兵：《产业集群与区域经济发展——基于"资源—结构"观的分析》，科学出版社，2007。

随着中俄地方国际化产业集群的发展，集群区内会形成完整的关系网络，在这一网络中不仅包括产业关联紧密的企业，还包括大学及研究机构、中介组织、金融机构等行为主体。其中由企业构成的企业集群网络是产业集群网络发展的核心，其他机构则构成了集群的辅助网络体系，为企业提供资源和基础设施、知识、技术、人力资源等生产要素。企业集群网络与辅助网络体系共同作用，促进产业集群内生产要素的流动，使其得到

优化配置。

在知识经济时代，创新是获得竞争力的核心，中俄地方国际化产业集群的竞争力还取决于其创新能力，这种创新能力体现在两方面，一方面是集群内企业的创新能力，另一方面是为新企业诞生创造良好的环境。

企业进行创新的途径不外乎两种，一是企业单独进行研究和开发，另一种是通过模仿学习进行产品创新。对于大多数的中小企业来说，自行研发需要投入大量的人力、物力和财力，这是它们难以承担的，因而模仿学习对小企业来说是获取新技术、降低生产成本的重要途径。根据莱伯曼的学习效应曲线，即使不存在规模经济，平均生产成本也会随着产量的增加而下降，主要原因就是生产者的生产技能和管理能力在生产过程中得到了提高。这些生产技能和管理能力根植于参与生产过程的众多个体中，产业集群内部发达的网络关系不但可以使这些生产技能和管理能力通过人员的流动扩散到集群内其他企业中，还可以通过集群内部人员频繁的交流扩散到其他行为主体中①。

大量与装备制造业和能源产业相关的企业聚集在中国东北三省和俄罗斯东部地区，加剧了这些企业间的竞争，更促进了它们之间的合作，产生互相学习的效应，加快企业技术创新的步伐，使企业原来基于资源禀赋的比较优势发展为创新优势。首先，企业集群内大量相似企业集聚，它们之间的竞争激烈程度远远超过了其他地区，为了在激烈的竞争中生存，企业需要不断改进技术和完善企业管理组织。其次，由于企业位置接近、经济联系密切、信息交流便利，不可避免地会产生知识和技术扩散，为集群内部企业提供了较多的学习机会。知识溢出使集群内企业及时获得相关的技术，便于企业进行模仿创新。产业集群内存在的多种正式和非正式交流渠道，为知识传播与扩散提供了基础，尤其是为隐含知识的传播创造了有利条件，大大提高了企业的创新速度、缩短了创新周期。再次，当集群内的企业都有创新意愿因而存在创新动力时，该地区就会形成一种创新文化，在这种文化背景下诞生的企业就会不断创新，追求和积累新知识和技术。总之，中俄地方国际化产业集群内的企业进行创新的成本要低于集群外的

① 惠宁：《产业集群的区域经济效应研究》，中国经济出版社，2008。

企业，并且这种创新在集群区内的扩散提高了整个产业的竞争力，从而推动了区域竞争力的提升。

中俄地方国际化产业集群的建立不但可以提高企业的创新能力，提升区域整体创新能力，而且为新企业的诞生创造了良好的环境。随着产业集群的不断发展壮大，集聚的企业不断增加，大量的中介服务型组织以及提供研究开发和技术支持的机构也会不断出现。由于集群规模不断扩大，产品需求市场也会不断扩大，从而对生产同类产品的企业和中间产品供应商产生强大吸引力。学习效应的存在降低了企业的进入门槛，为企业的衍生和发展提供了技术、资本、劳动力和完善的市场等便利条件，同时生产技能和管理经验在集群内的扩散，大大降低了创办新企业的创业风险①。当某一家企业进行创新生产新产品时，就会需要特殊的中间投入品，这同时会刺激该企业和中间产品生产企业创新。如果集群区内没有企业生产这种产品或者从其他地区购买这种产品的成本较高时，该企业就会选择自己研发生产。当该企业生产的产品占据一定市场规模时，就会刺激其他企业进入这一生产行业，因而对特殊中间投入品的需求量增加，这时就会出现专门企业来进行中间品的生产。这是企业分工细化的结果，也是企业低生产成本的必然选择，这种情况在汽车产业生产中更常见。总的来说，产业集群的发展不仅会导致企业数量的增加和企业规模的扩大，而且创新还会促成新类型企业的出现。

（3）促进区域品牌建立。区域品牌指的是产业在区域范围内形成的具有一定规模和较强制造生产能力、较高市场占有率和影响力的企业及企业所属品牌的商誉总和。它包括两个因素：一是区域性，一般限定在特定的区域或城市范围内，具有很强的地域特色，是某个区域的企业集体行为的综合体现；二是品牌效应，代表一个地区产业产品的主体和形象，对本地区的经济发展具有至关重要的作用，并形成了该地域内某类产业产品的美誉度、吸引度和忠诚度②。与企业品牌不同，区域品牌具有公共品的性质，也就是说，区域品牌是一种公共资源，是区域内企业所共有的，区域

---

① 张辉：《产业集群竞争力的内在经济机理》，《中国软科学》2003 年第 1 期。
② 熊爱华、汪波：《基于产业集群的区域品牌形成研究》，《山东大学学报》2007 年第 2 期。

品牌一旦建立，区域内所有企业都会享有区域品牌所带来的利益。同时区域品牌效应相对于企业品牌效应而言更具有持久性，能够有效提高区域产业的整体竞争力，开拓更广阔的消费市场，而区域品牌也需要所有企业共同来维护。

近年来，区域品牌在区域经济发展过程中发挥着越来越重要的作用，国内也越来越重视区域品牌的研究，很多地区相继提出依靠发展区域品牌带动区域经济发展的思路。一般来说，那些具有悠久历史或者优越地理位置的地区容易形成区域品牌，如中国瓷都——景德镇。但是随着经济的发展，更多的区域品牌是因产业集群而形成的，例如柳州市就是凭借低压小电器集群而闻名的，在这一地区聚集的主要是中小企业，同大企业相比，这些企业在资金、技术方面并不占优势，但是由于柳州市低压小电器集群的发展，促进柳州区域品牌的建立，而区域品牌的建立为柳州市的企业开拓了更为广阔的消费市场，为当地企业的发展奠定了良好的基础。因而可以说，区域品牌建立在产业集群的基础上，是产业集群发展的高级形态，体现产业集群的整体发展水平，产业集群同区域品牌紧密相连、相互促进，产业集群的发展促进区域品牌的形成，而区域品牌又进一步推动了产业集群的发展。

对于经济欠发达地区而言，树立区域品牌可以提升地区的整体形象，增强区域的核心竞争力。产业集群发展使区域内的企业获得协同效应并形成共同进化机制，从而带动区域内整条产业链的发展。但是欠发达地区自身并不具有建设区域品牌的优势，要建立该地区的区域品牌除了要结合当地的实际情况发挥其自身的优势外，还要提高区域的开放程度，加强同其他地区的合作。中国东北三省和俄罗斯东部地区一直因为其丰富的自然资源而受到人们的关注，但是与其丰富的资源条件不对称的是，该地区的经济发展同其他地区相比却处于落后状态。因而，重新树立这一地区的区域品牌，改变人们对这一地区的看法，使人们认识这一地区的发展潜力，对促进该区域的经济发展是十分重要的。中俄通过技术合作建立的中俄地方国际化产业集群，将有助于中国东北三省和俄罗斯东部地区装备制造业和能源产业的发展，提高该产业的竞争力，进而提升该地区的竞争力，为区域品牌的建立奠定基础，促进区域经济快速发展。

根据波特的竞争优势理论，影响产业集群竞争力的关键因素包括生产要素、需求状况、相关产业和支持产业的发展，以及企业的战略、组织和竞争。此外，政府的政策及机遇对产业竞争力的形成也具有辅助作用。中俄地方国际化产业集群的建立将会增强该地区的产业竞争力，主要原因就在于产业集群的发展将促使四个关键要素发展成为一个整体，使四个关键要素和两个辅助要素更容易相互作用和协调提高。以汽车产业为例，中俄地方国际化产业集群的建立会从三个方面影响汽车产业的竞争力。第一，加剧与汽车产业有关的厂商之间的竞争，包括整车生产厂商以及零部件生产厂商等，厂商竞争的结果就是企业生产效率提高、生产成本降低、产品品质优化和类型多样化、产品价格降低，这无疑会增强企业在市场上的竞争力，扩大企业的市场范围。第二，为企业指明创新方向，提高创新速度。企业的目标是实现利润最大化，而决定企业能否实现这一目标的就是生产的产品能否在市场上得到消费者的认可，并最终转化为资本，使其具有进行投入再生产的资本。随着经济的发展，消费者对产品的需求也呈现多样化，因而需要企业不断进行产品的升级改造。产业集群内信息的流动，便于企业进行模仿学习，这就为企业进行创新节省了资金和时间，提高了其创新的速度，缩短了创新的周期。第三，促使新企业的诞生。企业的发展带动了产业的发展，而汽车产业的发展同时带动与汽车产业相关的行业的发展，例如汽车保险、汽车保养等①。总之，中俄地方国际化产业集群的建立，提升了该地区产业的竞争力，而关键产业的发展增强了该地区对区域外生产要素的吸引力，由于生产要素转移而引发的一系列积极效应，如市场规模的扩大、生活成本的降低等，提高了区域竞争力水平。中国东北三省和俄罗斯东部地区区域品牌是建立在中俄地方国际化产业集群发展的基础上的，而区域品牌的建立又会对该地区的经济增长和产业集群的发展起到促进作用。

中国东北地区和俄罗斯东部地区依托区域品牌发展起来的特色区域经济，会吸引该地区优势产业所需生产要素的流入，而该地区不具有比较优

---

① 〔美〕迈克尔·波特:《国家竞争优势》，中信出版社，2007。

势的产业逐渐从该地区转移，从而使区域内部产业结构得到优化调整，结果是进一步推动该地区特色区域经济的发展。因而该地区形成的区域品牌相当于该地区发展的一种无形资产，这种资产在市场上所能带来的利益包括给生产者带来的利益（如利润的增加、生产规模的扩大、管理水平的提高等）和对社会发展的利益（如对资源的优化配置、强化该地区的竞争优势、增强该地区的出口能力等）。中小企业缺少资金、技术等生产要素，综合实力有限，即使产品的质量、独特性等特性非常优越，企业也会因广告费用过大而不愿积极参与和投入。区域品牌的建立可以改变这一状况，使该地区的每个企业都受益。此外，区域品牌是众多企业品牌精华的浓缩和提炼，更形象、更直接，具有更广泛的、持久的品牌效应[1]。从总体上来说，中国东北三省和俄罗斯东部地区区域品牌的建立是中俄地方国际化产业群发展的必然产物，是该产业集群核心竞争力的体现，代表该产业集群产品的主体和形象，是地域性和产业特色性的有机结合。区域品牌的建立相当于为该区域内的企业搭建了一个区域形象平台，随着区域品牌的发展，区域内产品和服务的品牌形象、价值也会得到相应提升，起到传播信息、创造市场需求、排斥竞争对手的作用。因此，中国东北三省和俄罗斯东部地区可以借用区域品牌来提升区域的整体形象，增强区域吸引力，扩大区域影响，促进中俄地方国际化产业集群企业形象和产品形象的推广工作[2]。

通过分析，我们可以得出，中俄地方国际化产业集群的建立将会吸引更多有利于该地区发展的生产要素的流入，尤其是资本、技术和人力资源，而产业集群所特有的网络组织结构对本地区的资源进行整合利用，不但促进企业生产效率的提高，同时也为企业的创新提供了良好的环境。因而，产业集群的发展增强了该地区装备制造业和能源产业的竞争力，同时带动相关的中介机构和其他产业的发展，使得区域竞争力增强，树立区域品牌，推动区域经济增长。随着经济的发展，中俄区域合作进一步加强，促使产业集群进一步扩大，最终形成一个不断自我增强

---

① 蔡宁、吴结兵：《产业集群与区域经济发展——基于"资源—结构"观的分析》，科学出版社，2007。
② 祝洵：《区域品牌的形成》，硕士学位论文，浙江大学，2006。

的循环体系。

**2. 促进中俄区域全面合作**

中俄地方国际化产业集群最大的特殊性在于它是中俄两国通过技术贸易合作共同建立的,该产业集群的建立和发展对中国东北三省和俄罗斯东部地区的经济增长起到推动作用,而经济的发展进一步促使双方区域合作向更高层次发展。

近年来,中国东北地区和俄罗斯在贸易、科技和资金等多个领域展开了经济合作,这对双方的经济增长产生了一定的推动作用。在贸易合作方面,东北三省与俄罗斯的贸易规模不断扩大,但双方仍以货物贸易为主,且贸易的商品结构比较单一,中国从俄罗斯进口的商品主要为肥料、原油、钢材、纸浆等能源类商品,向俄罗斯主要出口鞋类和纺织品等轻工业品;在资金合作方面,中国东北三省与俄罗斯的相互投资规模较小,且投资主体多为中小型企业,投资领域也比较单一。中俄双方通过合作共同建立中俄地方国际化产业集群,会加强双方在技术、贸易、资金等方面的合作。

(1)通过技术贸易带动产业合作和技术合作。中俄地方国际化产业集群是随着中俄技术贸易的开展而建立的,该产业集群的建立和发展会进一步扩大双方技术贸易的规模和领域,通过技术贸易带动区域间的产业合作和技术合作。

就装备制造业而言,东北地区作为老工业基地,装备制造业基础雄厚,而俄罗斯东部地区在装备制造业的某些领域具有绝对优势,尤其是以军工产业为主的机电产品在技术水平上远高于中国东北地区,这种技术差距为双方开展技术贸易和产业合作提供了机会。双方可以充分利用中国东北地区的装备制造业基础和人力资源优势,通过技术合作和技术贸易往来加强中俄在装备制造业领域的交流,为集群内装备制造业的发展提供强有力的技术支撑。以汽车产业为例,中国东北地区汽车制造业规模较大,而且制定了建立中国东北地区汽车产业基地的战略规划,在生产方面双方各有优势,如东北三省的车身制造技术水平就要高于俄罗斯,而俄罗斯在汽车零部件生产上具有明显的优势,如汽车底盘和发动机。因此,中俄地方国际化产业集群的建立将有助于发挥中国东北地区的汽车制造优势和俄罗斯的技术优势，共同发展汽车产业集群。

从能源产业发展来看，中国东北地区的能源工业主要集中于黑龙江省大庆市的石油工业与七台河、鸡西、双鸭山、鹤岗等地的煤炭工业，但是由于长期的开采利用，这些地区的资源产量大大减少，并且造成了严重的生态环境问题，产业对地方经济的拉动作用正日益减弱，迫使大部分资源型城市转型以谋求经济的持续发展。但经过多年的发展，该地区的能源工业基础设施比较完善，技术也相对成熟，在油气勘探、开采和储藏领域有多项技术达到了世界先进水平。因此，中俄地方国际化产业集群的建立，将加强中国东北地区与俄罗斯东部地区在能源工业领域的技术分工与合作，促进能源产业集群的发展。

近十几年来，中俄技术合作取得了巨大进展，但由于两国技术合作起步较晚、战略目标及规划比较模糊、合作规模还不够大、战略项目偏少，目前两国的技术合作状况与两国的大国地位以及不断提升的战略协作伙伴关系还很不相称，我们需要继续推动东北三省对俄技术合作与交流向全方位、多层次、多领域和高水平的方向发展。

目前，东北三省拥有位于黑龙江省的"一城""两园"和"十三个中心"、位于吉林省的长春中俄科技园，以及位于辽宁省大连市的俄罗斯技术转化中心。这些机构具有连接和纽带的作用，而且为技术产业化提供了平台。但是在双方的合作过程中，东北三省的企业反应并不积极，只有少量的企业参与对俄技术合作，而且这些企业多注重合作的短期效应，"被动"接受技术，很难实现对企业所需核心技术的引进，致使其在市场竞争中难以获得更多利润。

在中俄地方国际化产业集群建立与发展的过程中，产业合作与技术合作是密不可分的，它们同时进行、相互促进。产业合作的发展和深化，将推动双方的技术合作升级，不断向更有效和更易于技术产业化的方式发展，改变目前主要通过科技合作中心进行技术成果转化的方式，通过以双方企业为主体的技术贸易或联合开发等方式直接将先进技术进行产业化，也就是说，中俄地方国际化产业集群的建立将会推动双方技术贸易的进一步发展。技术贸易的开展，使中国东北地区同俄罗斯东部地区实现优势资源互补，装备制造业和能源产业的技术合作保证了产业的创新能力和研发成果的市场转化能力，从而保证其产业的核心竞争力和对其关联产业的扩散效应。同时，双方科研机构合作共同培养人才也是技术合作内容的一部分。东北三省拥有众多高水平的科研机构和大学，加强同俄罗斯科研机构的交流与合作是进行技术转移的另一条重要渠道。2004年，黑龙江大学与俄罗斯远东大学联合成立研究生院，东北农业大学、哈尔滨师范大学等高校也与俄罗斯的近20所大学合作，通过引进教材、教学计划和聘用教师等方式联合培养学生，为两国培养高层次人才搭建平台。

总之，中俄双方技术差距的存在是双方开展技术合作的前提，而东北三省和俄罗斯东部地区产业间存在的优势互补则构成了双方产业合作的基础。中俄地方国际化产业集群的建立，为双方产业合作和技术合作提供了更为有利的条件。

（2）深化双方贸易合作。中俄地方国际化产业集群的建立，将会促进双方贸易合作的发展，继续扩大双方的贸易规模，优化贸易结构，并且改变中国东北地区与俄罗斯东部地区以货物贸易为主的贸易格局。

没有一个国家是在所有产品生产方面都具有比较优势的，中俄双方依据自身的比较优势进行产业分工，通过专业化生产各自具有比较优势的产品，扩大双方的贸易规模，提高双方的社会福利水平。中俄地方国际化产业集群在促进中国东北三省和俄罗斯东部地区产业合作的同时，为了实现双方产业衔接，在装备制造业和能源产业产品的生产过程中，原材料、中间产品和制成品将大规模地在双方之间流动。例如，中国可以从俄罗斯进口汽车生产所需的发动机、轮胎、底盘等零部件，这样汽车生产厂商可以获得质优价廉的中间产品，从而降低汽车的生产成本；同时东北三省的汽车尤其是轻型轿车可以出口到俄罗斯。随着经济的发展，俄罗斯需要进口大量的汽车，俄罗斯消费者对性价比适中的中国车很有兴趣。在俄罗斯市场上，欧洲车和日本车的价位在 2.2 万美元到 79 万美元之间，而中国车的价格则在 3500 美元到 22500 美元之间[①]。这些数据说明中国汽车将继续拥有不可改变的市场需求，并会加强与居世界领先地位的汽车生产商的竞

---

① 《中国汽车以其优良性价比在俄罗斯仍占有一席之地》，要报资讯网，2009 年 1 月 7 日。

争力。随着产业集群的建立，厂商之间的合作会进一步增强，外资投入的增加与技术的进步，使得中国汽车的竞争力也会进一步提高，从而必将继续扩大东北地区与俄罗斯的汽车贸易规模。中俄地方国际化产业集群的建立，将扩大双方产业间的贸易规模，随着工业制成品出口的增加，工业制成品占贸易额的比例逐渐提高，改善双方原有的商品结构，从而使中俄双方的贸易商品结构得到优化升级。

随着中俄双方产业合作和技术合作的加强，双方的服务贸易和技术贸易也会逐渐成为贸易合作的主要形式，从而改变中国东北地区和俄罗斯东部地区的贸易格局。中俄地方国际化产业集群将加速资源在中国东北地区与俄罗斯东部地区之间自由流动，实现双方资源优势互补。相对于俄罗斯东部地区，中国东北地区在劳动力方面占有很大优势，并且人力资本也比较充足，产业集群发展促使东北三省劳动力向俄罗斯东部流动，这不但使俄罗斯东部地区劳动力匮乏的问题得到解决，也会缓解东北三省剩余劳动力问题。产业集群内中俄企业之间的交流与合作将增强双方人力资本流动，这种流动是双向的，对双方技术合作和产业合作的进一步发展起到推动作用。双方在各领域合作的深化，将刺激与之相关的物流、保险、金融等服务业迅速发展起来，服务贸易也随之兴起和发展。

对东北三省与俄罗斯技术合作成功项目的抽样调查数据显示，目前双方技术合作的主要方式中技术贸易所占的比例较小，在技术合作以及产业演进规律的作用下，技术要素流动的规模和方式都将不断拓展，技术贸易的规模将不断扩大。中国东北和俄罗斯东部地区的政府、企业和科研机构作为技术贸易主体，通过引进、输出核心技术来扩展自身优势技术，加速装备制造业和能源产业的创新、延长产业生产链条，促进中俄地方国际化产业集群的进一步发展。

（3）加速双方资金合作。随着东北振兴战略和俄罗斯东部大开发战略的实施，中俄双方政府加大了对这一地区的投资力度，因此双方的相互投资规模存在较大的上升空间。中俄地方国际化产业集群的建立将促进双方装备制造业、能源产业及与其相关产业的密切合作，从而形成完整的产业链条。在这些生产链上聚集着大量的中俄企业，企业间的合作将会加速资金在双方的流动，直接投资规模、借贷规模、资金合作方式都会有所发展。

中俄双方根据自身的优势进行产业间分工，为了充分发挥东北三省的劳动力优势，产业链上劳动密集型的产业集中于中国东北地区，而俄罗斯充分利用其资源和技术优势，吸引资源型和技术型产业。这种分工模式将吸引中国政府和企业向俄罗斯东部石油、天然气、矿产资源的开发和加工领域投资，同时也吸引生产劳动密集型产品的企业聚集在中国东北地区。资金的流动实质上也是企业在区域间的迁移，将会解决中国东北地区和俄罗斯东部地区生产要素的稀缺性问题，从而增加资金收益率。中俄输油管道的建立就是双方合作成功的典型例子，通过利用俄罗斯石油和中国的资金，实现中俄双赢的局面。

进行跨国投资设厂对于多数的中小企业来说，除了需要政府的政策支持外，最重要的就是解决资金问题。此外，集群区内基础设施的建设同样需要大量的资金，资金是推动中俄合作项目成功的保证。政府投资是资金的重要来源之一，产业集群的建立将刺激在中国东北地区和俄罗斯东部地区出现借贷资本输出、风险资金等多种融资渠道，与此相关的金融机构也将陆续出现和发展起来。

总之，在经济全球化的背景下，任何一个国家或地区的发展都离不开与其他地区的合作。中俄地方国际化产业集群是中国东北三省和俄罗斯东部地区实现经济发展、提升区域竞争力的重要途径。该产业集群的建立和发展将扩大中俄双方区域合作的规模和范围，通过技术贸易带动双方的技术合作和产业合作，而随着双方合作的深化和升级，贸易结构将得到优化和改善，技术贸易和服务贸易规模将逐渐扩大。随着中俄双方合作的进行，资金在区域间流动速度加快，相关金融服务机构也应运而生。

**（二）中俄地方国际化产业集群增强了对日韩的吸引力**

日本和韩国在东北亚地区乃至整个亚洲地区的经济版图上都占有重要的位置。虽然 20 世纪 90 年代末的亚洲金融危机对日本和韩国的经济造成了重大冲击，但是经过政策调整，两国的经济早已开始复苏。货币基金组织（IMF）的统计数据显示，2001～2003 年，日本国内生产总值年均增长率为 1.4%，韩国为 4.6%。目前，日本作为世界第三大经济体，2008 年的 GDP 达到 52900 亿美元，人均 GDP 为 41480 美元。韩国经济虽然没有日本那么强大，但是也已进入发达国家行列，并且在 2004 年成为 OECD 成员国，2008 年其 GDP 达到 9920 亿美元，人均 GDP 为 20240 美元，据 IMF 预测，2014 年韩国 GDP 将达到 17038 亿美元①。由于国土面积狭小、国内资源有限、国内市场狭小，日韩两国一直发展外向型经济，所生产的产品大都出口，尤其是高新技术产品具有广阔的国际市场，进口产品以资源型产品为主，进行加工后再出口。

中国东北三省和俄罗斯东部地区与日本、韩国地理位置接近，多年来区域之间的经贸关系密切，但是目前合作的广度和深度十分有限。在贸易合作方面，中国东北地区和俄罗斯东部地区与日韩的贸易格局主要是建立在双方要素禀赋差异的基础之上的，中国东北地区和俄罗斯东部地区的出口商品中初级产品、农副产品和粗加工制成品占较大比重，虽然近年来的贸易额不断增加，但是日、韩进出口总额所占比重却无增加，甚至还有所下降②。辽宁省是东北三省中与日、韩经贸合作最紧密的地区，从表 2 - 2 中可以看出，辽宁省与日、韩的贸易规模逐年扩大，但是与日本贸易额占辽宁全省总贸易额的比重却逐年下降，与韩国贸易额所占比重无重大变化。此外，中国东北地区和俄罗斯东部地区处于产业价值链底端且产业关联度不高，这导致其与日韩的贸易方式较低级，主要是传统的货物贸易。在资金合作方面，日本和韩国向中国东北地区和俄罗斯东部地区输出的资金多投向第二产业的制造业，并主要集中于劳动密集型的一般加工项目和能源开采等，而资金、技术密集型项目不多③。在技术合作方面，日、韩目前向中国东北地区和俄罗斯东部地区输出的技术有限，方式比较单一，基本以电气机械、运输机械、化学工业等传统行业的技术出口为主④。

---

① 《世界经济年鉴》，2007～2008 年。
② 程伟：《东北振兴与东北亚合作》，《当代亚太》2008 年第 5 期。
③ 《东北老工业基地在东北亚经济合作中的区位优势重构》，www.gx-info.gov.vn，2008 年 1 月 11 日。
④ 吕超：《东北振兴与东北亚区域合作》，《前沿》2007 年第 7 期。

表2-2 辽宁省与日本、韩国的贸易情况

单位：万美元

| 年份 | 进口额 | | 出口额 | | 进出口总额 | |
|------|------|------|------|------|------|------|
| | 日本 | 韩国 | 日本 | 韩国 | 日本 | 韩国 |
| 2001 | 287178 | 134496 | 452927 | 107347 | 740105 | 241843 |
| 2002 | 323397 | 158103 | 467957 | 126620 | 791354 | 284723 |
| 2003 | 371811 | 183146 | 516941 | 156034 | 888752 | 339180 |
| 2004 | 415070 | 196491 | 546263 | 231433 | 961333 | 427924 |
| 2005 | 418863 | 205700 | 631130 | 288336 | 1049993 | 494036 |
| 2006 | 398921 | 226155 | 689436 | 337015 | 1088357 | 563170 |
| 2007 | 424022 | 251882 | 790547 | 460220 | 1214569 | 712102 |
| 2008 | 491449 | 281098 | 926063 | 560310 | 1417512 | 841408 |
| 2009 | 442606 | 259597 | 771399 | 333325 | 1214005 | 592922 |
| 2010 | 560624 | 309059 | 973190 | 398448 | 1533814 | 707507 |

资料来源：根据2000~2010年辽宁省各年统计年鉴整理所得。

　　根据分析得出，中俄地方国际化产业集群的建立将会促进中国东北三省和俄罗斯东部地区合作的发展，促进双方的经济增长，从而树立区域品牌形象，提升该地区的竞争力。随着产业集群的发展，这一地区将成为东北亚一个新的增长极。根据理论分析，该增长极将会对周围地区产生极化效应和辐射效应，前者指的是这一新的增长极对周围地区资源的吸引作用，后者指的是增长极对周围地区产生的一种经济带动作用。在这两种经济效应的作用下，诸如资金、技术、人力资源等生产要素在区际合理流动将加速，表现为中国东北地区和俄罗斯东部地区同日本和韩国的资金合作、技术合作、产业合作以及贸易合作在广度和深度上的发展。

　　第一，中俄地方国际化产业集群的建立将增强日本、韩国对中国东北三省和俄罗斯东部地区的资金投入。

　　日本、韩国属于资金比较充裕的国家，其在海外的投资生产规模非常大，但是对中国东北地区和俄罗斯东部地区的投资只占其投资总额很小的一部分。以韩国为例，自1992年中韩建交以来，韩国对中国的投资日益活跃，最初韩国企业选择投资地区时会偏向文化和地理方面比较接近的地区，如吉林省、辽宁省、山东省等，但是随着经济的发展，政策和市场因素的作用更为显著，此时具有优惠政策支持、消费市场广阔、交通运输便利的上海市、浙江省、江苏省等地成为韩国企业首选。

中俄地方国际化产业集群所产生的外部规模经济导致企业生产成本降低，而企业之间的合作与信任会降低其交易成本，此外技术贸易的开展所导致的技术外溢、技术进步，以及基础设施的完善，将增强中国东北三省和俄罗斯东部地区对日韩资金的吸引力。相对于其他国家而言，日本和韩国在中国东北三省和俄罗斯东部地区进行直接投资要占有优势，因为进行直接投资等同于企业或产业在区际的转移，这是需要成本的，包括企业在国外进行投资时因语言、文化、气候等差异所造成的成本①。日本与韩国同中国东北地区和俄罗斯东部地区地理位置临近，且文化相近，因而可以减少其进行直接投资的交易成本。中俄地方国际化产业集群的发展为日韩投资者创造了良好的投资环境和多元化的投资平台，中国东北地区和俄罗斯东部地区丰富的劳动力和自然资源、广阔的产品市场再加上政府的优惠政策是该地区吸引外资的基础，而产业集群区内中国东北地区和俄罗斯根据自己的比较优势围绕装备制造业和能源产业进行专业化的分工形成的完善的生产、销售网络，将对日韩企业产生巨大的吸引力，扩大其对该地区的投资规模。随着中国东北地区和俄罗斯东部地区产业集群的发展，该地区的经济也会得到快速发展，因而也会增强该地区对日韩的投资。中俄地方国际化产业集群的建立需要大量的资金，仅凭中俄两国的投资是远远不够的，加强同日本、韩国的企业及相关金融机构的资金合作是十分必要的。

第二，中俄地方国际化产业集群的建立在增强同日韩资金合作的同时，也会加强同日韩的技术合作。

日本、韩国的产业竞争力不仅体现在它们拥有大量的资金，更为重要的是其产业所具有的科研能力。在产业集群建立和发展的过程中，中国东北地区和俄罗斯东部地区对先进应用技术的需求不断增加，这将促进中国东北地区和俄罗斯东部地区与日本、韩国的技术合作主体和合作方式不断发展。

---

① 安虎森：《新区域经济学》，东北财经大学出版社，2008。

中俄与日韩技术发展的不平衡性和互补性,客观上已经形成一种技术梯度,随着经济的发展势必会在日韩两国与中国东北地区和俄罗斯东部地区之间出现技术转移的现象。以汽车产业为例,通过对日韩汽车产业的发展历程进行研究发现,与技术发达国家之间的技术合作将会增强集群产业的竞争力。日本汽车产业在发展初期与欧美国家相比是比较落后的,但是1951~1969年,日本先后从美国、英国以及意大利等国引进了多项先进技术,这对加速日本汽车工业的发展起到了重要作用。韩国现代集团最初也是引进日本三菱发动机在其国内进行组装并安装到车身的,但是单纯依靠引进三菱的发动机的生产成本很高,将降低汽车在国际上的竞争力,因而现代集团与美国的 Ricardo 公司进行技术合作研发自由发动机,从而不但拥有了自己的生产线也降低了汽车生产成本[①]。若日韩企业加强与中国东北地区和俄罗斯东部地区的技术合作,分享专业化生产带来的规模经济等效益,中俄地方国际化产业集群将是承接日韩技术的最优平台。

第三,资金合作和技术合作都是产业合作的一部分,因而资金合作和技术合作的增强同时意味着双方产业合作的发展。

中国东北地区与俄罗斯东部地区国际化产业集群的建立将促使其与日韩产业合作向高级化发展,这种产业合作又会进一步推动双方的资金合作和技术合作。日本与韩国的技术密集型和资金密集型产业在国际上具有很强的竞争力,如汽车制造业、造船业以及高新技术产业。以日本的汽车产业为例,日本拥有日产、丰田、本田、三菱等汽车生产集团,并且日本的汽车以节能环保作为优势在世界上占有很大的市场份额。20世纪70~80年代,由于世界石油危机,日本推出了节能环保型汽车,这些汽车凭借低廉的价格和良好的性能迅速占领和扩大了国际市场。2000年以后,全球汽车市场日益饱和,随着能源储存量的减少和消费者环保意识的提高,消费者对汽车的环保要求也越来越高,日本企业通过生产、销售和研发等方面的改革和创新,促使生产成本进一步降低,实现零部件生产的标准化和集成化,同时调整全球化营销策略,对新产品的开发特别是新型环保车、

---

① 于成英:《中日韩汽车产业比较研究》,硕士研究生论文,延边大学,2002。

节能车给予足够的资金支持，从而进一步提升了其国际竞争力。据统计，2006 年，在世界主要汽车生产国家中，日本汽车产量超过美国跃居世界第一位，达到 1148 万辆，出口量实现连续五年增长，达到 596.6672 万辆，出口额为 1317 亿美元，居世界第二位[1]。从美国财富杂志 2006 年世界企业 500 强的排名来看，日本五大汽车生产企业——丰田、本田、日产、铃木和三菱都榜上有名，而且从表 2 - 3 中也可以看出，相对于 2005 年来说，主要汽车厂商的营业额和利润都有了不同程度的增加。通过对贸易竞争指数（TC）[2] 的分析发现，2001 ~ 2006 年，TC > 0 的主要汽车生产国包括日本、韩国、德国、法国。目前无论是从生产规模还是产品的国际市场占有率来说，日本的汽车产业都呈现较强的国际竞争力[3]。2006 年韩国汽车产量达 384 万辆，居世界第五位，出口 253 万辆，其中小型汽车占比最大[4]。2010 年，日本主要汽车厂商的生产出现了变化，正如表 2 - 4 所示，本田汽车公司的利润率上升到第一位。

表 2 - 3  2006 年日本主要汽车厂商生产情况

单位：百万美元，%

| 企　业 | 营业额 | 比上年增长 | 利润额 |
| --- | --- | --- | --- |
| 丰田汽车 | 204746 | 10.2 | 14056 |
| 本田汽车 | 94791 | 8.3 | 5064 |
| 日产汽车 | 89502 | 7.5 | 3940 |
| 铃木汽车 | 27048 | 11.5 | 641 |
| 三菱汽车 | 18833 | 0.6 | 75 |

资料来源：2007 年国际统计年鉴，www.bojianbook.com。

---

① 邵昱晔：《日本汽车产业国际竞争力研究》，硕士学位论文，吉林大学，2008。
② 贸易竞争指数 TC 表示一国进出口贸易的差额占进出口总额的比重，用公式表示为：$TC = (E_i - I_i) / (E_i + I_i)$，其中 E、I 分别表示出口额和进口额，i 表示某一产业或某一种产品。它是分析产业或产品是否具有国际竞争力的一种有力工具，能够反映本国生产的产品相对于世界市场上其他同种产品是否具有竞争优势。TC > 0，表示该国该种产品的生产效率高于国际水平，具有贸易竞争优势，数值越大，优势越大。反之，如果 TC < 0，则表示该国是该产品的净进口国，该种产品的生产效率低于国际水平，处于竞争劣势。
③ 邵昱晔：《日本汽车产业国际竞争力研究》，硕士学位论文，吉林大学，2008。
④ 2007 ~ 2008 年世界经济年鉴。

表 2 - 4　2010 年日本主要汽车厂商生产情况

单位：百万美元，%

| 企　业 | 营业额 | 比上半年增长 | 利润额 |
|---|---|---|---|
| 丰田汽车 | 221760 | 8.6 | 4766 |
| 本田汽车 | 104342 | 12.9 | 6236 |
| 日产汽车 | 102430 | 26.5 | 3727 |
| 铃木汽车 | 30452 | 14.5 | 527 |
| 三菱汽车 | 21349 | 37.1 | 182 |

资料来源：2010 年国际统计年鉴，www.bojianbook.com。

日本和韩国的技术、资金水平明显高于中俄两国，但是其国内市场狭小、自然资源缺乏、劳动力成本较高，与中俄两国的产业结构具有很强的互补性。在双方产业合作不断深化的过程中，随着产业集群内部产业竞争力的提升和产业结构的优化调整，日、韩将逐步向中国东北地区和俄罗斯东部地区转移技术密集型和资本密集型产业，不断拓宽双方产业合作领域。随着以装备制造业和能源产业为中心的产业合作的开展，商品和生产要素在区际流动的加快以及产业合作主体对资金和人力资本需求的增加，中国东北地区和俄罗斯东部地区的物流业、金融业和服务业等第三产业迅速发展起来。而日本、韩国拥有丰富的发展第三产业的经验，其管理水平和营销手段都非常先进，因而会促使双方的产业合作向更高层次的第三产业拓展。

第四，随着资金合作、技术合作和产业合作的开展，生产要素以及商品在双方之间的流动增强，这将推动双方贸易进一步发展。

首先表现为传统的商品贸易规模的扩大，贸易商品结构优化。随着装备制造业、能源工业在中国东北地区与俄罗斯东部地区的集群化发展，资本密集型和技术密集型产品的竞争力也会增强，双方按要素禀赋差异进行分工的贸易格局将发生改变。产业集群可以通过发挥产业规模经济和产品差异化的优势，完成同一产业链上不同环节产品的生产，形成区域竞争优势，实现与日韩两国的产业内分工，从而扩大双方专业化生产的中间产品和制成品的产业内贸易规模，使双方都获得利益，最终深化与两国的传统贸易合作。

其次，中国东北地区与俄罗斯东部地区跨国界合作形成的产业集群还会扩大中国东北地区和俄罗斯东部地区与日韩的技术贸易和服务贸易规模，优化贸易格局。产业集群的发展将会促使政府和企业不断改善中国东北地区和俄罗斯东部地区的技术市场环境和基础设施条件，为技术贸易和服务贸易的开展提供有利条件。而且日韩先进的技术和丰富的人力资本，将随着企业的迁移或者技术、人才引进流向经济发展潜力大、市场环境优越的中国东北三省和俄罗斯东部地区，这将扩大两地与日韩服务贸易和技术贸易的规模，使双方贸易合作领域逐步深化并向多样化发展。

总之，中俄地方国际化产业集群的建立将对中国东北地区和俄罗斯东部地区与日本、韩国的区域合作起到促进作用，这种作用会通过双方之间的资金合作、技术合作、产业合作和贸易合作体现出来。双方资金合作和技术合作的发展促进了双方产业合作的发展，而产业合作又对双方资金合作和技术合作起到推动作用，从而扩大中国东北地区和俄罗斯东部地区与日韩的贸易规模，改变双方的贸易结构。与日本、韩国区域合作的增强，将为中俄地方国际化产业集群的发展提供更广阔的消费市场，以及更稳定的资金、技术和人力资本支持，为产业集群实现可持续发展提供保障。

### （三）推动东北亚区域经济一体化进程

中国、俄罗斯、日本、韩国是东北亚地区的重要组成部分，各国经济的发展及它们之间良好的合作关系对整个东北亚地区的稳定发展具有十分重要的意义。从这一角度来说，中俄地方国际化产业集群的建立对推动东北亚区域经济一体化具有积极作用。

#### 1. 东北亚区域经济一体化发展状况

东北亚区域经济合作开始于20世纪80年代，但是经过多年的发展，其经济一体化程度仍处于较低层次，造成这种局面的原因包括以下几点。

第一，东北亚地区各国之间尚未建立有效的互信机制。东北亚是目前世界上比较复杂的一个地区，历史问题、领土问题仍是干扰该地区主要国家进行合作的关键问题，受这些政治因素的影响，国家间的经济关系也表现出不稳定性。尽管目前这一地区国家间的关系日趋缓和、国家间的经贸合作规模大幅度增长，但是各国间的互信机制一直没有建立起来，东北亚区域经济一体化缺乏稳定的政治基础[①]。

第二，国家间经济发展水平差距明显。东北亚涉及中国、俄罗斯、日本、韩国、朝鲜和蒙古，这六个国家经济发展水平存在巨大差距，尤其是朝鲜、蒙古与日本、韩国经济发展水平相差甚远。虽然这种差距在经济合作中表现出一定的互补性，但是由于各国利益取向不同，双方很难找出合作的切入点。

第三，各国对地区主导权的争夺。从欧盟的发展经验来看，大国之间的相互协调和积极推动是区域经济合作发展的重要因素。在推动东北亚区域经济一体化的过程中，一些国家为了维护本国的利益，所制定的政策仅从本国角度出发，只考虑本国利益，很少顾及其他国家的利益。

**2. 助推东北亚区域经济一体化发展**

虽然目前东北亚经济一体化的发展面临重重困难，但是中俄地方国际化产业集群的建立将对东北亚区域经济一体化的发展起到重要的推动作用。中俄地方国际化产业集群将使得中俄区域合作规模不断扩大、合作领域不断拓宽，同时它所产生的巨大辐射效应将增进东北亚各国经贸合作关系，为整个东北亚的经济发展注入新的活力。中俄地方国际化产业集群将通过生产要素在国家间的流动，促使各国在自身比较优势的基础上，利用技术和资金在国家间扩散和转移的机会，推动产业结构升级和发展。总之，中俄地方国际化产业集群将进一步加强各国间的经济合作，进而加速东北亚区域经济一体化进程。

东北亚区域经济一体化是东北亚经济发展的必然结果，而东北亚区域经济一体化将对各国产生重要影响。从政治角度而言，东北亚作为一个整体的影响力要远远大于区域内任何单独一个国家的影响力。从经济角度而言，东北亚地区实现经济一体化将促进生产要素在国家间的合理流动，推动各国贸易结构优化升级，增强该地区在国际上的竞争力，从而吸引世界各地人力资本、资金和技术向东北亚地区流动。

中俄地方国际化产业集群的建立和各国分工的细化，将加速东北亚各

---

① 王胜金：《东北亚区域经济合作的发展趋势及路径选择》，《吉林大学学报》2007 年第 4 期。

国资本和技术等生产要素的合理流动，从而实现东北亚内部资源的优化配置。东北亚各国资源禀赋差异较大，在中国东北地区和俄罗斯东部地区产业集群发展的基础上，国家间的合作将使得东北亚各国的生产要素围绕产业分工而合理流动，使生产要素流向边际产出较高的国家或地区。依据经济发展程度可以将东北亚区域内的国家分为三个层次，处于最高层的就是日本和韩国，中间层次的是中国和俄罗斯，而蒙古和朝鲜则是最低层次的经济比较落后的地区，因而在技术和资金转移过程中，中国东北地区和俄罗斯东部地区可以作为连接上层国家和底层国家的中间枢纽。就技术而言，中国东北地区和俄罗斯东部地区具备一定的重化工业基础，基础性技术实力较为雄厚，但欠缺中间技术和高新技术。因此，在进行产业分工合作的过程中，该地区可以一方面引进日本和韩国的技术，一方面将部分基础性技术产业传递给蒙古和朝鲜等相对落后的国家。就资金流动而言，中国东北地区与俄罗斯东部地区资本规模在东北亚属于中间层次，资本输出能力低于日本和韩国，但是高于蒙古和朝鲜，因而可以一方面积极吸引日韩资金，一方面加强对朝鲜、蒙古等国的投资。

随着生产要素在国家间的合理流动，东北亚各国的分工也将不断深化，从而优化东北亚各国的贸易结构。东北亚各国分工格局的演化是建立在东北亚地缘优势和比较优势基础上的，并且随着产业结构的变化而变化。中俄地方国际化产业集群的建立将增强东北亚各国间的合作，形成完整的产业生产链条，在产业链的上端为日韩的技术密集型产业，朝鲜和蒙古的劳动密集型产业则位于产业链的下端。在产业演进规律的作用下，各国不断调整和优化产业结构。国家间的贸易建立在分工的基础上，东北亚区域内新的分工格局将使得东北亚国家间的贸易出现新的局面。同一产品的不同工序被安排在不同的国家和地区，各国从事专业化生产，从而产生规模经济效应，然后进行商品交换，这将优化东北亚各国的贸易格局，扩大东北亚各国的商品贸易规模，优化商品结构。技术的发展使得分工越来越细，从而促进了物流、保险和金融等第三产业的发展，进而提升东北亚各国的服务贸易和技术贸易规模，促使东北亚各国的贸易合作向多样化发展。

中俄地方国际化产业集群将提升东北亚区域的竞争力，这将进一步推动东北亚各国的经济合作，并为东北亚利用和吸收世界各国的资金、技术创造良好的区域经济环境。东北亚地区完善的生产网络、丰富的资源、广阔的市场，以及政府的政策支持构成了吸引生产要素的外部区域经济环境。东北亚国家间的经济合作是建立在各国比较优势基础上的，生产要素的合理配置会提高生产效率，从而提高各国的生产能力并创造较高的市场效率，这将提升东北亚地区在国际上的竞争力。目前在东北亚范围内，各国利用的资金和技术主要来自日本和韩国，来自世界资本输出能力较强的美国和欧盟的资金和技术还比较有限。东北亚经济的发展、区域竞争力的提升，都将吸引更多的国家关注这一地区的发展，并向东北亚注入资金和技术。随着东北亚经济的发展，世界各地的专家、技术人员也将向东北亚地区流动，因而中俄地方国际化产业集群的建立不但会使东北亚区域内部的人力资本从日韩向中俄流动，同时也会吸引区域外其他发达国家的人才流入该地区，从而推动该地区经济的持续发展。

## 三 发展中俄地方国际化产业集群的风险分析

从上文的分析得知，中俄地方国际化产业集群的建立将大大促进中国东北地区和俄罗斯东部地区的经济发展，成为东北亚区域经济的一个重要增长极。大多数成功的产业集群可以维持几十年的繁荣，甚至可以让某个地方数世纪都生机盎然[①]，但是无论从国外还是国内产业集群的发展情况来看，并非所有的产业集群都能够长期保持旺盛的生命力。在产业集群发展的过程中存在不可忽视的风险。

中俄地方国际化产业集群虽然与传统意义上建立的产业集群不同，但是它在发展过程中也会面临风险，从而影响该产业集群的竞争力，进而影响该区域经济的稳定增长。这种影响表现在三个方面。第一，集群原有的及未来可预见的经济收益消失，居民、企业和政府收益的减少将影响区域内正常的社会经济活动；第二，主导产业的衰败可能会影响其他产业的发展，进而影响区域产业结构的优化，同时造成人才、专用资产、公共品等

---

① 〔美〕迈克尔·波特：《竞争论》，中信出版社，2003。

资源的闲置和浪费，危及区域经济的可持续发展；第三，产业衰落导致的失业问题对区域内社会稳定和社会福利造成冲击，进而影响区域的投资环境，给区域经济振兴带来不利影响。因此，我们有必要了解中俄地方国际化产业集群可能面临的风险，从而采取必要的措施提前防范风险，以促进产业集群的可持续发展。

### （一）中俄地方国际化产业集群可能面临的风险分析

国内外众多学者从不同角度对产业集群所面临风险的类型、成因及作用机理等进行了大量研究。下文将从产业集群面临的风险类型、风险作用机理及产业集群风险与区域经济发展的关系来分析中俄地方国际化产业集群可能面临的风险，以及这些风险对区域经济发展的影响。

**1. 产业集群风险类型**

我们可以从不同的角度将产业集群风险分为多种类型，如根据风险来源将其分为内生性风险和外生性风险。

（1）内生性风险。内生性风险是指产业集群在发展过程中由于内部原因给集群生存带来的危险。中俄地方国际化产业集群重点发展的产业之一就是能源产业，我们可以利用俄罗斯东部丰富的能源及先进的科学技术和中国东北地区原有的能源工业基础、人力资本、资金，以能源开发利用为基础、能源的生产加工为纽带，形成一条具有内在联系且在地域上集中的产业链。资源型产业集群的发展对资源有很强的依赖性，在资源丰富、市场需求旺盛时期，资源型产业发展迅速。随着资源的减少、质量下降或枯竭，以及市场的变化，资源型产业的发展将受到严重影响。虽然目前俄罗斯东部拥有丰富的自然资源，但是由于自然条件恶劣以及技术水平的限制，俄罗斯东部部分自然资源开采难度较大。从长远来看，不断地开采不可再生资源导致的储量逐渐减少、资源开采导致的环境污染和生态破坏，也对中俄地方国际化产业集群的发展构成了威胁。

蔡宁等（2003）认为，产业集群发展过程中存在网络风险。网络风险是指在产业集群网络中企业主体的过度专业化或僵化所导致的社会资本、技术、信息、人才和物质资本缺乏或遭受侵害，以及不完全契约、道德风险、机会主义和偷懒行为给集群带来的危害。瑞典经济学家哈堪森认为，产业集群内企业形成的网络关系承担着组织企业创新活动的功能，在产业集群形成阶段是促进创新的要素，但随着产业集群的发展可能会导致"区域锁定"，最终阻碍产业集群的持续发展。按照 Olson 的观点，"区域锁定"集中于自我保护和自我增强，最终将产生不利于区域进步的僵化风险，而不是成为促进区域进步的活力源泉。根据蔡宁、杨闩柱、吴结兵的研究，我们可以将网络风险概括为三个方面：一是不同的网络结构形态会面临不同程度的网络风险，其中轮轴式网络结构面临的风险最大；二是网络中所具有的社会资本、信任等资源可能会成为保护传统的力量，抑制创新；三是产业集群网络主体的活动以及它们之间的相互影响会导致网络成本的增加，从而削弱网络的竞争优势[①]。

吴晓波（2003）提出了自稔性风险，他认为产业集群自身所具有的专业化分工、地理位置临近、群内企业相互关联，以及协同与溢出效应是产业集群竞争优势产生的基础，同时也是导致集群衰退的根本性原因，并由此构建了自稔性风险成因分析模型[②]。专业化分工在促使产业集群内企业以最优规模进行生产的同时，也提高了产业链纵向各环节的资产专用性，从而降低了企业和整个产业集群对环境的应变能力；地理空间上的临近性虽然有利于企业之间的相互学习，但是会导致产业链横向分布企业战略趋同，造成集群内部激烈的恶性竞争，甚至出现"劣质商品驱逐优良商品"的"柠檬市场"现象；产业集群内企业以及辅助性机构之间的紧密合作降低了企业的交易成本，同时也降低了集群与外界的交流能力，对外部环境的应变能力不断减弱，产业集群逐渐变为一个封闭自守的系统结构；协同与溢出效应在促使集群获得外部经济的同时，也孕育集群内企业的创新惰性，严重削弱了集群的创新能力，阻碍了产业集群的进一步发展[③]。

（2）外生性风险。外生性风险主要指的是由于集群外部原因所引起的风险，主要包括周期性风险、结构性风险、集群外企业竞争以及集群外

---

① 蔡宁、杨闩柱、吴结兵：《企业集群风险的研究——基于网络的视角》，《中国工业经济》2003 年第 4 期。

② 吴晓波、耿帅：《区域集群自稔性风险成因分析》，《经济地理》2003 年第 6 期。

③ 朱瑞博：《模块化抗产业集群内生性风险的机理分析》，《中国工业经济》2004 年第 5 期。

政府政策风险。

周期性风险是指宏观经济周期对产业集群的影响，包括区域、国家甚至是国际经济波动对产业集群的影响。产业集群作为一种介于企业和市场之间的中间经济组织形式，对经济周期的反应非常敏感，因而当外部经济波动时产业集群也会受到很大的影响。这种风险是突发的、不能人为控制的，可能出现在产业集群发展的任何一个阶段。

结构性风险是指由于产业集群的资源高度集中于某一个产业或者产品的生产，而当产品市场需求大量减少或者产业老化、衰亡时，就会导致整个产业集群的衰落，从而影响区域经济发展。奥地利经济学家 Tichy 认为，产业集群在发展过程中，将经历诞生、发展、成熟和衰亡四个阶段。在产业集群的诞生阶段，为了获得外部规模经济，大量企业集聚在一起，从而使企业获得竞争优势、快速发展；随着产业集群的发展，企业数量不断增加，企业规模不断扩大，但是也会使企业失去创新的动力，仅将资源集中于企业自己具有优势的产品，从产业集群的角度来看，就表现为资源日益集中到主导产业的生产中；产业集群发展到成熟阶段后，产品生产过程实现标准化，企业为了赢得竞争往往重视扩大生产规模来降低生产成本，而忽略产品、技术创新，由此导致产业集群内生产同质产品的企业竞争加剧、利润减少；产业集群发展到顶峰后开始逐渐出现衰退的现象，表现为大量企业迁出这一地区而只有很少的企业进入，企业对市场的应变能力减弱。在产业集群成熟阶段甚至衰退阶段，由于产业集群资源高度集中于单一产业或有限的几个同类产品生产企业，产业集群的衰落可能会导致整个区域经济的衰退，成为难以复苏的"老工业区"[1]。

其他地区同类型产业集群的发展以及集群外的各级政府颁布的法规也可能对产业集群的生存和发展造成威胁。在经济全球化的背景下，中俄地方国际化产业集群同其他地区的装备制造业集群和能源产业集群的竞争势必会加剧，在这种环境下如果应对不当很有可能导致产业集群衰败。其他地区政府的政策也会影响中俄地方国际化产业集群的发展，一方面政府会

---

① 蔡宁、吴结兵：《产业集群与区域经济发展——基于"资源—结构"观的分析》，科学出版社，2007。

利用行政手段干预产品市场,禁止外地产品进入本地市场,从而影响集群产品的需求市场规模;另一方面政府制定的优惠政策,可能会吸引本地区厂商迁移,而关键企业的外迁很有可能导致部分与其配套的企业外迁,从而影响产业集群的企业网络。

根据辩证法的观点,内生性风险是影响产业集群发展、导致集群衰落的根本原因,外生性风险则是诱发产业集群衰落的重要因素。网络性风险是影响产业集群发展的决定性因素,周期性风险是影响产业集群发展的重要外因,而结构性风险是产业集群影响区域经济发展的重要因素①。网络性风险、周期性风险以及结构性风险三者之间存在相互增强机制。周期性风险会破坏产业集群的网络结构,诱发网络性风险,加速处于衰落阶段的产业集群的消亡,使得结构性风险增强;而结构性风险比较强的地区,由于过分依赖个别产业集群的发展,因而产业集群的衰败会使区域经济陷入萧条和不景气,从而诱发周期性风险;当产业集群面临的网络性风险增强时,就会引起一系列的连锁反应,加大结构性风险。

**2. 集群风险作用**

前文从风险来源分析了产业集群所可能面临的风险,下文将从技术创新、企业竞争、发展路径等角度分析这些风险的作用途径,为规避风险提供思路与方法。

(1)技术创新受阻。中俄地方国际化产业集群的建立和发展在促进创新的同时,也会由于自身的特性阻碍部分企业进行技术创新。

第一,产业集群强大的网络结构有利于知识溢出,从而便于企业进行模仿学习,这种学习在降低企业创新成本的同时也会导致集群内企业"搭便车"、滋生集群内企业的创新惰性。进行技术创新需要花费大量的成本,在开始阶段技术创新者或许可以享受到创新的好处,获得超额利润,但是由于知识溢出效应的存在,很多企业不投入要素开发而通过模仿掌握技术,因此进行技术模仿企业的生产成本要低于技术创新者的生产成本,模仿者利用低成本优势同创新企业进行降价竞争,将使创新企业不能得到全部的创新收益,其边际收益不断下降。当创新收益小于创新成本

---

① 胡旭辉:《产业集群的风险及防范对策研究》,硕士学位论文,浙江大学,2004。

时，企业从事创新的动机就会消失，而模仿动机增强，企业之间博弈的纳什均衡将使没有企业愿意进行创新开发。因此知识溢出效应的存在将抑制企业进行知识创新的积极性，从而降低整个产业集群的创新能力。

第二，企业进行技术创新的目的是占取更大的市场份额、获得更多的利润，因而企业必须具备将创新技术产业化的能力，而新产品需要得到消费者的认可，企业的最终目的才能实现。然而技术创新存在很大的不确定性，新技术是否适应市场的需求，是否具有较强的竞争力都是未知的，一旦新技术遭到市场的否定，企业就可能一蹶不振①。因此，企业都会持观望态度，期望借助于其他企业的经历减少风险，而产业集群中的知识和技术外溢恰好为企业的这种行为提供了方便，最后导致企业间的技术和产品趋同性增强。在这种情况下，集群内企业无法及时进行技术创新，也就无法及时对市场的变化进行调整，众多企业就同时面临被市场淘汰的风险。

第三，随着产业集群的发展，产业集群网络也不断完善，在相关企业组成的核心网络和外部环境组成的辅助网络的共同作用下，集群内企业的关联性以及企业对公共部门和科研机构的依赖性不断增强。这样集群系统就越来越封闭，与集群外企业的联系越来越少，就有可能引发技术锁定，从而导致技术创新受阻。

（2）企业过度竞争。产业集群内聚集着大量的同类企业，因而在这一地区企业之间的竞争程度要远远大于集群区外企业间的竞争。虽然竞争可以促使企业优胜劣汰，使生产要素在企业之间得到最优配置，但是这是以适度竞争为前提的，过度的竞争将给产业集群发展带来风险。

马歇尔在《经济学原理》中不但提到形成产业集群的重要原因是企业可以获得外部经济，同时他也看到当产业集群内企业超过一定数量时，就会出现规模不经济，产生拥挤效应，导致土地、资本、劳动等生产要素价格上涨。由此导致企业生产成本上升，抑制企业的进一步发展，迫使企业迁出该地区，产业集群本身也不断衰落。

中国学者仇保兴经过研究认为，由于产业集群内企业与消费者之间信

---

① 徐博、邓红兵、刘芬：《产业集群风险机理研究》，《经济与管理》2006 年第 11 期。

息不对称，消费者拥有的产品质量信息要比企业少，因而集群中就会有企业利用产业集群建立起来的品牌形象，用低质量的产品代替高质量的产品以赚取利润，从而造成低质量产品驱逐高质量产品，最终导致集群产品市场上的产品质量持续下降，而一旦出现"柠檬市场"，就会导致全行业的亏损。此外由于集群内企业之间存在高度专业化分工，企业资产专用性很高，即使在亏损的状况下企业也很难从行业中退出。"柠檬市场"将破坏集群的整体品牌和声誉，其结果是消费者不再信任该集群市场，最终导致整个集群的衰退①。

（3）路径依赖。产业集群的形成、发展和演进是产业集群制度安排下路径选择的结果。作为一种制度安排，产业集群的发展轨迹具有路径依赖性。所谓路径依赖是指一个具有正反馈机制的体系，一旦在偶然事件的影响下某一路径被系统所采纳，系统便会沿着该路径发展演进，很难被其他潜在的甚至更优的体系所取代②。路径依赖所产生的正反馈机制对加强集群内企业间的专业化分工、促进企业技术创新、促进集群网络的发展起到了重要的作用。但是当产业集群网络发展到一定阶段时，集群的网络成本超过了集群的收益，此时产业集群急需创新和改变，但是对原有路径的依赖，会导致集群内企业创新不足，呈现一种锁定的封闭状态，而集群网络效率低下，则使得集群的网络成本不断积累增加，形成一种"自我弱化"的"负反馈机制"，产业集群的发展将面临风险。

产业集群发展过程中的路径依赖主要表现为集群内众多中小企业在文化和技术方面对核心大企业的依赖。由于中小企业单方向从大企业接受知识，很容易对大企业产生路径依赖，当集群内少数大企业没落或迁出该地区时，众多中小企业也就无力通过独自进行技术创新来面对市场风险，从而引发产业集群风险。由于集群内众多企业是属于同类型的，因而在面对机会或者风险的时候往往会做出同样的选择。如果这个选择不是最优的，就可能破坏集群的稳定；如果这个选择是最优的，但是该选择是依赖原有

---

① 雷如桥、陈继祥：《企业集群的"柠檬市场"风险及对策研究》，《商业研究》2004 年第 22 期。

② 张涌：《新制度经济学视角下产业集群形成及发展机理研究》，博士学位论文，暨南大学，2008。

的环境而不是新的环境做出的，就会导致企业因为无法适应新的环境，从而丧失竞争优势，加速集群的衰落。

### （二）规避产业集群风险的措施

中俄两国通过技术贸易推动中俄地方国际化产业集群的建立，其主要目的就是通过该产业集群的发展带动中国东北三省和俄罗斯东部地区的经济发展，但是潜在风险的存在会影响区域经济的发展。产业集群风险的存在并不意味着产业集群必然无法实现可持续发展而最终走向衰败，在中俄地方国际化产业集群建设和发展过程中，我们应当从国内外学者的理论研究及各地产业集群发展经验中，认识中俄地方国际化产业集群可能面临的风险，采取合理的措施来预防和规避风险，保持该产业集群旺盛的生命力，延长产业集群的生命周期，最大限度地发挥其对区域经济的促进作用。

#### 1. 内生性风险防范措施

能源产业集群的发展很大程度上依赖俄罗斯东部地区丰富的石油、天然气等自然资源，因而要延长能源产业集群的寿命、实现能源产业集群的可持续发展，一方面需要充足的资金、先进的技术，最大限度地充分利用资源；另一方面要合理控制产业集群的规模、延长能源产业链条。控制集群内能源开采企业的数量可以防止自然资源过早枯竭，缓解由于发展资源型产业造成的环境污染、生态破坏等问题。借鉴循环经济发展模式，延长和拓宽能源产业生产链条，将产业链的各个环节连接起来形成一个封闭的循环系统，促进各企业间的共生耦合，加强资源的循环利用，从而实现集群内物质的充分利用和能量循环，排放极少的污染物，减轻对环境的压力[1]。

朱瑞博（2004）提出运用产业模块化来化解产业集群的内生性风险。所谓模块是指可组成系统的具有某种确定独立功能的自律性的子系统，这些子系统可以通过标准化的界面结构与其他功能的半自律性子系统，按照一定的规则相互联系组成更加复杂的系统[2]。产业模块化就是将产业链中

---

① 孙丽芝、范恩海：《资源型产业集群的风险分析与对策研究》，《经济问题》2008 年第 3 期。

② 朱瑞博：《模块化抗产业集群内生性风险的机理分析》，《中国工业经济》2004 年第 5 期。

的每个工序分别按一定的模块进行调整和分割，具体来说就是产品体系或产品设计模块化、制造和生产模块化、组织形式或企业内部系统模块化①。通过产业模块化，一个复杂的产业系统就能分解成一系列相对独立的、具有特定功能价值的模块，从根本上改变产业集群内企业间的关系。在吴晓波（2003）提出的自稳性风险的基础上，朱瑞博认为经过产业模块化可以化解产业集群由于专业化分工、地理临近性、企业间相互关联、协同与溢出效应而导致的资产专用性、战略趋同、封闭自守和创新惰性风险。

面对产业集群风险，政府作为应对市场失灵的重要行为主体，应该在发挥产业集群优势的前提下，制定积极的政策，帮助企业克服产业集群的内生性风险。政府首先要清除地方保护主义的观念，只有加强与其他地区的合作与竞争，区域经济才能获得长远发展。例如，大量相似的企业聚集在一起，虽然有利于企业间的学习与交流，但往往导致企业战略趋同，此时政府不但要利用企业地理临近的优势为集群内企业交流创造良好的条件，更要为集群内企业与集群外企业交流搭建桥梁，通过促进与区外企业的合作，将新技术、新思想、新信息带给企业，为企业实施不同的战略营造氛围。政府的另一个重要职能就是为企业创新提供便利条件，既要利用产业集群便于知识、技术外溢的这一特性，为众多小企业进行技术创新提供可能，也要保护创新企业的利益，使其保留继续创新的动力，驱逐集群内企业"搭便车"的心理。为此，政府要努力为企业营造有利于创新的文化氛围；完善政策、制度、市场法规，从而为技术产业化提供保障；加大对教育的投入力度，培养市场、企业所需人才；促进高校、科研机构与企业的合作，为技术产业化搭建平台。

**2. 外生性风险防范措施**

外部的宏观经济、政治环境是产业集群本身无法掌控的，面对外生性风险，重要的是增强产业集群的抵抗力，割断外生性风险与内生性风险的联系，防止外生性与内生性风险互相加强。

中俄地方国际化产业集群不同于其他国内外产业集群的一个重要特征就是，该产业集群是中俄两国合作建立的，因而维持中俄双方政府的良好

---

① 胡晓鹏：《模块化整合标准化——产业模块化研究》，《中国工业经济》2005 年第 9 期。

外交关系对该产业集群的发展至关重要。就政府而言，继续推动中俄总理定期会晤机制，同时加强地方政府间的交流与合作；就企业而言，加强双方企业间的非正式交流，更多地了解对方的文化，不仅有利于双方建立信任关系，而且有利于双方合作，共同进行技术创新。

周期性风险可能发生在产业集群发展周期的任何一个阶段，会导致产业集群内所有部门产量的下降，尤其是面对世界经济危机，世界整体需求量的减少，会使产业集群遭受严重打击。但是在周期性风险影响下，导致产业集群最终衰亡的原因并非来自外部，而是由于产业集群自身僵化，无法对外部环境做出及时的调整[①]。在此种情况下，应对外部风险最根本的办法还是增强产业集群内部企业的灵活性，既要进行技术创新、开发新产品，也要提高产品质量，尽可能扩大市场范围，以此来降低外部环境变化对企业的打击。

化解产业集群结构性风险的重要措施就是促进集群内企业的技术创新。只有如此，当一种产品进入衰落期而威胁到产业集群的生存时，基于技术创新而形成的产品创新才能自动化解潜在的风险。当某一类产品或其中的一个行业衰退时，其接替产品或产业就会产生，从而使由于产品或产业衰落而导致产业集群衰落，甚至拖垮区域经济的风险不再存在。此外，有研究表明，防范结构风险的另一个重要方法就是进行分散投资，强调产品、产业的多样性，及时进行产业结构升级。

在开放的经济条件下，中俄地方国际化产业集群将面临越来越激烈的竞争，竞争能够促进产业集群的发展，提升产业集群的创新能力，但是过度的竞争则会导致产业集群过早衰落，因而加强与其他地区产业集群的合作也是促进中俄地方国际化产业集群发展的重要内容。吸收借鉴其他相似产业集群的发展经验、引进外地集群企业进入本地生产系统，对于化解本地集群的创新惰性、破除闭关自守模式、避免战略趋同等具有积极的作用。

---

① 蔡宁、吴结兵：《产业集群与区域经济发展——基于"资源—结构"观的分析》，科学出版社，2007。

# 四 发展和构建中俄地方国际化
# 产业集群的启示

## （一） 中俄地方国际化产业集群符合客观经济规律

综观全球，培养产业集群已经成为促进区域经济发展的重要举措，许多产业集群经过多年的发展成为当地重要的经济支柱。中国东北三省和俄罗斯东部地区同样需要通过建立具有国际竞争力的产业集群实现经济振兴。

首先，中国东北三省和俄罗斯东部地区通过技术贸易推动中俄地方国际化产业集群的建立，而该产业集群将通过一系列机制促进该地区经济发展，进一步增强双方技术贸易合作，形成一个不断强化的循环系统。

中国东北三省和俄罗斯东部地区具有合作建立中俄地方国际化产业集群的基础。这一地区丰富的自然资源、充足的劳动力以及便利的交通设施等是产业集群形成的基本条件。此外，该地区还拥有良好的装备制造业和能源产业基础，以及广阔的产品市场，部分产品在国际上具有很强的竞争力。随着中国东北三省与俄罗斯东部地区传统商品贸易的不断发展，在边境地区已经出现产业集聚的现象。双方贸易规模的扩大和技术贸易、服务贸易的发展，将提高整个地区的技术水平，产业集聚将逐步发展成为集群。

中俄地方国际化产业集群的建立将加速生产要素在地区间的流动，进一步深化专业化分工，为制度创新和利用社会资本提供有利环境，从而降低企业的生产成本和交易成本，增强企业的竞争力，进而提升产业的竞争力，促进区域经济发展，推动双方合作向多领域、高层次方向发展。

其次，中俄地方国际化产业集群建立的目的是通过双方的合作促进中国东北三省和俄罗斯东部地区的经济发展，该产业集群不仅能够促进中国东北三省和俄罗斯东部地区经济的发展，而且对整个东北亚地区的经济发展具有深远影响。

一是中俄地方国际化产业集群的建立将促进中国东北三省和俄罗斯东

部地区经济的增长。中俄地方国际化产业集群的优势将吸引更多的跨国厂商到此投资，从而带来大量的资金、先进的技术、高素质的劳动力和科学的组织管理方式。产业集群所特有的网络结构将所吸引的区外资源同本地区的优势资源进行整合利用，使资源得到优化配置，从而提高产业的生产效率。同时，知识、技术溢出为中小企业模仿学习、降低创新成本提供了便利，也为新企业诞生提供了良好的环境。随着产业集群的不断发展，该地区装备制造业和能源产业的国际竞争力将逐渐增强，从而拉动东北三省和俄罗斯东部地区经济的增长，为建立该地区区域品牌打下坚实的基础。

二是中俄地方国际化产业集群的建立促使中国东北三省和俄罗斯东部地区的合作进一步增强。该产业集群的建立和发展，将反过来促使技术贸易规模和领域进一步扩大，由此带动双方的技术合作和产业合作、优化贸易结构、深化贸易合作，加速双方的资金合作。因而，中俄地方国际化产业集群的发展和双方的技术合作、产业合作、贸易合作、资金合作是相互作用、相互促进的。

三是中俄地方国际化产业集群的建立可以促进同日韩区域合作的发展。日本、韩国作为东北亚地区重要国家，在资金、技术、人力资本等领域具有东北三省和俄罗斯东部地区无法比拟的优势。该产业集群的建立将促使日韩生产要素流向该产业集群，增强区域间产业合作、技术合作、资金合作和贸易合作。同日韩经济合作的发展，将为中俄地方国际化产业集群提供更为广阔的消费市场和资金、技术、人力资本支持，是产业集群实现可持续发展的重要保障。

四是中俄地方国际化产业集群的建立对推动东北亚区域经济一体化起到积极作用。该产业集群逐渐发展成为东北亚地区的一个新的增长极，促使生产要素在国家间合理流动，推动中国、俄罗斯、日本、韩国之间的合作。作为东北亚最重要的四个国家，它们之间稳定的经济合作关系对推动东北亚区域经济一体化具有重要意义。

最后，中俄地方国际化产业集群在发展过程中会面临风险，进而影响产业集群区域经济效应的发挥。

与其他的产业集群一样，中俄地方国际化产业集群在未来的发展过程中也会面临各种风险，这将导致集群内企业创新受阻、企业之间恶性竞争、路径依赖，最终影响产业集群的可持续发展，影响区域经济增长。但是，风险的存在并不意味着产业集群走向衰落、灭亡，我们可以采取一定的措施提前防范风险。例如，利用先进技术，提高资源利用程度，合理控制产业集群内企业数量和规模，延长能源产业链条；通过产业模块化化解产业集群由于自身优势而产生的资产专用性、战略趋同、封闭自守、创新惰性等风险；政府制定积极的政策，为集群内企业创造良好的发展环境，增强与集群外企业、政府的合作；强化企业技术创新，及时进行产业结构升级。

总之，在世界经济联系日趋紧密的今天，对外开放是发展区域经济的必由之路。在中国政府实行"振兴东北"和俄罗斯政府实行"东部大开发战略"的背景下，中国东北三省和俄罗斯东部地区应抓住这一时机，利用地理位置临近、贸易历史悠久、产业结构互补等优势条件，加强双方之间的合作，积极开展技术贸易，推动中俄地方国际化产业集群的建立，成为该地区新的经济增长点。该产业集群的建立将促进双方技术贸易发展，进而形成一个不断增强的循环体系，也就是说，产业集群的建立和发展将不断强化双方的合作，提升产业集群的竞争力，促进中国东北三省和俄罗斯东部地区经济的增长，而经济增长是双方进一步开展技术贸易的动力。

**（二）中俄政府的行为能力对产业集群发展的影响**

从国内外众多产业集群的发展经验来看，市场是推动产业集群发展的主要力量，但是市场失灵的存在，需要政府进行宏观调控以促使产业集群良性发展。美国政府通过分析产业集群对区域经济结构的影响，制定区域发展规划，加强区域内不同产业集群间的联系；英国则将政府定位为"催化剂"和"经纪人"的角色，把产业集群作为促进区域经济发展的重要手段，专门设立产业集群政策领导小组，根据区域特征发展不同类型的产业集群；奥地利政府为产业集群内的企业搭建合作平台，为企业的发展提供创新、人力资本开发等条件，并通过政府购买来推动产品需求市场的发展；意大利政府设有管理中小企业集群的专门机构，这些机构成为企业与政府沟通的桥梁，并且举办经营管理培训活动，为企业培训技术人才。浙江产业集群最初完全是在市场机制作用下自发形成的，政府的主要作用就是维持市场秩序，为企业发展创造良好的外部环境；广东政府在产业集群缺乏创新动力时，引进新技术并且聘请专业技术人员进行新产品开发研究，为企业提供低息贷款来换购新设备。

中俄地方国际化产业集群的建立和发展是经济规律作用的必然结果，但是这并不意味着政府在这一过程中无所作为，由于该产业集群的特殊性，无论是双方的中央政府还是地方政府都起着极为重要的作用。建立中俄地方国际化产业集群的主要目的是通过发挥该产业集群的经济效应带动中国东北三省和俄罗斯东部地区的经济发展，使其成为东北亚地区新的经济增长极。为了达到这一目的，中俄政府需要提供稳定的外部环境，而且政府能够弥补市场缺陷，化解产业集群风险，其作用最终可以归结为四点：促使中俄地方国际化产业集群建立，加速中俄地方国际化产业集群发展，推动中俄地方国际化产业集群产业结构升级，应对中俄地方国际化产业集群风险。

**1. 以良好的外部条件促进中俄地方国际化产业集群建立**

在中俄地方国际化产业集群形成初期，中俄政府的重要作用就是为产业集群的建立提供政策支持和稳定的外部环境，双方政策的一致性是发挥政府作用的基础。

首先，中俄双方中央政府要明确双方合作建立产业集群对中国东北地区和俄罗斯东部地区经济增长的重要作用，提高区域经济的开放度，加强政策引导。由于该产业集群涉及两个国家，涉及众多政治问题，但是政府应该以长远的眼光来看待该产业集群所能带来的经济效益和政治效益，为产业集群的建立提供最大限度的政治保护。中央政府的作用更多地体现在为地方政府制定宏观战略规划，在资金、政策方面给予支持，推动双方技术贸易发展等方面。例如，放宽核心技术引进和输出条件，提高双方边境的开放程度，减少生产要素流动的障碍。

其次，中国东北三省和俄罗斯东部地区各地方政府在中央政府宏观政策的指导下，为产业集群的建立提供更为完善的外部环境。地方政府经过协商制定科学的政策和发展规划，依据区位、产业、技术、对生态环境的影响等若干因素，合理确定产业集群的短期发展目标和长期发展目标。由于基础设施具有公共品的非竞争性、非排他性等特点，在产业集群形成时期无法由市场提供这些产品，因而需要政府投入资金，完善该地区的交通、通信、水电、教育等基础设施。更为重要的是，东北三省地方政府要起到引导作用，促使当地企业与俄罗斯企业积极开展技术贸易，通过引进俄罗斯先进的技术来提高自身技术水平。与此同时，俄罗斯政府也应看到技术流动是经济发展的客观规律，鼓励当地企业同中国企业进行技术合作，在原有技术合作的基础上扩大技术贸易规模。

从其他产业集群的发展经验来看，产业集群形成时期政府的主要作用就是营造良好的外部环境，给予优惠政策，从人力、物力、财力上支持产业集群的建设，为产业集群的发展奠定坚实的基础。例如，印度班加罗尔软件工业区之所以能够成为当今世界重要的信息技术产业基地，与印度政府和卡纳塔克邦政府的推动措施和有效的政策支持是分不开的。20世纪80年代后期，印度政府制定了重点发展计算机软件业的长期战略，将软件产业置于优先发展地位。1991年在班加罗尔成立了印度第一个计算机软件技术园（印度软件科技园 STPI），其中卡纳塔克邦政府占20%的股份，随后政府又制定了一系列包括税收、投资、产业扶持、人才培养、优惠的入园待遇等多方面的政策措施来推动班加罗尔地区软件产业的发展[①]。

中俄地方国际化产业集群在形成初期，其发展还是不成熟的，还没有形成强大的聚集效应，容易受外部环境影响，此时政府要为其营造稳定的政治和经济环境。从中央政府到地方政府，应基于当地的实际情况，制定有利于产业集群形成和发展的政策及制度，加强当地的基础设施建设，为吸引投资创造良好的环境。

**2. 以创新理念加速中俄地方国际化产业集群的发展**

经过一段时间的发展，中俄地方国际化产业集群初步形成，进入成长期，区域经济效应开始逐渐显现。主要表现为集群内企业数量增加和规模扩大，企业之间联系增多，技术溢出提高了企业创新能力，能源产业和装备制造业的国际竞争力增强，产品市场范围扩大，带动区域经济快速发展。此时，双方政府在鼓励企业进行技术贸易的同时，也要根据这一时期集群的发展特点适时调整政策。为集群内企业提供资金支持，促进集群内

---

① 张晓驰：《政府在企业集群中的作用研究》，硕士学位论文，吉林大学，2006。

企业间以及企业与科研机构的协作关系发展，加强与其他地区的合作，引进资金、技术、人才，同时要加强监督管理，合理开采、利用资源，减少对生态环境的破坏。

随着中俄地方国际化产业集群的发展，企业间的专业化分工不断深化，能源产业和装备制造业的产业链条也逐渐延伸，从而吸引大量中小企业到此地聚集，也为新企业诞生创造了良好条件。在激烈的竞争环境中，中小企业发展最缺乏的就是资金，中俄政府需要为其提供金融服务。根据其他产业集群的发展经验，政府可以从以下几个方面帮助企业解决这一问题：第一，完善担保和融资体系建设，发展信用担保机构，提高银行贷款积极性，鼓励银行优先向有竞争力的中小企业提供贷款；第二，鼓励风险投资机构与有潜力的中小企业合作，尤其是创新能力比较强的企业①；第三，鼓励基于信任关系的中小企业联合担保，以获取所需贷款；第四，逐步建立多层次的、专门为中小企业服务的资本市场。

中俄地方国际化产业集群内，由大量企业构成的企业集群是产业集群发展的核心。在市场机制作用下同类企业将激烈竞争，政府应在不违背市场原则的基础上促进企业之间的协作，防止过度竞争而出现"柠檬市场"的现象。由政府定期组织企业家论坛，为企业进行技术、管理、销售等经验交流搭建平台。同时双方政府应合作设立专门机构来制定行业发展规则、培养诚信经营氛围、限制企业间的恶性竞争、完善制度法规以规范企业行为。通过促进企业间的交流与合作，实现企业的共同发展，而且使企业形成共同维护区域品牌、促进区域经济发展的使命感。

在这一阶段，政府的另一重要作用就是鼓励企业进行创新，除了资金外，企业创新最需要的就是人才。政府可以从以下四个方面提高企业的创新能力：第一，促进企业与大学、科研机构的合作，面向企业需求培养人才和开发新产品；第二，建立专业人才服务市场，支持各种教育培训机构的发展，为企业提供专业人才培训服务，便于人力资本在企业间流动；第三，加强与其他区域的合作，引进新技术，吸引新企业到来，为集群技术创新注入新活力；第四，完善产权制度、激励制度、组织制度，为企业创

---

① 魏剑锋：《产业集群发展与政府角色》，《统计与决策》2007年第21期。

新提供制度保障，使创新企业获得理想收益，增强其创新动力。

**3. 从国际合作视角推动中俄地方国际化产业集群产业结构升级**

中俄地方国际化产业集群进入成熟期后，集群内部网络结构将趋于稳定，成为东北亚地区重要的经济增长极。但是集群内部企业间的稳定关系容易造成企业过于依赖集群而减少了同外部企业合作，致使其应变能力退化。此外，区域经济发展过度依赖该产业集群，加大了产业集群结构风险，从而对区域经济发展产生不利影响。在这一阶段，中俄双方政府要鼓励集群内企业对外开放，积极参与全球经济发展，加大对能源产业和装备制造业的科研投入，推动产业结构升级，利用区域优势发展高新技术产业。

中俄政府要引导企业树立开放的观念，由政府组织企业家代表团定期外出访问，在这一过程中企业可以学习其他产业集群的先进经验，同时也能增强竞争意识。企业的创新惰性可能使能源产业和装备制造业陷入技术停滞不前的状态，导致集群优势逐渐下降乃至丧失，此时政府可以通过建立专门的研究机构和技术服务机构，重点开展对产业具有重大推动作用的前沿技术和战略技术的研究，通过与企业的合作将技术产业化。

对中国东北三省和俄罗斯东部地方政府来说，这一时期还是推动产业结构升级的关键时期。如果政策措施得当，就会促进产业集群持续发展，进而维持区域经济繁荣，否则，产业集群就会丧失原有竞争优势，对区域经济发展造成重大冲击。应该推动能源产业和装备制造业中技术含量高的产品的生产，同时支持高新技术产业发展，如新材料、宇航、核电、生物制药等。

**4. 以中俄双方的真诚合作应对中俄地方国际化产业集群风险**

风险可能发生在中俄地方国际化产业集群的任何阶段，产业集群自身具有一定的抗击风险能力，政府的作用在于为集群发展提供稳定的外部环境，降低外部风险对产业集群的冲击，包括稳定中俄双方的合作关系、加强集群内基础设施建设、建立完善的法规体系。此外，推动中俄地方国际化产业集群积极与其他产业集群合作，引进新技术，制定优惠的政策吸引企业到来，化解本地企业的创新惰性，增强其开放程度，避免企业战略趋同，可以极大地增强本地集群的生命力和竞争力。

在中俄地方国际化产业集群建立和发展的不同阶段，中俄各级政府具有不同的作用，政府政策的重点相应的也有所不同，要依据产业集群发展的实际情形制定合适的政策。中俄政府的干预可以克服市场失灵，但是政府有时也会存在失灵，因而政府制定促进产业集群发展政策时应遵循以下原则：市场导向原则，政府的任务是在尊重市场规则的基础上，克服市场失灵；适度干预原则，政府是产业集群形成和发展的推动者，企业是产业集群发展的主要力量，要界定政府行为的合理边界；层级原则，中央政府和地方政府在推动产业集群发展的过程中，不仅需要相互协调、积极沟通，而且要发挥不同的作用①。总之，为了促使中俄地方国际化产业集群的建立和发展，使其成长为东北亚地区新的经济增长极，并积极发挥其区域经济效应，中俄各级政府应在遵循市场经济原则的前提下积极发挥作用。

---

① 魏剑锋：《产业集群发展与政府角色》，《统计与决策》2007 年第 21 期。

# 第三章
# "伞"型合作模式的制导环境

中俄区域合作"伞"型新模式的提出存在极其重要的制导环境。在世界经济全球化日益发展的今天，区域经济一体化已成为世界经济发展的重要趋势。相邻地区都谋求通过区域一体化促进经济发展，提高国际地位，中国东北地区和俄罗斯东部地区地理位置临近，并且经济互补性强，中俄政府又先后提出了"振兴东北老工业基地"和"东部大开发"的战略，这为两国合作建立地方国际化产业集群，促进区域经济一体化发展提供了良好的外部环境。

## 一　国际区域一体化发展的内在动力

国际区域一体化是指两个或两个以上的国家或地区为实现区域内经济或政治的合作或联合，通过制定条约、法规和建立必要的执行机构等方式，相互让渡或共享一部分主权的制度安排。国际区域经济一体化组织在发展过程中按照不同的标准出现了不同的类型。按照合作的深度分为自由贸易区、关税同盟、共同市场和经济联盟等；按照一体化对象的不同分为市场一体化、货币一体化、财政一体化等①。随着一体化组织数量的不断增多和一体化程度的不断加深，区域经济一体化组织在世界经济发展变化的背景下将呈现新的发展态势。

## （一）国际区域一体化发展态势

### 1. 更加重视经济活动区位的选择

为了使区域经济一体化组织最大限度地发挥其经济效应，构建一体化组织的成员国更加重视经济区位的选择。这主要是因为区域经济一体化组织只有建立在最优的经济区位中，才能充分利用各成员国的地缘优势、要素禀赋和产业结构的互补性等特征。

区域经济一体化组织具有一定的区域性和集团性，因而在区域经济一体化的构想和发展中，地缘利益一直是各成员国首要考虑的问题。地缘利益主要包括本地区的政治、经济和安全利益，受地理、历史、社会及文化等因素的影响。各国的地缘优势将会直接影响区域经济一体化组织的整体经济效应②，国家间的地理区位与空间距离是构成国际区域经济地缘优势的主要因素。在地理位置上比较临近的国家或地区，容易制定和执行共同的经济政策，地缘优势明显③。相邻国家实现区域经济一体化，可以节约运输成本、降低交易费用，区域内商品和生产要素的自由流动对深化国际分工和拉动区域经济增长具有明显的作用。目前的区域经济一体化组织中，一体化程度较高的组织都集中在地理位置比较临近的国家或地区，如欧盟、北美自由贸易区、东盟和南方共同市场等，这些组织都利用了其明显的地缘优势，实现了商品或要素的自由流动。

区域性经济集团建成以后，可以把原来相邻但分散的各国小市场联结成无障碍的统一大市场，从而扩大企业市场范围，使企业获得生产规模经济效应。同时，消除关税、配额等贸易壁垒，可以增强市场竞争程度，促使生产要素配置合理化，从而提高企业生产效率。

---

① 曹宏苓：《国际区域经济一体化》，上海外语教育出版社，2006。
② 聂华林：《区域经济学通论》，中国社会科学出版社，2006。
③ 保健云：《国际区域合作的经济学分析》，中国经济出版社，2008。

**2. 更多集中于市场一体化**

区域经济一体化组织在目前以及短期内一体化的对象仍将以市场一体化为主，而货币一体化和财政一体化等形式由于需要成员国让渡部分主权，目前只在一体化程度较高的欧盟存在。

市场一体化是经济一体化的基础，是指消除产品、生产要素跨国流动的政策、制度障碍，建立区域范围内产品、劳动力和资本的内部市场化，从而在区域经济一体化组织内部实现产品市场一体化和要素市场一体化[①]。世界范围内已经出现大量以商品和要素为一体化对象的组织，如北美自由贸易区、东盟和西非国家经济共同体等自由贸易区，这些组织的各成员国相互消除关税壁垒，但仍保持各自对非成员国的关税和其他贸易限制[②]；南方共同市场、加勒比共同体、中美洲共同市场等关税同盟，其成员国在自由贸易区的基础上还制定了一致的对外贸易政策；安第斯共同体等共同市场成员国在商品自由流动的基础上实现了要素市场的一体化，取消了生产要素流动的壁垒，实现了劳动力和资本在成员国间的自由流动[③]。

目前绝大多数的一体化组织都是围绕市场一体化展开的，这主要是由于各个国家或地区的经济政策不一致、行政区划的影响导致商品或生产要素不能完全自由流动，而通过市场一体化可以使集团内部制定统一的政策，从而实现商品和生产要素超越国家界限自由流动，能够有效地推动成员国的合理分工，提高生产要素的利用率，带来强大的经济效应。以关税同盟为例，成员国之间零关税而对外制定统一的关税税率，这将使本国成本高的产品被从成员国进口的低成本的产品所代替，为区域内部的贸易创造效应，扩大成员国的贸易规模，进而提高成员国的社会福利水平[④]。要素市场一体化的经济效应更为明显，当成员国取消或放宽生产要素流动的障碍后，资本或劳动力等要素将流向边际产出较高的国家或地区，实现资

---

① 曹宏苓：《国际区域经济一体化》，上海外语教育出版社，2006。
② 曹宏苓：《国际区域经济一体化》，上海外语教育出版社，2006。
③ 蒋红：《区域经济一体化理论及其对中国参与区域经济一体化的启示》，硕士学位论文，武汉大学，2004。
④ 樊莹：《国际区域经济一体化的经济效应》，中国经济出版社，2005。

源优化配置[1]。

市场一体化一直是世界上各个国际区域经济一体化组织的共同目标之一，各国在未来经济发展过程中仍将继续追求经济效应最大化。因此，在国际区域经济一体化的发展中，市场一体化仍是一体化的重要内容，各成员国仍将积极推进商品和要素市场的一体化，实现资源合理配置。

### 3. 更加重视互补与竞争并存的经济结构

区域经济一体化在发展过程中将更加重视成员的经济结构特点，为保证区域经济一体化组织的质量和区域竞争力，一体化将在既相互竞争又存在一定互补性经济结构的国家间进行。

各国的经济结构都存在一定的差异性，如何充分认识和有效利用成员国经济结构的特点将是考察一体化组织经济效应的主要因素。在目前的区域经济一体化组织中，各个成员国都不同程度地发挥着各自在资源和产业结构方面互补或竞争的特点，遵循产业升级的规律，进行区域分工合作，从而依据各自的生产要素禀赋参与生产交易活动并从中获利[2]。以北美自由贸易区为例，美国和加拿大发挥其资本和技术的比较优势，而墨西哥发挥劳动力的比较优势，从而有效地扩大了成员国间的贸易规模，提升了产品在世界市场的竞争力，实现了区域的协同发展。

在构建区域经济一体化的过程中，成员国重视互补与竞争的经济结构，可以有效地维护成员国的共同利益，充分发挥一体化组织的经济效应，提高成员国在国际竞争中的整体竞争力，实现比较利益和规模经济利益。两个或多个国家及地区在资源禀赋与产业结构方面的差异性与互补性越强，则相关地区参与国际经济合作的积极性越强，这主要是因为各成员国可以根据不同的资源或生产方式形成紧密的国际分工合作关系，进而获得地区专业化分工带来的经济收益[3]。同时，成员国间的竞争将提高资源配置的效率，刺激公司改组和产业的合理化，推动先进技术的广泛应用，

① 田青：《国际经济一体化理论与实证研究》，中国经济出版社，2005。
② 张轶然：《论东北亚区域一体化合作与我国的对策研究》，硕士学位论文，吉林大学，2007。
③ 保健云：《国际区域合作的经济学分析》，中国经济出版社，2008。

从而带来经济发展和社会福利的改善①。

随着世界经济的迅猛发展，各国的经济结构也不断发生变化。在成立区域经济一体化组织的过程中，从战略的眼光出发，针对一国的资源禀赋及产业结构发生的变化和趋势，与经济结构存在一定互补和潜在竞争的国家开展区域经济合作，形成区域内成员国之间长期经济合作的互动，从而带来一定的动态利益。

**4. 推进一体化的方式更加灵活**

随着区域经济一体化组织成员国数量的增加和合作领域的拓展，推进一体化的方式将更加灵活，既包括制度性一体化也包括功能性一体化。

推进一体化的方式已经不再拘泥于按照共同的法律或契约让渡自己主权的制度一体化，而是出现了一系列更加务实的功能性一体化。成立较早的区域经济一体化组织，比如欧盟等属于比较典型的制度一体化，是各个成员国通过成立超国家的机构对成员国进行约束，以经济利益最大化为目标，最终建立新规则而进行的成员国集体的制度变迁②。制度性一体化较难形成，并且难达成共识。目前最大的区域经济合作组织亚太经济合作组织（APEC）也只是一个协商和合作机构，没有完善的指令职能和机制化机构③，属于功能性一体化。APEC 通过较为灵活的方式，承认各成员单位贸易投资自由化起点不同，允许各成员根据自身经济发展水平、市场开放程度和承受能力，在 APEC 规定的时间表内对不同经济领域的自由化进程采取不同的方法。最后，规定成员国用 15～20 年的时间完成贸易投资自由化，以循序渐进的方式推进这个长期目标。通过这种方式使各成员有时间和机会逐步调整自己的经济政策和产业结构，适应经济发展的需要。

灵活的一体化方式既具有易于实施和操作的特点，又能够根据经济形势的发展变化相对及时地进行调整。功能性一体化就属于相对灵活的一体化方式，各成员国在开展具体的经济合作时不需要服从超国家规章或强制力量的制约，而是实行自愿选择和组织推动等方式，这将充分发挥各成员国的主动性和协调性。随着世界经济的发展变化，各个国家已经充分意识

---

① 毛志文：《区域经济一体化背景下的国际产业合作研究》，硕士学位论文，广西大学，2007。
② 刘澄、王东峰：《区域经济一体化的新制度经济学分析》，《亚太经济》2007 年第 2 期。
③ 莫晓芳：《论世界经济区域一体化与 APEC 的发展》，硕士学位论文，湘潭大学，2002。

到参与一体化组织所带来的经济收益，于是不同经济体制、不同经济发展水平的国家都积极参与各种经济一体化组织，这就需要协调各国的利益关系，选择既符合各方利益又有利于逐步缩小经济差距的灵活并有效的合作途径①。

### 5. 次区域集团逐步增多

随着区域经济一体化组织的发展，出现了一体化组织成员数量增多而政策较难协调的现象，这就促使在不同国家的部分地区开展区域经济合作的次区域集团逐步增多。

次区域集团是指若干国家或地区的接壤地区以地方政府为合作主体，基于平等互利的原则，在生产领域内通过各种生产要素流动而开展的较长时期的经济协作活动②。次区域集团能够充分利用地缘优势，通过资源合并和产业互补来促进区域经济合作。目前 APEC 内就存在 10 多个不同形式的次区域集团，各集团根据各自的经济结构特点制定不同的政策和贸易安排。其中东南亚"增长三角"、湄公河区域三角等都是依据其特定的地缘优势和资源禀赋情况成立的次区域集团。在东北亚区域范围内，中国、朝鲜和俄罗斯等国曾打算成立中俄朝图们江次区域经济技术贸易合作区。

次区域集团作为国际区域经济一体化发展过程中出现的新形式，具有独特的优势，这是其具备强大发展潜力的重要原因。次区域集团经济合作的范围比较小，决策相对比较简单，而且次区域集团中合作主体一般不依赖成员国政府间的正式协议，而通常是市场力量和政府导向的交互作用，可以说是由企业互相联系的经济活动组成的跨国的空间经济组合。这使次区域集团具备经济政策易于协调的优点，使具备资源互补性和地缘优势的地区能够较容易摆脱行政区划对产品或要素流动的阻碍，从而开展区域经济合作，形成该区域优势互补的新经济循环。

因此在区域经济一体化逐步深化发展的进程中，次区域集团是一种发展趋势。由于次区域集团的发展和其所属的整体区域经济的发展是相辅相成的，通过加强次区域集团的分工协作，可以加速区域经济一体化的进程。

---

① 张轶然：《论东北亚区域一体化合作与我国的对策研究》，硕士学位论文，吉林大学，2007。

② www. baike. baidu. com，2008 年 10 查阅。

**6. 发展中国家参与一体化的能力增强**

越来越多的发展中国家通过参与区域经济一体化组织，增强经济实力，提高其在与发达国家在经济竞争中的地位，国际上逐步出现了完全由发展中国家组成的一体化组织和由发达国家与发展中国家共同组成的区域经济一体化组织。目前拉丁美洲、亚洲和非洲的发展中国家参与区域经济一体化的进程逐步加快，并向高级化发展。拉美地区发展中国家经济一体化组织的成效比较显著，具有代表性的就是由阿根廷、巴西、巴拉圭和乌拉圭四国组成的南方共同市场；非洲也出现了诸如南部非洲发展共同体和西非经济共同体等区域经济一体化组织①；在亚洲，主要由发展中国家组成的东盟已经是国际上目前最具特色、影响最大的区域一体化组织之一。中国也在不断地通过各种方式积极参与区域经济一体化，已成功启动东盟—中国自由贸易区，并不断与世界各国或地区签署自由贸易协定。

发展中国家参与区域经济一体化对增强其在世界经济中的影响力具有重要作用。一般发展中国家的经济规模较大，市场需求能力较强，存在较强的参与国际经济合作的市场激励②。发展中国家可以利用其广阔的市场空间，与相关国家或地区开展各种形式和各种层次的经济合作。同时，发展中国家还可以利用区域经济一体化带来的竞争效应，在与其他成员国组成的大市场上，不断地进行技术创新并提高效率，从而促进经济增长，提高区域经济竞争力③。

**7. 跨洲、跨洋的一体化组织不断出现**

科技、信息等要素在全球流动，推动跨洋、跨洲型一体化组织不断出现，成为区域经济一体化发展的一种趋势。

目前国际上出现了大量的跨洲、跨洋等互不相邻的远方经济体形成的一体化组织。具体表现为各个跨地区的经济体通过签署自由贸易协定等方式展开更紧密的经贸合作，如欧盟与墨西哥、美国与澳大利亚、美国与韩

---

① 曹宏苓：《国际区域经济一体化》，上海外语教育出版社，2006。
② 保健云：《国际区域合作的经济学分析》，中国经济出版社，2008。
③ 刘瑛华：《世界区域经济一体化趋势与两岸经济一体化》，《马克思主义与现实》2006 年第6 期。

国等已经跨越大洲成立自由贸易区①。近年中国与智利、新西兰等国相继签署了自由贸易协定，通过大幅减让关税等手段实现商品或要素的相对自由流动。

第三次科技革命的爆发为世界经济的发展带来了强大的生产力，通过先进技术的运用，信息能够在全球范围内自由流动，这为跨洋或跨洲的国家间开展经济合作提供了可能性和现实性。各国可以比以往更深刻地认识世界和了解世界，开始在世界范围内选择具有合作潜力的国家或地区建立区域经济一体化组织，解决在经济发展过程中商品、资源或技术等要素的稀缺性问题。

在世界各国经济日益紧密联系的过程中，跨洲和跨洋等形式的区域经济一体化组织不断出现。通过这种形式产生的一体化组织，将会推动商品和生产要素在世界范围内流动，进而推进世界经济一体化进程。

### （二）东北亚区域经济一体化发展的迫切性

东北亚地区经济一体化具有良好的基础和现实可能性，中国东北三省和俄罗斯东部地区、蒙古、朝鲜与日本、韩国存在较为明显的互补与竞争的经济结构，具有深厚的历史、文化渊源。但是相对于世界上的其他地区而言，东北亚地区经济一体化进程却比较缓慢。主要表现为东北亚主要国家间合作方式、合作领域、合作规模有限，缺少经济增长极的带动，具体来说分为以下几点。

第一，亟须加强中俄区域合作。中国东北三省作为对俄合作的重点区域，多年来与俄罗斯经贸往来关系密切，双方在贸易、资金和技术等多个领域展开了合作，这对双方经济发展产生了一定的推动作用，但是合作的规模以及深度还存在极大上升空间。

在贸易合作方面，中国东北地区与俄罗斯的贸易规模较大，增长速度较快，但是在全国对俄贸易总额中所占比重增幅不大。双方的贸易仍然以货物贸易为主，商品结构较单一。中国东北地区从俄罗斯进口的商品主要集中于肥料、原油、钢材、纸浆等能源类商品，出口商品中鞋类和纺织品

---

① 樊莹：《国际区域经济一体化的经济效应》，中国经济出版社，2005。

等仍占较大比重，机电和高新技术等附加值较高的产品与全国平均水平相比仍有差距。

在资金合作方面，中国东北地区与俄罗斯的相互投资规模相对较小，对区域经济发展的拉动作用不明显。以黑龙江省为例，虽然该省近年对俄投资规模呈上升趋势，2006 年对俄投资达 8.37 亿美元，两年翻了三番，但是投资绝对额仍较小，并且对俄进行投资的主体多是中小型企业，缺少在国际上具有竞争力的投资企业，大型投资项目偏少。俄罗斯在东北三省的投资规模与日、韩及中国香港地区相比也非常小。以吉林省为例，2007 年吉林省实际利用俄罗斯资金总额 40 万美元，仅占该省利用外资总额的 0.02%。

在技术合作方面，中国东北地区与俄罗斯的技术合作已粗具规模，但是合作方式及合作深度与浙江省、江苏省等沿海省份相比仍有较大差距。中国东北有近 20 个对俄科技合作中心，与俄罗斯在高科技产业、能源工业、装备制造业和农业等领域都存在技术合作。但是技术合作方式较单一，技术贸易所占比例较小，并且对俄科技合作中心效率较低，对俄罗斯先进技术的产业化程度不高。

第二，亟须扩大中国东北地区和俄罗斯东部地区与日韩区域的合作。多年来中国东北地区和俄罗斯东部地区与日韩经贸往来关系密切，但是由于双方经济结构存在较大差距，目前中国东北地区和俄罗斯东部地区与日韩的经济合作领域有限，合作广度和深度有待提高。

在贸易合作方面，中国东北地区及俄罗斯东部地区与日韩的贸易格局主要建立在双方要素禀赋差异的基础上，贸易规模较小，中国东北地区和俄罗斯东部的出口商品中初级产品、农副产品和粗加工制成品占较大比重[1]。并且由于中国东北地区和俄罗斯东部地区处于生产链的底端且产业关联度不高，与日韩的贸易方式较低级，主要是传统的货物贸易，技术贸易和服务贸易所占比重较小。

在资金合作方面，日本和韩国向中国东北地区和俄罗斯东部地区输出的资金多投向第二产业的制造业，并主要集中于劳动密集型的一般加工项

---

[1]　程伟：《东北振兴与东北亚经济合作》，《当代亚太》2008 年第 5 期。

目和能源开采等，而资金、技术密集型项目不多①。

在技术合作方面，日、韩目前向中国东北地区和俄罗斯东部地区输出的技术有限，方式比较单一。技术输出的内容基本以电气机械、运输机械、化学工业等传统行业的技术为主②，对于先进的高新技术却严格限制。

第三，亟须发展新的经济增长极。增长极通常是具有空间集聚特点并在经济增长中形成的具有推动性的工业集合体③，在增长极形成和发展过程中，将通过极化效应和扩散效应影响周围地区的经济增长。东北亚区域内各国经济发展水平参差不齐，国际影响力比较大的就是中国、俄罗斯和日本，但是目前任何一个国家都不具备单独成为整个东北亚地区经济增长极的能力。

日本作为世界第三大经济体，一直希望由其主导东北亚地区经济的发展。在其构想的东北亚各国区域合作"雁"型模式中，以日本为中心，东北亚其他国家为两翼和雁尾。但是由于日本只注重自身利益的发展，在技术转让和资金输出方面持谨慎保守的态度，使得这种模式在东北亚地区的作用和意义不明显。并且由于历史、政治等诸多问题，东北亚其余各国并不认同日本的经济领导地位。

近几年，中国和俄罗斯经济一直保持高速增长，但是两国国内经济都面临众多问题，无法独立承担带动整个东北亚地区经济发展的重任。例如，中国国内区域经济发展不平衡，东西部地区经济差距过大，严重影响了经济发展的质量，而且就业、医疗、环境等社会问题日益突出。俄罗斯经济高度依赖其丰富的资源，经济结构不合理，表现出极大的不稳定性。

区域经济一体化是世界经济发展的总趋势，东北亚地区各国若要增强国际竞争力，提升其国际地位，必须遵循经济发展规律，顺应世界经济发展趋势，加强区域间合作。但是在目前形势下，东北亚区域经济一体化发

---

① 东北老工业基地在东北亚经济合作中的区位优势重构，www. gx-info. gov. cn，2008 年 1 月 11 日。

② 吕超：《东北振兴与东北亚区域合作》，《前沿》2007 年第 7 期。

③ 张秀生：《区域经济理论》，武汉大学出版社，2005。

展困难重重，要实现突破，只能通过部分地区率先实现经济一体化，进而带动整个区域经济一体化的发展，中国东北三省和俄罗斯东部地区经济一体化恰好就是这个突破点。

# 二 中俄地方开发战略耦合的历史机遇

## （一）振兴东北战略的提出与发展

### 1. 振兴东北战略提出的背景

（1）统筹区域协调发展的战略选择。改革开放后，我国对区域发展战略做出了由均衡发展向非均衡发展的战略调整，即优先发展东部沿海地区，由南向北梯次推进。这种具有倾斜性的区域发展战略极大地促进了我国经济发展。改革开放以来，我国经济呈现年均10%的增速发展态势。但是与东部沿海地区经济快速增长相比，中西部地区、东北地区的经济甚至出现下滑的局面，与沿海地区的经济差距日益拉大。在这一背景下，为缩小地区间的经济差距，我国政府对区域发展没有采取等待梯度推移的自然发展过程，而是在十六届三中全会上提出了统筹区域发展、形成促进区域经济协调发展机制的目标和任务，并于1999年确定和实施了西部大开发战略。在这一发展思路和战略的引导下，东北地区成为国家重点发展的区域之一。2002年，十六大提出了"支持东北地区等老工业基地加快调整和改造，支持资源开采型城市发展接续产业"。2003年3月，又提出了"支持东北地区等老工业基地加快调整和改造"的思路，同年9月29日，中共中央政治局讨论通过了《关于实施东北地区等老工业基地振兴战略的若干意见》，振兴东北等老工业基地战略得以正式确定。

（2）扩大区域对外开放的需要。扩大对外开放是增强区域经济发展活力的重要推动力之一，东北地区地处东北亚的腹地，具有与东北亚各国开展经济技术合作的区位优势，而且具有多年合作的历史基础。此外，与东北亚各国在资源、资金、技术上的互补，使合作具有较大的潜力。搭建合作的平台，以多年合作的历史为基础，发挥区位优势，深化与东北亚各国在投资、贸易、技术等方面的合作，是现阶段东北地区经济发展面临的重要任务之一。因此，中国东北振兴战略的提出也是为东北地区创造与东北亚各国深化合作机遇和搭建合作平台的需要。

**2. 东北振兴的主要方向**

（1）发展先进装备制造业。改革开放前，东北地区作为全国经济发展的重点地区之一，得到了国家政策和资金的大力支持，这奠定了东北装备制造业在全国的战略地位。多年来，装备制造业已成为东北地区的优势产业，门类齐全，在重型机械设备、电力设备、机床、交通运输设备等行业具有较大发展优势，拥有一批全国行业龙头企业，如以生产破碎、球磨机及大铸锻件为主的沈阳重型机械集团公司，以生产电力设备为主的哈尔滨电站集团公司，以生产交通运输设备为主的中国第一汽车集团公司等。

原来东北地区的装备制造业面临体制落后、经营机制不灵活等问题，产业发展速度相对滞后，如 2003 年东北装备制造业的产品销售收入总额在地区制造业中的比重仅为 36.53%，低于全国 39.33% 的平均水平。同时，新型装备制造业发展缓慢，传统制造业比重较高，东北制造业在面临南方各省新型装备制造业高速发展时，表现出了缺乏市场竞争力等问题。此外，企业缺乏自主研发与创新能力，以及核心技术对外依赖程度较高等问题，直接影响新时期我国产业结构调整和技术升级对东北装备的需求。

因此，增强东北装备制造业的市场竞争力，发挥其拉动东北地区经济的作用，大力发展装备制造业，成为振兴东北的重点方向。2007 年发布的《东北地区振兴规划》明确提出"将东北地区建设成为具有国际竞争力的重型机械和大型成套装备制造业基地，具有国际先进水平的数控机床及工具研发和生产基地，国家发电和输变电设备研发与制造基地，全国重要的汽车整车和零部件制造及出口基地，具有国际先进水平的船舶制造基地，国家轨道交通设备制造基地"[①]。同时明确了以数控机床、大型炼油和乙烯成套设备、大型煤化工成套设备、大型冶金设备、大型发电设备、超特高压输变电设备等作为装备制造业振兴的重点。

（2）发展新型原材料和能源产业。东北地区煤炭、原油资源相对丰

---

① 《东北地区振兴规划》，新华网，2007 年 8 月 20 日。

富，材料工业与能源产业是这一地区重要的主导产业，而且在国内市场中占有重要位置。目前，石油加工及炼焦业、金属冶炼及压延加工业等依托石油、铁矿等资源优势已发展成为材料工业的主导部门。现阶段，各省均拥有地方特色的材料产业，如黑龙江省依托大庆石油的资源优势，大力发展石化工业；吉林省重点发展了汽车材料、石油化工材料、光电材料和纳米材料等；辽宁省材料工业的优势主要体现为金属材料、石化材料、特种功能材料和镁质材料等。但是，面临我国经济快速发展、工业化进程对材料和能源需求增加的发展机遇，东北材料工业和能源产业仍存在一些亟待解决的问题，如炼油化工一体化发展相对缓慢、企业技术创新能力较低等。

因此，发展新型原材料和能源产业被列为振兴东北的方向之一。其中，注重延长能源产业链条，发展能源产业链的下游，建设新型石化产业基地和煤化工基地成为发展新型原材料和能源产业的重要内容。同时，依托鞍本钢铁集团建设精品板材生产基地、依托东北特钢建设特殊钢和装备制造业用钢生产基地、建设北方精品钢材基地也是振兴东北的重要内容。

（3）发展现代农业。现代农业与传统农业主要依赖增加劳动力投入来增加产出不同，强调通过运用现代科技、现代机械装备、现代管理方式等提高劳动生产率，它是传统农业发展的方向。一直以来，农业都是东北地区的支柱产业，东北地区也通过依托农业资源优势成为我国重要的商品粮主产区。虽然现阶段东北地区的农业现代化发展水平高于全国的平均水平，但缺乏综合性的增产增效技术、劳动力科技素质相对较低、经营方式较落后、东北地区发展现代农业的速度相对较慢。

用现代技术和科学知识装备来改造传统农业、发展现代农业、提升农业整体素质和竞争力，以巩固东北地区国家商品粮基地的地位，是振兴东北的重要内容之一。其中，加强商品粮基地建设、推进精品畜牧业发展及基地建设和建设绿色农产品生产基地是加强农业生产基地建设的主要内容，同时加强以中低产田改造为重点的农业综合生产能力、建设和完善农业支撑体系等被确定为提升农业发展的基础。

国务院最新发布的《进一步实施东北等老工业基地振兴意见》对大力发展现代农业提出了更为深入的意见。其中，推广新技术的应用，提高农业机械化水平，发挥国有农场在建设现代农业、保障国家粮食安全等方面的积极作用，加强东北地区农业对外合作等成为核心内容。

（4）大力推进自主创新。现阶段，东北地区已拥有一批高素质的科研人员和研发能力较强的大学、科研机构，而且企业创新能力也呈现持续增强的态势。但是从全国范围看，东北地区的综合科技进步水平与全国平均发展水平还存在一定差距，如2004年东北地区的综合科技进步水平指数为38.05，落后于全国的41.51①。而且还存在创新投入不足、创新机制不健全、科技创新资源缺乏整合等问题。

因此，大力推进自主创新被列入《东北地区振兴规划》中，同时，国务院发布的《进一步实施东北等老工业基地振兴意见》也提出要"加快企业技术进步，全面提升自主创新能力"。《东北地区振兴规划》强调要强化企业技术创新的主体地位，加强自主创新能力建设、强化创新机制建设和加大自主创新投入力度成为大力发展自主创新的重要任务。此外，立足自主创新，促进产业集聚，加强国际科技合作，加快发展具有高科技含量、高附加值特点的高新技术产业也被列为振兴的主要内容。在《进一步实施东北等老工业基地振兴意见》中，加大企业技术改造力度、提高自主创新能力和促进自主创新成果产业化是提升东北地区自主创新能力的核心内容。

（5）发展产业集群。发展产业集群，以产业集群带动经济发展是振兴东北的重要内容之一。深入挖掘一级轴线（哈大经济带和沿海经济带）与促进二级轴线（东部通道沿线、齐齐哈尔—赤峰，绥芬河—满洲里、珲春—阿尔山、丹东—霍林河、锦州—锡林浩特）集聚发展是促进东北地区产业集群形成的核心。其中哈大经济带是指以大连经济区、辽中经济区、长吉经济区和哈大齐工业走廊为核心区域的经济带，沿海经济带是指以大连为龙头，连接长兴岛、营口、锦州湾、丹东和花园口的"五点一线"。

近年来，东北三省大力发展产业集群，黑龙江省主要依托哈大齐工业走廊的优势，在三市交通沿线建设一条涉及化工、装备制造业等产业的产

---

① 吕政：《振兴东北老工业基地科技支撑战略研究》，经济管理出版社，2008。

业群带，如大庆市发挥其石油资源优势，以精细化工园区为依托吸引诸多企业进入，园区内企业间的相互配套促进了包含上下游企业的完整产业链条的形成。吉林省正在建设涉及汽车、化工、农产品加工的长春—吉林—图们江区域经济带。辽宁省注重推进沿海地区与其腹地的互动发展。同时，国务院发布的《进一步实施东北等老工业基地振兴意见》强调要"扶持重点产业集聚区加快发展"，其中涉及黑龙江省的重点产业集聚区——哈大齐工业走廊，吉林省的重点产业集聚区——长吉图，辽宁省的重点产业集聚区——沿海经济带、沈阳经济区。同时，从产业角度看，强调推进黑龙江省的东部煤电化基地建设，哈尔滨、长春、沈阳、大连等高新技术产业基地建设，长春汽车产业开发区和轨道交通装备产业园建设以及创建大连国家生态工业示范园等。

在东北三省的重点产业集聚区中，辽宁省沿海经济开放带是 2009 年 7 月 1 日由国务院原则通过并上升为国家发展战略的。这是国家为加快东北地区振兴的又一重要举措，一方面将有助于促进这一区域产业结构升级，并带动该区域经济的全面发展；另一方面沿海经济开放带可以依托其地缘优势，发挥其出海通道和对外开放门户的作用，促进东北地区的对外开放。

**3. 东北振兴的政策支持**

自 2003 年 9 月中共中央讨论通过《关于实施东北地区等老工业基地振兴战略的若干意见》，振兴东北等老工业基地战略正式确定以来，国家在东北地区产业发展、企业改革、对外开放、人才队伍建设等方面实施了税收、信贷、国债投资等方面的优惠政策。

（1）促进农业发展的优惠政策。促进农业发展的优惠政策主要包括免征农业税和给予粮食补贴、粮种补贴等。2004 年 4 月，财政部、农业部、国家税务总局联合下发了《关于免征农业税试点有关问题的通知》、《粮食直补、良种补贴和农机具购置补贴》，并在黑龙江省、吉林省率先实行了全面免征农业税的政策。同时，为推进国家政策的实施，东北三省也根据各省农业发展的特点，出台了一些配套措施，如《关于辽宁省对种粮农民直接补贴资金管理暂行办法》、《辽宁省水稻良种推广补贴资金管理暂行办法》等。

（2）传统产业发展的优惠政策。对传统产业发展的政策支持主要包括对装备制造业、石油化工业、冶金业、船舶制造业、汽车制造业、农产品加工业实行扩大增值税抵扣范围，以及对重大装备、石化、汽车和零部件、医药等东北地区的优势产业实施国债专项投资。

2005年，国家发布了《2005年东北地区扩大增值税抵扣范围的有关问题》、《关于进一步落实增值税抵扣范围政策的紧急通知》，规定装备制造业、石油化工业、冶金业、船舶制造业、汽车制造业、农产品加工业的增值税一般纳税人，购进固定资产、用于自制固定资产的货物或应税劳务和为固定资产所支付的运输费用等所含进项税金，准予用当年新增加的增值税税额抵扣。当年没有新增加的增值税税额或新增加的增值税税额不足抵扣的、未抵扣的进项税额可以结转以后继续抵扣。同时对东北三省八个行业实行生产型增值税改为消费型增值税，对企业购进机器设备所含增值税予以抵扣。

2005年与2007年，国家发改委分别下发了《老工业基地调整改造和重点行业结构调整国债投资计划》和《2007年东北等老工业基地调整与改造项目国债投资计划》。其中，2005年国家发改委实施了63个项目，总投资规模达68.97亿元，其中国债资金达5.8亿元，东北地区投资规模为44.07亿元，占总投资的63.9%，国债资金为4.29亿元，占国债资金总额的73.8%[①]，2007年的国债投资主要用于支持国家重点装备制造业、原材料生产企业。

（3）企业改革和发展的政策安排。企业改革和发展的政策安排主要包括对老工业基地企业历史欠税问题的解决，对企业所得税实施优惠政策，以及在深化国有企业改革进程中对厂办大集体予以适当补助和对国有企业政策性破产的支持等方面。

为解决东北老工业基地企业历史欠税问题，2006年财政部国家税务总局下发了《关于豁免东北老工业基地企业历史欠税有关问题的通知》，该通知对关于豁免东北老工业基地企业历史欠税的时间界限、具体条件、企业范围、程序及税种范围等进行了具体的说明。

---

① 《国家发改委下达2005年东北等地国债投资计划》，振兴东北网，2005年2月4日。

2004 年，财政部国家税务总局下发《关于落实振兴东北老工业基地企业所得税优惠政策的通知》，内容包括提高固定资产折旧率、缩短无形资产摊销年限、提高计税工资税前扣除标准等方面。

为解决东北老工业基地厂办大集体的问题，国家选择了部分老工业基地城市作为分离办社会职能试点，中央财政对中央企业予以适当补助。截至 2006 年 10 月底，东北地区中央企业共移交中小学、公检法机构 420 个，涉及在职职工 3.3 万人、离退休职人员 1.4 万人，中央财政补助经费达 19 亿元①。在解决东北老工业基地国有企业政策性破产问题时，中央财政会同有关部门加大对东北地区国有企业政策性关闭破产的支持力度，1999～2004 年，中央财政对东北地区已进入法律程序的中央及中央下放地方管理的 67 户企业共拨付破产补助资金 171.5 亿元，占全国拨付总额的 23%，安置职工 56.6 万人，其中离退休人员 20.7 万人②。

（4）促进人才队伍建设的引导政策。为促进东北地区人才队伍建设，2004 年中央办公厅、国务院办公厅下发了《贯彻落实中央关于振兴东北地区等老工业基地战略，进一步加强东北地区人才队伍建设的实施意见》。该文件明确提出要加快体制和机制创新，激发和调动各类人才的积极性、创造性；坚持事业聚才，搭建人才创业平台；以提高执政能力为重点，大力加强各级党政领导班子和干部队伍建设；以提高战略决策能力和市场开拓能力为核心，抓好企业经营管理人才队伍建设；以知识更新和提高创新能力为核心，抓紧培养一大批高层次专业人才；以推动企业调整改造和促进产业升级为目标，加快培养一支高技能人才队伍；充分利用国内、国外两种资源，加大引才、引智力度；整合力量，提高东北人才资源开发的整体效益。

（5）扩大对外开放的引导政策。扩大对外开放的引导政策主要包括国家对外资投入产业的方向、投资方式的引导，对投资优势产业项目的外商投资给予税收优惠政策，扩大对外开放领域以及加快绥芬河综合保税区建设等。

---

① 《振兴东北老工业基地迈出坚实步伐》，国务院发展信息网，2006 年 12 月 6 日。
② 《振兴东北 2004 年工作总结和 2005 年工作要点》，振兴东北网，2005 年 6 月 13 日。

2005 年 6 月，国务院办公厅下发《关于促进东北老工业基地进一步扩大对外开放的实施意见》，主要对"鼓励外资参与国有企业改组改造，加快体制和机制创新；加强政策引导，推进重点行业和企业的技术进步；进一步扩大开放领域，着力提升服务业的发展水平；发挥区位优势，促进区域经济合作健康发展；营造良好的发展环境，为加快对外开放提供保障"等提出了引导意见。

2009 年 4 月，国务院批准设立了绥芬河综合保税区。综合保税区是设立在内陆地区的具有保税港区功能的海关特殊监管区域，实行封闭管理，是目前我国开放层次最高、政策最优惠、功能最齐全的海关特殊监管区域，是国家开放金融、贸易、投资、运输等领域的实验区和先行区[1]。绥芬河地处中俄边界，与俄罗斯滨海边疆区毗邻，是连接东北地区与亚欧大陆的重要通道，在这种区位优势基础上设立的东北地区唯一的沿边陆路综合保税区，不仅会促进中俄毗邻地区的经贸合作，而且有助于推进东北地区与东北亚各国合作的进程。

**4. 东北振兴的主要成果与最新动向**

（1）东北振兴的主要成果。自 2003 年实施东北等老工业基地振兴战略以来，东北三省的经济发展活力得到了增强，经济总量、固定资产投资、对外贸易规模等均表现出增长态势，支柱产业优势明显。

2008 年，东北地区生产总值为 28196 亿元，同比增长 13.4%，占国内生产总值的 9.38%；完成进出口总额 1086.9 亿美元，同比增长 25%，占全国的 4.2%；社会固定资产投资 19285 亿元，同比增长 35%，其中黑龙江省的四大支柱产业（装备、石化、能源、食品加工）完成投资 1194.3 亿元，增长 32.9%，占全省工业投资的 82%；吉林省汽车、石化、农产品加工三个支柱产业投资为 866 亿元，增长 29.8%，占全省工业投资的 31%；辽宁省装备制造、石化等支柱产业投资 2620.8 亿元，增长 43.7%，占全省工业投资的 55%[2]。

（2）东北振兴的最新动向。2009 年，为推进东北等老工业基地振兴

---

① 《国务院正式批准在绥芬河设立综合保税区》，中国经济网，2009 年 4 月 29 日。
② 《东北地区 2008 年经济形势分析报告》，中华人民共和国发展改革委员会网，2009 年 2 月 26 日。

战略的步伐，国务院发布了老工业基地振兴战略的实施意见，各省也纷纷出台政策或采取措施促进工业、对外贸易等的发展。2009 年 9 月，国务院发布了《国务院关于进一步实施东北地区等老工业基地振兴战略的若干意见》，分别从"优化经济结构，建立现代产业体系；加快企业技术进步，全面提升自主创新能力；加快发展现代农业，巩固农业基础地位；加强基础设施建设，为全面振兴创造条件；积极推进资源型城市转型，促进可持续发展；切实保护好生态环境，大力发展绿色经济；着力解决民生问题，加快推进社会事业发展；深化省区协作，推动区域经济一体化发展；继续深化改革开放，增强经济社会发展活力"等九方面对振兴东北等老工业基地提出了意见。为尽快推进东北振兴，国务院在 6 月批准建立了"绥芬河综合保税区"，把辽宁省沿海城市发展战略提升到了国家级发展战略。

2009 年，东北三省均通过制定相关政策和措施，促进企业发展和支持对外开放。1 月，黑龙江省为减轻企业负担，出台相关政策，允许企业暂缓缴纳社会保险费，帮助企业渡过金融危机的难关。3 月，公布了黑龙江省建立"八大经济区"和发展"十大工程"的振兴规划。在 2 月，吉林省为打造信息产业集群，发布了《吉林省信息产业跃升计划》，同时吉林省为促进科技成果转化，设立了政府专项资金，每年投入一定规模资金用于支持科技成果转化。8 月，辽宁省为推进沿海经济带的建设，发布了《关于充分发挥工商行政管理职能作用，促进辽宁沿海经济带发展的若干意见》，就放宽企业住所和经营场所的登记条件、企业登记出资要求、企业名称登记条件、国有企业改组改制的登记审查等作了明确说明。

### （二）俄罗斯东部开发战略的发展

2007 年对于俄罗斯东部地区来说是具有重要意义的一年。随着俄罗斯的不断发展，近年来其在经济关系方面更大程度地转向亚太国家，2007 年这种"转向"进入了新阶段。1 月 1 日，俄罗斯联邦地图上出现了新的地区——克拉斯诺亚尔斯克边疆区、埃文基自治区、泰梅尔自治区正式合并为一个联邦主体。这个面积超过法国 4 倍的新地区被俄罗斯媒体视为拉动俄东部地区发展的"火车头"。2月1日,普京总统在年度记者招待会上再次强调俄东部大开发的重要性,并于不久后签署命令,成立了远东和外贝加尔湖地区发展问题国家委员会,由总理弗拉德科夫担任该委员会的主席,负责制定俄罗斯东部大开发的战略。

从目前情形看,普京的东部开发战略已十分清晰,形成了一个完整的体系。一是经济补贴向东部地区倾斜;二是加紧迁入外来移民;三是开展强区战略,推动联邦主体合并工程;四是加强国家干预,以油气资源开发为中心带动东部地区发展。从国际层面看,俄罗斯东部大开发是为了加强与亚太地区的联系,扩大俄罗斯在亚太地区的影响,强化在亚太地区的话语权。据俄罗斯媒体透露,俄罗斯政府将完成"东部大开发"的时间初步定为50年。

**1. 俄罗斯东部地区概况**

俄罗斯东部地区是俄罗斯联邦的重要组成部分,具体是指乌拉尔山以东的地区,包括西伯利亚和远东。该地区地域辽阔,总面积为1276.59万平方公里,占俄总面积的2/3左右,人口为3000余万,约占俄总人口的1/5,自然资源丰富,具有巨大的经济潜力和开发前景。据不完全统计,俄罗斯东部地区的油气资源尤为丰富,拥有苏联石油储量的大半、天然气储量的70%以上、动力煤储量的90%、炼焦煤储量的70%,其中位于西西伯利亚平原的石油和天然气产地——秋明油田的全部油气资源就超过美国的全部储量。此外,该地区1/3以上的地域被森林所覆盖,木材蓄积量占苏联的75%以上,水能资源也占据了苏联的70%以上,还有铜、镍、锌、铝、镁、钛等有色金属矿,金、银等贵金属矿,钨、钼、钾、锡等稀有金属矿,云母、石棉、萤石、石墨、滑石等非金属矿,盐、磷灰石、磷钙石等天然化学原料的藏量也很可观。

西伯利亚地区从地域组成来看,包括西西伯利亚与东西伯利亚两部分。西西伯利亚约占西伯利亚地区总面积的27%,人口约占该地区的62%,是俄罗斯重要的石油、天然气、煤炭、黑色冶金工业中心,世界闻名的秋明油田、乌连戈伊天然气田、库兹巴斯煤田和乌拉尔—库兹涅茨克钢铁联合企业均位于该区域。此外,该区域还是电力工业、石化工业、机械制造业的生产基地,农牧业也比较发达。东西伯利亚经济区的面积占全俄总面积的 1/4 左右，但其人口仅占全俄总人口的 6%，煤炭储量占苏联的 50% 左右，木材蓄积量和水力资源均占苏联的 1/3 左右①，有色金属藏量十分丰富。

远东经济区是俄罗斯东部地区面积最大的经济区，占地 621.59 万平方公里，人口 720 多万。该地区的工业结构主要以采掘业为主，包括有色金属、稀有金属以及非金属矿石的采掘，森林采伐、捕鱼、狩猎业等专业化部门，燃料工业、黑色冶金业、机器制造业、金属加工业、化学和石油化工业也都具有一定的生产规模和能力。此外，该地区也是俄罗斯富饶的林区，森林面积达 11720 万公顷，占苏联森林面积的 33.5%，木材蓄积量达 223.1 亿立方米，约占苏联的 28.6%。林业、木材加工业、制浆造纸工业、机器制造业和渔业是该地区最重要的经济部门。其中，渔业是远东地区重要的传统经济部门，目前该地区可生产 700 多种鱼类产品，捕鱼量占全国的 40% 左右②。

**2. 俄罗斯东部开发简要历程**

俄罗斯东部的开发可以追溯到 20 世纪 30 年代，此后大约每隔十年，苏联政府就会有规律地在这一地区实施一项长期投资计划。1930 年代，苏联政府提出在西伯利亚兴建乌拉尔—库兹涅茨克煤炭钢铁联合企业，该计划成为苏联政府把开发重点陆续向东部推移的重要基础；1940 年代，为反击德国的入侵，上百个重工业企业被迫迁移到西伯利亚和远东地区，再加上该地区原有的一些大型后备企业，为该地区后来的发展创造了有利条件；1950 年代，苏联政府把经济开发建设的重点推向东西伯利亚，具体落实在安加拉—叶尼塞河流域；1960 年代，秋明油田的开发和西西伯利亚区域性生产综合体的组建，标志着西伯利亚的经济开发又进入一个崭新的阶段；1970 年代，第二条横贯东西伯利亚和远东中部地区的西伯利亚大铁路——贝阿干线的修建，说明苏联政府已经把东西伯利亚和远东中部地区的开发列入重要议事日程；1980 年代，苏联政府为调整国内能源消费结构，在西西伯利亚地区各大天然气田的开发基础上，建成了世界著

---

① 赵立枝：《俄罗斯西伯利亚经济》，黑龙江教育出版社，2003。
② 殷剑平：《俄罗斯远东经济》，黑龙江教育出版社，2003。

名的扬堡和乌连戈伊等超大型天然气田。

苏联解体后，西伯利亚与远东地区陷入旷日持久的经济危机中，社会动荡不安，人口大量外流，地方分立主义倾向严重。面对日益严重的社会形势，为消除危机、稳定局势、发展经济，俄罗斯政府先后制定了《远东和外贝加尔1996～2005年经济与社会发展联邦专项纲要》（简称"远东纲要"）和《西伯利亚1997～2005年经济与社会发展联邦专项纲要》（简称"西伯利亚纲要"）。

远东纲要是俄联邦政府1996年4月15日批准的，由俄联邦经济部生产力布局与经济合作委员会牵头，组织"远东和外贝加东"跨地区协会和联邦政府有关部委并吸收该地区各联邦主体政府及一些科研机构参与并共同制定的。该纲要从四个方面阐述了此后10年这一地区经济发展的总目标，提出了实施纲要三个阶段的主要任务，规定了完成这些任务的具体措施，即国家支持地区经济的一整套紧要措施，经济结构改造，促进就业和居民的稳定，与亚太地区国家的经济合作。

西伯利亚纲要是根据1996年5月19日俄罗斯联邦总统《关于国家支持西伯利亚经济与社会发展的补充措施》第737号命令，责成联邦政府和该地区有关的联邦主体政府于1997年6月30日前制定并批准的。此纲要是联邦级全国性的总纲要，对涉及西伯利亚地区的100多个专项纲具有起协调作用。纲要的战略意图是在新的经济和政治条件下有效地利用整个地区的自然潜力、生产潜力、劳动潜力和智力，积极参与全俄分工和国际分工，以便迅速地摆脱危机，稳定和振兴西伯利亚的经济，并在此基础上提高当地居民的福利。纲要具体分为三个实施阶段：第一阶段为1997～2000年，主要任务是遏制加工工业部门尤其是军工企业生产的进一步下降；第二阶段为2001～2005年，主要任务是加速开发最有效益的资源并实施投资少、回收快的方案；第三阶段为2010年前，将发展重点转移到原料深加工和消费品生产部门。

### 3. 俄罗斯东部开发最新动向

俄罗斯已进入普梅组合治理国家的新时期，普梅新政对内对外战略重点的调整，已成为世人瞩目的焦点。普京在2012年4月11日最后一次的政府工作报告中指出，在此后的10～15年，他保证俄罗斯东部地区经济的增长速度高于全国的平均水平。到 2020 年，该地区的国内生产总值要比当时增加两倍，并新建大约 500 万个工作岗位。普梅新政以具体的量化指标和新的措施，确立了俄罗斯东部地区将继续深度开发的思路。

一是发挥联邦政府在地区发展中的重要作用，指定政府主要官员专门负责东部地区事务。俄罗斯总统普京于 2012 年 5 月 21 日签署了任命新一届政府成员的总统令，宣布增设"远东地区发展部"。俄总统驻远东联邦区全权代表维克托·伊沙耶夫兼任新成立的远东地区发展部部长。制定各种法律草案，精心安排国家预算拨款在该地区的用途，更加严格地管理这些专项资金，提高资金利用效益。当前远东地区正在执行联邦纲要、地区纲要和部门纲要，但还没有构成一个完整全面的地区发展总纲要，因此对这些纲要需要进行协调。

二是采取非常规的经济举措，减少对东部地区发展过程中的行政干预。组建一个由国家全部或部分控股的大公司，由它来负责执行远东与外贝加尔地区的重大投资项目。它的工作重点是提出该地区的重点项目，向国外推介，争取吸引更多的国外资金用于东部地区的进一步开发。

三是在国家经济社会发展的总体构想中，东部地区将受到前所未有的重视，得到更多的扶植和优惠。联邦政府制定了东部地区经济社会发展新纲要（草案）。普梅新政将更加重视远东与西伯利亚的开发和发展，已将它提到了国家经济发展战略的层面。

四是借鉴中国经验，开发远东，拓展中俄两国合作新思路。普京连任后，进一步强化东方在俄罗斯内政外交中的作用。而俄罗斯国内的一些官员和学者提出俄远东开发可借鉴"中国西部大开发"等落后地区追赶式发展模式，这将为"中俄战略性伙伴"开辟新领域。还提出了让中国的省份"向北转"，让西伯利亚和远东地区"向南转"，推进两国更深层次的合作。

由此可见，俄罗斯东部地区的开发是由政府主导的大型企业参与的运作模式，这也说明俄罗斯东部地区开发本身就是一个政府导向行为。东部地区远离社会、经济发展速度快且现代化程度高的西部地区，市场化水平和程度较低；而且出于对本地区及整个国家经济安全的考虑，俄罗斯会在很大程度及一定范围内对这一地区的发展进行调控，包括能源资源的开发，资金、技术、劳动力等的流动，基础设施建设等。近期建立的远东地区发展部和即将建立的远东和东西伯利亚国家集团都是由俄罗斯总统和国务院直接领导的。作为一个执行机构，它可以很好地对东部开发的具体事项进行统筹，推动各项政策的落实，其主要任务是吸引资金来开发西伯利亚和远东，有效利用自然资源，落实东部开发的一系列具体政策，协调和监督东部地区各个项目的实施。

**4. 俄罗斯东部大开发战略重点发展产业**

（1）能源燃料。俄罗斯东部地区油气资源丰富，其中石油约为175亿吨，天然气约为60亿立方米，约占全俄油气资源总量的1/4，但大量的油气资源目前尚未进行充分开采。这主要是由于俄罗斯历来重视欧洲部分的发展，国家的重心在欧洲部分。近几年，俄罗斯对亚太地区逐渐重视，积极要求与亚太地区进行经济合作。这是由于俄罗斯亲西方政策屡屡受挫，远东与西伯利亚的发展要借助于亚太地区国家，而且远东与西伯利亚的油气资源开发需要大量资金，俄罗斯经济实力锐减，因此寄希望于吸引外资来启动远东与西伯利亚油气资源开发。

另外，近年来俄罗斯欧洲部分的油气资源日渐匮乏，对东部地区资源的依赖越来越强。自20世纪80年代后期开始，位于欧洲部分的高加索、伏尔加—乌拉尔、叶尼塞—安那巴尔等老油气区产量已进入持续递减阶段，有些主力油田甚至进入衰竭阶段，剩余可采储量品质下降，而且大部分集中在低层油层，难采石油储量升至55%～60%，平均采空率达60%～85%，采油成本大幅度上升，产量下降[1]。为改变这种状况，俄政府加强东部地区的勘探开发工作。表3-1说明，已发现的远东与西伯利亚地区特大型油气田开采前景广阔，可以说俄罗斯东部地区是俄罗斯21世纪油气产量增长的主要地区，燃料能源发展战略重点逐渐向东部转移。

---

① 《俄罗斯将继续增加石油产量》，中国化工在线，2005年9月7日。

表 3 - 1    远东与西伯利亚石油天然气开采前景

单位：百万吨，10 亿立方米

| 地　区 | 2005 年 | | 2010 年 | | 2015 年 | | 2020 年 | |
|---|---|---|---|---|---|---|---|---|
| | 石油 | 天然气 | 石油 | 天然气 | 石油 | 天然气 | 石油 | 天然气 |
| 克拉斯诺亚尔斯克边疆区 | 0.5 ~ 3 | 8 ~ 10 | 11 ~ 12 | 12 ~ 15 | 13 ~ 15 | 19 ~ 25 | 16 ~ 20 | 25 ~ 35 |
| 伊尔库茨克州 | 3 ~ 5 | 7 ~ 9 | 8 ~ 10 | 27 ~ 30 | 10 ~ 12 | 28 ~ 35 | 12 ~ 15 | 35 ~ 40 |
| 雅库特 | 0.5 ~ 1 | 2 ~ 3 | 4 ~ 5 | 27 ~ 30 | 6 ~ 7 | 17 ~ 19 | 6 ~ 8 | 17 ~ 19 |
| 萨哈林大陆架 | 15 ~ 17 | 13 ~ 15 | 13 ~ 14 | 24 ~ 27 | 24 ~ 28 | 29 ~ 33 | 16 ~ 21 | 39 ~ 44 |

资料来源：《俄罗斯东部天然气资源及天然气管网规划》，中国行业研究网，2008 年 5 月 10 日。

据有关专家预计，俄罗斯东部地区蕴藏的油气资源不仅可以满足日后大型项目建设的需要，而且若按现时油价，到 2030 年，仅靠发展该地区的油气开采，就可得到近 5000 亿美元的产品，俄罗斯每年能得到 300 亿美元的"补充收入"。由此，建立新的油气开采中心，对俄整个国家燃料能源部门也具有重要的战略意义，因此，发展燃料动力综合体可避免俄罗斯东部地区因老油气开采区资源枯竭而出现产量大幅下滑的局面。

（2）森工产业。俄罗斯远东地区的森林总面积达 2.806 亿公顷，占全俄森林面积的 31.1%，森林面积居各经济区之首。木材蓄积量达 204 亿立方米，仅次于东西伯利亚经济区，位居第二位，占全俄木材蓄积量的 26%。成熟林和过熟林的比重为 45.9%，蓄积量达近百亿立方米，为大规模采伐提供了条件①。目前，俄罗斯出口的木材中，约 95% 为木材原料，约 70% 为原木。为保持木材的采伐量，同时减少原木的出口，俄罗斯政府提出必须建立新的木材再加工生产模式。

鉴于远东地区森林工业的一些特点，最有效的开采方式是在国家和私人共同合作的基础上对这些资源进行综合开发，因为这样可以在很大程度上降低建设交通运输设施和能源基础设施的支出。为此，在国家和私人合作基础上开展投资活动，这种全新机制的运用将对该地区的长远发展产生

① 《关于俄罗斯远东地区》，www. baike. baidu. com，2008 年 1 月 13 日。

重要影响。在俄联邦投资基金会和各类特殊经济区框架内，以及其他发展组织框架内实施这一机制也具有重要意义。

（3）电力工业。远东地区河流众多，蕴藏的水力发电资源占全俄的30%，但丰富的水力资源尚未得到充分开发利用，已建成和正在建设中的水电站只利用了远东6%的水力资源。火电站是远东电力工业的支柱，目前远东地区拥有1180座火力发电站和4座水电站。远东和外贝加尔地区的电力能源主要包括东部联合电网、西伯利亚联合电网的一部分，以及一些独立的地区电网，如雅库茨克电网、马加丹电网、科累木电网、萨哈林电网、堪察加电网。远东发电站的安装功率为1.15万兆瓦，其中0.74万兆瓦进入东部电网。在远东的发电站中，以煤炭为动力的热电站为主，东部电网81%的安装功率由热电站提供。

远东地区能源发展的基本方向之一是优化各地区能源平衡，改造和发展发电机组，发展电网。远东地区各独立电站的发电能力各有不同。目前，俄罗斯统一电力集团公司正在实施一系列大型投资方案，其中最重要的是建设布列亚水电站。同时，还有必要大力发展一些小型电站，特别是在一些边远地区，这些地区主要是风力电站、水力电站及其他以环保能源为主的电站。但是，就目前情况来看，实施这一任务仍需要较长时间。

（4）交通运输。远东地区幅员辽阔，远离国家中心，这就决定了运输业在经济中的重要地位。加强交通设施和边境口岸通行能力建设，不仅对于俄罗斯东部地区与国内外其他地区之间的经贸往来具有重要意义，而且能够拉动相关产业的发展，有助于改变该地区的落后局面。

在远东和外贝加尔地区，地区间和地区内部公共道路的建设一直比较薄弱。在阿纳德尔、帕拉纳、彼得罗巴甫洛夫斯克—堪察加斯克、南萨哈林斯克、马加丹等中心城市间没有直通的公路。目前，在各联邦主体行政中心与拥有巨大地下矿物资源和经济潜力的地区之间仍然缺少便捷的公路联系，如符拉迪沃斯托克与纳霍德卡港之间、南萨哈林斯克与奥哈港之间、哈巴罗夫斯克与瓦尼诺港之间、苏维埃港和阿穆尔尼古拉耶夫斯克之间、彼得罗巴甫洛夫斯克—堪察加斯克与乌斯季—堪察加斯克之间，阿纳德尔与佩维尔克港之间、雅库茨克与阿穆卡和乌斯季—马雅村及雅库特西南地区之间、马加丹与马加丹北部和西南部的黄金产地之间、乌兰—乌德与贝加尔湖区之间等。

针对这一情况，俄罗斯规划的交通运输建设方案包括建设"阿穆尔公路"、大涅维尔—雅库茨克"列娜"公路、雅库茨克—马加丹"科累马"公路、哈巴罗夫斯克—符拉迪沃斯托克"乌苏里"公路；通过别尔卡吉特—托莫特—雅库茨克铁路建设方案、发展贝阿干线和西伯利亚大铁路方案，对东方港、纳霍德卡港、瓦尼诺港、苏维埃港进行改造和改建，对哈巴罗夫斯克、雅库茨克、南萨哈林斯克、布拉戈维申斯克等重要航空港进行改造。此项规划不仅能够保证地区经济发展的飞跃式增长，也能够使联邦预算中用于建设联邦公路支柱网络的投入获得最大的经济效益。

**5. 俄罗斯东部地区开展区域合作的潜力产业**

（1）农业。俄罗斯土地资源的潜力非常巨大，特别是在西伯利亚和远东地区。西伯利亚与远东地区地域辽阔，土地资源丰富，土地总面积达4.2亿公顷，人均15.9公顷，是欧洲地区的2.2倍。但西伯利亚与远东地区有很大一部分地区位于北极圈内，因此，农业用地面积还不到全部土地面积的1/6。西伯利亚与远东地区虽然土地资源丰富，但农业的分布与发展极不均衡，西伯利亚北部没有农业，全是人烟稀少的不毛之地，农业区主要集中在西伯利亚和远东的南部，贝阿铁路沿线地区。这些农业区的特点是土地肥沃，天气比较暖和，日照时间长，气候适合种植业的发展。此外，西伯利亚与远东地区农业用地中的刈草地和天然牧场比重较大，占农业用地的50%以上，而俄罗斯联邦欧洲地区的刈草地和天然牧场仅占农业用地的1/3。由此，俄罗斯东部地区农业发展的优势与不足为该地区参与区域之间的互补合作提供了必要的基础。

（2）轻工产业。俄罗斯东部地区，尤其是远东地区的轻工业发展一直相对落后。1990年，远东工业生产中轻工产业所占比重仅为4.1%，仅占全俄轻工业生产的1.2%。该地区轻工业的主要任务并不是向市场提供足够的商品，而是向社会提供就业岗位，当时轻工业提供了全远东8%的就业岗位。远东的轻工业主要包括纺织和服装制造。改革之后由于居民生活水平下降，对轻工业商品需求量下降，再加上大量廉价的外国日用品进入远东市场，使得轻工业发展进一步萎缩。以食品行业为例，远东历来是食品短缺地区，在计划经济时期，远东的食品需求由国家从西部调拨来保障。改革之后，由于运费的大幅度上涨，从西部购买食品的比重大大下降，迫使远东就近从国外进口食品，进口额约占远东进口总额的1/4。这种对进口的依赖长期以来没有发生较大改变。由此，俄罗斯东部地区轻工产业的发展状况也为该地区有效地参与区域合作提供了机遇。

（3）科技产业。俄罗斯东部地区的科技实力较为雄厚。苏联解体前，东部地区的科技事业便得到了迅速发展，新西伯利亚州当时已经是国家的重要科技基地。这里除苏联科学院西伯利亚分院外，还有苏联农业科学院西伯利亚分院、苏联医学科学院西伯利亚分院。其中集中了西伯利亚分院多数科研和试验设计部门的科学城，在20世纪80年代中期就与日本的筑波和美国的硅谷齐名。苏联解体后，俄罗斯东部科技事业在困境中搏击多年，之后开始复苏，取得了许多新成果，其中一些成果仍居世界领先地位，如航天技术设备、系列核动力设备、激光技术、生物化学技术等。但由于俄罗斯东部地区科技市场的建设与发展相对薄弱，科技人才走向市场以及科技成果的市场化转化速度相对缓慢，苏联时期科研与生产相脱节的弊端在今天俄罗斯东部地区仍然没有被彻底根除。因此，俄罗斯东部地区科技产业发展的优势与弊端，也为该地区参与区域合作开辟了新的发展空间。

# 三　中国东北振兴与俄罗斯东部大开发的战略互动

我国振兴东北老工业基地与俄罗斯东部大开发战略的提出，客观上就体现了二者之间的内在的必然联系，它围绕区域经济一体化的趋势，在合作的动态系统中，把合作不断推向深入。

## （一）双方实现战略互动的可能性与必要性

一方面，积极推进东北亚区域经济合作是影响中国东北地区与俄罗斯东部地区实现战略互动对接的重要因素之一。随着世界区域经济一体化的发展，东北亚区域的发展活力和潜力已逐渐显现，区域内的贸易规模、投资规模正在逐步扩大。但是，面对区域内各国生产要素具有的比较优势，如日韩的资金与技术、俄罗斯的能源与技术等，如何形成和建立区域增长点，通过集聚区域内的生产要素，培育区域经济增长极，最终带动区域经济的整体发展仍是东北亚区域合作的重要任务之一。所以，在我国振兴东北老工业基地与俄罗斯东部大开发战略实施之际，实现双方战略的互动对接，发挥双方地处东北亚核心位置的区位优势，利用资金、技术、资源的互补优势，建立东北亚区域合作的产业平台，扩大东北亚各国的经济技术合作成为中俄双方共同推进战略互动对接的重要原因之一。

另一方面，深化中俄地区合作的需要也是影响中国东北地区与俄罗斯东部地区实现战略互动对接的重要因素之一。一直以来，中国东北地区与俄罗斯东部地区间经济合作多局限于双方静态比较优势层面，以货物贸易为例，东北三省多以进口俄方具有比较优势的能源类商品为主，而双方均相对缺乏的资本没有真正实现自由流动的态势，技术合作也以传统领域的合作为主，高新技术领域的合作发展较缓慢。导致这种局面出现的最主要原因就是缺乏支撑双方合作的平台，合作难以打破静态比较优势的局限，并建立一种在生产要素自由流动基础上的互动发展模式。所以，在中俄双方相继提出东北振兴与东部大开发战略的背景下，积极推进双方区域经济发展战略的互动对接，将有助于双方建立产业发展的互动平台，以重点合作领域为突破，以重点产业项目为支撑，深化双方贸易、投资、技术的合作。

### （二）双方实现战略互动的基础条件

#### 1. 区位优势

良好的区位优势能够降低运输成本、交易费用，使合作双方获得较高的经济收益。东北地区与俄罗斯经济技术合作的成效，充分证明了区位优势在经济技术合作中的重要作用，现阶段东北三省对俄贸易规模占全国对俄贸易规模的1/3，对俄技术合作也是中俄两国间技术合作的桥头堡。

#### 2. 生产要素优势

资本、技术、劳动力是组织生产不可或缺的生产要素，东北三省与俄罗斯具有实现战略互动对接的生产要素优势。第一，双方具有政府提供的资金支持，如2005～2007年黑龙江省就得到国家提供的对外引进技术资金8100万，这为双方实现战略互动对接提供了资金保障；第二，俄罗斯具有领先世界的技术优势，这是双方开展技术贸易的重要基础之一，同时东北三省的科技基础也是促进技术产业化的重要保障，在中国全国科技进步监测综合评价排序中，东北三省的科技进步总指数在全国的位次均处于上游（详见表3-2）；第三，面对俄罗斯东部地区因劳动力资源不足制约其资源开发瓶颈的问题，东北三省丰富的劳动力资源将有助于双方能源领域合作的开展。

表3-2　2004～2008年东北三省科技进步总指数在全国的排序

（全国排名位次）

| 省　份　＼　年　份 | 2004 | 2005 | 2006 | 2007 | 2008 |
|---|---|---|---|---|---|
| 黑龙江 | 12 | 12 | 13 | 14 | 14 |
| 吉　林 | 15 | 15 | 13 | 13 | 13 |
| 辽　宁 | 6 | 6 | 6 | 6 | 6 |

资料来源：根据《黑龙江综合科技进步水平评价》和《黑龙江科技统计手册》整理，http：//sts. hljkj. cn，2010年4月29日。

### 3. 产业优势

中俄双方实现战略互动对接的产业优势，一方面体现为东北三省具有较雄厚的工业和农业基础，其中工业领域的装备制造业、能源与原材料产业、医药产业等已逐渐发展成为东北地区的支柱产业；另一方面体现为俄罗斯东部地区拥有丰富的自然资源，而且东部大开发战略也提出将重点发展能源燃料、森工、电力、交通等优势产业。所以，双方产业优势将为双方战略互动提供产业平台。

### 4. 政策优势

从东北振兴的支持政策看，随着我国东北老工业基地振兴战略的实施，国家在产业发展、企业改革、人才队伍建设等方面出台了税收、信贷、国债等优惠政策。这一方面解决了企业改革和发展、产业结构优化中的问题，如企业历史拖欠税等；另一方面为老工业基地振兴创造了良好的对外合作环境，如对俄口岸基础设施建设得到了增强，同时绥芬河综合保税区的设立，也有助于深化东北地区与俄罗斯东部地区的经济技术合作。从俄罗斯政府对其东部大开发的支持来看，针对资金短缺的问题，政府加大了财政支持力度，如政府计划在 2020 年前投入 9 万亿卢布（约 3500 亿美元）用于东部开发，其中财政拨款 1.5 万亿卢布[①]。

### （三）双方推进战略互动的积极实践

自 2007 年 3 月俄罗斯东部开发被提到国家战略高度以来，推进战略互动对接得到了中俄双方的共同关注。两国中央政府、地方政府及相关部门通过编制合作规划纲要、举办发展研讨会、启动重点项目等方式推进双方战略的互动对接。为落实 2007 年中俄两国元首会晤取得的互访成果，我国有关部门率先编制完成了《中国东北地区老工业基地与俄罗斯远东地区合作规划纲要》（以下简称《规划纲要》）。2009 年 3 月，俄罗斯不仅对跨境基础设施、口岸、通道建设等方面进行了回应，而且提出了一批涉及资源及加工、建材建筑和能源等领域的地方合作重点项目，增加了地区环保合作内容；7 月，中俄双方对《规划纲要》进行了磋商；9 月双方签署了《中国东北地区与俄远东及东西伯利亚地区合作规划纲要》；在第十四次中俄总理定期会晤期间，双方就落实这一纲要达成共识。这一具有战略性的《规划纲要》为双方实现战略互动对接提供了依据和方向。

为推进中俄双方发展战略的互动对接，我国地方政府也采取了相应措施，如作为东北地区唯一一个沿海省份的辽宁省，启动了对俄合作规划编制工作，以对俄开放为主线，重点突出辽宁省区位、人才、产业、技术和沿海等比较优势，全面促进经济、技术、人文等领域的合作，实现双方互利，共同发展。规划区域范围包括辽宁省的 14 个市，合作对象则主要是俄罗斯远东及外贝加尔地区，同时也可涉及俄罗斯的其他地区[②]。为落实《规划纲要》，推进中俄双方发展战略的互动对接，2009 年 9 月，年产 3 万吨海绵钛项目一期工程开工暨佳泰钛业有限公司揭牌仪式在黑龙江省佳

---

① 曹志宏：《俄实施东部开发战略及其对我国东北地区的影响》，《西伯利亚研究》2008 年第 3 期。

② 《辽宁省启动对俄合作规划编制工作》，振兴东北网，2008 年 10 月 18 日。

木斯市隆重举行。这一合作项目采用了中俄双方共同投资、乌克兰国家钛研究设计院提供生产技术、俄罗斯阿穆尔州矿山提供钛精矿、中国铝业公司负责销售海绵钛产品的运作模式，充分体现了中俄双方产业互动发展的思想，将提高双方产业合作的融合度，对继续推进中俄双方战略互动对接具有重要的示范作用。

俄罗斯十分重视推进其东部地区与中国东北地区的合作。2009 年 5 月 21 日，时任俄罗斯总统梅德韦杰夫就中俄地区合作问题发表了重要讲话。一方面强调其东部地区开发的具体问题，主要包括"俄东部地区开发决策应充分考虑地区具体情况，俄东部地区开发关键是发展地方基础措施，俄联邦不能因经济危机而停止东部地区开发"；另一方面强调其东部大开发与中国合作的重要性和对于与东北地区振兴规划相结合的充分肯定等，主要包括"俄东部地区的发展与开展对中国和蒙古边境合作的前景相互关联，俄东部地区开发规划将与中国东北地区振兴规划相结合，俄欲与中国共同实施远东和后贝加尔地区的能源领域合作项目，中国是俄罗斯十分重要和富有前景的合作伙伴，不仅拥有容纳俄工业产品的庞大市场，而且拥有可能投资俄经济的可观金融资源"[①]。

目前，共同推进中国东北地区与俄罗斯东部地区的合作已得到中俄双方政府的共同关注。在 2009 年 9 月 23 日中俄两国元首的会晤中，推动中俄毗邻地区合作成为双方会晤的核心内容，双方正式批准了《中国东北地区同俄罗斯远东地区及东西伯利亚地区合作规划纲要》。中俄两国元首分别对双方合作的进程给予了肯定，并对未来合作提出了期望。

胡锦涛主席充分肯定了《中国东北地区同俄罗斯远东地区及东西伯利亚地区合作规划纲要》对推动中俄毗邻地区合作的重要意义，同时对加强中俄能源、环保等领域的合作提出了希望。胡锦涛主席指出，这是一份内容充实、很有分量的文件，希望两国有关部门抓紧落实，推动两国地方合作不断迈上新台阶。今后，双方应该加强交流与合作，推进国际金融体系改革，维护中俄两国及广大发展中国家的共同利益。

梅德韦杰夫对《中国东北地区同俄罗斯远东地区及东西伯利亚地区

---

① 《俄罗斯总统梅德韦杰夫期待中俄关系取得新发展》，《人民日报》2009 年 5 月 22 日。

合作规划纲要》的重要意义也给予了充分的肯定，他认为"这是双边关系成熟稳健的重要标志，俄方将认真落实"①，同时对胡锦涛主席提出的加强能源、环保等领域合作的希望，给予赞同。俄方愿意继续同中方发展电力、核能等有关领域的合作，希望继续同中方加强环保、移民等领域的合作，并提出两国海关应积极合作，促进双边贸易的积极发展。两国政府对促进双方毗邻地区合作的重视，以及对合作方向的引导等，必将对推动中国东北地区与俄罗斯东部地区合作、推动中俄地方国际化产业集群的形成起到积极的作用。

2009 年 10 月 13 日，中俄总理第十四次定期会晤期间，温家宝总理和普京总理就中俄在各领域的交流合作问题深入交换意见，达成七项共识。就两国经贸合作问题，双方一致同意要深化两国经贸合作，建设大型合作项目，创新合作模式；进一步扩大机电产品贸易，优化贸易结构；规范市场秩序，扩大本币结算；扩大相互投资和经济技术合作，促进贸易便利化，反对贸易和投资保护主义。双方还一致同意扩大能源合作，加强在航天航空、科技、交通运输、通信和信息技术、林业、质检、环保等领域的合作，落实《中国东北地区同俄罗斯远东地区及东西伯利亚地区合作规划纲要》，深化两国地方的合作。

中国振兴东北战略和俄罗斯东部开发战略的互动发展，是双方利用中国东北三省和俄罗斯东部地区优势、合作建设中俄地方国际化产业集群的重要前提条件和基础。中俄地方国际化产业集群建立后将发展成为东北亚地区重要的经济增长极，改变东北亚的分工体系，深化各国贸易、资金和技术等领域的合作，形成以经济发展为牵引的"伞"型合作新模式，在实践中确立中俄合作的合力作用，进而促进东北亚经济一体化的发展。

---

① 张朔：《中俄元首会晤批准毗邻地区合作规划纲要》，中国新闻网，2009 年 9 月 23 日。

# 第四章
# "伞"型合作模式的现实依据

　　中国政府在提出"振兴东北老工业基地"战略后,东北三省面临改造传统产业、发展新兴产业、推进产业结构升级的重要任务,对先进技术的需求急剧增加。中俄区域合作新模式构建的重要前提之一就是东北三省同俄罗斯之间存在技术差距,正确认识东北三省的产业技术需求,利用自身优势加强同俄罗斯东部地区的技术合作,不仅是提高东北三省技术水平的重要途径,也是建立中俄区域合作新模式的关键步骤。

## 一　黑龙江省需要引进俄罗斯技术的产业

　　黑龙江省对俄罗斯技术存在大量的需求,并且具备消化和吸收俄罗斯技术的能力,这需要黑龙江省确立合适的产业基地平台和引进技术的方式,与俄罗斯进行技术合作。

### (一) 需求俄罗斯技术的产业分布

#### 1. 对俄罗斯技术的总体需求

　　根据黑龙江省产业结构以及技术结构现状,黑龙江省需要俄罗斯技术的产业主要集中于农业、装备制造业以及高新技术产业。产业结构与引进技术的结构是相辅相成的，技术是产业发展的主导和本源，技术结构的演变是产业结构升级的主要动因。同时，产业作为技术应用的平台，其产业结构状况又制约技术结构的演变。黑龙江省在农业、装备制造业以及高新技术产业等领域的技术结构已具备引进俄罗斯技术的能力和政策支持，可以通过以产业为平台的技术引进，实现黑龙江省产业结构的不断优化升级，形成技术结构与产业结构相互促进的联动效应。根据黑龙江省近两年对俄罗斯技术的需求情况统计，该省对俄罗斯技术需求的产业分布情况如表4-1和图4-1所示。黑龙江省对俄罗斯技术需求最多的是高新技术产业，占总需求的46%，其次是农业和装备制造业，分别占总需求的27%和24%。

表4-1　黑龙江省2006年、2008年对俄技术需求统计

单位：项

| 领　　域 | 农业 | 装备制造业 | 高新技术产业 | 其他 |
|---|---|---|---|---|
| 2006年对俄技术需求 | 11 | 11 | 1 | 5 |
| 2008年对俄技术需求 | 49 | 43 | 91 | 0 |
| 合　　计 | 60 | 54 | 92 | 5 |

资料来源：根据2006年中国企业对俄需求和2008年"哈科会"对俄合作技术需求统计整理。

## 2. 农业

（1）产业政策引导。从黑龙江省农业发展政策和农业发展趋势来看，其在该领域对俄罗斯的技术存在大量的现实需求和潜在需求，是急需俄罗斯技术的产业之一。

黑龙江省为提高农业的竞争力，已经出台一系列的政策方针，提出调整农业产业结构，发展现代农业，依靠技术进步实现农业现代化。《黑龙江省"十一五"发展规划》提出要重视农业的技术进步，因地制宜地推广现代农业的前沿技术，大力开发节约资源和保护环境的农业技术，加快发展循环农业；进一步完善农业信息网络，积极推进黑龙江省农业信息落地入户工程建设，开展虚拟、网络、智能、数字农业试点，同时积极发展生态农业、生物农业。中共黑龙江省委十届六次全会上明确提出努力实现"一个率先、一个加快"的目标，即力争用10年左右的时间在全国率先实现农业现代化，加快构建城乡经济社会发展一体化新格局。黑龙江省提

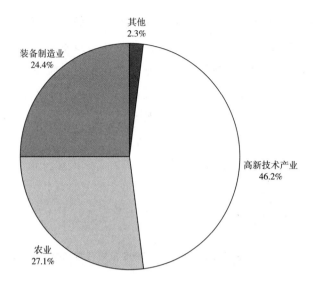

**图 4 - 1　黑龙江省对俄罗斯技术需求的产业分布情况**

资料来源：根据表 4 - 1 整理。

出加快推进全省由农业大省向农业强省的转变，由传统农业向现代农业转变，在全国率先实现农业现代化。2020 年前，把该省农业建设成为技术先进、装备精良、经营集约、产业发达、机制灵活、管理科学、全国领先的现代农业[①]。可见，黑龙江省正在着力发展现代农业，这使得其在未来农业的发展进程中需要大规模地引进先进技术，通过引进技术提高产业的技术水平，优化产业结构，提高产出水平。

（2）技术需求的总体概况。黑龙江省目前处于现代农业发展的初期，各研究所、大学和企业等重视因地制宜，应用现代化农业科学技术，采用高产量、高质量和高效益的农艺新技术[②]。根据黑龙江省 2006 年和 2008 年对俄罗斯农业技术的需求统计，所需求的技术主要包括水稻和玉米等育种技术、新品种引进和新技术等。其中需求最多的是农业新技术，占总需求的 58%，其次是新品种引进和水稻、玉米等育种技术，分别占总需求的 15% 和 10%（详见图4 - 2）。

---

[①] 《黑龙江提出用十年时间率先实现农业现代化》，www. hljagri. gov. cn，2008 年 10 月 30 日。

[②] 《黑龙江省确定 10 个现代化农业试点总投资 1 亿元》，东北网，2008 年 7 月 31 日。

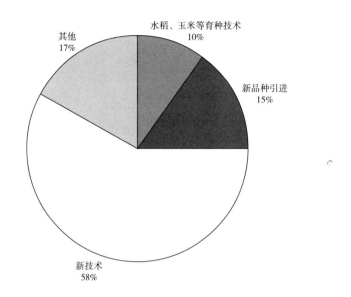

**图 4 - 2　黑龙江省农业领域对俄罗斯技术需求的行业分布情况**

资料来源：根据 2006 年中国企业对俄技术需求表、2008 年"哈科会"
企业对俄技术需求表统计。

（3）需求的主要项目。根据 2006 年中国企业对俄技术需求表和
2008 年"哈科会"企业对俄技术需求表统计，在黑龙江省对俄罗斯需
求的 221 项技术中，农业领域的技术需求有 60 项，其中包括水稻、玉
米等育种技术 6 项，新品种引进 9 项，新技术 35 项和其他类 10 项。水
稻、玉米等育种技术的需求集中于优质玉米种质资源引进及育种技术、
食用和工业加工的玉米育种、耐冷抗病水稻种质资源及高效育种技术
等；新品种引进主要包括推广适应性以及抗逆性强的早熟及晚熟品种，
耐寒、高产、抗病虫害树莓，黑加仑，醋栗等小浆果优质品种，秋播大
蒜品种、洋葱品种、大果实南瓜、燕麦品种、菜豆品种，适于寒地栽培
的各种果树、园林优良品种等；新技术包括俄罗斯优质向日葵资源和先
进育种技术、优质玉米种质资源引进及育种技术、植物病虫害的防治技
术、亚麻播后苗前化学除草技术、六行自走式玉米收获机制造检测技
术、利用聚合物废料生产 90 毫米管的工艺及其设备设计资料、抗菌材
料应用技术、格瓦斯饮料发酵工艺、格瓦斯饮料保鲜技术、大列巴生产

工艺、稻壳及秸秆气化制气技术、米糠油精炼加工技术、引用植物快速栽种属木的技术、果蔬贮存新工艺、菌剂生产技术及肥料生产技术、新型生物肥料生产加工相关应用技术、城市污泥农业资源化利用综合技术、专用蛋粉现代生产技术与应用的开发、大豆蛋白凝胶稳定性关键技术等。除此之外，在农业领域黑龙江省还需从俄罗斯引进胡萝卜种质资源，南瓜种质资源，先进的食、药用菌菌种，根菌素、植保素、"巴科托根"营养抗菌土等。

（4）农业需求技术的特点。一是黑龙江省对农业领域技术需求呈现不断高级化的特点。黑龙江省 2008 年在农业领域的技术需求与 2006 年相比，对新技术需求的种类和数量明显增多。根据黑龙江省科技厅 2006 年统计的对俄罗斯的技术需求表，黑龙江省在农业领域对俄罗斯的技术需求共 11 项，并且多集中于育种技术、品种引进，对其他新技术的需求只有 2 项，分别是生物农药制剂技术及工艺、农药制剂技术及工艺。在 2008 年的第二届"哈科会"上，黑龙江省对农业领域的技术需求共 49 项，其中对新技术的需求有所增加，有 21 项，占总需求的 44%，并且新技术涉及的范围较广，种类较多。

二是黑龙江省农业领域拟引进俄罗斯技术的方式呈现多样化的特点。技术贸易有多种方式，黑龙江省拟引进技术的方式包括技术引进、合作开发和技术咨询与服务等。在诸多方式中，技术贸易中层次较高的直接技术引进所占的比重较大，这表明黑龙江省在农业领域具备一定的引进技术的资金以及消化、吸收新技术使其产业化的能力。

三是黑龙江省在农业领域引进俄罗斯技术的主体出现了合理化的特点。黑龙江省对农业技术需求的主体主要是企业和研究所等，其中企业所占比重有上升的趋势，2008 年黑龙江省 49 个拟引进俄罗斯技术的主体中，有 28 个是企业。这主要是由于黑龙江省在农业领域已经出现一批有实力的企业，2005 年黑龙江省各级农业产业化龙头企业发展到 1300 个，包括黑龙江北大荒麦芽有限公司、黑龙江华润酒精有限公司两个国家级重点龙头企业，黑龙江铁丰米业有限公司等 12 个省级重点龙头企业。它们在技术引进的过程中，逐渐发挥主导作用，使先进技术直接通过企业进行产业化，提高了技术引进水平和应用效率。

### 3. 装备制造业

（1）产业政策引导。装备制造业是黑龙江省在"十一五"规划中确立的主导产业之一，在未来的发展过程中既要巩固现有的优势，又要打造具有自主知识产权的高端、高效、高附加值的产业链条，还要解决生产过程中资源和能源消耗过大及污染严重的问题。这都需要大量的技术要素投入，使得黑龙江省的装备制造业成为迫切需要引进俄罗斯技术的产业之一。

装备制造业发展的政策导向决定了黑龙江省迫切需要俄罗斯的先进技术。在黑龙江省的"十一五"规划中，明确规定了黑龙江省在装备制造业领域重点发展的方向和技术要求，提出黑龙江省要充分利用重型装备制造的产业基础，坚持技术引进与自主创新相结合，推进装备制造业的高技术化，主要表现为装备制造业在发展过程中需要技术要素的投入。其中在电站成套设备上，要重点开发、研制大型燃气蒸汽联合循环发电机组，掌握重型燃气蒸汽联合循环发电机组核心设计和制造技术，增强年产2000MW联合循环发电机组的生产能力；加大对核电设备的研发力度，重点开发研制百万千瓦等级核电机组，掌握核心制造技术，形成核电站主设备的成套制造能力；重点发展高速数控立车、数控大型立车、数控重型卧车、重型数控铣镗床、重型数控龙门铣镗床、大型数控并联及混联机床、数控切割机床和数控强力旋压机床等数控设备[①]。《黑龙江省中长期科技发展规划纲要（2006~2020年）》指出了装备制造业重点发展的技术要求，并进一步明确指出黑龙江省装备制造业技术的需求方向。该纲要中规定装备制造业领域的发展应以极端制造、数字制造、绿色制造、制造业信息化为主线，提出重点研究开发大型清洁高效发电设备、大型煤化工成套设备、数字化设计制造集成技术、数字化与智能化装备基础和通用部件、新型大马力农机装备和新型亚麻纺织机械、木材高效利用机械装备、矿山机械和食品药品加工设备等技术[②]。

（2）需求的主要项目。根据2006年中国企业对俄技术需求表和2008

---

① 《黑龙江省"十一五"发展规划纲要》，www.dcement.com/heilongjiang，2007年11月26日。

② 《黑龙江省中长期科技发展规划纲要（2006~2020年）》，佳木斯科技信息网，2007年3月6日。

年"哈科会"企业对俄技术需求表统计，在黑龙江省总需求的221项技术中，装备制造业的技术需求共有54项。黑龙江省装备制造业对俄罗斯需求的技术包括管件和棒料摩擦焊技术及摩擦焊设备制造技术，钎焊炉钎焊技术工艺改进技术，起重机结构分析、结构及零部件寿命分析技术，机床设计与制造技术，MW级以上直驱或半直驱永磁风力发电机组制造技术，大型抽气机组关键技术，给煤机、卸煤机、破碎机等设备技术改造，管件和棒料摩擦焊技术和摩擦焊设备制造技术，电站汽轮机、燃气轮机动叶、导叶的精铸技术等。

（3）技术需求的特点。一是黑龙江省在装备制造业领域对技术需求类型呈现集中引进核心技术的特点。技术可以分为核心技术和一般技术[1]，根据技术在生产中的地位和角色，核心技术通常是指具有较高附加值和在竞争中起关键作用的技术。黑龙江省装备制造业需求的技术包括大型汽轮机焊接转子技术、大型抽气机组关键技术、粉末冶金材料加工技术、大型电站锅炉节煤关键技术、先进的热处理方面特种电机制造技术、汽车加热器及主要附件燃油计量泵的先进制造技术等多项核心技术。这主要是由于黑龙江省装备制造业在诸多领域已经掌握一般技术，从而具备运用核心技术的能力。

二是黑龙江省装备制造业在引进俄罗斯技术的拟合作方式中，表现出合作方式多样化的特点。装备制造业需求技术的拟合作方式中出现了直接的技术引进、技术合作和技术咨询与服务等多种形式，已经包括技术贸易中最常见的几种方式。与其他行业相比，装备制造业引进技术的方式最为合理。可见，黑龙江省的装备制造业总体上已经具备引进技术的资金能力和通过大量人力资本将技术进行吸收和转化的能力。

三是黑龙江省装备制造业对俄罗斯技术的需求数量不断增多。2006年黑龙江省装备制造业技术需求共11项，2008年需求的数量增至43项。这主要是由黑龙江省装备制造业的主导产业地位决定的，主导产业是指依靠科技进步或技术创新获得新的生产函数，能够通过快于其他产业的高速

---

① 黄静波：《国际技术转移》，清华大学出版社，2005。

成长作用，有效地带动其他相关产业快速发展的产业或产业群①。主导产业作用的发挥需要技术要素的投入，装备制造业作为黑龙江省的主导产业，与其他产业相比需要更迅速地吸收先进的技术成果，取得产业的技术进步，从而保证其产业的核心竞争力和对其他产业的扩散效应。

**4. 高新技术产业**

（1）产业政策引导。高新技术产业是黑龙江省在"十一五"规划中提出的要大力发展的产业。产业演进的客观规律和现实的政策导向，都决定了黑龙江省的高新技术产业将对俄罗斯的技术存在长期而大量的需求。

黑龙江省高新技术产业发展的政策导向决定了其将对俄罗斯技术存在需求。在"十一五"规划中，黑龙江省着眼于构建未来的竞争优势，把高新技术产业提到战略产业的高度，充分挖掘技术、人才潜力，整合科技资源，按照产业集聚、规模发展和扩大国际合作的要求，提高自主创新能力，加快创新体系建设和产业化步伐，大力发展电子信息技术、生物技术、新材料技术、航空航天技术、新能源技术和环境保护等重点产业技术。在生物产业方面，加快动植物转基因技术、生物环保技术、微生物重组技术、基因工程技术、新型天然药物和中药提取分离及纯化技术、中药新剂型的研究及产业化开发；在新材料产业方面，加快推进纳米材料与器件、新型金属材料、无机非金属材料、新型建筑材料、电子信息材料、生物医用与仿生材料的设计制造和应用技术研究及产业化开发；在航空航天产业方面，围绕航空航天事业的发展，加强航空航天制造业关键技术及新材料、新产品的研究及产业化开发等②。

《黑龙江省中长期科技发展规划纲要（2006～2020年）》确定了黑龙江省高新技术产业重点发展的技术方向。在电子信息领域，发展汽车电子与电力电子、微电子与新型元器件、虚拟现实、传感器网络及智能信息处理等技术；在生物技术领域，发展植物和动物新品种、生物制品、废弃物处理等技术；在新材料领域，发展纳米材料、高性能高分子材料、高性能无机非金属材料、新型节能环境友好建筑材料、特殊性能材料、高性能复合材料、生物医用材

---

① 杨公朴：《现代产业经济学》，上海财经大学出版社，2005。
② 《黑龙江省"十一五"规划纲要》，www.dcement.com/heilongjiang，2007年11月26日。

料、新型半导体材料等技术；在先进制造业领域，发展极端制造、智能服务机器人、重大产品和重大设施寿命预测、制造模式与系统集成等技术；在航空航天领域，发展空间探测和飞行器及其配套设备等技术①。

（2）技术需求的总体概况。黑龙江省对高新技术产业的技术需求，主要根据 2008 年第二届"哈科会"企业对俄技术需求表的统计情况，其中黑龙江省需求的 193 项技术中有 91 项集中于高新技术产业，占总需求的 53%。黑龙江省高新技术产业对俄罗斯的技术需求分为五类，包括电子信息技术、生物工程与新医药技术、新能源与高效节能技术、新材料与应用技术、航空航天技术，各类技术占总需求的比重分别为 24%、20%、23%、32% 和 1%（详见图 4 - 3）。

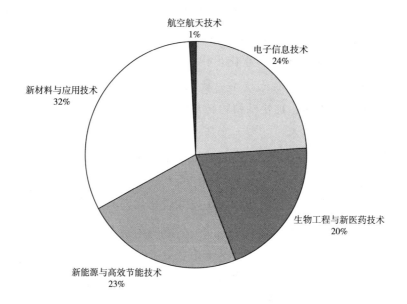

**图 4 - 3　高新技术产业各领域需求的技术分布情况**

资料来源：根据 2008 年第二届"哈科会"黑龙江省对俄技术需求统计。

（3）需求的主要项目。根据 2008 年第二届"哈科会"企业对俄技术需求表的统计，在黑龙江省高新技术产业的 91 项技术需求中，电子信息

---

① 《黑龙江省中长期科技发展规划纲要（2006～2020 年）》，www.jmskjxx.com，2007 年 3 月6 日。

类技术需求 22 项、生物工程与新医药技术 19 项、新能源与高效节能技术 21 项、新材料与应用技术 28 项、航空航天技术 1 项。其中电子信息类的技术需求主要包括机器识别检测系统技术、声学分析方面的技术、太阳能供电技术、流程企业信息系统开发平台框架技术、3D 游戏开发技术、地理信息系统开发技术、汽油切割器的全自动控制系统技术等。生物工程和新医药技术领域的技术需求主要包括人源化单克隆抗体技术及相关产品、食用菌精深加工技术、大豆生物活性物质提取等技术、高纯度大豆磷脂提取技术、人血浆功能蛋白和酶的分离技术、过氧化氟人造血技术、口服胰岛素制剂技术、新的药物释放技术、薄膜包衣剂的生产技术、食用菌生物技术萃取及提取技术等。新能源与高效节能技术领域的技术需求主要包括太阳光自动跟踪技术和太阳能能量储存技术、废弃生物质高效转化生物油联产清洁可燃气新技术、生物质燃料制造技术、高效薄膜电池关键技术和天然气、煤层气液化设备的新技术。新材料与应用技术领域的技术需求包括特种树脂分离普及技术、耐油抗磨及自润滑涂层应用技术、含碳的类金刚石涂层技术、高温合金叶片表面修复技术、高寒地区路面病害防治技术、稻草板生产设备和技术、高压玻璃钢管道生产技术等。环境保护新技术领域对技术的需求包括高效环保融雪剂、白腐真菌处理高浓度制药废水技术、畜牧养殖废弃物处理技术与设备等。

（4）技术需求的特点。一是黑龙江省高新技术产业对俄罗斯技术需求数量大、种类繁多。黑龙江省高新技术产业对技术的需求总量已经超过农业和装备制造业，是技术需求最多的领域，并且在高新技术产业中技术需求的行业范围较广。高新技术在我国主要涵盖六大领域，黑龙江省除对海洋技术没有需求外，对电子信息技术、生物工程与新医药技术、新能源与高效节能技术、新材料与应用技术和航空航天技术等五个领域都存在需求，从而出现了对技术需求的种类比较全面的特点。其中对电子信息技术、生物工程与新医药技术、新材料与应用技术、新能源与高效节能技术的需求分布较平均。

二是黑龙江省高新技术产业技术引进的方式比较单一，主要为直接的技术引进和共同开发，技术咨询与服务应用的较少。前两种技术贸易方式需要一定的资金和人力资本投入，这说明目前黑龙江省在高新技术产业中部分行业已经具备引进和转化先进技术的能力。技术咨询与服务通常指技术的接受方在新技术的开发和运用过程中，对特定的技术问题或难题寻求咨询与服务，这就决定了技术的接受方需要具备一定的技术基础。黑龙江省在高新技术产业拟合作的方式中技术咨询与服务很少，这就说明黑龙江省在高新技术产业研究中开发新技术的能力较弱。

三是黑龙江省高新技术产业的技术需求表现出持续增加的特点。按照经济活动对生产要素的依赖程度来考察经济发展的阶段，可以将经济发展阶段分为农业经济社会、工业经济社会和知识经济社会。在不同的经济发展阶段产业结构演进遵循由劳动集约型产业逐步迈向资本集约型产业进而是技术集约型产业的循序渐进的过程。这一演进过程的轨迹，具有发展的客观必然性。黑龙江省目前处于工业经济社会，产业结构的特点集中于资本集约型产业，但是根据未来经济发展和产业结构演进的趋势，黑龙江省将逐步向知识经济社会的技术集约型产业过渡。黑龙江省目前正处于大力发展高新技术产业的阶段，这决定了黑龙江省在高新技术产业领域将保持较大的技术需求。

### 5. 其他产业

黑龙江省在"十一五"规划中确定的主导产业还包括医药工业和食品工业等，其中医药产业的发展趋势以及政策导向决定了其将对俄罗斯的技术存在需求。

医药产业也是黑龙江省"十一五"规划所确立的主导产业之一。《黑龙江省中长期科技发展规划纲要（2006~2020年）》提出，医药工业领域要重点研究开发新型抗生素、药物制剂，引进国外药品、生物产品、基因工程类产品等。因此，在2006年对俄技术需求表中，黑龙江省医药领域对俄罗斯的技术需求主要包括逆转酶抑制剂生产技术、窄谱抗生素生产技术、植物药提取工艺技术、航天饮料生产技术、基因重组抗肿瘤药物生产技术、免疫抑制剂生产技术、抗体药物生产技术、基因治疗类药物生产技术、胰岛素类药物生产技术、靶向制剂生产技术、治疗性疫苗生产技术、多肽类药物生产技术、化学药品和在研化学药品生产技术等。拟合作的方式主要是技术引进和共同开发。

黑龙江省"十一五"发展规划指出，食品工业领域应采用先进适用技术和高新技术，加快实现食品工业产业升级。但是根据2006年和2008

年黑龙江省对俄技术的需求统计情况，黑龙江省的食品工业目前还没有俄罗斯技术需求的主体。主要是与俄罗斯相比，黑龙江省食品工业的科技水平处于优势地位，这为黑龙江省与俄罗斯在该领域实施以黑龙江省的技术输出为主导的技术合作提供了思路。

### （二）黑龙江省吸收俄罗斯技术的能力

消化吸收技术是指通过学习掌握并熟练使用技术，把引进的技术变为自己的技术的过程，引进技术的消化吸收过程是增强引进技术生命力的关键因素之一。引进的技术只有被消化和吸收后，才能改变企业的生产效率，提高生产能力，最终为企业带来一定的经济效益[1]。黑龙江省坚实的产业基地平台、政策支持和人力资本等，使其具备了一定的吸收俄罗斯技术的能力。但是由于技术需要依靠产业进行转化，而黑龙江省各个产业的技术水平以及转化能力的不同，最终导致各产业对俄罗斯的技术消化吸收能力不同。

**1. 农业吸收俄罗斯技术的能力**

技术若要成功地运用于产业并带来经济效益，就需要产业具备技术的选择能力、消化能力和应用能力，黑龙江省农业领域对俄罗斯的技术存在需求，具备对技术的选择能力。对技术的消化能力和应用能力受产业的科技基础、人力资本等多方面因素的影响，目前黑龙江省农业已具备一定的技术消化能力和应用能力。

（1）科技基础。黑龙江省凭借其在农业领域的科研机构、科研人员等科技基础，已具备消化和吸收俄罗斯技术的能力。黑龙江省的主要农业科研单位——黑龙江省农科院及其下设的对俄农业技术合作中心，具有较强的技术消化、吸收、孵化能力，是黑龙江省乃至我国开展对俄农业合作项目最多的单位之一。

黑龙江省的农业具备一定规模的农业技术人员和基础设施，以及较为完善的农业技术推广机制，这增强了农业领域的技术应用能力。2006 年，黑龙江省农业技术人员占全省专业技术人员的 4%，小于工程技术人员（详见图

---

[1] 秦书生：《基于技术引进、消化吸收的自主创新困境及消解对策》，《科技管理研究》2008年第 7 期。

4-4)。但如图4-5和图4-6所示，从总量上来看，黑龙江从事农业科技服务的人员以及农业科技和服务单位的数量在东北地区还是具有比较优势的。

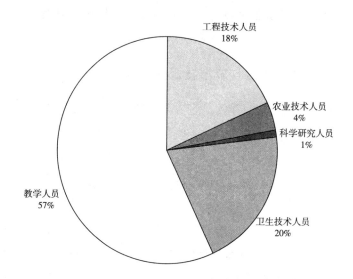

**图4-4 2006年黑龙江省专业技术人员情况**

资料来源：根据黑龙江省《2007年科技统计手册》整理。

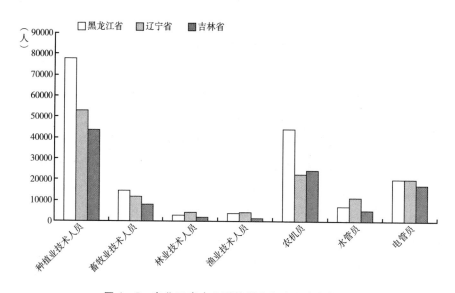

**图4-5 东北三省农业科技服务和专业人员数量**

资料来源：三农数据网，www.sannong.gov.cn，2008年10月30日。

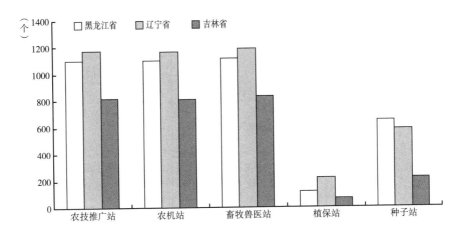

**图 4-6 东北三省农业科技与服务单位数量比较**

资料来源：三农数据网，www. sannong. gov. cn，2008 年 10 月 30 日。

（2）科技水平。黑龙江省农业凭借黑龙江省农科院和对俄农业技术合作中心的技术优势，已经具备成功引进和消化吸收俄罗斯技术的能力。黑龙江省农科院先后与苏联科学院系统及农科院系统所属的 20 余个科研单位建立了科研联系与合作关系，并引进了多项俄罗斯先进技术，引进并交换小麦、大豆、玉米、马铃薯、沙棘、黄瓜、亚麻等种质资源。在合作期间，黑龙江省能够有效地利用俄罗斯的科技资源，并且在大部分领域具备了消化和吸收先进技术的能力。"利用生物农药——蜡蚧轮枝菌活体孢子防治棚、室害虫"技术已进入中试阶段；"小麦抗赤霉病育种研究"项目已获得抗赤霉病的合成六倍体小麦；黑龙江省农业科学院农药应用研究中心利用引进的俄罗斯技术研制并生产的超微粉小麦种子处理剂（50% 麦迪安）在全国 17 个省区进行了试验、试用、示范、推广；黑龙江省农科院黑河农科所与俄罗斯农科院全俄大豆所合作，引进俄罗斯的大豆物种资源，育成多种适应北方气候的早熟品种和各种熟期类型的大豆品种，产量大幅度提高；通过消化和吸收俄罗斯技术已经成功研制出"超微粉体种衣剂"、"生物表面活化剂"、"大果无刺沙棘"，并形成产业化[①]。可见，黑龙江省通过农业科研机构已经具备吸收俄罗斯先进农业技术的能力（详见表 4-2）。

---

[①] 池东辉：《以黑龙江省为例的中俄农业科技合作研究》，硕士学位论文，哈尔滨工业大学，2006。

表4－2　黑龙江省农业领域中对俄技术合作重点项目的产业化情况

| 项　目 | 技术应用及产业化情况 |
|---|---|
| "生物表面活化剂"项目 | 应用该技术产品的地区已扩展到辽宁、吉林、内蒙古、山东等地 |
| "超微粉种衣剂"项目 | 技术达到国际先进水平，其中小麦处理剂在全国17个省区进行了推广 |
| "优质玉米种质引进与杂交种选育"项目 | 利用引进俄罗斯的高赖氨酸种质资源，选育出完全是我国知识产权的三个特种玉米新品种 |
| "俄罗斯大果沙棘引进"项目 | 已建成面向西部大开发的沙棘种苗基地和国内最全的沙棘品种资源库，先后选育出沙棘优良品系24个，丰富了我国沙棘种质资源，改良了我国沙棘经济性状，育成品种已推广到新疆、宁夏、甘肃、山西、陕西、内蒙古等地，为"三北"地区防风固沙提供了良好的树种 |
| "引进俄罗斯亚麻收获机"项目 | 现已实现MW－1型亚麻联合收获机整机国产化80%以上，效率比国内机型提高1倍以上 |
| "1ZL鹅掌式深松联合整地机"项目 | 在引进俄罗斯技术基础上，结合我国技术需要，开发出新机型，产品已通过农业部机械实验检测鉴定总站的推广鉴定，可为国内外50～370马力的大中型拖拉机配套使用 |

资料来源：根据 www.jmskjxx.com/news_ view，2007 年 3 月 14 日统计整理。

　　同时，中华人民共和国科学技术部、黑龙江省对俄科学技术合作领导小组将中国的对俄农业技术合作中心设在黑龙江省农业科学院，这也加速了黑龙江省与俄罗斯农业科技信息的交流和农业技术的产业化进程。仅 2001 年和 2004 年，该院就申报并执行了国家和省各类项目 62 项，引进专家 47 人次，派出 40 位年轻的科技人员赴俄接受培训，引入品种资源 400 余份，总计争取资金 600 余万元。中俄科技合作及产业化中心引进"利用生物农药——蜡蚧轮枝菌活全孢子和毒素制剂防治棚、室害虫"、"小麦抗赤霉病育种研究"等技术；东北林业大学引进西伯利亚红松种子资源，与远东科学院合作，引进 Bt 低容量防虫制剂，为防治大兴安岭落叶松毛虫取得预期效果；从哈巴罗夫斯克科技大学引进"自润滑轴承材料"配方和生产工艺，采用以环氧树脂为基材，以离心塑型方法制造自润滑轴承等[1]。

　　（3）政策环境。黑龙江省在农业领域的相关政策将提高消化和吸收

[1]　《黑龙江对俄科技合作亮点频现》，www.sina.com.cn，2005 年 6 月 13 日。

俄罗斯技术的能力。具体表现为黑龙江省具有的农业技术推广机制，通过该机制有效地实现了农业技术的推广，提升了农业技术的产业化能力。

　　黑龙江省十分重视农业技术的推广，农业技术推广是技术成功运用和产业化的必要条件，这将确保所吸收的俄罗斯农业技术进入实质的产业化阶段。黑龙江省目前通过农业科技推广服务，实施农业科技入户，提升了农民应用技术的能力。农业科技推广工作主要是指结合当地农业生产和自身技术力量的实际情况，选择适应当地农民需求的农业技术，实行产前、产中、产后等技术服务。通过在黑龙江省广泛地开展农业科技推广工作，弥补农民技术上的不足，提高农业技术的产业化能力。特别是黑龙江省被列入国家农业科技入户工程试点省份后，已经确立 16 个承担科技入户工程的国家和省级试点县，普遍建立了"科技人员直接到户、良种良法直接到田，技术要领直接到人"的科技推广新机制。通过实施科技入户工程，黑龙江省培育了 8000 个核心示范户，辐射带动 16 万农户，推广应用了 54 个主导品种和 19 项主推技术[①]。

　　**2. 装备制造业吸收俄罗斯技术的能力**

　　（1）科技基础。黑龙江省装备制造业的科技基础比较雄厚，部分行业的竞争力较强，使其具备消化和吸收俄罗斯技术的前提条件。具体表现为黑龙江省的锅炉、汽轮机及发电机制造业的经济指标在全国同行业均居第三位，具有明显的行业优势；冶金专用设备制造业居全国同行业第二，具备为冶金行业配套生产大型高炉、混铁炉、顶氧转炉、扎炉、连铸机的设计制造能力；货运制造业、铁路运输设备修理业均居全国同行业第二位，微型汽车名列全国同行业第六位，具有明显的行业优势；在焊接技术研究和开发领域方面，哈尔滨市几乎包罗所有焊接工艺和方法，研究和开发水平处于国内和国际领先地位；在切割产品生产方面，数控切割机的主要技术达到国外同类设备先进水平；大型机械化农机具居全国第三位，具有行业优势[②]。

---

　　① 《农业科技成果转化为黑龙江省带来近百亿元收益》，www.hljagri.gov.cn，2005 年 7 月 5 日。

　　② 祝明涛、王巍：《黑龙江省装备制造业发展及其结构现状分析》，《科技与管理》2007 年第 2 期。

黑龙江省装备制造企业的技术能力较强，并且一批企业具备一定的研发能力，这将增强黑龙江省消化和吸收俄罗斯技术的能力。企业技术能力是指寻找可靠的可选择技术并决定最合适的引进技术的能力，对引进技术实现从投入到产出的转换能力，改进以适应当地生产条件的能力，实现局部创新能力，开发适应当地研发设备的能力，制订基础研究计划并进一步提高改进技术的能力[①]。在装备制造业领域有一批企业具备良好的技术能力，如哈尔滨电站设备集团公司、哈尔滨东安汽车发动机制造有限公司、哈尔滨哈飞汽车工业集团、齐齐哈尔铁路集团、齐齐哈尔第一重型机械集团等。这批企业重视自主创新，在同行业中竞争力较强，其中哈飞汽车在技术的引进过程中，重视对技术的消化吸收，开发出更适合国内需求的微型车。同时黑龙江省部分企业已经具备开发适应当地研发设备的能力，如齐齐哈尔北车车辆开发有限公司自主研发的"70T级新型通用敞车技术"，用于生产装载煤炭、矿石、建材机械设备等货物的通用铁路车辆，哈尔滨空调股份有限公司完成了"2×300MW机组直接空冷系统国产化设计"等。

（2）科技水平。黑龙江省装备制造业的技术水平已经能够使技术在大多数行业实现产业化。具体表现为黑龙江省在装备制造业领域的科研中心具有较强的技术吸收能力，已经成功转化多项先进技术。

黑龙江省对俄工业技术中心共从俄罗斯等独联体国家引进了近千项各类高新技术，引进专家160多人（院士42人次），其中一些世界领先和我国国内空白的高新技术项目已经在黑龙江省及国内开始实现产业化。而且双方的合作范围较广，包括超纯特种电子气体制备产业化、防锈耐磨的VMX－玄武岩聚合物涂料、新型吸音橡胶材料、空泡洗船新技术等。具体表现为：黑龙江省对俄工业技术合作中心为解决我国的电子气体材料国产化的问题，与白俄罗斯"HK卡拉尔"责任有限公司签订引进气体提存制备协议；哈尔滨化工研究院与俄罗斯科学院合作研发的高效环保新型漂白剂——过氧化硼酸钾，现已投放生产，并累计销售产品350余吨，与多家应用厂家签订购货合同1000吨；黑龙江省化工研究院已与白俄罗斯科

---

① 黄静波：《国际技术转移》，清华大学出版社，2005。

学院签署合作协议，经双方人员联合试验制备出合格的卡基材料产品，并准备开发国内聚酯原料产品，以替代现有 PVC 树脂卡基材料及进口聚酯相关材料。此外，新型高效聚乙烯催化剂、厚大复杂结构电子束焊接等 5个项目也在推进中，于 2008 年底进入产业化阶段[①]。

（3）政策支持。黑龙江省对装备制造业的政策支持将提高其对技术的消化吸收能力。《黑龙江省人民政府关于加快科技创新体系建设促进科技成果产业化的若干意见》提出了关于加强装备制造业等主导产业技术产业化能力的相关政策意见，这将增强黑龙江省装备制造业消化吸收技术的能力。具体表现为：提出了主导产业支持重大关键共性技术研发和产业化的建议，对企业研发机构或产学研联合实施的产业关键共性技术的研发项目和重大装备（套）的自主研发项目，其研发费用应给予一定比例的资助；对实施产业化的项目给予贷款贴息、无偿资助等支持[②]。逐步加大对高校、科研机构的重点实验室、工程技术（研究）中心等的投入，不断改善研发条件。同时黑龙江省财政将给予运行经费补贴或奖励，鼓励主导产业建立产学研战略联盟和科技创新研发平台。

**3. 高新技术产业吸收俄罗斯技术的能力**

（1）科技基础。黑龙江省高新技术产业的发展主要依托"哈大齐高新技术产业带"，该产业带建立在哈尔滨和大庆两个国家级高新技术产业开发区的基础上，2005 年被国家科技部批准为国家级高新技术产业带。高新技术产业带旨在通过建立以企业为主体、产学研相结合的技术创新体系，促进高技术成果产业化，同时发展技术市场、风险投资、法律与会计等中介服务机构，为科技成果的转化提供优越的条件和良好的发展环境[③]。

黑龙江省的高新技术产业带和高新区已经成为高新技术成果转化的主要基地，具备了一定的技术基础和科研人员，已经成为高新技术产业核心区域和辐射基地，这将为引进俄罗斯的技术提供良好的转化平台。具体表

---

① 《黑龙江省已成为对俄科技合作桥头堡》，中青网，2008 年 9 月 3 日。
② 《黑龙江省人民政府关于加快科技创新体系建设促进科技成果产业化的若干意见》，佳木斯统计信息网，2008 年 10 月 13 日。
③ 吴贵生：《区域科技论》，清华大学出版社，2007。

现为：目前已经形成哈药集团抗生素产业基地等 4 家国家级基地、牡丹江石油钻采装备产业集群等 4 家省级基地和 8 家特色产业基地①。大庆高新区已经逐步培育和形成石油及天然气化工、新材料、电子信息等 6 个主导产业；哈尔滨高新区已经形成汽车及零部件、医药、食品和电子信息四个主导产业集群雏形；哈大齐工业走廊已落实国家高新技术产业项目 314 项②。这些项目的实施不但使企业的创新能力进一步提升，还为企业培养和留住了一批科技人才。黑龙江省还引导高新区引进高等学校和研发机构，大庆高新区先后引进大庆石油学院等高等院校，吸引哈尔滨工业大学等院校在高新区内建立了研发基地，成为高新区发展高新技术产业的技术和人才来源③。

（2）科技水平。黑龙江省高新技术产业中的各个行业具有发展不平衡的特点，这使其在不同领域吸收俄罗斯先进技术的能力有所不同。黑龙江省高新技术产业的份额主要集中在医药制造业和航空航天制造业，而电子通信设备制造业、电子计算机与办公设备制造业、医疗设备及仪器仪表制造业在该省高技术产业的份额很小。具体来说，2006 年高新技术产业领域各产业产值由大到小排列依次为：医药制造业 124.10 亿元、航空航天制造业 57.56 亿元、医疗设备及仪器仪表制造业 12.55 亿元、电子计算机及办公设备制造业 10.57 亿元、电子及通信设备制造业 6.74 亿元（如图4 – 7 所示）。

目前黑龙江省高新技术产业的部分领域已具备对引进技术实现从投入到产出的转换能力。例如，在新能源与高效节能技术领域，黑龙江省与俄罗斯通过技术合作的方式完成了"大型往复推饲分层供风垃圾焚烧炉"项目的开发，获得了国家专利，目前已经在齐齐哈尔市建立全国第一台日处理 200 吨的生活垃圾焚烧示范工程基地。在新材料与应用技术领域，黑龙江省引进的用于研制和生产与在零件表面形成装饰和功能膜有关的工艺的"等离子磁控溅射装置"，已经可用于制取新型材料、超导体膜、生产纳米粉等，填补了国内空白④（详见表4 – 3）。

① 《大庆高新区——小园区撑起大经济》，人民网，2006 年 5 月 19 日。
② 《黑龙江省坚持自主创新加快发展高新技术产业》，中国经济网，2008 年 8 月 14 日。
③ 《黑龙江省高新技术产业插上腾飞翅膀》，《黑龙江晨报》2006 年 7 月 11 日。
④ 黑龙江：《稳筑全国对俄科技合作桥头堡》，www.jmskjxx.com/news_ view，2007 年 3 月 14 日。

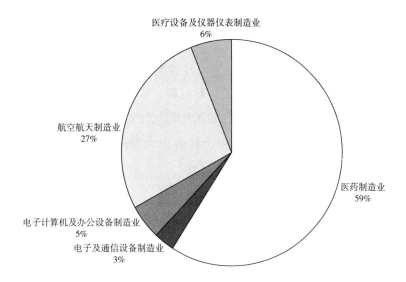

图4－7　2006年黑龙江省高技术产业内五个行业的产值结构比例

资料来源：根据《2007科技统计手册》，http：//sts. dragon. net. cn/整理。

表4－3　黑龙江省高新技术产业对俄技术合作重点项目的产业化情况

| 项　目 | 技术应用及产业化情况 |
| --- | --- |
| "大型往复推饲分层供风垃圾焚烧炉"项目 | 与俄方合作完成技术开发并获国家专利,在齐齐哈尔市建立了全国第一台日处理200吨的生活垃圾焚烧示范工程基地 |
| 直径大于300毫米大尺寸蓝宝石晶体的生长技术研究 | 2008年7月造出直径为325毫米、重量达68.68公斤的高质量蓝宝石晶体,该工艺达到世界领先水平,为大尺寸蓝宝石晶体在我国航空航天、半导体产业的广泛应用奠定了坚实的基础 |
| "洁净阳极焦"项目 | 产品全部出口俄罗斯,项目完成时年创汇可达2900万美元 |
| "铜基无银无镉合金材料"项目 | 在我国首次用铜代替银合金生产低压电器用的电工触头,节省了大量的贵重金属银,在扩大产业化规模的2003年,产值已达2700万元 |
| "等离子磁控溅射装置"项目 | 引进用于研制和生产与在零件表面形成装饰和功能膜有关的工艺,可用于制取新型材料、超导体膜、生产纳米粉等,填补了国内空白 |
| "高纯度电子气体制备技术"项目 | 填补了我国在特种气体研制生产方面的空白,为解决我国急需的硅烷、磷烷两种电子气体材料的国产化、生产价格昂贵的进口替代产品奠定了基础 |
| "液体动力加热器"项目 | 一种新型的供热产品,无需任何加热元件,依靠电机带动水泵,产生液体超声空化现象,热效率达92%~96%,可用于任何液体的加热搅拌处理。 |

资料来源：根据 www.jmskjxx.com/news_ view，2007年3月14日；中青网，2008年9月3日整理。

（3）政策支持。黑龙江省对发展高新技术产业的政策支持保证了其在某些行业引进和消化俄罗斯技术的能力。《黑龙江省发展高新技术产业专项资金管理办法（试行）》确定黑龙江省高新技术产业资金重点支持的领域主要包括生物技术、北药开发、新材料、新能源及高效节能技术、光机电一体化技术、精细化工、医药和医疗器械设备、环保设备、具有优势资源的深加工等，并提出具备相应条件的企业可申请省高新技术产业资金[①]。其中黑龙江省在发展高新技术产业化的资金中将有 30% 用于支持对俄罗斯技术合作的技术引进、项目的孵化和产业化，这将为黑龙江省在高新技术产业领域与俄罗斯进行技术合作提供资金支持，增强黑龙江省实施技术产业化的能力。

### （三）黑龙江省承接俄罗斯技术的困扰

**1. 企业的技术能力不全面**

黑龙江省的大多数企业存在技术能力不全面的问题。企业是研发活动的主体和科技成果转化的重要载体，企业的消化吸收能力将直接影响技术的应用情况。黑龙江省的大部分企业仍然存在改进以适应当地生产条件的能力、开发适应当地研发设备的能力、制订基础研究计划并进一步提高改进技术的能力，这将影响技术的产业化进程。随着技术的更新周期越来越短，黑龙江省的企业技术能力不全面将成为困扰该省承接俄罗斯技术的主要难题之一。

**2. 技术产业化运作思路不合理**

黑龙江省引进技术的科研机构和企业等主体普遍存在对技术产业化运作思路不恰当的问题。黑龙江省科研中心习惯于先引进先进技术，后进行孵化，再将其应用和推广，而不是为了解决某个市场需求问题而组织科研。企业在引进技术过程中，主要采取的方式集中于技术咨询与服务、联合开发，而在技术贸易中最有效的许可贸易方式很少出现。因此，黑龙江省在引进技术过程中亟须转变工作思路，应加强以市场为导向的运作思路。

---

① 《黑龙江省发展高新技术产业专项资金管理办法（试行）》，佳木斯科技信息网，2007 年 3 月 6 日。

**3. 企业资金不雄厚**

黑龙江省各大、中型企业普遍存在企业资金不雄厚的问题。黑龙江省的企业受资金的制约,很少有企业将大量的资金用于购买国外的先进技术成果,很难直接引进先进技术,这使黑龙江省在与俄罗斯技术合作过程中企业的主体作用较难发挥。而在技术合作的各种主体中,企业恰恰是使技术进行产业化最为有效的途径之一,资金问题成为黑龙江省企业承接俄罗斯技术的重大困难。

**4. 激励机制不完善**

黑龙江省目前缺乏对与俄罗斯进行技术合作的主体进行有效激励的机制。黑龙江省各级政府作为激励主体,缺乏一套理性化的制度,如没有奖惩机制对引进技术主体进行激励等。由于引进先进技术需要大量的资金,并且存在是否能够进行产业化的风险问题,这就一方面需要政府采取有效的奖励机制来调动企业主动参与对俄罗斯技术合作的积极性,另一方面对接受政府补贴但没有成功进行产业化的技术合作主体要采取一定的惩罚措施,从而增强黑龙江省对俄罗斯技术合作主体的责任感和使命感。

**5. 科技进步环境不优越**

黑龙江省的科技进步环境问题已经成为其吸收先进技术并成功实现产业化的制约因素之一。全国科技进步统计监测及综合评价结果显示,黑龙江省 2007 年的科技活动投入情况居全国第 12 位,处于中上游水平,但是科技人力资源、科研物质条件和科技意识分别居全国的第 14、30、22 位,黑龙江省的总体科技进步环境位于全国的第 22 位。可见,黑龙江省的科技进步环境尤其是科研的物质条件已经严重困扰其引进俄罗斯技术。

# 二 吉林省需要引进俄罗斯技术的产业

吉林省是东北老工业基地的重要组成部分,在其进行产业结构调整和建立特色产业的过程中,农业、装备制造业和高新技术产业等诸多产业对俄罗斯存在技术需求,为双方的产业技术合作提供了平台。

### （一）急需俄罗斯技术的产业分布

#### 1. 对俄罗斯技术的总体需求

根据 2008 年吉林省中小企业技术需求表和长春科技网站公布的吉林省技术需求项目的统计，吉林省目前的技术需求主要集中于农业、装备制造业、高新技术产业、森林工业和医药工业等领域。吉林省的技术需求与其产业布局是相辅相成的，技术是产业发展的主导因素，这使吉林省对俄罗斯的技术需求主要来自《振兴吉林老工业基地规划纲要》中所确立的重点发展的产业。通过与俄罗斯的技术合作，吉林省将提升其加工制造业的竞争力，推动五大产业基地建设，并利用先进技术改造、发展传统产业[①]。

根据吉林省长春科技网站公布的技术需求信息和 2008 年吉林省中小企业技术需求一览表的统计，吉林省对俄技术需求 84 项，其中装备制造业的需求最多，占总需求的比重高达 38%，其次是农业和高新技术产业，分别占总需求的 22% 和 17%（详见表 4 - 4 和图 4 - 8）。

表 4 - 4　吉林省 2008 年技术需求统计

单位：项

| 来源＼领域 | 现代农业 | 装备制造业 | 高新技术产业 | 其他 |
|---|---|---|---|---|
| 长春科技网站公布的技术需求信息 | 8 | 3 | 7 | 3 |
| 2008 年吉林省中小企业技术需求一览表 | 11 | 29 | 7 | 16 |
| 合　计 | 19 | 32 | 14 | 19 |

资料来源：根据长春科技网站公布的技术需求信息、2008 年吉林省中小企业技术需求一览表统计。

#### 2. 农业

（1）产业政策引导。吉林省的农业比较优势以及政府农业政策的引

---

① 《振兴吉林老工业基地规划纲要》，中国区域开发网，2005 年 4 月 10 日。

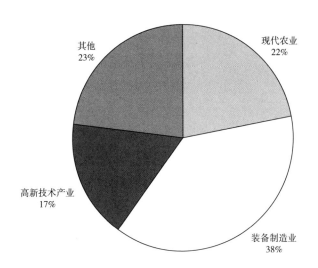

**图 4 - 8 吉林省技术需求的产业分布情况**

资料来源：根据表 4 - 4 整理。

导，决定吉林省农业对俄罗斯的技术存在大量的现实需求和潜在需求，是急需俄罗斯技术的产业之一。

吉林省在《振兴吉林老工业基地规划纲要》和《吉林省"十一五"发展规划纲要》中明确提出要大力发展现代农业，并将其放在产业结构调整的重要位置上。根据《振兴吉林老工业基地规划纲要》，吉林省要依托丰富的农产品资源和生态优势，大力发展畜禽乳精深加工、长白山生态食品加工以及玉米、大豆精深加工等三大产业，建设生态型绿色农产品加工基地，把农产品加工业发展成为第三个支柱产业①。通过生物技术、旱作节水技术、工厂化技术的推广和应用推进农业生产标准化；通过优良种质资源的繁育，建设农业、畜牧业、林业优良种质资源繁育及产业化示范基地；通过推广大豆杂交种等一批优质良种，创造条件推动其向产业化方向发展。现代农业采取集约化方式生产和经营，强调技术要素投入，因而吉林省现代农业的发展将增加对俄罗斯先进农业技术的需求。

（2）需求的主要项目。根据 2008 年吉林省农业领域的技术需求统

---

① 《振兴吉林老工业基地规划纲要》，中国区域开发网，2005 年 4 月 10 日。

计，吉林对俄罗斯农业技术需求为 19 项，主要集中于现代农业技术和农产品加工，包括肉牛养殖技术、电刺激嫩化技术、黑切肉预防技术、造酒新技术工艺、能提高粮食利用率的啤酒酿造新工艺技术、植物油生产加工新技术和新工艺、蓝莓产品储藏及深加工技术、大酱与酱油的酿造工艺、白酒酿造新工艺技术和具有高科技含量的酿酒新工艺技术等。

（3）技术需求的特点。一是吉林省农业领域的技术需求集中于农产品加工领域。吉林省农业领域的技术需求中绝大多数是对先进的农产品加工技术的需求，如造酒工艺、植物油生产工艺等，而对先进的育种等农业技术需求较少。这主要是因为吉林省正在积极推进以粮畜产品为主的农产品加工业的技术创新和产业化，农产品加工是吉林省农业发展的新方向，因此出现了农业的技术需求多集中于农产品加工领域的局面。

二是吉林省与俄罗斯的技术合作方式多样化。吉林省与俄罗斯在农业领域的技术合作方式中，技术贸易和合作开发等方式所占的比重较大。而一个国家或地区对于引进先进技术方式的选择体现其对技术的消化和吸收能力，这就表明吉林省已具备引进先进农业技术的资金能力和消化吸收新技术并使其产业化的能力。

三是吉林省技术需求的种类多集中于先进的适用技术。吉林省在农业领域的技术需求多集中于新工艺等先进的适用技术，例如肉牛养殖技术、电刺激嫩化技术、黑切肉预防技术、造酒新技术工艺、能提高粮食利用率的啤酒酿造新工艺技术等。这表明吉林省在农产品加工领域具备一定的产业基础和产业化能力。

**3. 装备制造业**

（1）产业政策引导。在《振兴吉林老工业基地规划纲要》和《吉林省"十一五"发展规划纲要》中，吉林省提出依托中国第一汽车集团公司，加快发展汽车工业和大力发展汽车零部件产业等装备制造业，发展具有比较优势的电气成套设备、石油机械设备、通用机械设备、装载机等，加快对外合资合作和技术改造，通过引进国外零部件企业和技术提高关键零部件行业整体竞争能力。培育汽车电子电器、发动机附件、底盘、转向及传动等七大配套系统行业发展，利用模具、铸锻造技术工艺和加工优势，建成东北重要的模具、铸锻造加工中心，并逐步推进长春汽车产业开发区和吉林市汽车产业基地建设，增强产业集聚效应①。

（2）需求的主要项目。吉林省对俄罗斯先进的装备制造业技术存在较大需求，在2008年吉林省对俄需求的84项技术中，装备制造业的技术需求为32项。主要包括铸造薄壁耐磨钢管材生产技术、核泵叶轮生产技术、钢结构超薄涂料提高防火涂料耐火极限技术、汽车门窗框三维拉弯过程中解决回弹和变形等技术、塑化仪技术升级、激光导引小车实现准确的导引和定位技术、生产过程的质量控制技术、寻求定尺切断冷弯型钢技术等。

（3）技术需求的特点。一是吉林省对装备制造业的技术需求规模大。根据图4-8所示，在吉林省对俄技术需求产业中，装备制造业所占比重最大，为32项，占总需求量的38%。这主要是因为装备制造业是吉林省在经济振兴过程中重点发展的支柱产业，也是需要先进技术改造的重要领域。

二是吉林省装备制造业的技术需求主要集中于汽车制造业。这主要是由吉林省多年的产业基础决定的，吉林省是我国重要的汽车生产基地，新中国成立初期与苏联汽车制造业的技术合作使吉林省在该领域具有显著的竞争力，具有较强的消化和吸收先进技术的能力。吉林省在该领域大量的技术需求也说明汽车制造业仍将是吉林省重点支持和发展的产业。

**4. 高新技术产业**

（1）产业政策引导。《吉林省"十一五"发展规划刚要》和《振兴吉林老工业基地规划纲要》都提出了大力发展高新技术产业的相关政策，并且将光电子信息等高新技术产业基地作为重点建设的五大产业基地之一。由于吉林省原有的高新技术产业的技术水平较低，因而其发展高新技术产业就需要利用俄罗斯先进的技术。

吉林省已经形成关于建设高新技术产业研发和生产制造基地的政策导向，以长春国家光电子产业基地为核心，发挥信息技术的先导作用和产业化基础作用，重点发展光电子信息、软件和新型材料等高新技术产业②，

---

① 《振兴吉林老工业基地规划纲要》，中国区域开发网，2005年4月10日。
② 《吉林省"十一五"发展规划纲要》，www.jl.gov.cn，2006年3月23日。

为吉林省与俄罗斯的技术合作搭建良好的产业平台。吉林省在原有的光电子信息、软件、汽车电子等产业的基础上，推进光电子信息产品制造、汽车电子、电力电子、新型元器件和软件等产品和有机电致发光材料及显示器项目建设，促进信息产业集群化发展①。

（2）需求的主要项目。根据 2008 年吉林省高新技术产业领域的技术需求统计，吉林省在高新技术产业的需求主要分布于新材料技术、光机电一体化技术和资源与环境保护技术等领域。吉林省对俄罗斯的高新技术需求共计 14 项，包括水泥生产新工艺新技术、硅系列产品开发技术、铸焊滚筒的焊接材料及工艺等新材料技术 3 项，光电编码器技术、离合器模具制造的 CAD 过渡到 CAM 技术、挡圈卷圆成型技术、瓦楞纸技术，以及先进的变频、调速、调压 PLC 控制等光机电一体化技术 5 项，水处理及节约技术、环保方面高新技术和路面保养的新材料新产品等资源与环境保护技术 3 项，以及液力变矩器技术、空冷钢及高合金钢表面淬火技术、泡沫实型制作新技术等。

（3）技术需求的特点。一是吉林省高新技术产业技术需求的数量相对较少。根据图 4-8 显示，吉林省对俄高新技术产业的技术需求有 14 项，占技术总需求的 17%。从发达国家的经济发展过程来看，高新技术产业是推进产业结构升级要重点发展的产业，由于高新技术产业自身的特点，它对区域经济的带动作用要明显强于其他产业。因而要实现吉林老工业基地的振兴，应加大对发展高新技术产业的支持力度，促进其与俄罗斯积极开展技术合作。

二是吉林省高新技术产业领域的技术需求种类呈现多样化的特点。吉林省在高新技术产业的技术需求集中于新材料技术、光机电一体化技术和资源与环境保护技术等，已经涉及高新技术领域的大部分行业。这表明吉林省高新技术产业正在朝全方位、多样化方向发展。

三是吉林省引进技术的方式多集中于合作开发。吉林省对俄罗斯高新技术的引进方式比较单一，主要是合作开发，而直接的技术贸易则很少。这表明吉林省具备一定的资金和人力资本基础，能够与俄罗斯开展技术合

---

① 《吉林省"十一五"发展规划纲要》，www.jl.gov.cn，2006 年 3 月 23 日。

作。但是自主运用新技术并产业化的能力还需要提高，单纯的技术合作会制约双方技术合作的效果和技术产业化的进程。

**5. 其他产业**

（1）产业政策引导。《吉林省"十一五"发展规划纲要》和《振兴吉林老工业基地规划纲要》提出，吉林省还要重点建设石油化工产业基地和现代中药、生物药基地等，为与俄罗斯在这些领域开展技术合作提供政策支持。

吉林省致力于发展精细化工、高性能合成材料和特种材料，提高加工制成品比重，逐步改变原有的以基本化工原料为主的产品结构，建设成为国内重要的综合性石油化工产业基地。主要围绕吉化乙烯扩能改造和炼油、烯烃、合成氨、芳烃四个领域，加快建设百万吨乙烯扩建及其配套工程，改造 ABS、聚乙烯、丁苯橡胶、有机硅等装置，积极推进化工原料多元化等。吉林省正在大力发展生物药产业，主要围绕生物技术制药和生物制品制药，加快开发和引进基因重组技术、单细胞融合技术、酶工程和现代生物发酵技术，重点发展生物疫苗、基因工程药和生物中药，扩大人胰岛素、人生长素、干扰素、干细胞等生物药品的生产[1]。

（2）需求的主要项目。根据 2008 年吉林省技术需求统计，吉林省石化煤化工业对俄技术需求为 6 项，医药工业技术需求为 7 项，森林工业技术需求为 6 项。石化煤化工业的技术需求有炼厂干气的回收利用技术、解决小型炼油厂的低温位热能利用率低等问题的相关技术、三氯氢硅的解决方案、解决利用膜工艺处理生产过程中污水成本过高问题的技术、粉末水膜处理技术、糠醛渣开发复合肥料技术等；医药工业的技术需求有新产品营养成分和功效成分的鉴别技术、加快生物质颗粒添加剂研究、醇提浸膏喷雾干燥技术等；森林工业的技术需求主要用于解决喷、烤漆过程中漆面光洁度与均匀性不佳问题、封边机调整封边规格出现故障问题、免漆镂空产品在生产过程中出现的镂铣精度低问题，寻求裁木与平切剩余物组合技术、铅笔板染色处理问题等技术。

---

[1] 《振兴吉林老工业基地规划纲要》，中国区域开发网，2005 年 4 月 10 日。

### （二） 吉林省吸收俄罗斯技术的能力

引进的技术只有被消化和吸收后，技术引进国的生产能力才能提高，才能带来一定的经济效益[1]。吉林省以其确立的各产业基地为平台，在政府政策的支持下，利用原有的科技基础，已经具备一定消化和吸收俄罗斯技术的能力，为与俄罗斯进行技术合作奠定了基础。

**1. 现代农业**

（1）科技基础。吉林省是农业大省，是国家重要的商品粮基地，拥有丰富且优质的农业资源。目前吉林省有专门进行农业技术研究的机构，并具备一定的科研能力，为发展现代农业和与俄罗斯进行技术合作奠定了科技基础。

2007 年，吉林省有 44 个项目被列为国家星火计划，这些项目主要集中于玉米、大豆、水稻、高效种植养殖业、长白山特色优势资源等主导产业，通过技术集成、推广和示范，为发展现代农业提供资源保障。吉林省已经与中国农业科学院签订了共建中国农业科技东北创新中心的协议，将与中国农业科学院联合申报实施国家级农业科技项目或具有区域特色的国际合作项目，共同组织进行重大农业科技成果的示范、推广和产业化开发，提供开放性课题与客座研究条件等[2]，这增强了吉林省对先进技术的消化、吸收和孵化能力。同时中国吉林农业大学—俄罗斯农业科学院东北分院菌类资源保育与研究联合实验室已经在长春成立，为双方进行合作研究与开发提供了良好的环境。

（2）科技水平。吉林省在农业领域已经取得一批科技成果，科技创新能力明显增强，这将有利于吉林省与俄罗斯技术合作的开展。吉林省农业科学院的"大豆细胞质雄性不育及其应用"已经通过国家技术发明奖的评审，并有多项成果获得了吉林省科技进步奖，如优质超级稻吉粳 88 号选育及配套栽培技术研究与推广、野生大豆种质资源研究与应用、大规

---

[1] 秦书生：《基于技术引进、消化吸收的自主创新困境及消解对策》，《科技管理研究》2008 年第 7 期。

[2] 《吉林代表委员寻求科技合作助力东北解决"三农"》，《科技日报》，http：//kjt.jl.gov. cn，2004 年 3 月 5 日。

模现代农业数字化技术应用研究与开发、黑土土壤肥力和肥料效益长期定位监测研究、玉米秸饲料块和燃料块加工技术研究开发与示范等①。

吉林省的农业与俄罗斯有多年的技术合作经验，已经具备消化和吸收现代农业技术的能力。吉林省已与俄罗斯农业科学院就生物农药研究与生产建立合作关系，合作开展"蔬菜病虫害生物防治技术研究与开发"项目，研制出两种高效安全的生物农药新产品，并形成了与常规防治措施协调应用的蔬菜病虫害生物防治技术，减少了化学农药使用量，具有显著的经济效益、社会效益和生态效益，已经成为吉林省有效的可应用推广的病害防治技术②。通过中国与丹麦政府间合作开展的玉米秸秆发酵制酒精技术研究项目，吉林省已经掌握玉米秸秆湿氧化预处理的关键技术，完成了2立升全自动发酵罐等数十项实验，酒精获得率达到 12.2g/L③。吉林省轻工院已经建成以淀粉为原料研制开发淀粉糖、变性淀粉和生化产品的淀粉深加工中试车间，这是全国唯一的淀粉深加工中试车间④。

（3）政策环境。吉林省为促进现代农业的发展，已经制定相关的政策措施，为其利用、消化和吸收俄罗斯的现代农业技术创造良好的制度环境。2007 年，吉林省有 11 个农业项目获得国家星火计划重点支持，国家提供了 580 万元的资金支持⑤，这为其现代农业的发展提供了有力的资金保障。吉林省投入大量资金加强农业基础设施建设和改善农业生产条件，并且加强基层农业技术成果转化中心工作，积极为农民提供技术服务，建立与农业产业带相适应的跨区域、专业性的新型农业科技推广服务组织，支持农业大中专院校参与农业技术的研究和推广等，为中俄农业技术合作创造条件⑥，增强消化和吸收技术的能力。为了加快推进农业产业化经营

---

① 《提升创新能力、加速成果转化——努力为社会主义新农村建设提供技术保障》，http：//kjt. jl. gov. cn，2007 年 9 月 7 日。

② 《中俄合作"蔬菜病虫害生物防治技术研究与开发"项目成果示范效果好》，http：//kjt. jl. gov. cn，2008 年 7 月 16 日。

③ 孙春艳：《"十五"吉林省国际科技合作突出特色优势》，《吉林日报》2006 年 1 月 12 日。

④ 《吉林省国际科技合作为经济建设搭设"金桥"》，http：//kjt. jl. gov. cn，2001 年 1 月 15 日。

⑤ 《2007 年我省有 11 个项目获国家星火计划重点支持》，http：//kjt. jl. gov. cn，2008 年 3 月 3 日。

⑥ 《振兴吉林老工业基地规划纲要》，中国区域开发网，2005 年 4 月 10 日。

和增强农产品市场竞争力，吉林省加大了对龙头企业和基地建设的扶持力度，建立龙头企业与农民合理的利益联结机制，通过积极发展农民专业合作经济和农业产业化经营组织，提高农民的市场组织化程度①。

**2. 装备制造业**

（1）科技基础。吉林省的装备制造业科技基础比较雄厚，具有明显的产业优势，尤其是汽车装备制造业在全国居于领先地位，具有多年与其他国家技术合作的经验和较强的研发能力，拥有引进、消化和吸收俄罗斯先进技术的科技基础条件。吉林省政府与俄罗斯西伯利亚科学院合作，在长春高新区建立了中俄科技合作园，已经开始启动稀土塑料制品着色剂的研发、大功率轴流二氧化碳激光器产业化技术的研发、光纤激光器技术的研发等项目②。

吉林省装备制造业有一批竞争力强的企业，为实现以企业为主体的技术合作提供了现实基础。例如，中国第一汽车集团公司和长春客车厂等企业具有对引进技术实现从投入到生产的转换能力、改进技术以适应当地生产条件的能力和实现局部创新的能力等。

（2）科技水平。吉林省装备制造业通过与一些发达国家的技术合作，已经成功转化多项先进技术，已具备消化和吸收俄罗斯先进技术并在此基础上进行再创新的能力。吉林省与日韩等国开展了多项技术合作项目，部分项目已经实现产业化，例如中国第一汽车集团公司的红旗牌混合动力轿车项目，就是与日本等国进行国际技术合作的成果。长春理工大学与德国汉诺威激光中心签署了共建"长春光学技术培训中心"的协议，将能够应用在汽车零部件涂覆工艺的"激光熔覆"确定为双方主要的合作题目，并且就"无水冷、高功率 DPL 开发技术与应用"和"非线性球面检测技术"两个项目的进一步合作进行了探讨③。吉林省医用光电仪器工程技术研究中心依托长春光机医疗仪器有限公司，研发了多项技术，并已具备一

---

① 《振兴吉林老工业基地规划纲要》，中国区域开发网，2005 年 4 月 10 日。
② 《"高分子表面吸附动力学模拟"取得重大突破》，http：//kjt. jl. gov. cn，2008 年 3 月 10 日。
③ 《长春市与德国光学技术领域科技合作深入发展》，http：//kjt. jl. gov. cn，2005 年 4 月 21 日。

定的产业化能力，目前在 30 余种衍射光栅的制造技术、CG240 和 CG300 等小型自动生化分析仪、CA988M 和 CA958N 等半自动生化分析仪等领域实现了产业化①。

**3. 高新技术产业**

（1）科技基础。吉林省高新技术产业发展比较快，已经拥有多家高新技术企业，建成了专门进行技术研究与开发的科研基地，为对俄技术合作提供科技基础。国家科技部首批的国家级国际联合研究中心——长春中俄科技园，已成为对俄罗斯技术合作、科技成果孵化、高新技术产业化和创新人才的示范基地②。目前中俄科技合作园已经形成光机电一体化、新材料、医药三大领域合作开发的新格局，已孵化出吉大通源公司等一批引进、消化、吸收俄罗斯技术和项目的高新技术企业，加速了吉林省与俄罗斯技术合作的进程。同时吉林省长春市高新技术企业发展迅速，增加到 867 户，其中产值超亿元的高新技术企业达到 80 户，国家重点高新技术企业达到 17 户③，已具备一定的引进、消化和吸收俄罗斯技术的能力，为发挥对俄技术合作中企业的主导作用提供了可能。

（2）科技水平。吉林省的高校和科研机构应用基础研究和产业化水平不断提高，企业对先进技术的产业化能力也在不断增强，使其在高新技术产业领域具备与俄罗斯进行技术合作的能力。

以吉林大学为代表的高校，具备较强的科研能力。吉林大学承担的吉林省科技发展计划应用基础研究项目"高分子表面吸附动力学模拟"，目前已通过专家鉴定，拥有自主知识产权，研究成果处于同类研究的国际领先水平④。而且吉林大学与俄罗斯具有长期的技术合作经验，与俄罗斯圣彼得堡矿业学院合作进行"天然气水合物孔底冻取样方法及其取样器研究"，为我国的陆上永冻层和南海海域天然气水合物钻探取样施工提供了

---

① 《以工程技术研究中心为平台加速科研成果转化》，吉林省科技厅，2007 年 10 月 16 日。

② 科技部"国家级国际联合研究中心"（长春中俄科技园）正式揭牌，http：//kjt. jl. gov. cn，2009 年 2 月 4 日。

③ 《长春市中长期科学和技术发展规划纲要（2006～2020）》，长春市科技网，2007 年 6 月 1 日。

④ 《"高分子表面吸附动力学模拟"取得重大突破》，http：//kjt. jl. gov. cn，2008 年 3 月 10 日。

理论基础和相关技术储备以及人才储备，使我国天然气水合物勘探工作实现跨越式发展。

吉林省长春应用化学研究所的研发能力和产业化能力也比较高，已经在一些重大项目上与俄罗斯开展技术合作。"攀西稀土矿铈、钍、稀土萃取分离"技术达到国际领先水平，已研制出具有我国自主知识产权的稀土顺丁橡胶万吨级生产成套技术，与一汽集团合作研发的耐热、抗蠕变的稀土镁合金汽车汽缸盖，已应用在重卡汽车460马力发动机上[1]。长春应用化学研究所已建设年产100吨的稀土镁中间合金和年产1000吨稀土镁应用合金的产业化示范基地[2]。并且与俄罗斯科学院无机化学研究所合作开展"新型稀土有机/无机杂化光放大材料的合成及性能研究"，与俄罗斯库尔伽洛夫研究院合作开展了"直接醇类燃料电池高技术研发"[3]，与俄罗斯科学院大分子化合物研究所合作开展了中俄两国政府间合作项目"高分子担载多肽和蛋白药物缓释制剂的研制与应用"等[4]。吉林省在高新技术领域已经具备与俄罗斯进行技术合作的科技能力。

（3）政策环境。吉林省政府高度重视高新技术产业的发展，并通过相关的政策措施为吉林省与俄罗斯的技术合作提供良好的政策环境。《关于促进科技企业孵化器建设的若干意见》提出要加强了科技孵化器和中介机构建设，推进中小型高新技术企业成长，重点抓好长春、吉林两个国家高新技术产业开发区的建设，营造城市科技商务中心，促进高新区间的协作，重点抓好长春光电子产业园、计算机软件园等功能园区建设，促进特色产业集聚，加快发展突破性带动作用强的高新技术产

---

① 《提升科研水平、在产品研发及产业化等方面不断寻求重大突破》，http：//kjt. jl. gov. cn，2007 年 8 月 3 日。

② 《提升科研水平、在产品研发及产业化等方面不断寻求重大突破》，http：//kjt. jl. gov. cn，2007 年 8 月 3 日。

③ 《长春应化所两项目列入中俄双边政府科技合作项目》，http：//kjt. jl. gov. cn，2008 年 12 月 5 日。

④ 《我省两个项目获科技部对俄专项计划首批资助 466 万》，http：//kjt. jl. gov. cn，2008 年 3 月 7 日。

业①，增强对俄技术合作企业主体的能力，为双方技术合作搭建产业平台。

吉林省还制定了关于加速技术转化的若干政策，如《吉林省促进科技成果转化条例》和《关于促进科技企业孵化器建设的若干意见》等，支持引进的先进技术产业化发展，如鼓励和支持企业、科研机构、高等院校独立建立或者联合建立示范性生产基地、中间试验基地和科技成果转化服务机构②；集合科技、经济、信息、人才、经营管理等力量支持科技企业孵化器发展；实现实验室成果与企业衔接，为技术产业化提供综合技术服务、资金服务等。

**4. 其他产业**

吉林省医药产业和石化、煤化产业的发展在依托自身优势的基础上，利用俄罗斯的技术优势，积极同俄罗斯开展技术合作，促进产业快速、健康发展。

吉林省医药行业的部分科研机构有多年的对外技术合作经验，具备同俄罗斯进行技术合作的能力。吉林大学与乌克兰低温物理研究所联合开发的"干细胞生物学和干细胞研究及产业化"项目已取得阶段性成果，三年内将完成治疗肝病干细胞制剂的临床试验，项目完成后，将可实现产值50亿元人民币③。企业研发能力也有所增强，圣博玛公司研制的"医用聚乳酸可降解生物材料及系列医用产品"填补了国内空白④。吉林省的通化东宝基因重组人胰岛素工程、长春生物制品所、生物制品高技术产业园区、吉大通源公司、干细胞国家工程研究中心等研究项目和科研基地，为双方医药产业技术合作提供各种技术服务。

吉林省石化企业的自主研发和产业化能力较强，在对俄技术合作过程中可以发挥主体作用。如吉林石化公司已经先后开展碳纤维合成技术、设备制造技术、产品质量攻关等多项研究工作，攻克了多项技术难题，并且研发了具有自主知识产权的碳纤维技术，建成了高水平的中试配套装置

---

① 《2004 年吉林省科技工作重点》，http：//kjt. jl. gov. cn，2004 年 11 月 16 日。
② 《吉林省促进科技成果转化条例》，南方网，2005 年 9 月 7 日。
③ 《吉林省对外科技合作锁定八大领域》，http：//kjt. jl. gov. cn，2005 年 11 月 9 日。
④ 《长春中俄科技园向国际技术前沿迫近》，长春市政府网，2008 年 5 月 12 日。

等。目前吉林石化公司在中试装置基础上自行开发软件包，建设了碳纤维试生产装置，产品已经能够用于油田钻杆、风力发电机叶片、钓鱼竿、自行车等生产领域①。

### （三）吉林省承接俄罗斯技术的困扰

#### 1. 企业的主体作用不明显

吉林省与俄罗斯技术合作的主体主要是高校和科研机构，而企业在承接技术和产业化过程中的作用不突出。吉林省与俄罗斯的技术合作项目主要围绕科研机构展开，与以企业为主体的技术合作相比较而言，这无疑会减缓技术产业化进程。因为以企业为主体开展技术合作，可以从企业的需求角度出发，选择急需的技术进行研究和开发，大大提升技术合作的效率和质量。

#### 2. 服务业发展较慢

吉林省的服务业发展较慢，制约了双方的技术合作进程。技术从引进到产业化需要多项产业支撑，技术合作的顺利开展与金融业、现代物流业的发展程度密切相关。吉林省金融业发展程度与东部沿海地区相比还有较大差距，物流公共信息平台、公共物流配送设施、企业物流管理等物流业基础设施建设还有待加强。

#### 3. 科技资源平台发展缓慢

吉林省科技中介机构、科技资源共享、科技创业孵化等科技创新服务平台发展缓慢，这会影响科技信息在吉林省与俄罗斯间的流动，降低与俄罗斯的技术合作效率。良好的科技服务平台将引导企业、政府、市场的结合，促进科技资源的合理配置，提高生产效率。

## 三　辽宁省需要引进俄罗斯技术的产业

与黑龙江省、吉林省相比，辽宁省的装备制造业、高新技术产业等支柱产业基础雄厚，对先进技术的消化、吸收、二次创新能力较强，具有与俄罗斯开展以产业为平台的技术合作的巨大潜力。

---

① 《吉林石化攻克多项技术难题》，http://kjt.jl.gov.cn，2009 年 3 月 17 日。

### （一）急需俄罗斯技术的产业分布

#### 1. 对俄罗斯技术的总体需求

辽宁省的诸多产业都具备引进俄罗斯技术的能力，从辽宁省产业结构以及技术结构情况来看，其对俄技术需求产业主要包括石化工业、现代农业、装备制造业以及高新技术产业等辽宁省重点发展的产业。根据大连科技信息网公布的技术需求信息统计，辽宁省共需求141项技术，其中高新技术产业为72项，占总需求的51%；现代农业为28项，占总需求的20%；装备制造业为20项，占总需求的14%；石化工业为21项，占总需求的15%（详见图4-9）。

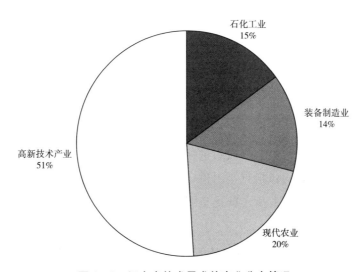

**图4-9 辽宁省技术需求的产业分布情况**

资料来源：根据 http：//kjsc. dlinfo. gov. cn/技术需求数据统计。

#### 2. 现代农业

（1）产业政策引导。辽宁省政府制定了发展现代农业和壮大农产品加工业的政策，引导和推动农业产业化龙头企业的发展。辽宁省发挥其资源丰富的优势，大力发展粮食、畜产品、林产品、水产品、水果、蔬菜和特产品等七大系列产品的精深加工[①]。现代农业和农产品精深加工的发

---

[①] 《辽宁老工业基地振兴规划》，振兴东北网，2005年4月10日。

展，增加了农业对俄罗斯先进技术的需求。

（2）需求的主要项目。辽宁省农业技术需求领域主要包括现代养殖技术、农产品种植技术及农产品加工技术。具体包括特种花粉加工保健食品、节水无公害蔬菜栽培技术、水稻高产增效节水栽培技术、青虾人工育苗与池塘健康养殖技术、刺参苗种培育与池塘健康养殖技术、沼虾人工繁养殖技术、梭鱼及鲻鱼苗种繁育及养殖技术、稻蟹种养高产技术、有机食用菌精深加工技术、水产品加工技术、利用稻壳灰生产有机硅钾肥技术、稻谷加工和米糠综合利用技术等。

（3）技术需求的特点。一是辽宁省对现代农业的技术需求广泛。辽宁省现代农业领域的技术需求数量为 28 项，仅次于高新技术产业领域的技术需求。这也表明辽宁省正在大力发展现代农业，该产业对新技术的需求存在较大的发展空间。

二是辽宁省在农业领域的技术需求多集中于农产品加工领域。由于辽宁省的地理位置和自然条件，对种植业育种技术的需求较少，而对水产品养殖和加工技术的需求比较多。

三是辽宁省现代农业领域引进技术的方式多集中于合作开发。辽宁省引进农业技术的方式包括直接引进、技术咨询与服务，以及合作开发等多种方式，但是合作开发所占的比重要明显高于技术咨询与服务。

**3. 石化工业**

（1）产业政策引导。根据辽宁省石化工业的基础和政府产业政策的引导，辽宁省在该领域对俄罗斯的技术存在大量的现实需求，是急需引进俄罗斯先进技术的产业之一。

辽宁省在《辽宁老工业基地振兴规划》中提出要做大做强石化产业，建设具有国际先进水平的大型石化生产基地，并针对相关产业发展制定了具体的规划和配套的政策措施，为与俄罗斯开展技术合作营造了良好的政策环境。具体表现为：辽宁省政府确定重点发展原油加工，乙烯、合成材料和有机原料以及促进原油加工、乙烯生产向集约化、大型化、基地化发展①。原油加工要充分发挥龙头企业的作用，大力发展精细加工，延长产

---

① 《辽宁老工业基地振兴规划》，振兴东北网，2005 年 4 月 10 日。

业生产链条，提高产品附加值，重点生产涂料、染料、农药、催化剂、油田专用化学品等传统产品以及新领域产品。橡塑制品要积极发展子午线轮胎、汽车及机械用新型橡胶制品、精密电子电器及军工配套的橡胶制品、建筑用塑料制品等技术含量较高的产品①。

（2）需求的主要项目。辽宁省石化工业对俄罗斯的技术需求共有21项，占总需求的15%。其需求的技术主要包括大口径无接箍油管金属应力处理技术、空缩管基材调整、新型包裹长效肥、老乙烯装置改造技术、耐高温潜油电机、含聚丙烯酸胺的采出液处理、润滑油原料去硫技术、高硫原油加工过程的腐蚀问题和设备防护对策、水性轮胎划线漆中温变颜料的研制、化工废水处理技术、提高合成收率技术、高堆密度六方氮化硼粉末的制备、金属氧化物—聚合物复合膜过滤介质、环保型劣质煤气化系统在辊道窑上的应用、煤无烟燃烧技术、膨润土梯级加工与系列产品生产工艺技术、萤石矿深加工技术及工艺、油母页岩炼油成套技术等。

（3）技术需求的特点。一是辽宁省在石化领域的技术需求数量适中。在辽宁省对俄罗斯的技术需求总量中，石化工业的需求数量低于高新技术产业和现代农业，位于第三位。这说明辽宁省石化产业具备一定的技术能力，可以自行研究与开发，这是与俄罗斯进行较高层次技术合作的主要产业之一。

二是辽宁省引进技术的方式多集中于合作研究等。由于辽宁省石化工业的产业基础较好，研究开发新技术、创新能力及技术转化能力较强，因而技术合作方式中合作研究所占比例较高。

三是辽宁省石化领域需求的技术多是核心技术。辽宁省石化工业在原有技术水平的基础上，需要大量具有高附加值和在竞争中起到关键作用的核心技术，如对大口径无接箍油管金属应力处理技术、空缩管基材调整技术、老乙烯装置改造技术、耐高温潜油电机生产技术等。

**4. 装备制造业**

（1）产业政策引导。在老工业基地振兴过程中，装备制造业是辽宁省确立要重点发展的产业。《辽宁老工业基地振兴规划》指出，要大力振

---

① 《辽宁老工业基地振兴规划》，振兴东北网，2005年4月10日。

兴装备制造业，为装备制造业发展提供资金、技术、政策支持，将辽宁省建设成为重要的现代装备制造业基地。辽宁省依托自身优势打造沈阳、大连两个装备制造业集聚地，而其他城市则生产各具特色的装备类产品和配套产品。具体来说，在交通运输设备制造业领域，支持重点企业提高研发和创新能力，建成具有较强竞争力的汽车及零部件制造基地；在机床行业领域，支持沈阳机床厂和大连机床厂等骨干企业，重点发展高速数控车床、数控铣镗床、高速立式加工中心、龙门五面体加工中心、多轴联动加工中心、车铣中心和柔性自动线、柔性制造系统、智能制造系统等数控技术集成产品，促进开发式数控系统、伺服驱动系统和伺服电机等功能部件产业化；在通用机械行业领域，围绕国内大型工程，重点发展乙烯、聚氯乙烯、合成氨、甲醇、尿素等大型石化离心压缩机组和往复式压缩机、配套化工流程泵、阀门等产品，以及大型发电机组辅机成套设备、超临界机组用泵、风机、核电用泵、制冷设备等；在电工电器行业领域，重点发展输变电成套设备和燃气轮机等[①]。

（2）需求的主要项目。辽宁省在装备制造业领域对俄罗斯的技术需求共有 20 项，占总需求的 14%。主要包括压力式射流气浮、核桃壳过滤器、连续管作业机液压系统设计优化、高速压片机、涡轮增压器可调截面的电执行系统、大型矿山机械、大型水处理设备双驱动回转提升同步机构、钴基粉末冶金技术、金属波纹管生产关键技术、高温绝缘防护技术、静止无功发生器（SVG）、超高转差三相异步电动机、锅炉与辅机、矿山机械设备、铸铝机箱设计、尾矿综合回收再利用、厚金属加热装置开发、电磁热水炉开发、新型移动式电除尘器与高低压电器和电源供电优化、大型电动圆形喷灌机开发等。

（3）技术需求的特点。一是辽宁省在装备制造业的技术需求数量较少。辽宁省对俄罗斯的技术需求中装备制造业的技术需求量低于高新技术产业、现代农业和石化工业，也低于黑龙江省和吉林省装备制造业的技术需求数量。这一方面说明了辽宁省装备制造业技术水平比较高，另一方面在辽宁省政府的引导下，装备制造业与俄罗斯的技术合作发展潜力巨大。

---

① 《辽宁老工业基地振兴规划》，振兴东北网，2005 年 4 月 10 日。

二是辽宁省装备制造业的技术需求多为核心技术。辽宁省装备制造业需求的压力式射流气浮、连续管作业机液压系统设计优化、钴基粉末冶金技术、金属波纹管生产技术等都属于该领域的核心技术，这也充分表明辽宁省装备制造业的产业技术水平较高。

**5. 高新技术产业**

（1）产业政策引导。发展高新技术产业是推进产业结构升级的重点，辽宁省高度重视高新技术产业的发展，其高新技术水平要明显高于黑龙江和吉林两省。在《辽宁老工业基地振兴规划》中，政府又提出了相关的政策措施以促进高新技术产业发展，强调在提高自主创新能力的同时，加强与俄罗斯的技术合作。

辽宁省已经通过培育高新技术产业基地、加快高新区建设、实施高新技术产业化示范工程项目等方式大力发展高新技术产业。具体表现为：建设软件产业基地，推动软件产业国际化、集群化发展；建设电子信息产品制造业基地，重点发展计算机及外部设备、数字电视、通信及网络产品、汽车电子、集成电路等电子信息产品，增强该领域产品的竞争力；建设生物工程与制药产业基地，加大基因工程、细胞工程、酶工程、海洋生物、环保生物等现代生物技术开发和推广技术在发酵、制药、食品、轻工等传统产业应用；建设 IC 装备产业链，重点研制薄膜设备、掺杂设备、划片设备、切片设备、光刻设备、薄膜测厚仪等产品；建设光电通信产业链，重点生产光通信设备和光电子器件、消费类电子、光电子材料、光终端设备系统等；建设机床数控系统产业链，重点发展数控系统、数控机床功能部件、高速精密卧式加工中心、高速五面和五轴加工中心；建设数字城市交互平台产业链，重点建设沈阳数字城市交互平台，生产专用终端、嵌入式计算机主板等项目及产品。

（2）主要需求项目。辽宁省高新技术产业需求技术的数量和种类较多，主要集中于新能源与高效节能技术、新材料与应用技术、电子信息技术、生物工程与新医药技术等领域。新能源与高效节能技术领域的需求包括城市照明节能措施、智能型节电滤波器（380V 配电系统的谐波治理及节能技术产品）、移动式太阳能灌溉机组、灌溉行业新产品、大型生物质气化技术和气化装置运行的自动化监控技术、风力发电机的制造和电子、节能、环保产品等；新材料与应用技术领域的技术需求包括纳米级蒙脱石的制造及在畜牧业中的应用、玉米制备 L‒阿拉伯糖提纯结晶技术、树脂粘接技术、酚醛塑料、不锈钢管加热器用耐高温树脂封口技术；电子信息技术领域的技术，包括 IC 行业离子注入机检测实验室、半导体设备、配件与材料本土化开发、新型离子注入机用离子源开发、PTC 热敏电阻传感器、传感器、防爆智能仪表、单片机应用技术等；生物工程与新医药技术领域的技术需求包括食用菌遗传育种、利用猪苦胆开发生物中药及中间体、生物技术在果蔬加工中的产业化应用、饲料工业用酶制剂的研制和工业化生产、化妆品及保健口服液生产关键技术、鹿茸血色蛋白原提纯分离技术应用等。

（3）技术需求的特点。一是辽宁省高新技术产业的技术需求数量多。辽宁省在高新技术产业领域的技术需求总量占全省技术总需求的51%，超过在其他领域技术需求的总和。这与辽宁省政府的政策支持和高新技术产业的特点有关，高新技术更新速度快、生产周期短、研发成本高，因而引进技术并在此基础上进行再次创新，成为提高产业竞争力的重要途径。

二是辽宁省高新技术产业的技术需求领域较全面。辽宁省对俄罗斯的技术需求涉及新能源与高效节能技术、新材料与应用技术、电子信息技术、生物工程与新医药等许多领域。这表明辽宁省要实现高新技术产业全面发展，就要与俄罗斯进行多层次、多领域的技术合作。

三是辽宁省的高新技术产业领域的需求分布不均匀。具体表现为：辽宁省在高新技术产业领域的所有技术需求中，对电子信息技术的需求最多，共有 31 项，占高新技术产业技术需求的43%；其次是生物工程与新医药技术，共有 24 项，占总需求的33%；对新材料与应用技术的需求较少，只有 5 项，占总需求的7%。

### （二）辽宁省吸收俄罗斯技术的能力

在政府政策的支持下，凭借优越的区位优势，辽宁省的装备制造业、高新技术产业基础要明显优于黑龙江和吉林两省，对引进的俄罗斯技术具有一定的消化、吸收和再次创新的能力。

**1. 现代农业**

（1）科技基础。辽宁省各地区分布着多家农业科研机构和技术推广站，如盘锦市种子管理站、沈阳市农业技术推广站、营口市农业技术推广站。这些机构加速了农业技术的推广，提升了技术产业化速度和技术利用效率，及时反映技术应用过程中的问题，为辽宁省与俄罗斯进一步开展农业技术合作提供信息服务。

（2）科技水平。辽宁省拥有专门的农业技术研究机构，具备消化和吸收俄罗斯先进技术并推动技术产业化的能力。辽宁省2007年研发的超大型发酵厂废弃醪液的资源利用方法等4项研究成果获得国家发明专利[①]；"鲜食糯玉米香糯一号选育与栽培技术研究"获得成功，此技术在国内处于领先地位，已在国内各地进行推广[②]；辽宁省林业科学研究院成功掌握松树菌根化技术；辽宁省农业科学院植物保护研究所实现了稻蟹生态种养产业化技术的集成与推广。

（3）政策环境。农业是经济发展的基础产业，辽宁省政府非常重视农业现代化的发展，除了政策支持外，辽宁省政府还投入人力和资金密切关注农业发展。深入开展科技特派行动，组织省内科研院所、大专院校组成17个省级和86个市级科技特派团，分别派驻具有一定特色产业基础的县、乡，开展农业特色产业基地建设，并培养农民技术员，同时加强对玉米、水稻、大豆等主要农业优良品种选育及综合配套技术的研究与推广[③]。

**2. 石化工业**

辽宁省石化工业体系比较完善，技术基础雄厚，急需俄罗斯的核心技术提升石化产业的国际竞争力。

（1）科技基础。辽宁省为石化产业与俄罗斯技术合作发展搭建了一系列的技术服务平台，整合各机构的科技资源，降低企业进行创新的成本，为先进技术的转化提供条件，为石化工业的发展提供有力的技术支

---

① 周威、刘作明：《Vc废液在鞍山变成有机肥》，《鞍山日报》2009年3月9日。
② 《鞍山实施种子工程 糯玉米集成技术国内推广》，辽宁省科学技术厅，2009年8月29日。
③ 《辽宁省科技厅凝聚2009年四项重点工作》，www.most.gov.cn，2009年3月21日。

撑。例如，辽宁省建设的抚顺国家精细化工产业化基地公共技术服务平台，已被列入 2008 年国家火炬计划项目，主要依托抚顺石油化工研究院、辽宁石油化工大学、抚顺市精细化工研发中心和抚顺石化公司等单位，为石化工业基地的企业提供技术支持，创造良好的技术创新环境。

（2）科技水平。辽宁省石化工业已经具备先进技术产业化能力和自主创新能力，为辽宁省与俄罗斯在该领域的技术合作提供了有利的条件。辽宁省石化企业的研发及创新能力较强，基本形成了企业与高校联合开发技术并产业化的局面，如沈阳鼓风机（集团）有限公司与西安交通大学和大连理工大学实现了大型煤化工装置用离心压缩机开发及产业化、中国石油天然气股份有限公司抚顺石化分公司和中国石油化工股份有限公司抚顺石油化工研究院已经实现 FV－20 石蜡加氢精制催化剂的开发与工业应用、辽宁恒星精细化工（集团）有限公司已经与辽宁大学完成了纳米复合型涂料印花黏合技术的研发与产业化、宝钛华神钛业有限公司已经与辽宁工业大学完成海绵钛低氧低氮生产工艺、锦西化工机械（集团）有限责任公司与沈阳化工学院完成了甲醇合成塔的研发等。

**3. 装备制造业**

（1）科技基础。辽宁省的装备制造业在国内具有很强的竞争力，技术研发能力较强，为装备制造业的发展提供了技术支持，适合与俄罗斯开展高层次的技术合作。中国科学院大连化学物理研究所已经成功研制激光诱导荧光检测器，大连三维传热技术有限公司完成了集成热管焊接箔片槽道吸液芯技术，大连船舶重工集团有限公司完成了大型移动式发电机负荷试验站负荷装置研制技术，大连理工大学成功研制了钢管混凝土软索拱桥整体吊装方法和专用吊具，大连重工起重集团有限公司和大连华锐重工铸钢股份有限公司完成了 700MW 水轮机转轮上冠、下环、叶片不锈钢铸件研制，瓦房店轴承集团有限责任公司开发了兆瓦级风力发电机用长寿命和高可靠性变桨轴 FL－HSN1900DFT 技术，大连美明外延片科技有限公司完成了显示屏用半导体外延片的研制并实现了产业化等。

（2）科技水平。辽宁省凭借装备制造业的各大企业以及科研机构，已具备对俄先进技术消化吸收的能力，并且能够实现先进技术产业化，具备与俄罗斯进行技术合作的实力。辽宁省装备制造业的骨干企业有较强的技术转化能力,已经进入对先进技术进行引进消化并再创新的阶段。锦西化工机械(集团)有限责任公司已经能够将消化引进技术和自主开发相结合,目前拥有专利技术40多项,尤其是135立方米PVC聚合釜填补了国内无大型聚氯乙烯设备的空白;与透平分公司组建西门子工业透平公司,其透平机械项目已经建成投产;清华同方(鞍山)环保设备股份有限公司已经通过引进世界先进的技术并消化创新,在国内大型电厂燃油燃煤锅炉除尘设备领域处于领先地位,已能按照不同客户的要求设计、生产大小不等的旋转喷吹除尘装置,占领了国内大型电厂锅炉除尘设备绝大部分的市场份额;沈阳机床集团已经开发出国内首台应用于大飞机加工的高档五轴联动数控机床;大连机床集团将"箱中箱"结构应用于高速卧式加工中心,并实现产品系列化,开发了大量新产品。

(3)政策环境。装备制造业是辽宁省的主导产业,为了促进装备制造业发展,辽宁省政府给予多项优惠政策,为企业提供资金、技术、政策支持。具体表现为:加快推动重点企业改革、改组、改造,规划和建设装备制造业发展园区和发展基地,为促进产业发展营造良好的体制创新、机制创新、科技创新环境,给予企业必要的政策扶持[1]。

**4. 高新技术产业**

(1)科技基础。辽宁省高新技术产业发展迅速,已经建立特色高新技术产业基地,为引进新技术并实现产业化提供了条件。辽宁省有上千个高新技术企业,工业总产值增幅较大,在东北三省高新技术产业中基础最雄厚,具备了与俄罗斯在高新技术产业多个领域开展技术合作的能力。例如,辽宁省大连市确立了重点实施高档数控机床及关键功能部件、光电子技术及产品、新能源、生物技术、自主知识产权软件和集成电路、高附加值绿色材料、海洋资源等10个产业关联度高、产业链条长的重大自主创新专项;启动风电、轴承等8个技术创新联盟;组建新能源技术研究院等高端研发机构[2]。

(2)科技水平。辽宁省高新技术产业有一定的研发能力和技术产业

---

[1] 《辽宁省拟定"十一五"发展规划纲要》,www.enorth.com.cn,2005年12月27日。

[2] 《大连开出八列"科技快车"》,《辽宁日报》2009年4月2日。

化能力，先进的科技成果不断涌现。其中九折五连洞高档车铣复合加工中心机床就是将两种不同类型的金矿有机地结合到一起研发而成的，用于加工精密复杂零件，其性能已经达到国际同类产品先进水平；沈阳鼓风机集团的 64 万吨乙烯裂解气压缩机组已研制成功；沈电集团生产的 4 台 230 千伏并联合抗电器已经投产并出口；鞍山森远研制的国内首套沥青路面就地热再生重复机组也已经在鞍山投入使用。

（3）政策环境。辽宁省政府提出要加大对高新技术产业发展的支持力度，鼓励企业对外进行技术交流与合作，为大量中小企业发展提供相关的政策支持。辽宁省已经提出将根据高新技术领域的中小企业发展的实际需求，实施科技人员服务企业行动，组织科技人员和科技创新团队主动服务企业，切实帮助企业特别是中小企业，加快推广现有先进适用成果、改善技术、创新管理水平[①]。同时完善创新创业孵化体系，以现有科技企业孵化服务网络为依托，加快建设中科院大连科技创新园，设立研发机构，建设科技产业孵化基地，吸收孵化科技企业等。通过搭建科技融资平台和大型科学仪器、科技文献、标准等 10 个基础条件平台，为孵化科技企业提供融资和资源共享服务等[②]。辽宁省的一系列政策措施将会提高辽宁省高新技术企业消化吸收技术的能力，为与俄罗斯开展技术合作提供支持。

## （三）辽宁省承接俄罗斯技术的困扰

### 1. 国际技术合作政策导向不明确

辽宁省在"十一五"发展规划纲要中提出将更加注重与日本和韩国以及欧洲国家的合作，积极构建与日本、韩国、欧洲的产业协作区，引进一批产业关联度大、技术含量高、辐射带动力强的重大项目[③]。但是，对于与俄罗斯进行技术合作的政策导向性并不显著，这使得辽宁省与俄罗斯的技术合作相对受限。

### 2. 技术市场体系不完善

辽宁省的技术市场体系不完善将制约与俄罗斯开展以技术贸易为先导

---

① 《八列科技快车加速创新步伐》，《大连日报》2009 年 4 月 7 日。
② 《八列科技快车加速创新步伐》，《大连日报》2009 年 4 月 7 日。
③ 《辽宁省拟定"十一五"发展规划纲要》，www. enorth. com. cn，2005 年 12 月 27 日。

的技术合作。完善的技术市场体系需要多层次的科技成果交易市场、开放的交易网络和明确的市场交易规则，辽宁省的技术市场体系仍需要不断改进，从而为与俄罗斯的技术合作创造良好的外部市场条件。

**3. 技术合作的推进机制不完善**

健全科技成果转让和产业化发展的综合政策体系是保证技术合作质量的重要前提之一，辽宁省关于技术合作的政策支持仍需加强。辽宁省应通过税收优惠、政府采购及保护知识产权等措施，营造推动企业自主创新的政策法规环境，从而为企业自主参加与俄罗斯的技术合作提供条件。

# 四 中国东北地区对俄罗斯技术需求的产业

在振兴东北老工业基地战略的指导下，中国东北三省高度重视产业结构的调整升级。在这一过程中，东北三省对俄罗斯的技术存在大量需求，并且具备与俄罗斯开展技术合作的产业平台。

## （一）中国东北地区对俄罗斯技术需求的产业分布

### 1. 中国东北地区对俄罗斯技术的总体需求

我们通过分析得出，东北三省目前对俄罗斯的先进技术存在大量需求，主要集中于装备制造业、高新技术产业、农业和石化工业等领域。根据统计，近两年，东北共需求俄罗斯技术446项，其中高新技术产业的技术需求数量多达188项，占总需求的42%；装备制造业的技术需求为106项，占总需求的24%；农业的技术需求为107项，占总需求的24%；石化工业的技术需求为27项，占总需求的6%（详见图4-10）。

在国家振兴东北战略的指导下，三省分别依据自身特点制定了各省的振兴发展规划，确立了各省主要发展的产业基地，从而出现了东北三省对俄罗斯的技术需求主要集中于装备制造业、高新技术产业等领域的局面。东北振兴的关键是产业结构升级，而产业结构的升级需要促进技术相对密集的装备制造业和高新技术产业的发展，利用先进技术改造传统产业[1]。

---

[1] 李悦：《产业经济学》，中国人民大学出版社，2004。

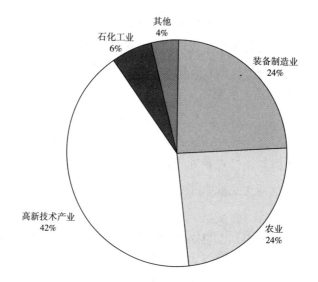

**图 4 – 10    中国东北对俄罗斯技术需求产业分布情况**

资料来源：根据 2006 年中国企业对俄需求和 2008 "哈科会"对俄合作技术需求、长春科技网站公布的技术需求信息、2008 年吉林省中小企业技术需求一览表，http://kjsc.dlinfo.gov.cn 的技术需求数据统计整理。

东北三省利用同俄罗斯的地缘优势及双方悠久的技术合作历史，通过积极引进俄罗斯先进技术、加强双方共同研发等方式实现产业技术升级和产业结构战略性调整。

**2. 中国东北对俄罗斯技术需求的一致性**

中国东北三省在高新技术产业、装备制造业和农业领域都对俄罗斯的技术存在需求，这体现了中国东北三省作为一个经济区域产业发展的一致性。

（1）高新技术产业。黑龙江省、吉林省、辽宁省的高新技术产业都对俄罗斯的技术存在需求，并且需求的技术的数量和种类较多。根据近两年中国东北三省对俄罗斯的技术需求统计，中国东北三省的高新技术产业对俄罗斯的技术需求量占总需求的比重高达 42%，其中黑龙江省的技术需求共有 102 项；吉林省的技术需求共有 14 项；辽宁省的技术需求共有 72 项。我国的高新技术主要包含新材料与应用技术、新能源与高效节能技术、生物工程和新医药技术、电子信息技术、环境保护新技术和海洋技术六大领域，东北三省高新技术产业的技术需求涉及除海洋技术以外的其他五个领域。

《东北地区振兴规划》提出，东北三省应通过开展国际合作和产业集聚、集群等方式加快发展高新技术产业。通过理论和实践分析，我们得出利用俄罗斯在高新技术产业的技术优势，加速与俄罗斯在高新技术领域的产业合作和技术合作是可行的，也是必须的。黑龙江省、吉林省和辽宁省在高新技术产业的技术需求涉及范围广，而且三省的技术水平和重点发展方向有差异，这将有利于三省根据优势进行分工，构建和完善产业链条，推动高新技术产业集群的建立和发展。在世界经济以高新技术为动力促使国际分工深化发展的背景下，通过与俄罗斯的技术合作促进东北三省高新技术产业的持续发展，可以提升该产业的国际竞争力，并有效带动相关产业的发展。

（2）装备制造业。装备制造业是中国东北三省具有传统优势的产业，也是需引进俄罗斯先进技术，实现结构调整的重要产业。东北三省装备制造业对俄罗斯的技术需求共有106项，占总需求的24%，其中黑龙江省为56项，吉林省为30项，辽宁省为20项。东北三省装备制造业的产业基础比较雄厚，对俄罗斯技术的需求种类广泛，并且需求的技术多为先进的适用技术和核心技术，已具备较强的消化和吸收俄罗斯技术的能力。例如，东北已经能够在对钎焊炉钎焊技术工艺改进，起重机结构分析、结构及零部件寿命分析技术，机床设计与制造，MW级以上直驱或半直驱永磁风力发电机组，大型抽气机组关键技术等领域采用联合开发、技术贸易等形式与俄罗斯进行技术合作。

装备制造业是东北三省经济发展的主导产业之一，是提升东北三省竞争力和优化产业结构的关键环节，客观上对与俄罗斯装备制造业开展技术合作形成了一种推动力。黑龙江省、吉林省和辽宁省已经初步建成各具优势的装备制造业基地，如黑龙江省的国家发电和输变电设备研发与制造基地、吉林省的汽车装备制造业基地、辽宁省的国家轨道交通设备制造基地等。东北三省可以利用装备制造业内各行业关联程度较高的特点，通过与俄罗斯进行技术合作，积极推进先进技术产业化，实现装备制造业集群化发展。

（3）农业。东北三省农业对国家经济稳定发展具有重要意义，因而无论是各省还是中央政府都高度重视东北三省现代农业的发展。东北三省发展农业具有得天独厚的自然条件，《东北地区振兴规划》明确指出东北地区要利用现代科学技术改造农业，用现代产业体系提升农业[①]，这使得现代农业成为东北三省普遍需求技术的产业之一。东北三省在农业领域对俄罗斯技术存在大量需求，共有 107 项，占总需求的 24%，其中黑龙江省的需求为 60 项，吉林省的需求为 19 项，辽宁省的需求为 28 项。

东北三省是国家重要的商品粮生产基地，但是农业的生产方式和现代化水平与发达国家相比还存在很大差距，对先进的育种技术和农产品加工技术存在需求。东北三省农业与俄罗斯农业互补性较强，具备与俄罗斯农业开展合作的潜力，通过与俄罗斯进行技术合作，不仅能够实现东北三省农业现代技术转化和资源合理配置，而且能够促进俄罗斯农业发展，达到双方互利共赢的效果。

**3. 中国东北地区对俄罗斯技术需求的差异性**

中国东北地区在石化工业和医药工业等领域对俄罗斯技术存在需求，但是东北三省对技术需求的数量和种类存在较大差异。

（1）石化工业。中国东北三省石化工业对俄罗斯的技术需求存在较大差异性，这体现了三省石化产业发展不平衡的特点。其中辽宁省石化工业领域对俄罗斯技术需求的数量和层次高于吉林省和黑龙江省，共需求俄罗斯技术 21 项，占对俄罗斯技术总需求的 15%。例如辽宁省对大口径无接箍油管金属应力处理技术、空缩管基材调整技术、新型包裹长效肥、老乙烯装置改造项目、耐高温潜油电机技术、含聚丙烯酸胺的采出液处理技术、润滑油原料去硫技术、高硫原油加工过程的腐蚀问题和设备防护技术等的需求，多为先进技术和核心技术，并且引进技术的方式以合作研究为主，这表明辽宁省石化工业基础比较好，对先进技术具有较强的消化吸收能力。

吉林省在石化工业领域的技术需求要低于辽宁省但高于黑龙江省，共需求技术 6 项，只占吉林省对俄罗斯技术总需求的 8%。主要为炼厂干气的回收利用技术、解决小型炼油厂的低温位热能利用率低技术、三氯氢硅

---

① 《东北地区振兴规划》，振兴东北网，2007 年 8 月 20 日。

解决方案、粉末水膜处理、糠醛渣开发复合肥料等。黑龙江省对俄石化工业技术需求规模在三省中最小。石化工业是东北三省振兴发展过程中要重点发展的产业，三省对俄罗斯技术需求存在的差异性指导各省根据自身石化产业特点加强与俄罗斯技术合作，充分发挥地区石化产业优势，实现中国东北地区的均衡发展。

（2）医药工业。医药工业是东北三省急需俄罗斯技术的产业之一，但是各省医药产业对俄罗斯技术需求的种类和数量存在差异，辽宁省和黑龙江省对俄技术需求的数量和种类高于吉林省。黑龙江省需求的技术主要包括逆转酶抑制剂、窄谱抗生素、植物药提取工艺技术、航天饮料生产技术、基因重组抗肿瘤药物、免疫抑制剂、抗体药物、基因治疗类药物、胰岛素类药物等，拟合作的方式以技术引进和共同开发为主。辽宁省在医药领域的技术需求主要集中于生物工程和新医药等高新技术。吉林省在医药工业的技术需求多为中药浸膏干燥、新产品营养成分和功效鉴别技术、生物质颗粒添加剂研究、醇提浸膏喷雾干燥剂等基础技术。

### （二）中国东北地区对俄技术需求的特点

#### 1. 产业分布不均衡

中国东北地区对俄罗斯技术需求的产业分布广泛，涉及现代农业、装备制造业、高新技术产业和石化工业等领域，但各个产业对俄罗斯的技术需求表现出不均衡的特点。这与产业特征及东北三省和俄罗斯技术水平密切相关，其中对高新技术的需求数量最多，对农业和装备制造业的需求数量适中，对石化工业的技术需求较少。

产业结构的特点决定了技术的需求结构，目前第一、第二产业在东北三省经济发展中占据重要地位，因而也就表现出东北急需俄罗斯技术的产业主要集中于第一产业和第二产业。中国东北在新中国成立初期的工业发展为其奠定了一定工业基础，但是随着全球科学技术进步以及新技术在生产上的应用，东北各大产业需要深化发展。《东北地区振兴规划》提出，东北要建设成为全国先进的装备制造业基地，同时大力发展现代农业和加快高技术产业发展等，因此各产业的综合发展决定了今后东北三省对俄罗斯的技术需求分布将会更广泛，对高新技术产业的技术需求也会增加。

**2. 拟合作方式较集中**

中国东北地区引进俄罗斯技术的拟合作方式多种多样，主要包括合作开发、技术贸易、技术咨询和服务等，其中合作开发所占的比重较大，而直接将技术作为标的的技术贸易所占比重较小。合作开发是中国东北三省与俄罗斯通过签订合同等方式，由俄罗斯提供相关的技术或由中俄双方联合研发新技术，双方共同生产某种产品，实现技术产业化的过程。

技术贸易一般涉及的合同金额较高，适合具有资金实力的大企业，但是技术贸易的确是技术合作方式中效率最高的。在技术引进国具备一定的消化和吸收先进技术能力的基础上，通过购买专利、专有技术和许可贸易等方式实现技术转移。中国东北地区直接引进俄罗斯的技术并进行产业化，将缩短生产时间，节约交易费用，因而发展中国东北地区与俄罗斯有效的技术合作方式对于提升产业竞争力具有重要意义。

**3. 技术需求种类参差**

中国东北地区对俄罗斯需求的技术中，技术的种类参差不齐，既包含核心技术，也包括一般技术。推进产业结构升级是实施振兴东北战略的重点，关键是如何利用先进技术改造传统产业。由于东北三省产业发展不均衡，导致不同产业对技术需求的层次不同，主要表现为东北三省的装备制造业技术基础较好，其对俄罗斯的技术需求多集中于先进的核心技术，而高新技术产业处于上升发展的阶段，其对俄罗斯的技术需求多集中于一般技术。

### （三）东北地区对俄罗斯技术需求的趋势

**1. 需求技术的产业多元化**

中国东北地区对俄罗斯技术需求的产业将会出现多样化和均衡化的发展趋势。技术结构与产业结构是相辅相成的，中国东北地区产业结构的合理化与高级化离不开技术结构的升级，这也必将导致东北三省高新技术产业、装备制造业、石化工业等技术密集型产业对俄罗斯的技术需求不断增多。

具体表现为：高新技术产业是振兴东北老工业基地重点发展的产业，高新技术产业涉及的技术领域广泛，而东北地区的高新技术产业的发展尚处于初级阶段，这决定了其在这一领域对俄罗斯的先进技术存在大量需求。东北三省的装备制造业基础相对雄厚，消化和吸收俄罗斯先进技术的能力较强,对俄罗斯的技术需求主要集中于高层次、核心技术方向。

**2. 技术需求层次提高**

技术是产业持续发展的关键因素,随着中国东北的振兴和产业结构的调整升级,东北三省技术研发能力和创新能力增强,对俄罗斯的技术需求向先进技术、核心技术方向发展。

一方面,通过引进先进技术改造传统产业,增强传统产业的竞争力,在引进技术基础上增强创新能力,不断缩小与俄罗斯基础技术的差距,势必会增加对核心技术的需求量。另一方面,高新技术产业的发展也将出现对核心技术需求增多的趋势。高新技术产业是东北三省大力发展的产业,是产业结构调整的方向。随着中国东北高新技术产业的发展,其对先进技术的应用和产业化能力不断提升,也会增加对俄罗斯核心技术的需求。

**3. 创新技术合作方式**

中国东北三省与俄罗斯的技术合作方式将随着双方技术合作的深入发展而不断创新。中国东北地区引进俄罗斯技术的方式将直接决定技术合作的成效,目前东北三省与俄罗斯技术合作方式比较单一,以合作开发为主,技术贸易所占的比例较小,这将影响与俄罗斯技术合作的效率。随着双方技术合作的发展,双方技术贸易的规模将逐渐扩大,技术要素也将按照市场原则在区际实现合理配置。

**4. 引进技术的主体合理化**

目前中国东北地区与俄罗斯进行技术合作的主体包括科研机构、高校、政府和企业等,随着中国东北地区与俄罗斯技术合作的不断深化发展,中国东北地区与俄罗斯进行技术合作的主体将逐步向以企业为主的方向发展。多年来引进技术的主体和方式的不合理,制约了双方技术合作效率的提高,减缓了先进技术的产业化进程。借鉴和吸收东部沿海地区与俄罗斯进行技术合作的成功经验,东北地区应积极发挥企业在技术合作中的主体地位,从企业需求角度出发,引进俄罗斯先进技术。

总之,中国东北三省对俄罗斯先进技术存在大量的现实需求和潜在需求,中俄区域合作新模式的建立,将增强中国东北地区和俄罗斯东部地区间的技术合作,满足东北三省对先进技术的需求。在中俄区域科学技术的相互合作中,加快东北老工业基地的振兴。

# 第五章
## “伞”型合作模式实现的保障条件

　　“伞”型合作模式实现的首要条件是具备先进的科学技术和实用技术。俄罗斯在农业、工业及高新技术产业等领域的许多技术都处于国际领先地位，如航空航天、生物制药等，俄罗斯东部地区高新技术发展潜力巨大，而且中国东北三省经济发展需要大量的先进技术，俄罗斯的技术优势与东北三省的技术需求存在很强的互补性，所以，在双方政府的支持下，以技术贸易为先导，促进技术、资金、人力资本等生产要素在区际流动，可推动中俄区域合作新模式尽快形成。因此，可以说俄罗斯先进的技术水平是构建“伞”型合作模式的重要保障条件。

### 一　俄罗斯转让技术的水平与领域

　　中国东北地区与俄罗斯技术合作应立足俄罗斯的科技发展水平与实用技术的领域，俄罗斯技术转让项目的科技含量直接决定了中国东北地区引进俄罗斯技术的水平。

## （一）俄罗斯的科技发展水平

### 1. 科技发展现状

苏联解体后，俄罗斯继承了苏联 60% ~ 70% 的科技潜力，科技基础雄厚。目前俄罗斯的科研体系完备，有三大研究系统，即科学院研究系统、工业设计研究系统以及高等院校和附属科研系统，科研机构和科研队伍稳定。据不完全统计，目前俄罗斯约有科技人员 88.5 万人，其中包括研究人员约 41 万人、技术人员 7.2 万人、科研辅助人员 23 万人等[①]。科研机构组织形式多样，有设计院所、规划与规划侦察部门、高等院校、实验厂家、单位辖属科研规划和设计等科研部门，以及成果转化的实验机构，形成了国家型研究机构和企业型研究机构共同发展的局面。

从俄罗斯联邦对科研的投入看，2000 ~ 2006 年联邦财政预算对科研的投入呈逐年增加趋势，2006 年俄罗斯联邦预算资金对科研的投入为973.63 亿卢布，较 2000 年增加了 799.67 亿卢布（见表 5 - 1）。而且近年科研投入资金在联邦财政预算支出中的比重与在国内生产总值中的比重均表现出稳步增加的态势，分别由 2000 年的 1.69% 与 0.24%，增加到 2006年的 2.27% 和 0.36%。

表 5 - 1  2000 ~ 2006 年俄罗斯联邦预算资金对科研的投入

| 项目＼年份 | 2000 | 2001 | 2002 | 2003 | 2004 | 2005 | 2006 |
|---|---|---|---|---|---|---|---|
| 联邦财政预算支出对科研的投入（百万卢布） | 17396.4 | 23687.7 | 31055.8 | 41576.3 | 47478.1 | 76909.3 | 97363.2 |
| 占预算支出比重（%） | 1.69 | 1.79 | 1.51 | 1.76 | 1.76 | 2.19 | 2.27 |
| 占国内生产总值比重（%） | 0.24 | 0.26 | 0.29 | 0.31 | 0.28 | 0.36 | 0.36 |

资料来源：亚历山德罗娃、波波季科：《俄罗斯创新和投资活动现状分析》，《远东经贸导报》2008 年 11 月 25 日。

---

① 孙键、刘云：《中俄科技合作现状分析与发展对策》，《中国基础科学》2008 年第 3 期。

从技术研究的进展看，俄政府 2000 年 5 月的统计结果显示，在当今世界 102 项尖端科学技术中，俄罗斯有 77.45% 处于世界前列，其中 52 项占据世界主导地位，27 项具有世界一流水平[①]。

在高新技术领域，俄罗斯同样拥有较强的实力。在当今世界决定发达国家实力的 50 项重大技术中，俄罗斯具有航空航天技术、新材料技术等 12～17 项；在当今世界决定发达国家实力的 100 项突破性技术中，俄罗斯有 17～20 项具有国际领先水平，有 25 项经过 5～7 年的努力后可以达到国际一流水平[②]。

**2. 近期俄罗斯重大科技成果**

2001～2007 年，俄罗斯在基础研究、生物医学、计算机技术、新能源与新材料等领域取得了许多重大研究成果。取得研究成果的具体项目主要包括：诺贝尔物理奖获得者阿尔费罗夫在量子点激光器领域获得新突破，他通过采用自生的量子点单晶，成功研制了垂直激光器；俄科研人员发明了口服胰岛素；研制了 MVS－15000BM 系糟，并进行了 924 个 PowerPC 2.2G 处理器，运算峰值可达 8.1T flops/秒；俄科学家研究出一种被称为"非电材料"的新物质，由非基因介质和纳米粒子材料合成，用于太阳能电池；成功开发和试验了新型核导弹系统等。

根据统计分析可知（见表 5－2 和图 5－1），2001～2007 年，俄罗斯在生物医学领域取得的科技成果最多，为 13 项，占全部成果的 35%；基础研究领域次之，科技成果为 10 项，占全部成果的 26%；新能源新材料为 6 项，占全部成果的 16%；计算机技术为 2 项，占全部成果的 5%；这四个领域之外的其他领域研究成果共为 7 项，占全部成果的 18%。我们可以发现，目前俄罗斯在生物医学领域的研究中具有一定的优势，同时在基础研究领域、新能源与新材料等诸多领域的研究中也具有相对优势。

---

① 孙键、刘云、熊政：《中俄科技合作现状分析与发展对策》，《中国基础科学》2008 年第 3 期。

② 孙键、刘云、熊政：《中俄科技合作现状分析与发展对策》，《中国基础科学》2008 年第 3 期。

表 5 – 2 2001 ~ 2007 年俄罗斯重大科技成果统计

单位：项

| 技术领域 | 基础研究 | 生物医学 | 计算机技术 | 新能源与新材料 | 其他 |
|---|---|---|---|---|---|
| 数目 | 10 | 13 | 2 | 6 | 7 |

资料来源：根据《全球科技经济瞭望》中 2001 ~ 2007 年俄罗斯科技发展综述统计整理。

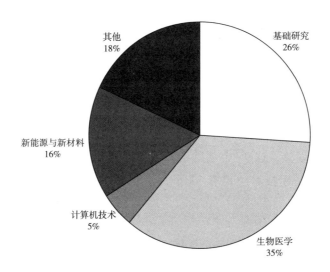

图 5 – 1 2001 ~ 2007 年俄罗斯重大科技成果分布情况

资料来源：根据表 5 – 2 统计整理。

## （二）俄罗斯转让技术的总体情况

### 1. 俄罗斯国际技术合作状况

目前俄罗斯的国际技术合作已全面展开，对外转让技术是其开展国际技术合作的重要内容，合作对象主要涉及一些国际组织、发达国家、发展中国家和独联体东欧国家。针对合作对象在经济发展水平等方面的不同，俄罗斯采取的对外技术合作政策也有所不同。在与发达国家的技术合作中，俄罗斯致力于向高新技术领域引资和引进先进技术；在与发展中国家的技术合作中，俄罗斯倾向于实现技术商品化、输出技术、共同开发，以及提供技术服务等。

## 2. 俄罗斯向中国转让技术的状况

俄罗斯向中国转让技术始于20世纪50年代的苏联对中国的援建，在经过60～80年代的停滞后，20世纪90年代初，伴随苏联解体，双方技术合作开始迈进历史新阶段。自20世纪90年代以来，中俄技术合作政策和机制不断完善，双方技术合作正在向产业化和创新阶段发展。

近年来，中俄两国间的技术合作进展较快。中国从俄罗斯和独联体国家聘请上万名专家，引进2000多个项目[1]。通过对俄技术合作，我国获得了从西方国家难以得到或要以很高代价才能买到的高新技术以及高新技术产品，创造了可观的经济效益和社会效益。实践证明，从俄罗斯引进的先进技术和设备，解决了我国科技攻关的部分技术难题，缩短了研制开发周期，填补了我国科研和技术的空白。"十五"期间（2001～2005年），我国政府资助各省市完成了对俄罗斯技术合作项目95个。按照国家科委对高新技术的划分，这95个项目中，高新技术项目有64个，占合作项目总数的67%，适用技术项目有31个，占总合作项目的33%（见表5－3与图5－2）。

表5－3 "十五"期间国家资助的中俄技术合作项目分布情况

| 领　域 | 适用技术 | 高新技术 | 项目数 |
| --- | --- | --- | --- |
| 能源科学技术 | | √ | 10 |
| 信息科学技术 | | √ | 8 |
| 材料科学技术 | | √ | 24 |
| 工程与技术 | √ | | 20 |
| 化学与化工 | √ | | 4 |
| 地球科学 | | √ | 5 |
| 前沿与交叉 | √ | | 4 |
| 生命科学 | | √ | 12 |
| 交通科学技术 | √ | | 3 |
| 环境科学技术 | | √ | 5 |
| 总　计(项) | 31 | 64 | 95 |

资料来源：孙健、刘云、熊政：《中俄科技合作现状分析与发展的对策》，《中国基础科学》2008年第3期。

---

[1] 熊智根：《论中俄科技合作的战略创新》，《全球科技经济瞭望》2003年第12期。

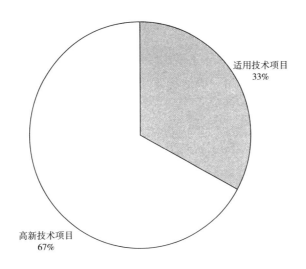

**图 5 - 2  "十五"期间国家资助的中俄技术合作项目分布情况**

资料来源: 根据表 5 - 3 整理。

由于技术转让一方面受技术需求者对技术需求情况的影响, 另一方面取决于技术持有者掌握技术的情况, 所以通过分析可得, 一方面我国对俄罗斯高新技术存在较大需求空间, 另一方面俄罗斯具有向我国转让高新技术的实力。

**3. 俄罗斯向中国东北地区技术转让的状况**

"十五"期间, 东北地区在国家重点资助的 95 项对俄合作项目中占有重要地位。在项目涉及的 21 个省份中, 黑龙江省的对俄项目为 9 项, 占总合作项目的 9%, 位列各省第二; 吉林省为 7 项, 占 7%, 位列各省第三。

2000 年以后, 中国东北地区与俄罗斯技术合作规模不断扩大, 合作领域也在不断拓宽。据不完全统计, 2001 ~ 2007 年, 仅黑龙江省引进、消化吸收和实现产业化的项目就达 500 多项①, 涉及工业、农业、航空航天、医药、环保等诸多领域。在此, 笔者对中国东北三省与俄罗斯技术合作的众多项目进行了随机抽样调查。在随机抽取的 40 个项目中, 按适用技术和高新技术的分类, 可以得到如下结果 (详见表 5 - 4)。

---

① 《黑龙江省对俄罗斯科技合作亮点频现》, 新华网, 2005 年 6 月 15 日。

表 5 - 4　抽样调查俄罗斯向中国东北地区转让技术情况

| 项　目　技　术 | 适用技术 | 高新技术 | 备注 |
|---|---|---|---|
| 1. 航天航空科技合作 | | √ | |
| 2. 物质成分及含量的核分析方法,研制分析装置,并合作开发产品 | | √ | |
| 3. 高纯度电子气体设备 | | √ | |
| 4. 铝合金产品的生产技术(石油钻探管、铝不粘锅等) | √ | | |
| 5. MGP 型液压锤打桩机生产技术 | √ | | |
| 6. 膜技术及设备 | | √ | |
| 7. IZL 鹅掌式深松联合整地机 | √ | | |
| 8. 等离子磁控溅射装置 | √ | | |
| 9. 引进俄基因治疗药物等高端制药技术 | | √ | |
| 10. 引进干扰素、重组人促进红细胞生成 | | √ | |
| 11. 直径大于 300 毫米大尺寸蓝宝石晶体的生产技术研究 | | √ | |
| 12. 俄罗斯大果沙棘引进 | √ | | |
| 13. 早熟、优质大豆和玉米项目 | √ | | |
| 14. 生物表面活化剂项目 | √ | | |
| 15. 引进先进的生物制剂 | √ | | |
| 16. 液流热能发生器 | | √ | |
| 17. 中子活化技术 | √ | | |
| 18. 火力电站冷却塔空气动力涡流装置 | √ | | |
| 19. 提取紫杉叶素的生产工艺和设备 | | √ | |
| 20. 佳木斯海绵钛项目 | | √ | |
| 21. 长春光机所与俄罗斯合作开发"ZKW - CO2 轴流激光器产品化"项目 | | √ | |
| 22. "组建中俄光纤激光工程中心"项目 | | √ | |
| 23. "稀土塑料制品着色剂"项目 | | √ | |
| 24. "豆科作物根瘤菌剂"项目 | √ | | |
| 25. 引进专家解决指纹生物识别技术 | | √ | |
| 26. 蓝莓栽培与种植技术指导项目 | √ | | |
| 27. 引进专家研制泡沫增压器 | √ | | |
| 28. 利用俄罗斯技术,合作开展四平地区放射性生态填图 | | √ | |
| 29. 建立白刺研究中心 | √ | | |
| 30. 黑土农田高产优质栽培新技术的合作 | √ | | |
| 31. 引进俄罗斯丁基胶技术(双方签订了技术转让合同) | | √ | |
| 32. 引进等离子体污水处理技术 | | √ | |

| 项 目 技 术 | 适用技术 | 高新技术 | 备注 |
|---|---|---|---|
| 33. 合作生产、经营工业加速器 | √ | | |
| 34. 引进定影废液再生及银离子智能电化学回收设备 | | √ | |
| 35. 引进多功能超音速冷喷涂智能装置 | √ | | |
| 36. 绿色高强度阻燃人造稻壳板制备技术 | √ | | |
| 37. 联合成立中俄纳米技术研发中心 | | √ | |
| 38. 引进俄罗斯流感疫苗关键技术 | √ | | |
| 39. 晶体加工和购置材料合作项目 | | √ | |
| 40. 交换包括化学、高纯物质、光电子、微电子和光纤等领域的信息 | | √ | |
| 总 计（项） | 19 | 21 | |

资料来源：该表根据下列资料整理。

①黑龙江：《稳筑全国对俄科技合作桥头堡》，www.jmskjxx.com，2007年3月14日；

②《中国俄罗斯合作打造黑龙江钛合金产业集群》，http：//big5.china.com，2008年9月16日；

③潘鑫：《黑龙江省对俄科技合作研究》，硕士学位论文，哈尔滨工业大学，2006年7月30日；

④王晓峰：《吉林省引进俄罗斯智力资源的现状与对策》，《人口学刊》2006年第4期；

⑤《白城市林科院与俄科学院建立科研合作关系》，www.bc.jl.gov，2006年12月2日；

⑥刁秀华：《大连与俄罗斯东部地区科技合作走势》，《俄罗斯中亚东欧市场》2008年第9期；

⑦《沈阳市对俄科技交流合作的探索与实践》，www.lninfo.com，2007年1月25日。

通过统计分析可知，在随机抽样调查的40个项目中，有19个项目的技术属于适用技术，21个项目的技术属于高新技术。与我国"十五"期间对俄技术合作的95个项目分布情况略有差别，俄罗斯向中国东北转让的技术中，高新技术与适用技术分布较均衡。

从技术涉及的产业分析，这些技术主要在工业和农业两个领域中实现产业化。在19个适用技术项目中，涉及工业领域的项目为10项，占适用技术项目的53%；农业领域项目为8项，占适用技术项目的42%。在21个高新技术项目中，涉及工业领域的为14项，占高新技术项目的67%；医药产业为3项，占高新技术项目的14%；高新技术产业为4项，占高新技术项目的19%。

**4. 俄罗斯向中国东北转让技术的特点**

从适用技术和高新技术的角度分析俄罗斯向中国东北转让技术的特点，可以得知适用技术和高新技术分布较均衡，技术重点在工业和农业领域实现转化，高新技术实现产业化速度较慢。

（1）适用技术和高新技术分布均衡。通过抽样调查分析可知，在俄罗斯向中国东北转让的技术中，适用技术和高新技术发展较均衡。一方面说明俄罗斯具有转让适用技术和高新技术的基础和条件，另一方面也说明目前东北地区在振兴中既需要应用性较强的适用技术，也需要可以推动经济快速发展的高新技术。

（2）技术重点在工业和农业领域实现转化。具体体现为，应用于农业领域的均为适用技术，工业领域既有适用技术又有高新技术。这与在振兴老工业基地的过程中，需要适用技术改造老工业和高新技术促进工业发展密切相关，也说明工业是俄罗斯实现技术产业化的重要载体，在接下来的一段时间内双方在工业领域的合作潜力相对较大。

（3）高新技术实现产业化速度较慢。与高新技术相对应，目前已形成具有代表性的10大高新技术产业，如表5-5所示。目前俄罗斯对东北地区转让的高新技术主要集中于工业领域，这与东北地区高新技术产业发展相对落后、高新技术缺少实现产业化的平台有关。同时从另一个角度说明，俄罗斯向东北地区转让高新技术存在较大发展空间。

表5-5 具有代表性的10大高新技术产业

| | |
|---|---|
| 1. 光电子信息产业 | 6. 超导体产业 |
| 2. 计算机及其软件产业 | 7. 太阳能产业 |
| 3. 生物工程产业 | 8. 环保产业 |
| 4. 生物医学产业 | 9. 空间产业 |
| 5. 智能机械产业 | 10. 海洋产业 |

资料来源：李悦：《产业经济学》，中国人民大学出版社，2004。

### （三）俄罗斯可转让技术的产业分布

目前，俄罗斯正在积极推进对外技术合作，并相继推出了一系列技术合作项目和需要转让的技术成果，如俄罗斯西伯利亚分院拟与中国进行合作的系列项目、俄罗斯向中国转让的各类科技成果、俄罗斯已开展的国际经济技术合作项目等。

经统计，2001～2007 年，俄罗斯对外技术合作项目和转让的成果共 106 项，农业 9 项，工业 39 项，高新技术产业 39 项，其他产业 19 项，（详见表 5 – 6 和图 5 – 3）。

**表 5 – 6　俄罗斯对外技术合作项目的产业分布统计**

单位：项

| 项　目　数 ＼ 产　业 | 农业 | 工业 | 高新技术产业 | 其他 |
|---|---|---|---|---|
| 西伯利亚分院拟于中国合作的项目(36) | 2 | 18 | 15 | 1 |
| 国际经济技术合作项目(50) | 6 | 14 | 16 | 14 |
| 对外转让的科技成果(20) | 1 | 7 | 8 | 4 |
| 总计(106) | 9 | 39 | 39 | 19 |

资料来源：根据 2001～2007 年俄罗斯科技发展综述以及俄罗斯联邦驻中华人民共和国商务代表处公布的俄罗斯高新技术成果统计整理。

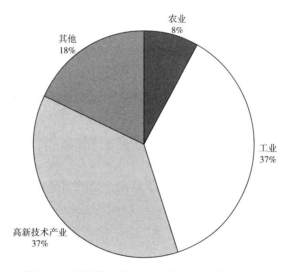

**图 5 – 3　俄罗斯对外技术合作的产业分布情况**

资料来源：根据表 5 – 6 整理。

### 1. 农业领域可转让的技术

从农业技术项目的规模看，如表 5 – 6 和图 5 – 3 所示，在俄罗斯对外技术合作和转让的 106 个项目和科技成果中，涉及农业领域的有 9 项（具体项目详见表 5 – 7），只占总合作项目的 8%，这说明俄罗斯农业技术在对外转让的技术中并不占优势，农业并不是其对外转让技术的重点领域。

但是，东北地区作为我国重要的商品粮基地，农业一直是该地区重要的产业之一，从其产业发展的需求出发，对俄罗斯农业技术的需求仍是目前和未来一段时间对俄技术合作的重点。所以，东北地区应积极开展与俄罗斯在农业领域的合作。

表 5 – 7　俄罗斯对外技术合作中的农业领域的项目

| 项目名称 | 项目名称 |
| --- | --- |
| 1. 防止农产品和食品发霉和腐烂的设备的生产 | 6. 褐煤的生物转化及有机肥"生物腐殖酸—T"的生产工艺 |
| 2. 提高农产品产量的变光膜技术、产品 | |
| 3. 改善远东现有及未来土豆品种抗菌能力的工艺 | 7. 生物活性物质原料基地 |
| 4. 水底鱼捕捞器安全设置系统 | 8. 无融合生殖的大果草莓 |
| 5. 泥炭—腐殖复合肥料——适用于农作物和蔬菜，并符合生物学的生态学原理 | 9. 农业用新型光变化聚合物材料 |

资料来源：根据 2001~2007 年俄罗斯科技发展综述以及俄罗斯联邦驻中华人民共和国商务代表处公布的俄罗斯高新技术成果统计整理。

从技术的作用和特点来看，这些项目主要为作物的种植与栽培技术、农产品的防腐保存技术和化肥生产技术等，这些技术均属于适用技术。以防止农产品和食品发霉和腐烂的设备生产项目为代表，这是一种利用带正电荷或负电荷结合附加离子的氧分子离化空气的周围空间，以消灭粮食产品和其他原料在其加工和保存过程中引起发霉和腐烂的微生物（细菌、真菌）的设备。

**2. 工业领域可转让的技术**

从工业技术项目的规模看，如表 5 – 6 和图 5 – 3 所示，在俄罗斯对外技术合作和转让的 106 个项目和科技成果中，涉及工业领域的有 39 项（具体项目见表 5 – 8），占总合作项目的 37%。这说明工业技术在俄罗斯对外转让的技术中占有主导地位，是俄罗斯对外技术转让的重点领域。长期以来，中国东北三省与俄罗斯的技术合作主要以工业领域的合作为主，通过分析可知，在未来一段时间内，工业领域仍将是双方最重要的合作领域之一。

表5-8 俄罗斯对外技术合作中的工业领域的项目

| 项目名称 | 项目名称 |
|---|---|
| 1. 采用氢转移方法生产硅—绝缘体薄片 | 20. "不可抗力"全套设备 |
| 2. 光学纤维多感应系统的工艺研究和生产 | 21. 管爆技术 |
| 3. 用紫外线照射感应灯对水、空气和材料消毒装置的生产 | 22. 潜式气锤 |
| | 23. 精华雨水排水系统全套设备 |
| 4. 自动化激光工艺联合装置的生产 | 24. 3型风动冲击式机械 |
| 5. 饮用水净化装置"格栅" | 25. 井内装药调频爆破技术 |
| 6. 生产移动式选矿装置 | 26. 自来水和污水通风技术 |
| 7. 生产天然水电化学净化设备 | 27. 椭圆偏振计——纳米技术过程检查用具 |
| 8. 消除供水系统矿物质的化学技术设备 | 28. 管道次声监测系统 |
| 9. 有效利用高合金钢废料的工艺 | 29. 光电高灵敏度形变传感器 |
| 10. 使用电火花合金炼制方法修复器皿金属表层面积和强化程度的设备 | 30. 层状矿床有用组合开采方法 |
| | 31. 桥式起重机和轨道运输工具轮缘固态润滑油系统 |
| 11. 钛、铝及其合金制品防护氧化层的喷涂工艺 | 32. 镍冶金工业提炼工艺 |
| 12. 利用电镀生产废料(边角料)生产陶瓷的新方法 | 33. 除去石油产品和其他有机杂质的污染水净化工艺和系统 |
| 13. 利用冻结液与消声液最佳混合物提高钻井消声性能的工艺 | |
| 14. 节省资源的铝和硅生产新工艺 | 34. 饮用水净化模件装置 |
| 15. 激光热图技术和设备 | 35. 渔业用具水底种类的安全装置系统 |
| 16. 多圆盘空气净化通风设备 | 36. 超高强度船体用结构钢 |
| 17. 自动化激光复合工艺 | 37. 船体结构钢的焊接材料和工艺 |
| 18. 风动冲击式巩固斜坡机械 | 38. 专利技术粉碎机 |
| 19. "台风"空气锤 | 39. 高效木材干燥设备"克莱斯" |

资料来源:《俄罗斯国际经济技术合作项目精选》,黑龙江省社会科学院,2006年、2007年、2008年。

从技术的作用和特点来看,主要以实用性很强的适用技术为主。以饮用水净化装置"格栅"为代表,这种装置的饮用水处理能力为每昼夜500立方米饮用水(两组,各250立方米),安装滑轮装置后,其水处理能力可达到每昼夜1000立方米。

**3. 高新技术产业领域可转让的技术**

从高新技术项目的规模看,如表5-6和图5-3所示,在俄罗斯对外技术合作和转让的106个项目和科技成果中,涉及高新技术领域的有39项(具体项目见表5-9),占总合作项目的37%。这说明在俄罗

斯对外转让的技术中，高新技术与工业技术一起成为其对外转让的
重点。

表 5-9　俄罗斯对外技术合作中高新技术领域的项目

| 项目名称 | 项目名称 |
|---|---|
| 1. 农业企业中使用和制造生物制剂的技术 | 24. 净化水中重金属和放射性元素的吸附剂材料 |
| 2. 用超高频射电测量技术测定水文状况 | 25. 抗磨损油料添加剂 |
| 3. 利用无线电技术探测和研究行星 | 26. 利用稻谷生产的废料获取非结晶二氧化硅及伴生材料 |
| 4. 用强电磁脉冲处理含金岩和含金尾矿技术 | 27. 利用混凝土和石灰废料生产新的建筑材料 |
| 5. 制造油井、水井过滤器的气体激光技术 | 28. 以废料和垃圾为燃料的地区综合热力发电厂 |
| 6. 叶轮泵静子磨削器生产技术 | |
| 7. 周期性纳米结构生成技术 | 29. 清理水表面溢流石油用的成套设备 |
| 8. 煤炭深度开采技术及瓦斯排放气体提纯技术 | 30. 去除水中石油产品和其他有机污染物的工艺系统 |
| 9. 衍射光学元件的合成和使用 | 31. 消除工业污染水对自然环境影响的途径 |
| 10. 获取纳米粉的新技术 | 32. 核辐射对土地生态环境和人类的影响 |
| 11. 声动对流材料烘干技术 | 33. 研究地震成因和减少地震危害的工程技术合理方案 |
| 12. 工业固体和日常生活垃圾等离子热处理技术 | |
| 13. 气体动力冷喷涂技术 | 34. 中俄联合进行系统的生态毒素科研工作 |
| 14. 水吸收净化技术 | 35. 利用腐殖质制剂消除土壤和水体中的有机生态毒素、重金属和和放射污染物 |
| 15. 带有红外线谱显微镜的小型傅立叶分光镜 | |
| 16. 非坩埚区熔化获得的非高质单晶硅 | 36. 优化居民的生态环境构成 |
| 17. 加快创建毛皮野兽毛皮颜色形式的新原理 | 37. 石油产品污染的土壤及水质的生物保健技术 |
| 18. 人类染色体异常分子细胞遗传分析方法 | |
| 19. 煤矿和矿井安全保证技术 | 38. 多钻井体系中利用水力压裂开采碳氢化合物过程的模拟试验 |
| 20. 深放置钢索连接件和使用技术 | |
| 21. 胶质稳定性高的爆震合成纳米金刚石 | 39. 用于数字计算机的统一数值系统和操作的可能性 |
| 22. 获取香草醛的技术 | |
| 23. 在极端条件下使用的超高分子量聚乙烯合成材料 | |

资料来源：《俄罗斯国际经济技术合作项目精选》，黑龙江省社会科学院，2006 年、2007 年、2008 年。

　　这些项目具有高新技术的特性，将起到带动经济实现高速增长的作用。以周期性纳米结构生成技术为代表，这是一项可实现工业化生产的纳米技术，它完全可以与现有的传统工业化工艺流程整合，制作任何材质的表面

纳米结构,具有通用性、生产能力高、生产成本低、应用范围广等特点。

对于东北地区来说,需要用高新技术调整产业结构,提高经济的产出水平,所以俄罗斯向东北地区转让高新技术具有较大的市场空间,高新技术领域的合作将是双方技术合作的发展方向,也是我国对俄技术合作的重要内容之一。

**4. 其他产业可转让的技术**

其他产业在这里主要指除工业、农业、高新技术产业之外的所有产业,主要涉及教育、医学等产业。经统计发现,在俄罗斯对外合作和转让的 106 个项目和科技成果中,涉及其他产业的项目有 19 项(具体项目见表 5 - 10),占总合作项目的 18%。

表 5 - 10 俄罗斯对外技术合作中其他领域的项目

| 项目名称 | 项目名称 |
|---|---|
| 1. 依据地貌结构原理对内部、外部矿体的区域和局部预测 | 11. 医用泥炭水浸膏 |
| | 12. 国产血浆代用品"perfvoran"制剂 |
| 2. 抗力性淀粉 | 13. 新一代药品"OLIPIFAT" |
| 3. 研发、使用和改进多射流等离子反应堆 | 14. 病毒和细胞基因的相互作用及抗病毒制剂结构的新设想 |
| 4. 社会居民群体安全的现实性问题 | |
| 5. 关于推广降低汽车对自然环境和居民的危害的机制 | 15. 用于人体检测的可视热显体层温度计(俄罗斯)(2007 - 134 - 俄罗斯 - 017) |
| 6. 运动项目和运动员生理反应的可靠性 | 16. 乌拉尔地区的干细胞研究寻求国际合作(俄罗斯)(2007 - 115 - 叶卡捷琳堡 - 002) |
| 7. 用于侦查海湾、港湾的水利建筑物及其他水下目标沿电缆传输的水下遥控设备 | 17. 治疗前列腺癌的特效方法——铯 131(俄罗斯)(2007 - 114 - 叶卡捷琳堡 - 001) |
| 8. 矿井人员意外事故观察,报警和搜索系统 | |
| 9. AeL 教育软件 | 18 太阳能利用的现实和前景 |
| 10. 一次性内诊镜的生产组织 | 19. 建筑行业投资——俄罗斯地区经济发展条件 |

资料来源:《俄罗斯国际经济技术合作项目精选》,黑龙江省社会科学院,2006 年、2007 年、2008 年。

医用泥炭水浸膏项目体现了这些项目技术的实用性。这种制剂将维生素和防老化剂融于一体,应用于仪器理疗法中,可确保皮肤再生和有效去皱。在颜色不对称皮肤的护理中,能减少充血,降低红斑数量,从而通过提高膨压有效护理皮肤。

所以，中国东北地区除了应增强与俄罗斯在农业、工业和高新技术产业领域的技术合作外，还应积极开展在其他领域的合作，引进俄罗斯在这些产业的先进技术。

### （四）俄罗斯可转让技术的特点与要求

#### 1. 实用技术多

实用技术一般具有较强的应用性，能够在生产中直接体现其价值。通过分析发现，俄罗斯对外转让的技术多为应用性很强的实用技术，这些技术项目与高新技术的高投入、高风险相比，能够在较短的时间内投入生产，实现产业化，而且投资风险相对较小。因此，这些技术项目的市场会很广阔，不仅适合大企业的生产要求，而且更能满足那些资金相对缺乏、技术创新能力较差的中小企业的生产需要。以农业中的褐煤的生物转化及有机肥"生物腐殖酸－T"的生产工艺项目为例，这种工艺以褐煤、非标准煤和土壤菌种为原料生产具有环保型的化肥，所以，利用这项工艺能直接产生经济效益。俄罗斯之所以把转让实用技术作为与中国合作的基本方向，是因为目前中国东北地区的技术水平一时还难与俄罗斯的高科技水平接轨。

#### 2. 尖端技术少

尖端技术一般是指在某一技术领域中居于领先地位或在某一学科中居于前沿地位的具有开拓性及先导性的技术[1]。通过分析发现，2001～2007年俄罗斯在生物医药、新能源与新材料领域的重大科技成果并没有在目前对外转让的技术项目之列，也就是尖端技术的转让项目几乎没有。由于俄罗斯高科技技术涉及国家的技术安全，所以对高科技中的尖端技术转让有一定的限制。因此，东北地区引进俄罗斯技术的重点应放在高新技术领域，充分发挥高新技术产业化对经济发展的巨大拉动作用。

#### 3. 涉及领域广

俄罗斯对外转让技术涉及领域较广，具有以工业领域和高新技术领域为主，农业和其他领域为辅的现象。具体来看，俄罗斯转让的技术主要分

---

[1] 李悦：《产业经济学》，中国人民大学出版社，2004。

布于工业、农业、医药、计算机、环境保护、教育、太阳能等领域。这充分说明俄罗斯具有雄厚的科技实力，在众多领域都具备向外转让技术的能力，这也正是中国东北地区积极开展与俄罗斯技术合作的重要原因之一。

**4. 技术转让贸易化**

以前中国东北三省与俄罗斯的技术合作，多是以互换和互补方式进行的。而近年来，俄罗斯在对技术转让的方式上有了新的要求，俄罗斯对外技术合作的多数项目倾向于技术贸易。体现为在一些高科技项目的合作中，俄罗斯提出以许可贸易的方式转让技术，比如专利许可、专有技术许可、商标许可等；还有向合作方提供技术文件、图纸、技术服务或选择交钥匙工程；还有一些项目以吸引资金为主等。这说明未来东北三省与俄罗斯的技术合作，将逐渐由目前以互补型方式为主向技术贸易转化，并逐渐成为东北地区与俄罗斯今后技术合作的主要方式。

**5. 注重产品产业化**

受俄罗斯国内缺少技术产业化资金的限制，俄罗斯政府鼓励技术成果在境外实现产业化。《俄罗斯联邦2010年前和未来国家科技发展基本政策》明确指出，俄罗斯科技发展的两大任务是，吸引外国的科技创新投资和促进俄罗斯技术商品化。源于此，充分利用我国目前的各类投资资本和广大市场、吸引俄罗斯的技术和人才、迅速在中国或俄罗斯展开技术产业化合作，是东北三省与俄罗斯技术合作的重要方向之一。

从对俄罗斯的技术水平和国际技术转让情况的分析中，我们可以清楚地看到俄罗斯具有对外转让技术的潜力，而东北地区在经济振兴中又需要俄罗斯科技的推动与支撑。所以，东北地区应抓住俄罗斯对外转让技术的机遇，积极引进适用技术和高新技术，以产业为平台实现对俄罗斯技术合作的新突破。

# 二 俄罗斯东部地区高科技产业水平及对外产业政策

俄罗斯东部地区幅员辽阔，资源丰富，被称为世界上最后一块尚未开发的宝藏。然而，优越的自然资源条件并未托起东部地区的经济腾飞，它的发展至今仍落后于西部地区，导致俄罗斯区域经济发展的不平衡。俄罗斯在实施"强国富民"战略的进程中，切实感觉到了"俄国的强大有赖于西伯利亚开发"[1]，所以西伯利亚的发展水平，直接关系俄罗斯强盛的速度和经济规模。目前，影响西伯利亚开发的核心因素——高科技水平及国际合作，是东部地区开发乃至俄罗斯经济强盛的关键问题。所以研究俄罗斯经济的发展，首先要弄清楚俄罗斯东部地区的经济格局、经济实力、经济水平和经济潜力，而重中之重是明确在东部地区经济发展中起决定作用的中枢系统——高科技水平及国际转移的具体状态，揭示其自身的客观规律，探索其发展的客观趋势，了解其技术的客观水平，掌握其转移的客观要求。

## （一）俄罗斯东部地区高科技水平

俄罗斯东部地区的高科技水平和巨大的科技潜力是以俄罗斯科学院西伯利亚分院、俄罗斯科学院远东分院的科技水平为核心的，这两个分院的科技水平也代表了俄罗斯东部地区的水平。

### 1. 俄罗斯科学院西伯利亚分院和远东分院的优势学科

早在 20 世纪 80 年代中期，西伯利亚分院的所在地——科学城，就已经发展成为与美国硅谷和日本筑波齐名的世界科学城。西伯利亚分院的材料学物理研究所国家科学中心在新材料工艺方面、激光物理学研究所在光电子与激光工艺方面、生物化学研究所在生物工艺方面、催化研究所国家科学中心在化学工艺与催化方面的技术研究，都在世界的同类学科中占有重要的地位[2]。目前，西伯利亚的高科技优势，主要体现在航天技术设备（运载火箭、通信卫星、导航卫星和其他卫星）、民用与军用飞机（包括飞机发动机与航空技术设备）、系列核动力设备、电子技术（包括硅生产技术）、激光技术（包括制造和使用高能激光处理各种技术难题）、硅技术、速器技术、建立在应用新一代催化剂基础上的催化剂技术、生物化学技术（基因工程）、煤炭深加工及煤炭化学、信息技术及多门类仪表制

---

① 俄国科学院院士罗蒙诺索夫 1763 年的预言。

② 〔俄〕B. 苏斯洛夫：《俄罗斯科学院西伯利亚分院科技与创新潜力的作用评估》，第四届中俄区域合作与发展国际论坛，2006 年 6 月。

造技术①。

俄罗斯远东地区是世界上最大的陆地与海洋相交接的区域，也是地球上两个最大板块相连接的区域，特有的地理条件使得远东分院地球科学和海洋科学研究处于世界领先地位。它的优势在于研究与资源（包括陆地资源和海洋资源）开发有关的基础理论和重点项目的应用，地质（包括海洋地质、火山地质、成矿机理等）、化学、动植物、生物工程、海洋工艺等方面的研究在俄罗斯国内也处于重要地位。

**2. 俄罗斯东部地区在全俄高科技技术格局中的位置**

俄罗斯东部地区未来经济的发展在很大程度上取决于如何利用现有的科技潜力提高本地区的工业发展竞争力，那么东部地区的科技储备是否有能力保证该地区在俄罗斯乃至世界科技产品市场上占有一席之地呢？

首先，这取决于俄罗斯的科技竞争力和对世界高新技术市场的贡献度。俄罗斯独立以后，继承了苏联主要的研究成果，在核能、航天航空、部分新材料和信息技术等方面具有绝对优势。俄罗斯具有国际水平的重点技术有语言、文字和图像的识别与合成，数字模拟系统，激光技术，电子－离子－等离子技术，合成材料，新一代航空航天技术，地核研究、矿物和铀储藏量探测，石油、天然气和冷凝液深加工，核能，能源的电子传输工艺等19项技术②。2000年5月，俄罗斯对本国的科技实力进行了评估，结果显示，在世界102项顶尖技术中，俄罗斯有52项保持世界领先地位，另有27项达到世界一流水平③。目前，俄罗斯有能力进入国际市场的技术包括航空航天技术、核工业和核废料回收利用技术、个别信息技术、激光技术等。同时，俄罗斯的高技术产品在世界市场上所占的份额却仅为0.3%④。鉴于自己的科技积累和国际市场的巨大需求，俄罗斯出台了一系列支持科技创新、鼓励高科技技术出口的措施。近期能进入国际市场并能形成竞争优势的高科技技术主要是信息和电子技术、先进制造技术、新材料和化工、生命保障系统、先进的交通工具、新能源和新材料、

---

① 李京文：《21世纪的俄罗斯经济发展战略》，中国城市出版社，2002。

② 余锡欧：《黑龙江与俄罗斯经贸科技合作研究》，中共黑龙江省委政策研究室，2001。

③ 李传勋：《俄罗斯远东市场研究》，社会科学文献出版社，2003。

④ 李传勋：《俄罗斯远东市场研究》，社会科学文献出版社，2003。

生态保护和自然资源合理利用技术。

其次，这取决于东部地区在俄罗斯高科技领域中的地位和作用。20世纪90年代以来，俄罗斯东部地区研究并投入使用的高科技工艺技术包括新材料工艺、微电子工业、光电子工艺、激光工艺、核工艺、无线电子工艺、动力设备、专业化学及生物工程。由此可以看出，东部地区的这些新工艺都属于俄罗斯达到或相当于国际先进水平的技术，在俄罗斯的高科技领域中具有举足轻重的作用。根据2003年俄罗斯专利统计资料的显示，俄罗斯科学院是俄罗斯专利权的最大拥有者，现有专利3000余项，而西伯利亚分院拥有专利1500项，几乎占俄罗斯科学院专利的一半[1]。在现有专利的拥有数量方面，俄罗斯科学院西伯利亚分院催化剂研究所居第一位，矿业研究所居第二位，进入拥有专利前十名的还有石油化学研究所、北方矿业研究所和无机化学研究所等。

**3. 对俄罗斯东部地区高科技水平的基本评价**

促进俄罗斯东部地区的高科技技术发展是俄罗斯高科技发展战略的重要组成部分。自20世纪90年代中期以来，随着俄罗斯对外政策和对外贸易战略的不断调整，俄罗斯加大了对东部地区的开发力度和资金的投入，为东部地区的高科技发展提供了良好的条件，也为东部地区高科技技术的国际转移奠定了基础。

第一，高科技基础研究水平位居世界前列。俄罗斯科学院西伯利亚分院2004年公布的研究成果包括生物技术、基因工程，医用器材、医药、医疗方法及生物添加剂，信息技术和通信，采矿和建筑，机械制造、材料加工、覆膜，仪器、设备、器件（电子学、光学、电机），化工、冶金技术和产品，农业，生态，动力技术等，共11大类的309个项目[2]。在核激光、分子生物学和催化工艺等方面取得了世界先进水平的科研成果，在某些工艺方面也实现了重大突破。

第二，军工及宇航技术居世界一流。俄罗斯东部地区的主要产业是军

---

① 〔俄〕B. 苏斯洛夫：《俄罗斯科学院西伯利亚分院科技与创新潜力的作用评估》，第四届中俄区域合作与发展国际论坛，2006年6月。

② 《俄罗斯科学院西伯利亚分院所属科研机构最新科研成果目录》，刘学义译，《中亚信息》2005年第6期。

工和宇航，其所属地的西伯利亚分院和远东分院也十分重视这方面的技术研究，其火箭－航空航天技术的某些研究成果均代表俄罗斯的最高水平。军工和宇航技术涉及电子通信、自动控制、大气物理、天文、材料力学、动力学等许多技术领域。由于俄罗斯有着相关学科基础理论研究的深厚积淀，所以其在宇航研究和开发、各类尖端武器的研制方面都能与发达国家相抗衡。

第三，科技潜力在世界范围内具有优势。科技潜力是指国民的文化素质、科技人才队伍的数量和质量、科技转化为生产力的水平、国家经济实力对科技发展的保证能力、科技刺激机制的先进性等。东部地区仅以西伯利亚分院为例，它包括 9 个地区研究中心及 80 个研究所和工艺设计单位。截至 2005 年初，共有 3.3 万多名工作人员，其中科研人员为 2.5 万名。同期，西伯利亚各研究机构被应用的科研成果达 300 多项①，支撑着俄罗斯高科技技术产业的半壁江山。根据东部地区的科技潜力指数分析，其科技潜力在世界上仍处于领先地位，具有发展高科技技术的最佳优势。

第四，在世界科技市场中占有的份额不大。虽然俄罗斯的科学家占世界科学家总数的 1/10，又占有世界一流技术的绝对份额，可在世界高科技产品市场上的占有率仅为 0.3%，而美国的占有率为 39%，日本为 30%，德国为 16%，与这些国家相比，差距甚大②。俄罗斯东部地区在国际高科技市场上所占的份额，乐观地估计也就是 0.15% 左右。据此可以得出这样的结论，俄罗斯东部地区的高科技水平与其在世界高科技市场所处的地位不符。

### （二）俄罗斯东部地区高科技技术潜力

俄罗斯东部地区的高科技发展及国际合作像该地区的自然资源一样有着巨大的潜力，只有在国际流动中才能充分发挥这一潜力。如何确定俄罗斯东部地区的潜力行业和潜力技术呢？具体包括以下几点。

---

① 〔俄〕B. 苏斯洛夫：《俄罗斯科学院西伯利亚分院科技与创新潜力的作用评估》，第四届中俄区域合作与发展国际论坛，2006 年 6 月。
② 〔俄〕B. 苏斯洛夫：《创新方案——新西伯利亚科学中心的经验》，新西伯利亚，2004。

潜力之一，信息和电子技术。俄罗斯现有的科研成果，如神经信息技术、影像辨别和分析系统，以及数学模拟和计算实验法等很有希望率先打入国际市场。电脑模拟应用系统可广泛用于核电站运行、环保分析、经济和社会发展等模拟试验。俄罗斯自行研制的运行速度为每秒几十亿次、几百亿次和几千亿次的超级计算机，可广泛用于核电站、空气动力学和天文学等模拟计算实验中。

潜力之二，新能源和新燃料。研究和开发新一代核电站，改进燃料循环系统，提高核电站的运行安全和可靠性，对报废核燃料进行再加工，妥善保存和回收利用放射性废料等，这对俄罗斯能源技术出口具有重要意义。此外，矿床构造复杂的油气井钻探新技术也具有一定的出口潜力。

潜力之三，先进制造技术。特种激光技术可用于医学、航天、机械制造、军工等领域。采用激光深加工工艺可以加工和处理战略性矿藏（贵重金属、铀和金刚石等）。电子—离子—等离子加工工艺可对各种复合材料（双金属体及金属陶瓷材料等）表面进行处理。上述工艺和技术均居世界领先地位。

潜力之四，新材料和化工。俄罗斯新材料研究与开发在国际上占有重要的位置，如聚合物和复合材料、超硬和耐高温合金材料及塑料、航天材料、超硬合成材料、耐磨和耐高温粉末合金等。

潜力之五，生命保障系统。俄罗斯对极端恶劣条件下保障人类生活的问题研究成果显著。首先包括用于太空载人飞行的生活保障系统。此外，俄罗斯对于诱发疾病基因的精确定位法很有研究。在这方面俄罗斯居世界领先地位。

潜力之六，先进交通工具。当前俄罗斯利用传统的交通工具进军国际市场的可能性已经很小，但可以把希望寄托于对新一代交通工具的开发上，如研制贯彻非传统设计思想和装配原理新颖的燃气轮机发动机的飞机、新型轮船和导航系统等。

此外，俄罗斯正在开发的工程基因和自然环境（宇宙空间、大气、水域和岩界等）监测技术及矿物资源变化预测和评估技术，很有希望进入国际市场。

### （三）俄罗斯东部地区高科技国际合作政策

普京政府十分重视国际技术合作，重视科技成果的转化，把科技领域的国际合作看成科技和经济取得成就的重要因素。为此，俄罗斯政府制定了一系列高科技领域对外技术合作政策，并将开展国际技术合作政策作为国家科技政策的重要组成部分。俄罗斯东部地区的高科技对外合作正是在俄罗斯总体框架下展开的。

**1. 高科技国际合作政策的主要内容**

俄罗斯高科技政策中的国际合作，可以概括为一个目标、两个基本方向、三项合作任务。一个目标是提高对国际技术合作的利用效率，以此增强俄罗斯经济的竞争力，使经济步入创新发展的道路，保证国家的社会经济安全和科技安全。两个基本方向，一是提高创新科技在国际技术合作中的作用和份额，二是建立市场机制和符合国际标准的国际合作的基础设施。三项合作任务，一是利用各种国际组织，促进俄罗斯与其他国家的技术合作；二是发展与发达国家间的高水平技术合作，促进俄罗斯科技集约化经济的发展；三是扩大与新兴工业国家和发展中国家的技术合作，促进俄罗斯利用现有的科技成果和研发经验开展应用领域的合作。

**2. 促进高科技国际合作的具体措施**

从理论上说，国际间高科技技术的合作属于国际技术贸易的范畴。国际技术贸易的特点及其贸易载体的特殊性，使得贸易本身受诸多因素的影响和制约，尤其是俄罗斯东部地区的合作作为地方性的国际高技术合作，其难度会更大。这就必须从西伯利亚高科技水平的实际出发，结合当地的现有条件，在国家高科技技术贸易的统一框架下，制定该地区切实可行的战略，以推进高科技技术国际合作的档次和水平。

（1）俄罗斯东部地区的具体措施。第一，制定了西伯利亚对外技术合作的新战略。2005 年至 2006 年初，西伯利亚联邦区委员会修改了该地区的经济发展战略，重点突出了要大力推进"强力电子工业纲要"、"激光技术纲要"、"催化技术纲要"的实施，为高科技技术的国际合作及成果进入国内外技术市场创造条件。

第二，为高科技技术的国际转移提供平台。新制订的西伯利亚经济发展战略计划是在西伯利亚地区新建 20 个工业生产型科技园区①。目的是加快科技特别是高科技技术的发展，提高科学城科研成果的转化率，培育和发展高科技技术产业，优化地区产业结构，开发更多的在国内外市场具有竞争力的高科技产品。

第三，为高科技发展提供保障条件。新制定的西伯利亚经济发展战略明确提出要加大对高科技产业的投资力度，在利用本国资金的基础上，扩大与国外的资金、技术的合作，以保障高科技技术的发展和国际转移的顺利进行。此外，在吸引海外留学的高技术专家归国等方面也有新的措施。

（2）俄罗斯完善国家的调节机制。众所周知，国际科学技术的合作作为一个国家的部分地区单独发展是不可能的，它必须获得国家的政策支持和措施保障。第一，加强高科技技术国际合作的组织协调和管理，与相关的国际机构和组织扩大联系，加强协调；第二，完善法律法规机制，尤其是必须确定俄罗斯知识产权在国外申请法律保护、专利许可的程序与机制，在国际技术合作中得到应有的工业产权保护；第三，建立投资机制、金融信贷机制、税收机制，提高投资效益，激励国际技术合作；第四，提供信息保证，建立一个开放性的联邦信息资料库，包括科学和创新领域的国际技术合作项目、国内和国外基金会的资助项目、加入国际技术合作的条件等；第五，制定专门的针对知识产权、技术集约型产品和服务的进出口管理条例；第六，健全科技安全保障措施，制定 21 世纪国家科技安全战略等。

### 3. 对外技术合作政策的实施难点

俄罗斯东部地区虽然具有高科技技术的优势，但其技术优势主要是在军工和宇航航空方面，正是由于东部地区高科技技术的特定领域，限制了其进行国际合作和技术转移的规模和速度。目前，在世界经济全球化和区域经济一体化的趋势下，在世界各国高科技技术迅速发展的形势下，俄罗斯东部地区开展国际技术合作的难度只增不减。

（1）政策措施本身不够缜密。比如对国际高科技技术合作项目的科

---

① 赵立枝：《西伯利亚经济发展新战略将为中俄区域经贸科技合作带来新机遇》，《俄罗斯中亚东欧市场》2005 年第 12 期。

技鉴定、经济鉴定，国际高科技技术转化招标的具体步骤、实施方法，国际技术合作项目的潜力评估和经济效益的评估机制等，还没有固定的机构和与国际接轨的统一政策和标准。所以，在国际高科技技术合作中必然会造成政策执行上的不一致，从而在国际合作中导致无章可循的局面。

（2）成果转化模式不成熟。高科技成果转化，特别是国际间的成果转化，必须有经过国家批准的技术项目，才可能进入国际市场的转化。因此，在成果转化中是科研人员直接、全程参与，还是参与某个转化阶段；是学者自己把成果推向市场，还是由中介机构把科研成果引入市场，这还需要政府必要的政策引导。

（3）成果转化形式不够明确。随着俄罗斯市场经济的发展，科技市场也相应出现了多种多样的形式。如技术园区、技术走廊、科学城、工艺转化集团和工艺转化中心等，在国际高科技技术的合作中，哪种形式更适合哪类技术的国际技术流动还十分模糊，措施还不具体，个案项目在落实合作时无据可依。

（4）政策还没有与国际全部接轨。虽然俄罗斯在 2012 年已经加入 WTO，但其在某些政策上仍然存在两重性，比如在高新技术产品的进出口方面，质检体系和标准体系就是双重标准。另外，在知识产权保护方面还存在许多问题。

尽管政策还有诸多的不完善之处，但俄罗斯东部地区高科技技术转移的趋势已经十分明显。随着区域经济一体化和经济全球化的发展，俄罗斯东部地区的高科技转移，将逐渐走向成熟，政策将不断完善。俄罗斯东部地区的高科技技术转移将给中俄区域合作新模式的形成和发展带来新的动力和活力。

# 第六章
## "伞"型合作模式的客观基础

## 一 俄罗斯区域经济均衡发展的客观需求

2012 年 5 月，普京再次出任俄罗斯总统。普梅新政所实施的对内对外政策，成为世人瞩目的焦点。普京在其个人的竞选总统的纲领中写道："我们的任务是不仅让某些地区的居民过上好日子，而且让整个俄罗斯的居民过上好日子。我国的资源集中，这一点有利于我们'提振'一些落后地区，解决许多社会问题。因此最近将制定和落实旨在积极搞好地区发展的决定①。"俄罗斯是世界上唯一地跨欧亚两大洲的国家，其特点在于历史悠久，地域辽阔，民族众多，资源富庶。俄罗斯多年的经济发展形成了欧洲部分的西部地区经济发达，亚洲部分的东部地区经济发展落后的区域经济发展极度不平衡的现状，而且这种区域间的发展差距有越来越大的趋势。俄罗斯东西部地区的非均衡发展，已经严重制约俄罗斯经济的整体增长，它已经成为俄罗斯经济发展的瓶颈，是普梅新政必须破解的经济发展的难题。

---

① 普京：《2012～2018 年纲领》，"普京 2012"网站，2012 年 1 月 12 日。

## (一) 俄罗斯区域经济非均衡发展的客观因素

### 1. 俄罗斯区域经济非均衡发展的历史原因

在俄国十月革命以前，工业区主要集中在西部欧洲部分，工业生产几乎完全集中于仅占全俄罗斯面积8%的中央区、西北区和南方区的几个工业中心。对东部资源地区则奉行掠夺性的经济政策，并没有采取多少有利于当地经济发展的措施，东部地区经济发展远远落后于全俄水平。在俄罗斯东部的整个经济结构中，农业占绝对优势，工业产值比重较低。1913年，西伯利亚工业总产值仅占全国的1.5%，远东所占的比重则更低①。

十月革命胜利后，苏维埃政权在全国建立，由于遭到帝国主义的封锁，又面临西部地区欧洲部分和东部地区亚洲部分区域发展不平衡的现实问题，政府开始重视区域均衡发展和区域协调问题的解决。1922年后，苏联经历了卫国战争以及与美国的冷战，在这样的大背景下，苏联政府对解决区域非均衡发展的认识越来越清晰。早在20世纪20年代，苏联就已经开始对区域经济进行干预，即贯彻均衡布局生产力的原则，集中力量进行大规模的国民经济建设，并希望消除各民族地区发展的不平衡。苏联区域经济专家 H. H. 涅克拉索夫院士指出："苏联地区政策的主要目标是根据全国的经济和任务，并考虑各加盟共和国的利益，均衡地发展整个区域体系的经济潜力。"② 因此，苏联建设初期的区域发展目标是实行区域均衡发展战略，目的是在恢复西部欧洲地区的同时，使生产力布局向东部地区转移，缩小历史上形成的东、西部地区发展的差距。而在实践中，由于经济发展水平的差异，以及自然条件、经济发展基础条件的限制，政府主观均衡发展的愿望与客观效果完全相悖，其结果是西部地区越来越富裕，东部地区越来越贫穷。

### 2. 俄罗斯区域经济非均衡发展的理论依据

20世纪40~50年代，苏联的区域经济学专家提出了较为系统的地理分工理论。苏联著名经济地理学家 H. H. 巴朗斯基认为：经济利益是地理

---

① 方维慰：《俄罗斯区域发展政策的重构》，《高师理科学刊》1998年第4期。
② H. H. 涅克拉索夫：《区域经济学》，东方出版社，1987。

分工发展的动力，地理分工可分为绝对的地理分工和相对的地理分工。萨乌什金在继承巴朗斯基观点的基础上提出了劳动地域分工理论。他认为"劳动地域分工是一个概念体系，它是在一国范围内和国际范围内研究经济组合的科学基础，强调劳动地域分工的多种类型和水平相互交错在一起，构成国民经济综合体"①。劳动地域分工，又称生产地域分工或地理分工，是指各地区根据自身在自然资源、地理位置、社会经济等方面的条件和优势，着重发展自身具有优势的产业和部门，并与其他地区和部门相互补充和交换的生产配置方式。强调的是不同的地域有不同的产业，要集中精力发展优势产业和部门。与此同时，经济学家科洛索夫斯基提出了地域性生产组合的概念，后来发展成为地域生产综合体。他认为"地域生产综合体是指能达到某一经济效果的许多企业在一个工业点或整个区域内经济上相互协调的组合，并且企业选择要与区域的自然条件、经济条件、运输和经济地理位置相协调"②。在苏联的经济建设实践中，地域生产综合体理论不断发展和完善，将其范围从物质生产领域延伸到非物质生产领域。还有学者对地域生产综合体的定义作了具体的解释。比如萨乌什金指出："地域生产综合体之中的'综合'并不是区域样样都生产的'平衡'概念，而是指以专业化为中心的系统性，地域生产综合体是最合理的空间组织形式，是经济上完整的、有一定规模的专业化部门的区域经济体系"③；涅克拉索夫指出："地域生产综合体是以国家一定地区劳动资源和自然资源为基础发展的专门化部门的空间组合，在这些地区里有统一的生产性和社会性基础设施，有共同的建筑基地和动力基地"④。概括来说，苏联的地域生产综合体具有以下特点：第一，以丰富的自然资源为基础；第二，综合配置专门化部门、辅助部门、服务部门以及各种基础设施；第三，地域生产综合体的组建和发展有计划性；第四，集中精力发展优势产业。可见，在苏联时期理论界就已经明确地提出非均衡发展的目标及具体

① 葛新蓉：《俄罗斯区域经济政策与东部地区经济发展的实证研究》，黑龙江大学出版社，2010。

② 张秀生：《区域经济理论》，武汉大学出版社，2005。

③ 费洪平：《地域生产综合体理论研究综述》，《地理学与国土研究》1992 年第 1 期。

④ 王德根、周新城、许新：《苏联经济战略》，中国人民大学出版社，1989。

的发展理论，西部地区与东部地区相比具备优先发展的绝对优势。所以，在这样的理论背景下，无论是在苏联时期，还是在俄罗斯时期，"重西轻东"的经济发展的理念已经形成。

**3. 俄罗斯区域经济非均衡发展的客观表现**

一是从俄罗斯的工业发展来看，近年来工业增长主要集中在西部地区的中央、西北和南部联邦区，东部地区的工业发展较慢，直接影响了国民生产总值的排名，也直接导致东西部经济增长差距的扩大。2006年，在俄罗斯各联邦区国民生产总值的排名中，东部地区的远东联邦区位居最后。2009年西部地区生产总值为269514.427亿卢布，占俄联邦GDP总额的84%，其中占国土面积3.8%的中央联邦区的GDP总量最高，占全国的比重为35.7%；东部地区的西伯利亚联邦区和远东联邦区的面积分别占全俄面积的30%和36.4%，GDP却仅占俄联邦总额的10.6%和5.4%①。

二是从固定资产投资方面看，2009年，俄罗斯社会固定资产投资总额为79302.55亿卢布。西部地区的投资总量为62602.97亿卢布，而东部地区的投资总量仅为16699.58亿卢布；西部地区的投资占全国的比重为78.94%，而东部地区的投资占全国的比重为21.06%。从各联邦区来看，固定资产投资金额最大的是中央联邦区，为18700.11亿卢布，而西伯利亚和远东联邦区的投资额分别只有8314.67亿卢布和8384.91亿卢布②。

三是从纵向数据来看，各地区经济增长速度也存在很大的差异。有关资料显示，1998~2009年全俄年均增长率最高的地区是位于西部欧洲部分的北高加索联邦区，增速达7.2%；其次为中央联邦区和南部联邦区，年均增速为5.5%；而位于东部地区的西伯利亚联邦区和远东联邦区的增速较低，分别为4.0%和3.9%③。由于增速不同，东部地区与西部地区之间的人均GDP绝对差距由1999年的822.3卢布扩大到2009年的35589.9卢布。而2006~2010年俄罗斯东部地区GDP年均增速没有

---

① 数据根据《2010年俄罗斯统计年鉴》整理计算得出。
② 数据根据《2010年俄罗斯统计年鉴》整理计算得出。
③ 数据根据《2010年俄罗斯统计年鉴》整理计算得出。

超过 5%[①]。

四是从东西部地区对外贸易来看，差距十分悬殊。从进出口贸易方面来看，东部地区外贸总额占全俄的比重呈现下降趋势，2005 年为 13.6%，到 2009 年却下降到 11%。2009 年俄罗斯西部地区的外贸总额为 3951.1亿美元，而东部地区的外贸总额则仅为 482.9 亿美元，其中西部地区的外贸总额占全俄外贸总额的 86.4%[②]。在各地区进出口总额排名中，东部地区的西伯利亚联邦区和远东联邦区的进出口总额在全俄地区的排名中居于最后两位，分别只占全俄外贸进出口额的 7.07% 和 3.82%[③]。

俄罗斯西部地区经济的整体增长速度比东部地区快，东西部地区经济增长速度差异也比较大，它说明地区间的绝对差距在逐步拉大，区域间经济发展非均衡的现象越来越严重。

### （二）俄罗斯区域经济非平衡发展变化过程实证分析

对于俄罗斯区域经济发展不平衡的现实，用加权变异系数进行论证，可以更加直观地证明这一问题。变异系数反映的是各地区人均 GDP 偏离全国人均 GDP 水平的相对差距。考虑到变异系数常受各地区人口规模不同的影响，为了反映人口规模的这一影响，选用加权变异系数；同时由于存在地区面积和人口的不同，用人均指标作为变量值加以说明。综合考虑以上各方面的因素，本书通过人均国内生产总值加权变异系数来衡量俄罗斯东西部的地区差距。

人均国内生产总值加权变异系数计算公式为

$$CV_w = \frac{\sqrt{\sum_{i=1}^{n} (y_i - \bar{y})^2 \frac{p_i}{p}}}{\bar{y}}$$

其中 $CV_w$ 为加权变异系数，$n$ 是地区数量，$y_i$ 是第 $i$ 个地区的人均国内生产总值，$\bar{y}$ 为全国人均国内生产总值，$p_i$ 是 $i$ 地区的人口数，$p$ 是全国

① 马兴超、米军：《俄罗斯东部大开发战略提出的背景和推动因素》，《俄罗斯中亚东欧市场》2011 年第 3 期。
② 俄罗斯联邦统计局网站，http://www.gks.ru。
③ 数据根据《2010 年俄罗斯统计年鉴》整理计算得出。

总人口。

为了分析苏联解体后俄罗斯区域发展不平衡问题，根据可获得的相关数据，选择 1998～2011 年为分析时段。结合俄罗斯的具体数据来看，$n = 2$，$y_1$ 为东部地区的人均国内生产总值，$y_2$ 为西部地区的人均国内生产总值，$\bar{y}$ 为全俄罗斯的人均国内生产总值，$p_1$ 是东部地区的人口数，$p_2$ 是西部地区的人口数，$p$ 是俄罗斯联邦总人口数。

首先根据 1998～2011 年各联邦区的人均地区生产总值（表 6－1）计算出东部地区各年的人均生产总值 $y_1$ 和西部地区的人均生产总值 $y_2$（表 6－2），再将 $y_1$、$y_2$ 和俄联邦的人均国内生产总值 $\bar{y}$、俄罗斯联邦总人口数 $p$、东部地区的人口数 $p_1$ 和西部地区的人口数 $p_2$ 代入人均国内生产总值加权变异系数计算公式。

具体计算过程包括两部分。

**1. 1998 年人均国内生产总值变异系数**

从表 6－1 可以看出，$n = 2$，$y_1 = 16090.4$，$y_2 = 15203.2$，$\bar{y} = 15371.1$，$p_1 = 27.73$，$p_2 = 118.78$，$p = 146.51$

$$(y_1 - \bar{y})^2 \frac{p_1}{p} = (16090.4 - 15371.1)^2 \frac{27.73}{146.51} \approx 97931.43 \qquad \text{式（1）}$$

$$(y_2 - \bar{y})^2 \frac{p_2}{p} = (15203.2 - 15371.1)^2 \frac{118.78}{146.51} \approx 22868.16 \qquad \text{式（2）}$$

由式（1）和式（2）得出，

$$\sqrt{\sum_{i=1}^{2} (y_i - \bar{y})^2 \frac{p_i}{p}} = \sqrt{97931.43 + 22868.16} \approx 347.56$$

最后得出 1998 年人均国内生产总值加权变异系数为

$$CV_w = \frac{\sqrt{\sum_{i=1}^{n} (y_i - \bar{y})^2 \dfrac{p_i}{p}}}{\bar{y}} = \frac{347.56}{15371.1} = 0.0226$$

**2. 2008 年人均国内生产总值变异系数**

从表 6－1 可以看出，$n = 2$，$y_1 = 191258.9$，$y_2 = 249553.7$，$\bar{y} = 238867.4$，$p_1 = 26.02$，$p_2 = 115.93$，$p = 141.96$

$$(y_1 - \bar{y})^2 \frac{p_1}{p} = (191258.9 - 238867.4)^2 \frac{26.02}{141.96} \approx 415441867.8 \qquad 式（1）$$

$$(y_2 - \bar{y})^2 \frac{p_2}{p} = (249553.7 - 238867.4)^2 \frac{115.93}{141.96} \approx 93257671.90 \qquad 式（2）$$

由式（1）式（2）得出

$$\sqrt{\sum_{i=1}^{2}(y_i - \bar{y})^2 \frac{p_i}{p}} = \sqrt{415441867.8 + 93257671.90} \approx 22554.37$$

最后得出 2008 年人均国内生产总值加权变异系数为

$$CV_w = \frac{\sqrt{\sum_{i=1}^{n}(y_i - \bar{y})^2 \frac{p_i}{p}}}{\bar{y}} = \frac{22554.37}{238867.4} = 0.0944$$

其他年份计算过程与上述过程相同。计算过程的有关数据来源于表 6-1，以此为依据得出的计算结果见表 6-2。

### 表 6-1　俄罗斯各联邦区人均 GDP

单位：万卢布

| 年份 | 中央联邦区 | 西北联邦区 | 南方联邦区 | 北高加索联邦区 | 伏尔加沿岸联邦区 | 乌拉尔联邦区 | 西伯利亚联邦区 | 远东联邦区 |
|---|---|---|---|---|---|---|---|---|
| 1998 | 1.65 | 1.65 | 0.95 | 0.68 | 1.34 | 2.51 | 1.46 | 2.03 |
| 1999 | 3.11 | 2.79 | 1.63 | 0.98 | 2.22 | 4.16 | 2.27 | 3.37 |
| 2000 | 4.82 | 4.05 | 2.34 | 1.38 | 3.27 | 6.93 | 3.36 | 4.49 |
| 2001 | 5.88 | 5.01 | 3.03 | 1.84 | 4.11 | 9.00 | 4.16 | 5.77 |
| 2002 | 7.57 | 6.32 | 3.71 | 2.23 | 4.75 | 10.78 | 4.93 | 7.01 |
| 2003 | 9.45 | 7.85 | 4.42 | 2.80 | 5.83 | 13.44 | 6.05 | 8.42 |
| 2004 | 12.26 | 10.70 | 5.53 | 3.51 | 7.41 | 18.17 | 8.22 | 10.25 |
| 2005 | 16.76 | 13.15 | 6.78 | 3.90 | 9.14 | 25.21 | 9.88 | 12.57 |
| 2006 | 21.36 | 16.17 | 8.69 | 5.05 | 11.54 | 30.40 | 12.44 | 15.30 |
| 2007 | 27.45 | 20.48 | 11.49 | 6.30 | 14.29 | 34.62 | 15.28 | 19.65 |
| 2008 | 34.12 | 25.13 | 14.59 | 7.95 | 17.62 | 39.31 | 17.60 | 23.71 |
| 2009 | 30.83 | 25.32 | 14.50 | 8.62 | 16.32 | 35.83 | 17.33 | 26.83 |
| 2010 | 35.02 | 28.96 | 16.88 | 9.49 | 19.07 | 42.35 | 21.44 | 33.49 |
| 2011 | 42.01 | 34.53 | 19.79 | 11.24 | 23.41 | 51.75 | 24.90 | 40.17 |

资料来源：俄罗斯联邦统计局网站，http://www.gks.ru/。

表6-2 俄罗斯人均国内生产总值变异系数

| 年份 | 人均GDP(万卢布) | | | 人口(百万人) | | | 变异系数 |
|------|------|------|------|------|------|------|------|
| | 俄联邦 | 西部地区 | 东部地区 | 俄联邦地区 | 西部地区 | 东部地区 | |
| 1998 | 1.53 | 1.52 | 1.60 | 146.51 | 118.78 | 27.73 | 0.0226 |
| 1999 | 2.62 | 2.63 | 2.55 | 146.08 | 118.57 | 27.51 | 0.0123 |
| 2000 | 3.95 | 4.02 | 3.65 | 145.54 | 118.27 | 27.27 | 0.0366 |
| 2001 | 4.94 | 5.03 | 4.57 | 144.94 | 117.9 | 27.04 | 0.0365 |
| 2002 | 6.06 | 6.19 | 5.45 | 144.22 | 117.4 | 26.82 | 0.0478 |
| 2003 | 7.48 | 7.67 | 6.65 | 143.45 | 116.83 | 26.62 | 0.0534 |
| 2004 | 9.78 | 10.02 | 8.73 | 142.69 | 116.23 | 26.46 | 0.0515 |
| 2005 | 12.60 | 13.06 | 10.55 | 143.11 | 116.81 | 26.31 | 0.0769 |
| 2006 | 15.78 | 16.37 | 13.15 | 142.49 | 116.33 | 26.16 | 0.0790 |
| 2007 | 19.67 | 20.41 | 16.37 | 142.11 | 116.05 | 26.07 | 0.0796 |
| 2008 | 23.88 | 24.95 | 19.12 | 141.96 | 115.93 | 26.02 | 0.0944 |
| 2009 | 22.60 | 23.25 | 19.69 | 141.91 | 115.91 | 26 | 0.0609 |
| 2010 | 26.38 | 26.81 | 24.41 | 142.87 | 117.33 | 25.54 | 0.0349 |
| 2011 | 31.66 | 32.32 | 28.65 | 143.06 | 117.53 | 25.53 | 0.0444 |

资料来源：根据俄罗斯联邦统计局网站，http://www.gks.ru/，相关数据整理计算。

结论是，俄罗斯目前区域经济发展不平衡状况严重，亟待解决，政府应积极制定和落实有关区域政策，从根本上解决地区间差距过大的问题。从实证过程中我们可以看出，区域发展不平衡状况是一个长期的形成过程，而且不平衡的程度是逐渐加剧的，如1998年的人均国内生产总值变异系数仅为0.0226，到2008年这一变异系数增加到0.0944。

根据各年份的人均国内生产总值加权变异系数绘制出俄罗斯区域发展不平衡的变化过程。从图6-1中，我们可以明显地看出，变异系数在1998~2008年总体呈明显上升趋势，而从2009年开始下降。

从1999年开始，俄罗斯东西部两大地区间加权变异系数总体呈现持续上升的态势，只有个别年份（2001年、2004年）与上年同期相比是持平或小幅下降。人均国内生产总值加权变异系数由1999年的0.0123增大到2008年的0.0944，增长了6.675倍。2009年的变异系数出现急剧下降，这是由于受2008年全球金融危机的影响，俄罗斯整体经济出现下滑，东部地区凭借自身的资源优势成为2009年经济唯一增长的地区。除此之

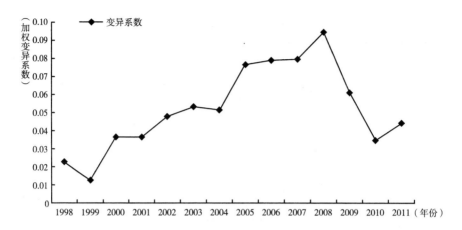

**图 6 - 1　1998～2011 年俄罗斯区域间发展不平衡变化曲线**

资料来源：根据俄罗斯联邦统计局网站，http：//www.gks.ru/，相关数据整理。

外，由于 2009 年 9 月中俄两国批准并实施了中俄地区合作纲要，这在一定程度上也促进了俄罗斯东部地区的发展。2009 年东西部地区差距有所缩小，但与 2004 年以前相比，俄罗斯东西部地区间的经济发展差距仍然较大，而且差距缩小仅体现在数据上，事实上受历史遗留、经济基础和经济结构的限制，俄罗斯区域经济不平衡的状况并没有得到根本解决，发展差距不断扩大仍是俄罗斯经济快速、健康发展所面临的严峻挑战。2012年 2 月 2 日，联邦政府第一副总理伊戈尔·舒瓦洛夫在符拉迪沃斯托克主持地区发展工作会议时说："现阶段东部地区的发展是国家头等重要的任务，我国领导人关于该地区加快发展的构想和规划是非常宏伟的，需要联邦政府和地方政府共同努力才能实现"[①]。可见，继续致力于增加地方经济活力，大力发展东部地区的经济，缩小地区发展的不平衡已成为俄罗斯经济发展的重中之重。

### （三）俄罗斯缩小区域经济差距的措施及其评价

苏联解体后，俄罗斯面临转型和经济急剧下滑的压力，因此出现了统一经济空间的思想。无论是叶利钦、普京，还是梅德韦杰夫任总统期间，

---

[①]　俄罗斯新闻网，2012 年 2 月 2 日。

政府都认识到了东部地区的重要性，重视东部地区的经济发展已成为
共识。

**1. 俄罗斯缩小区域经济差距的具体措施**

（1）制定地区发展纲要。叶利钦任总统的前两年，把俄罗斯定位为
欧洲国家，出现了向西方一面倒的局面，1992～1994 年，基本上忽视了
东部地区的作用。国家只重视对西部地区的政策支持、财政投入，忽视了
西伯利亚和远东地区在整个俄罗斯经济发展中的作用。随着俄罗斯与西方
国家间"蜜月"的结束，政府马上对现行的区域政策和战略进行了调整，
先后出台了多项东部地区发展纲要，旨在促进东部地区的经济发展。1996
年编制了《1996～2005 年俄罗斯远东和外贝加尔地区社会和经济发展联
邦专项纲要》、两个月后又编制了《西伯利亚 1997～2005 年经济社会发
展联邦专项纲要》、2000 年编制了《21 世纪西伯利亚与远东地区长期发
展战略》与《西伯利亚经济社会发展纲要》、2000 年底俄罗斯制定了
《国家关于西伯利亚长期发展的构想》、2001 年编制了《西伯利亚经济社
会发展纲要》、2007 年经修改后，重新出台了《2013 年前远东及外贝加
尔地区经济和社会发展联邦专项纲要》。梅普时期，又出台了《2020 年前
西伯利亚地区社会经济发展战略》和《远东和贝加尔地区 2025 年前经济
社会发展战略》。尤其值得关注的是，在 2009 年 9 月，中俄两国元首正式
批准《中国东北地区同俄罗斯远东及西伯利亚地区合作规划纲要
（2009～2018）》，俄罗斯于 2012 年 9 月在远东的符拉迪沃斯托克市举办
APEC 高峰会议，这一切都证明了俄罗斯对东部地区开发的决心、信心和
坚定性。

（2）加大财政支持力度。俄罗斯独立之初的《远东纲要》就规定了，
1996～2005 年应向远东和外贝加尔地区投入 750 亿美元[①]，其中 1996～
2000 年的投资金额为 500 亿美元（约 2200 亿卢布）[②]，50% 资金由各级财

---

① 〔俄〕П. A. 米纳基尔、E. И. 杰瓦耶娃：《俄罗斯远东与后贝加尔：国际经济合作纲要》，
《西伯利亚研究》2003 年第 4 期。

② 〔俄〕П. A. 米纳基尔：《俄罗斯远东和外贝加尔的发展战略》，《东欧中亚市场研究》
2002 年第 10 期。

政拨发，俄联邦中央预算拨款占 20% ~25%①。

在普京执政后，2007 年俄罗斯政府决定拨款 100 亿卢布用于实施东部开发的计划，在 2020 年前投入 9 万亿卢布，其中财政拨款为 1.5 亿卢布②。根据《2013 年前远东及外贝加尔地区经济和社会发展联邦专项纲要》，俄联邦计划投入的财政资金总额为 5670.87 亿卢布，其中联邦预算资金为 4262.712 亿卢布，占总投资计划资金的 75%，用于子规划《把符拉迪沃斯托克市发展成为亚太地区国际合作中心》的资金为 1485.225 亿卢布，其中联邦预算资金为 1000 亿卢布③。

梅普时期投资的力度有所加大。《2020 年前西伯利亚地区社会经济发展战略》提出，为了该战略和联邦计划的实施，联邦政府应该在预算范围内给予支持。对西伯利亚的投资金额，初步估计将达到 1.5 万亿卢布（近 500 亿美元），俄政府计划在西伯利亚投入的大型产业项目达 200 多个。根据《远东和贝加尔地区 2025 年前经济社会发展战略》，俄罗斯向远东地区投资 85 亿卢布，用以筹备亚太经济组织峰会，其中 50 亿卢布用于建造大酒店，35 亿卢布用于符拉迪沃斯托克住宅新区的社会基础设施④。

（3）不断完善区域政策。叶利钦任总统期间的《远东纲要》明确规定，要将远东经济融入亚太地区经济一体化，通过国际经济合作促进东部地区的开发，并提出了东部地区吸引外资的区域政策：①国家向外国投资银行提供担保；②修改投资法，以利于外商投资；③通过保险和抵押机制，降低外商投资风险；④允许外商资本和所获利润自由流动等⑤。

普京任总统期间，为促进东部落后地区的经济社会发展，成立了管理东部地区的专门机构，推出了一系列大型投资项目，调控和促进地区经济

① 于国政：《俄罗斯远东现阶段经济开发战略与国际经济合作机遇》，《西伯利亚研究》1999 年第 1 期。
② 岳岩、袁野：《俄罗斯实施东部开发战略及我国东北地区应采取的对策》，《全国商情》2007 年第 10 期。
③ 《俄罗斯联邦远东及外贝加尔地区 2013 年以前经济社会发展联邦专项规划》。
④ http://www.qqdaili.com/topic-1351-1-1.html.
⑤ 于国政：《俄罗斯远东现阶段经济开发战略与国际经济合作机遇》，《西伯利亚研究》1999 年第 1 期。

的发展。2001 年的《西伯利亚经济社会发展纲要》规定：①西伯利亚经济社会发展的重点不再是获得额外的国家拨款，而是较全面地反映西伯利亚和联邦中央的关系；②具体指出了地区经济社会的发展方向；③由于俄罗斯预算收入的增加，新纲要所需资金的落实情况得到了保障；④西伯利亚各联邦主体全部被纳入纲要的实施对象中，使各联邦主体对纲要的态度发生了积极变化①。

在远东地区的发展问题上，普京的态度非常明确。2000 年 7 月，俄罗斯召开"远东与外贝加尔地区发展问题"会议，普京指出要继续实施地区发展纲要来促进远东地区的发展。2007 年普京签署总统令，成立了远东和外贝加尔地区发展问题委员会，开始制定和实施东部大开发战略，并将其上升到国家层面。同年 9 月，俄罗斯颁布了《2013 年前远东及外贝加尔地区经济和社会发展联邦专项纲要》，明确了发展远东和外贝加尔区域经济的具体任务：提升俄罗斯在亚太地区的战略地位、改善与亚太国家的国际合作环境；在国家的支持下重点开发油、气、水电等资源，以带动东部地区经济的发展②。

梅普时期把发展东部地区经济作为重要目标。为了促进区域经济协调发展，梅德韦杰夫大力推进东部大开发战略，多次强调东部开发是俄罗斯国家发展战略的"优先方向"。在 2008 年远东经济社会发展会议上，梅德韦杰夫指出："如果我们不主动地去发展远东，到最后可能丢掉全部"。在陆续公布的远东地区发展战略中，规定了 2025 年实现远东社会经济发展达到全俄平均水平的目标。俄罗斯政府在西伯利亚的目标是到 2020 年建立"创新型均衡社会经济体系"，即通过巨额投资，积极发展科技、旅游以及资源加工工业，并加大对基础设施建设等的投资，将西伯利亚建成一个产业均衡发展、适宜生活的地区，而不仅仅是一个支撑全俄经济发展的"原料供应地"，从而最终实现提高当地居民生活水平，保障国家安全

---

① 葛新蓉：《俄罗斯区域经济政策与东部地区经济发展的实证研究》，黑龙江大学出版社，2010。

② 马兴超、米军：《俄罗斯东部大开发战略提出的背景和推动因素》，《俄罗斯中亚东欧市场》2011 年第 3 期。

和经济发展等战略目标①。

2009 年出台的《中国东北地区同俄罗斯远东及东西伯利亚地区合作规划纲要（2009～2018）》，更加明确了东部地区经济发展的主要领域和目标，中俄两国边境地区的主要合作方案多达 205 个。主要内容概括为：①建设和改造中俄口岸及边境基础设施，如完善旅检、货检系统，加快实现口岸的电子化以提高通关效率等；②加强中俄地区运输合作，包括开辟中俄国际铁路联运通道、互用港口出海、运输互助和建设机场和客运航线等；③发展中俄合作园区，包括科技合作园区和黑瞎子岛生态保护与开发合作；④在两国制定的短期劳务协定框架内，通过农业、养殖业、工程总包和分包领域的项目发展中俄劳务合作；⑤中俄地区环保、人文和旅游等领域的合作②。至此，俄罗斯把东部地区的开发提上了国家经济发展的议事日程，提到了国际合作的高度。

此外，俄罗斯还非常重视基础设施的建设、人口的增长、地区投资环境的改善等方面，对与东部地区的开发相关的各方面都给予了积极的政策支持。东部地区的开发和深度发展已成为俄罗斯经济发展的砝码，制约着俄罗斯现代化目标的实现。对俄罗斯来说，经济发展的关键问题是如何加大对于东部地区的开发力度，促进东西部地区经济的均衡发展，为俄罗斯尽快实现现代化奠定坚实的基础。

**2. 对俄罗斯东部地区深度开发的基本评价**

俄罗斯已经步入普梅新政时期，新政权面临国际国内诸多亟须解决的问题。首先是现代化问题；其次是民主化问题；最后是俄罗斯在世界上的地位问题。这些问题的解决都与俄罗斯东部地区的开发和深度发展息息相关，也是对普梅新政执政能力的严峻考验。

（1）俄罗斯会继续推进东部地区的开发，但推进的难度会很大。普京在其 2012 年的竞选过程中，多次提到"提振"落后地区经济的问题。2012 年 3 月 21 日，普京还主持召开了专门研究远东与东西伯利亚发展问题的工作会议③。这表明普京在新的任期内会继续推进东部地区的开发，

① http://www.mofcom.gov.cn/aarticle，2011 年 4 月 7 日.
② www.chinaru.info，2012 年 3 月 28 日查阅。
③ 〔俄〕东方大众传媒网，2012 年 3 月 22 日。

但是应该看到普京面临的是尽快使俄罗斯提振经济,尽快让俄罗斯人民品尝到国富民强的大餐,但只靠东部地区的发展来解决,在短期内难以实现。况且区域经济发展的黑洞效应,也是区域发展政策必须考虑的。俄罗斯人的欧洲情结,使得他们不会把东部地区的开发和发展作为第一要务,全力推进是实现战略的一种策略,目前只能是在不影响西部地区发展的前提下,加大对东部地区的开发力度,这自然就增加了对东部进行开发的难度。

(2)俄罗斯会出台促进东部地区发展的政策,但政策的实施不会顺利。普京强调说,为加快国家东部地区的经济社会发展,必须有效地利用各级财政预算经费以及预算外资金。在综合开发远东与东西伯利亚的过程中必须制定和实施具体的项目[1]。虽然新政府的决心很大,政策也十分明确,但根据以往的经验,不折不扣地把区域政策落到实处,在俄罗斯区域经济发展的实践中还非常罕见。据此可以预测,对东部地区的开发虽然有具体的政策,但在实施的过程中还存在很多的不确定性。

(3)俄罗斯会不断推出对东部地区开发的具体举措,但落实还需要一个过程。俄罗斯在东部开发的问题上,陆续推出了许多具体措施和继续实施的项目,如《中俄地区合作规划纲要》中在俄方建设的项目;还有俄方的一些新项目,如新西伯利亚州政府、西伯利亚分院和高等院校的专家学者正在加紧制定在该地区建设国家级科技中心的方案,这个科技中心将依托西伯利亚分院科学城的优势,借鉴莫斯科郊区斯科尔科沃科技中心的模式和运行经验[2]。这些举措是为了培育东部地区的创新能力。俄罗斯还提出了"提振"落后地区经济的区域经济发展思路,核心思想就是要通过培育创新能力来实现目标。但是项目的落实涉及方方面面,不是一蹴而就的,还需要一个协调落实的过程,这个过程中有诸多需要捋顺的问题。

(4)俄罗斯会加大与东部地区毗邻国家的经济合作,但制约因素较

---

① 〔俄〕东方大众传媒网,2012年3月22日。
② 〔俄〕俄罗斯西伯利亚联邦区网,2012年3月7日。

多。普京在《莫斯科新闻报》发表的题为《俄罗斯与不断变化的世界》中认为，中国经济的增长绝对不是威胁，而是一种拥有巨大合作潜力的挑战。两国应更积极地建立合作关系，结合两国的技术和生产能力，开动脑筋，将汇总过的潜力用于俄罗斯西伯利亚和远东地区的经济崛起。这说明俄罗斯已经意识到，中国在俄罗斯东部地区的开发和深度发展中具有重要作用，这将有助于俄罗斯扩大其在亚太地区的影响和作用。但还有诸多因素制约俄罗斯与周边国家的合作，如领土问题、历史恩怨、文化差异等，这在某种程度上制约合作的深度和广度。

（5）俄罗斯会努力缩小东西部的经济差距，但路程还很漫长。俄罗斯东西部经济发展的差距显而易见，有历史原因，也有政策原因，有客观因素，也有主观因素，错综复杂的原因造成了目前区域间的巨大差距。虽然俄罗斯已经认识到缩小差距的必要性和重要性，但要使东部地区的经济水平赶上西部地区，在短期内是难以实现这一目标的，这需要十几年乃至几十年坚持不懈的全方位努力。俄罗斯的区域经济发展告诫人们：非均衡发展是区域经济发展的一个过程，而不是区域经济发展的目标。俄罗斯开发东部地区的目的就是实现东西部地区的均衡发展，这也是俄罗斯与亚太国家合作的客观基础。

## 二　中国东北地区与俄罗斯贸易合作的客观分析

中国东北三省和俄罗斯有悠久的经贸合作历史，进入新时期后，双方的贸易和投资规模更是呈现不断扩大的趋势，这是中俄经济发展的必然结果，符合经济发展规律。利用博弈论对东北三省和俄罗斯贸易进行分析得出，双方不断重复博弈将推动中俄贸易继续向前发展，传统贸易规模不断扩大，中俄产业合作将促使双方贸易合作向多领域、高层次发展，促进技术贸易和服务贸易全方位发展，双方将进入更高级的博弈过程。因此，我们可以认为贸易是产业合作的基础，产业合作是贸易合作的最高形式。以此类推，中俄产业合作的过程不会是一帆风顺的，它将在博弈的过程中不断发展。

### (一) 中国东北地区与俄罗斯贸易规模扩大的动态博弈

**1. 中国东北地区与俄罗斯贸易合作的规模**

自进入 21 世纪以来，中国经济增长速度稳健上升。随着东北老工业基地振兴战略的实施，中国东北地区的经济也进入了高速增长期。同期俄罗斯的经济也出现了全面复苏，连续多年经济持续高速增长。在双方经济良性发展的环境下，中国东北地区与俄罗斯的贸易也出现了持续快速发展的局面。从贸易总额上看，黑龙江、吉林、辽宁三省对俄罗斯的贸易额均呈上升趋势，年均增幅都达到了两位数。尤其是 2007 年，中国东北地区与俄罗斯的贸易额超过百亿美元，达到 128 亿美元，是 2000 年的 7.7 倍。从增长幅度上看，2000 年以来，东北三省对俄贸易年均增长都在 20% 以上，而 2005 年增幅曾接近 50%，达到 49.23%。2007 年，增幅更是史无前例的高，达到了 58.36%。东北地区对俄贸易无论在绝对额上还是在增幅上，如表 6 - 3 所示，都明显呈现快速上升的发展趋势。

表 6 - 3　2000～2007 年东北三省对俄贸易进出口额统计

单位：万美元，%

| 指标<br>年份 | 东北三省 | |
|---|---|---|
| | 进出口总额 | 同比增长 |
| 2000 | 168000 | — |
| 2001 | 213102 | 26.85 |
| 2002 | 272001 | 27.64 |
| 2003 | 338517 | 24.45 |
| 2004 | 446343 | 31.85 |
| 2005 | 666065 | 49.23 |
| 2006 | 813323 | 22.11 |
| 2007 | 1287979 | 58.36 |

资料来源：根据黑龙江省商务厅对俄贸易处、《黑龙江省对俄贸易简要统计》、吉林省商务厅、长春海关统计数字、大连海关统计数字整理。

**2. 中国东北地区与俄罗斯贸易规模博弈论分析的提出**

用经济学中比较优势和生产要素流动理论的观点，来分析中国东北三省与俄罗斯贸易合作的规模效益，可以得出贸易规模的扩大是客观经济规律发展的必然结果。

　　首先，中国东北地区与俄罗斯贸易的发展符合贸易本身的规律。生产是交换的前提，对外贸易的发展是建立在国内生产以及经济发展的基础之上的，同时国际贸易对国内生产又具有反作用，在特定条件下甚至有着决定性的作用。任何一国经济的起飞，往往都以扩大国际贸易为动力。中国东北地区与俄罗斯贸易的快速增长，是双方国内经济发展的需要，也是两国实现外向型经济发展的必然。

　　30多年来，中国东北地区的经济持续快速增长。2010年，在大力推进"八大经济区"和"十大工程"建设的情况下，黑龙江省加快结构调整和发展方式的转变，推动全省宏观经济运行保持平稳较快增长，全年地区生产总值首次超过1万亿元，达到10235亿元，按可比价格计算，比上年增长12.6%[①]。辽宁省作为东北三省中发展最快的省份，其2007年的地区生产总值就已突破1万亿元，达到10900亿元，比2002年翻了近一番。吉林省GDP虽然较黑龙江和辽宁两省仍有差距，但从2011年起，该省也实现了地区生产总值万亿元的突破，正式跨入"万亿元俱乐部"的行列。东北三省经济的快速增长，为扩大对外贸易的规模注入了活力。

　　俄罗斯经济经过连续几年的恢复性增长后，进入了经济全面增长的快车道。2007年，俄罗斯国内生产总值（GDP）同比增长8.1%，为32.99万亿卢布（1美元约合24.4卢布），人均GDP接近9500美元。俄联邦统计局公布的最新数据显示，2007年俄罗斯工业产值同比增长6.3%，农业产值增长3.3%，固定资产投资增长21.1%，通货膨胀率为11.9%，俄罗斯人均月收入为1.25万卢布，实际收入同比增长10.4%[②]。

　　从博弈论的观点看，任何参与者的效用函数都与每个参与者的策略有关。俄罗斯一方面看到了中国改革开放政策产生的巨大经济效应，同时也看到了中国东北地区经济高速发展带来的机遇，这一契机促使俄罗斯利用东北振兴战略，加大了与中国东北合作的决心和力度。另一方面俄罗斯经济的高速增长、经济环境的不断改善、陆续出台的扩大与亚太地区国家特别是与中国的

---

① 《黑龙江GDP首超万亿元大关　经济结构进一步优化》，中国经济网，2011年1月30日。
② 《俄罗斯2007年GDP同比增长8.1%》，新华网莫斯科，2008年1月31日。

经贸合作的举措，使中方看到了发展对俄贸易趋好的合作环境，使得双方在制定贸易合作的策略上达成了共识，奠定了分析博弈双方的基础和条件。

其次，经济发展的差异性为贸易博弈分析提供了条件。根据比较优势理论，一国在参加国际贸易时，选择生产其具有绝对优势或相对优势的产品，发展具有比较利益的出口产业，可以给双方都带来收益。而且在国际贸易的推动下，该国的出口产业将会因国际贸易而发展成为大规模的现代化产业，而这一产业的崛起又将会作为一种先导产业带动一大批相关产业的发展，从而产生促进经济发展的产业连锁效应。俄罗斯相对薄弱的民用产品生产能力，导致其对进口轻工产品有较大需求，俄罗斯居民人均收入增加，直接刺激俄罗斯民用产品的消费，这就为中国具有优势的轻工产品出口以及相关设备出口提供了广阔的市场空间。而俄罗斯具有世界一流的军工、核电、航天等技术，这是许多发展中国家，包括中国都亟须引进的关键性技术，科技水平的差异为双方的技术贸易和服务贸易的博弈提供了必要的条件。在对中国东北地区与俄罗斯进行贸易博弈分析时，还必须考虑资源要素的互补性，多出口本国资源丰富的产品，进口本国资源稀缺的产品，达到贸易上的非零和博弈。

再次，双方经济发展战略的耦合性奠定了博弈分析的基础。经济的发展离不开政策上的保障，双方的政策可以是贸易博弈的一种策略，也可以是新一轮博弈的前提，政策条件对博弈的继续进行以及博弈均衡解的实现尤为重要。从双方的政策层面看，中国实施了振兴东北老工业基地战略，使中国东北三省开展与俄罗斯的经贸合作不仅有了明确的目标，同时还有了强有力的政策保障。而俄罗斯正在将经济开发的重点向东部倾斜，加大了对东部地区的开发力度，制定了东部大开发战略。双方战略、政策上的耦合性，使得博弈双方的联系更加紧密，加大了实现博弈均衡解的可能性和现实性。

最后，战略协作伙伴关系创造了博弈分析的良好环境。众所周知，经济合作博弈的结果还会受到非经济因素的影响，如政治因素、文化因素等。因此，中俄双方在贸易合作博弈中进行策略选择时必须考虑相关因素的变化。近几年，中俄关系顺利发展，两国高层频繁互访，建立了长期稳定的政治互信和战略协作伙伴关系，使得双边经贸合作往来日趋紧密。事实上，中俄关系既有和谐因素，又有不和谐因素，正是由于多种因素的使然，才体现了中俄经贸关系并不是静态博弈的结果，而是长期的、连续的、动态的过程，在动态过程的发展变化中，取得博弈的均衡解。中俄政治关系上的这种相对均衡与稳定，为中俄区域贸易合作的扩大提供了一个良好的环境。

**3. 双方对外贸易中的博弈策略**

首先，俄罗斯不断调整对中国贸易合作的博弈策略。在俄罗斯的对外贸易中，主要贸易伙伴是欧盟、独联体其他国家、中国及美国[1]。据中国海关统计，中俄双边贸易额 2007 年达 481.65 亿美元，比 2006 年增长 44.3%，再创双边贸易额的历史新高[2]，中国已成为俄罗斯对外贸易发展的重要贸易伙伴。

自 2000 年以来，俄罗斯与中国东北地区的贸易合作规模总体呈上升趋势（如图 6-2 所示），但东北三省对俄贸易的发展水平有一定的差距。黑龙江省一直处于对俄贸易的领先地位，2007 年突破了百亿美元大关，达

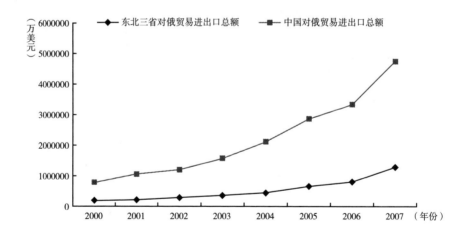

**图 6-2　2000~2007 年东北三省对俄贸易进出口总额与
中国对俄贸易进出口总额**

资料来源：根据黑龙江省商务厅对俄贸易处、《黑龙江省对俄贸易简要统计》、吉林省商务厅、长春海关统计数字、大连海关统计数字整理。

---

① 姜毅：《俄罗斯与欧盟的关系》，www. euroasia. cass. cn，2008 年 7 月 11 日。
② 《2007 年中俄贸易额再创历史新高》，www. nmg. xinhuanet. com，2008 年 1 月 14 日。

到 107 亿美元,是中国对俄罗斯贸易第一大省。辽宁省对俄贸易额位居全国第三位。吉林省近年对俄贸易增长较快,但因起点较低,到 2007 年才达到 8 亿多美元,还不到黑龙江省的 1/13(详见图 6 – 3)。

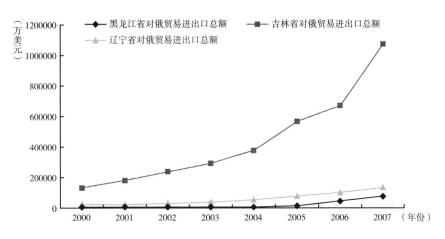

**图 6 – 3 2000 ~ 2007 年东北三省对俄贸易进出口总额**

资料来源:根据黑龙江省商务厅对俄贸易处、《黑龙江省对俄贸易简要统计》、吉林省商务厅、长春海关统计数字、大连海关统计数字整理。

可见,俄罗斯在与中国东北地区进行贸易博弈策略选择时,首选对俄贸易额最大的黑龙江省。其他两省对俄贸易额都低于黑龙江省,但呈不断增加的趋势,这也表明俄罗斯对华贸易博弈策略具有不断调整和逐渐推进的趋势。

其次,中国东北地区与俄罗斯经贸合作是个永恒的博弈课题。对外贸易博弈策略的确定是一个双向选择的过程,要从贸易双方所在地区的角度来考虑影响决策的各种因素。就中国东北地区与俄罗斯而言,双方既有各自不可替代的优势,又有要素禀赋的差异性;既有相似的产业结构,又有产品之间的互补性。双方要素禀赋的差异性和产品之间的互补性,在短时期内难以改变。正是双方的差异性和互补性,构成了贸易发展的连续性和长期性。在中国东北三省中,黑龙江省的主要贸易伙伴是俄罗斯,对俄贸易也是黑龙江省对外贸易的主要方向。20 世纪 90 年代,黑龙江省对俄贸易额最高时占全国对俄贸易总额的 75%。自进入 21 世纪以来,黑龙江省对俄贸易年均占全国对俄贸易总额的 20% 以上①。在东北地区对外贸易的长期博弈中，考虑双方贸易合作的诸种因素，中国东北地区选择了把对俄贸易作为发展的重点。而黑龙江省更是把对俄贸易作为对外贸易发展的重中之重，毫无疑问地缘优势是中国东北三省对俄贸易发展中必须考虑的重要条件。

### （二）中国东北地区与俄罗斯贸易结构变化的重复博弈

中国东北地区与俄罗斯贸易结构的形成及其调整，并非一次博弈，而是双方重复博弈的结果。随着贸易的不断发展，贸易结构的重复博弈还将继续。每次博弈的开始，都是新的贸易过程的开端，每次博弈的结束，都是旧的贸易过程的终结。正是在这种多次重复博弈中，中俄贸易被一次次推向了新的阶段。

**1. 对俄贸易重复博弈的结果是结构互补**

结构互补并非简单意义上的商品相互补充，而是中国东北地区在与俄贸易中进行重复博弈之后，所得到的能够增加双方贸易利益的相对最优决策。但这种互补性的形成是有条件的，结构互补要求双方经济水平的差异应在适当的范围内，即一国必须具有对从贸易对方引进的技术与设备进行吸收、利用的能力。目前，就中国东北地区与俄罗斯的贸易进行分析，中国东北地区向俄罗斯出口服装、家电、机械产品等可以充分发挥比较优势的产品，获取相对较大的经济效益；而俄罗斯向中国出口其具有优势的资源型产品，也成为拉动其经济整体增长的重要动力，俄罗斯对资源型产品出口的依赖给中方提供了从俄罗斯引进资源型产品、促进中方资源进口多元化发展的良好机遇。虽然这种互补模式会因相互进出口产品所凝聚资源和劳动力因素的不同而造成不公平的现象，但通过出口资源型产品获得收益是俄罗斯进行资本积累的重要途径，也是贸易重复博弈的一个必然结果。显然，目前这种产品的互补性贸易，对双方来说都是合理的。但就双方的贸易结构来看，这种互补性还处于较为低级的阶段，还没有改变以资源等原材料和农副产品等初级产品为主的商品结构，其局限性显而易见。

---

① 凌激：《第三届中俄区域论坛开幕》，中俄区域合作网，2007 年 7 月 25 日。

**2. 对俄贸易重复博弈中的影响因素**

第一，对俄进出口商品结构单调。以黑龙江省 2006 年对俄进出口为例，在出口商品中，工业制品所占比重虽然很高，但大多属于初级加工、低附加值产品。服装、纺织品和鞋类商品出口额占全省对俄贸易出口额的 76%，占全省对外贸易出口额的 48%[①]。在进口产品中，初级产品比例过高，原木、化肥、原油、钢材、纸浆五种商品的进口额占全省对俄贸易进口额的 76%，占全省对外贸易进口额的 80%[②]。这种单一的进口商品结构，造成该省对俄罗斯市场的依赖性过强，如果俄罗斯方面调整出口政策或出现其他变化，势必会给从俄进口带来不利影响，使对俄贸易很难进入新的阶段。

第二，贸易方式过于单一。对俄贸易主要有边境小额贸易、一般贸易、加工贸易和其他贸易四种方式。黑龙江、吉林两省增长较快的是边境小额贸易。2006 年黑龙江省对俄出口贸易中，边境小额贸易出口为 30.5 亿美元，增长 36%，从俄进口中，边境小额贸易为 15.9 亿美元，增长 10.6%，占进口的74%[③]（如图6-4所示）。吉林省 2006 年边境贸易出口 1.44 亿美元，同比增长 136.7%，占其出口总额的 42.6%，而最具潜力的加工贸易所占比重较小。2007 年 1~6 月，吉林省对俄边境小额贸易进出口额达 9658 万美元，增长了 1.8 倍，占对俄贸易总额的 36.1%[④]。这种单一的贸易方式，限制了贸易的大幅度增长。

第三，对俄贸易重复博弈的趋势是优化结构。中国东北地区与俄罗斯贸易的很强的互补性，使得双方贸易在博弈的效用总和上达到了一个相对较高的水平，但不可否认在总收益中所占份额的分配问题上，中俄各方的利益仍存在矛盾。这就说明中俄贸易结构呈现的互补是在竞争中的互补，互补过程中的竞争虽然不会像结构相似的双方之间的竞争那么激烈和明显，但仍不能忽视和否认竞争的存在，尤其是隐性

---

① 《黑龙江省对俄贸易简要统计》，黑龙江省商务厅对俄贸易处，2007 年 6 月。

② 《黑龙江省对俄贸易简要统计》，黑龙江省商务厅对俄贸易处，2007 年 6 月。

③ 《黑龙江省对俄贸易简要统计》，黑龙江省商务厅对俄贸易处，2007 年 6 月。

④ 《吉林省对俄边境贸易的现状与问题》，www.dpcm.cn/ad，2008 年 7 月 28 日。

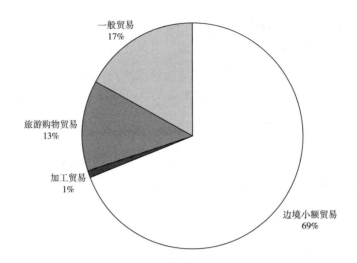

**图 6 - 4　2006 年黑龙江省对俄贸易主要贸易方式结构对比**

资料来源：根据《黑龙江省对俄贸易简要统计》、黑龙江省商务厅对俄
贸易处数据整理。

的、内在的竞争。所以，贸易结构绝对不会一直停留在商品的互补上，它会随着双方竞争力的增强向更高层次发展。俄罗斯长期对中国出口资源型产品，也将造成对中国贸易条件恶化的结果。中国东北地区和俄罗斯都应该在贸易的重复博弈中努力提高商品的生产效率，增强出口高附加值和高科技产品的竞争力，同时大力拓展贸易的领域，把贸易重点转向技术贸易和服务贸易，这才是促进双方贸易不断向更高层次发展的必由之路。

第四，对俄贸易重复博弈的均衡是实现产业内贸易。随着俄罗斯产业结构的调整与企业生产能力的恢复，消费品市场的纯买方特征已逐渐淡化，中方的许多传统优势产业的产品在俄罗斯市场上的份额在减少，向俄罗斯出口产品面临的竞争越来越激烈。中国东北地区传统贸易结构和营销方式不具备优势，无法与欧美企业进行竞争。若不改变传统的贸易方式，将互补性的优势扩大和固化，无疑将大大限制东北地区与俄罗斯经贸的发展。实现中国东北地区与俄罗斯的产业内贸易，增加对俄高新技术产品的出口，发展双方高科技产品的进出口，使产业内贸易的比重不断增加才能解决这一问题。目前，亟待解决的是中俄双方要开展技术性的垂直型产业内贸易,完成对科技含量高的产品的分工协作生产与出口,这样中国包括东北地区不但可以获得产业内贸易的福利,更重要的是可以借此提升整体产业的技术水平。

### (三) 中国东北地区与俄罗斯贸易差额形成的二元博弈

中国东北地区和俄罗斯作为贸易博弈的双方,既可以选择自由贸易,也可以选择保护贸易,这就构成了双方贸易的二元博弈。从目前中国东北地区与俄罗斯的贸易来看,双方都趋于实行自由贸易。尽管如此,在两国贸易博弈中也不可避免地出现了一些不和谐现象,其中贸易差额问题最为突出。

**1. 中国东北地区与俄罗斯贸易博弈中的差额特点**

近几年,中国东北地区与俄罗斯的贸易额连年增长,贸易规模逐渐扩大。从表6-4中我们可以看出,双方贸易的最大特点是中国东北地区对俄罗斯的贸易顺差越来越大,而且一直呈上升趋势。进入21世纪以来,东北三省与俄罗斯的贸易差额有着自己特定的发展规律,特点明确。

表6-4 2001~2007年中国东北三省与俄罗斯贸易统计

单位:亿美元

| 年份 \ 指标 | 东北三省对俄贸易额 | | |
|---|---|---|---|
| | 出口额 | 进口额 | 贸易差额 |
| 2001 | 8.9 | 12.4 | -3.5 |
| 2002 | 11.2 | 16.0 | -4.8 |
| 2003 | 18.3 | 15.5 | 2.8 |
| 2004 | 24.4 | 20.2 | 4.2 |
| 2005 | 43.2 | 23.4 | 19.8 |
| 2006 | 54.6 | 26.7 | 27.9 |
| 2007 | 96.9 | 31.9 | 65 |

资料来源:根据黑龙江省商务厅对俄贸易处、《黑龙江省对俄贸易简要统计》、吉林省商务厅、长春海关统计数字、大连海关统计数字整理。

特点之一，东北逆差状况转变。从表 6-5 中可以看出，21 世纪最初的两年，东北三省对俄贸易是逆差，俄方处于顺差。从 2003 年开始，东北三省对俄贸易差额状况发生逆转，出现了小额顺差，此后，顺差额不断扩大，且增幅加大，2007 年顺差额已达 65 亿美元。

特点之二，东北三省的贸易顺差依赖对俄出口。总体来看，中国东北地区对俄贸易额逐年增加，而且进出口额都有所增加。因此，中方贸易逆差状况的转变不是由于东北从俄进口减少引起的。事实上，从俄罗斯的进口不但没有减少，反而逐年增加。那么，是什么原因导致中国东北地区对俄罗斯贸易出现逐年增加的顺差呢？主要原因应该是中国东北地区对俄出口的大幅度增加。从实践上看，2001 年中国东北地区对俄罗斯出口额为 8.9 亿美元，而到了 2007 年出口额已近 100 亿美元，达到 96.9 亿美元，接近 2001 年的 11 倍。进口额虽然也在增加，但 2007 年的进口额仅是 2001 年的 2.5 倍，增长幅度明显落后于出口额。由此可见，中国东北地区对俄罗斯贸易顺差的增加，是随着中国东北地区对俄出口额的不断增加而增加的。

特点之三，贸易顺差额高于从俄进口额。2003 年东北三省对俄贸易差额发生了转变，从贸易逆差变成了持续的贸易顺差。具体来看，2003 年、2004 年和 2005 年的顺差额始终小于从俄罗斯的进口额。而 2006 和 2007 两年的顺差额都高于从俄罗斯的进口额。2006 年高出 1.2 亿美元，2007 年高出 33.1 亿美元，这就提醒我们必须重视中国东北地区与俄罗斯贸易差额中隐藏的问题。

### 2. 中国东北地区与俄罗斯贸易差额的博弈关系

从博弈论的角度进行分析，不能仅凭中国东北三省的逆差或顺差状况简单断定中方在对俄贸易博弈中的选择策略正确与否。事实上，两个国家进行贸易的产品是各自资源、资金、技术的凝结在国际收支上的反映。逆差表示一国引进的资源大于流出的资源，顺差则表示一国输出的资源大于引进的资源。中国东北地区对俄罗斯贸易逆差说明东北地区引进俄罗斯的资源大于输出的资源。贸易效应是如果初级产品或者说能源的进口比较多，那么这种逆差是有利的。相反，如果消费品、高附加值产品进口过多，无疑会对国内产业造成冲击。实际上是中国东北地区对俄罗斯的出口主要是服装、鞋类、机电产品、农副产品，而从俄罗斯进口主要是石油产品、木材、煤等资源型产品①。这种商品的进出口结构，对俄逆差意味着中国获得了俄罗斯更多的自然资源。而最近在中方的顺差中，中方对俄出口商品附加值相对提高，从而拉动了顺差额的增加。东北地区对俄罗斯的贸易差额虽然发生了转变，但绝对数值都不大，这不能说明双方的利益关系发生了根本转变。从资源流动的角度讲，中方的资源配置逐步趋向合理，所以获得了更高的贸易边际效益。中国东北地区对俄罗斯贸易差额由负向正的转变是由双方贸易发展的特殊条件和特定阶段所决定的。因此，贸易博弈双方会随着双方贸易的发展，进入新的博弈阶段，存在顺差方和逆差方相互转化的可能性。

### （四）中国东北地区与俄罗斯贸易摩擦造成的零和博弈

#### 1. 中俄之间贸易摩擦的主要表现

近年来，"灰色清关"是中俄贸易摩擦中最突出的问题。俄罗斯政府对中国商人采取的灰色清关，主要是针对俄罗斯的清关公司整机、整车、整箱的报关，通常只有一张意义上完税单据而采取的代办报关手续。清关公司不必向中国商人提供海关完税证明，虽然中国商人也纳税，但纳税额比正规过关费用要低得多。因此就会出现这样一种情况，即中国对俄出口的货物在中国境内是合法的（白色），经过了正常出口报关和商检，但货物运抵俄罗斯海关并入境后，由于纳税额不足，就变成了半合法（灰色），最后货主拿到货物在俄罗斯销售时，由于没有海关的完税证明等必需的文件，销售行为实际上变成了非法（黑色）。在这种情况下，中国独自承担了清关公司不提交报关文件的全部风险，并为此付出了沉重的代价。灰色清关引发了中俄贸易的一次又一次摩擦，而在中俄区域贸易中，通过灰色清关进行的中俄民间贸易，约占中俄贸易额的30%②。

#### 2. 一次博弈是贸易摩擦的原因

从博弈论的角度看，灰色清关的直接原因是俄罗斯处于经济转型时

---

① 周延丽：《中国东北与俄罗斯东部地区的技术贸易》，www.dpcm.cn，2007年11月23日。
② 《中国商人在俄贸易的"灰白通道"》，新浪网，2006年2月24日。

期，法律法规不健全。而灰色清关是阶段性的，是俄罗斯博弈策略选择的一个阶段性决策，是一次博弈的结果。随着中俄区域贸易合作的深入展开，需要不断完善法律、法规，而这些又是对外贸易博弈中策略选择的一个过程，俄罗斯对这种博弈策略的调整已经在陆续进行了。中国东北地区在对俄罗斯的贸易博弈时也采取了更加可行的策略，以促进双方贸易的正常开展，为重复博弈创造条件。

**3. 零和博弈是贸易摩擦的后果**

随着俄罗斯海关不断加大打击灰色清关的力度，打击灰色清关的措施也越来越严格。一是对进口商品实行严格的检查，如就地按商品分包；二是限制倒包人员入境次数；三是限制部分中国商品入关；四是对所有中国商品不分类别地征收高额"从价税"和"从量税"[1]。2009年6月29日，俄罗斯政府以检查卫生为名关闭了莫斯科的切尔基佐沃市场，给华商造成了重大损失，对中俄贸易造成了严重影响，最终中俄贸易摩擦的后果便是零和博弈。灰色清关引发的贸易摩擦只能阻碍双方贸易的发展，而不能带来双方贸易总额扩大的双赢效应，中俄贸易受阻无疑也会影响俄罗斯经济的发展。贸易摩擦的结果绝对不会实现贸易博弈的均衡，只能使双方贸易的获利离均衡解越来越远。

**4. 重复博弈是解决贸易摩擦的途径**

在中俄贸易的不断摩擦中，双方都清楚地认识到贸易的争端和摩擦必然会导致两败俱伤，但又都因为害怕以自己的损失为代价，而使对方获得利益，所以只能采取进攻性的姿态，从而导致一轮又一轮的贸易战。由于分散的一次决策的个体自身无法摆脱这种困境，要避免这种损害社会经济效率的现象发生，就必须进行多次博弈。如果说一次性博弈带来了零和博弈的后果，那么，重复博弈才是解决贸易摩擦的途径。重复博弈要求中俄双方在博弈的过程中不要采取患得患失的措施，要本着消除贸易摩擦的目的，采取积极的合作措施，在多次的合作中，逐步调整不利因素，实现贸易的和谐发展，在重复博弈中寻找促进中俄贸易发展的最佳途径。

---

① 《双边贸易投资概况》，商务部网站，2007年4月26日。

## （五）中俄区域贸易博弈的均衡解是实现双方的产业合作

### 1. 中国东北地区与俄罗斯贸易环境优化的博弈论依据

以博弈论为依据分析中国东北地区与俄罗斯的贸易合作能否达到贸易环境优化，我们寄希望于通过二元博弈模型考察和预测中国东北地区与俄罗斯贸易环境的变化趋势，认清双方贸易的真实环境，做到知己知彼，看到双方更加广阔的合作前景（详见表6－5）。

表6－5　中国东北地区与俄罗斯贸易的二元博弈模型
Dual Game Model in Sino-Russia Trade

|  |  | 俄罗斯 | |
| --- | --- | --- | --- |
|  |  | 自由贸易 | 保护贸易 |
| 中国东北 | 自由贸易 | (a,b) | (－e,f) |
|  | 保护贸易 | (c,－d) | (0,0) |

表6－6是中国东北地区与俄罗斯贸易的收益矩阵，双方的纯策略集均为自由贸易、保护贸易。矩阵中 a、c、e 为在双方采取不同策略时中方的利得，b、d、f 为在双方采取不同策略时俄方的利得。$c>a$、$f>b$、$a+b>c-d$，$a+b>f-e$；a、b、c、d、e、f $>0$，因为 $c>a$、$f>b$，所以局中人在不冒风险的前提下，必须考虑对方采取的策略。尽管从总体上讲，贸易双方采取自由贸易是有利的，因为 $a+b>c-d$、$a+b>f-e$，但是中俄双方都希望对方采取自由贸易而自己采取保护贸易，因为采取保护政策，无论对方采取何种对策，都不会使自己的情况最差，所以均衡趋向保护贸易。但在现实中，这种情况是很少见的。这是因为双方会看到模型中对方都采取自由贸易才能使收益最大化，因而必须引入混合策略的博弈模型取代纯策略博弈模型以克服外部因素对策略选择的不确定性影响。正是基于这一点，中俄双方将通过政策的不断协调和修订，全面拓宽双方贸易合作的空间。

在中俄总理第十四次会晤期间，温家宝总理和普京总理就深化双方经贸合作达成了共识，主张促进贸易便利化，反对贸易和投资保护主义①。并见证两国海关总署签署了《关于规范海关监管秩序的合作备忘录》，这标志着中俄海关合作正式启动，双方共同打击灰色清关，规范海关监管秩序，引导双方企业和商人守法经营，促进中俄贸易走向健康的可持续发展道路②。

**2. 产业合作将提供贸易均衡发展平台**

中国东北与俄罗斯经济发展具有一定的相似性，同时在商品贸易上又具有一定的互补性，合作的潜力巨大，特别是技术贸易，随着中国东北地区与俄罗斯贸易合作博弈的进行，贸易合作将不断升级，中国对俄罗斯的技术贸易将进一步发展，从而推动以技术贸易为主导的产业合作。将政府间产业发展合作的共识落实为相关产业和大企业间在投资、技术改造、工业标准化等方面的广泛合作与交流③，以产业合作作为中俄区域合作的平台，既能促进货物贸易发展，又能推动技术贸易发展，同时还会带动中俄区域服务贸易的蓬勃发展，因此也就构成了中俄区域贸易博弈阶段性的均衡解。

所谓均衡指的是各个经济决策主体所做的决策正好相容，并且在外界条件不变的情况下，各方都不愿意再调整自己的决策，从而不再改变其经济行为。"均衡"的达成需要双方做出各自的最佳决策，而贸易当中的利益冲突很难实现最大收益，需要进一步发展。产业合作使得合作双方不再是贸易的单纯交换行为，比贸易本身具有更加坚实的基础和更巨大的发展潜力。中国东北地区与俄罗斯在产业上有各自的优势和需求，挖掘两国的技术合作潜力，共同研究、开发和利用具有技术互补的技术合作，围绕东北地区产业结构调整的重点领域和关键技术统筹规划，逐步开展以技术贸易为主导的产业合作，使双方在合作过程中找到更多产业合作的契合点，以此推进贸易合作升级，得到博弈的均衡，达到效用的帕累托最优，最终实现贸易合作的"双赢"。

中俄区域贸易合作，从易货贸易走向正规的国际贸易，现逐渐走向成熟，这标志着它必将从货物贸易的一种形式向技术贸易、服务贸易的方向全面发展，而发展的条件就是必须创造贸易升级的平台。我们认为中俄发

---

① 《温家宝与普京在京举行中俄第十四次定期会晤》，新华网，2009年10月13日。
② 《中俄经济工商论坛开幕》，新华网，2009年10月13日。
③ 《中俄经济工商论坛开幕》，新华网，2009年10月13日。

展产业合作是拓展贸易领域，推进贸易升级，实现贸易效益最大化的最佳平台。中俄区域产业合作将化解和消除不利因素，创造贸易发展的必要条件，使双方的贸易合作向多领域、高层次健康发展，进入新的更高级的博弈过程。

## 三　黑龙江省与俄罗斯边境贸易的客观分析

在区域经济一体化迅猛发展的潮流中，中俄边境地区的合作更加重要。黑龙江省与俄罗斯的边境长达 3000 多公里，边境贸易的地缘优势不言而喻，这也使得俄罗斯成为中国黑龙江省最重要的贸易伙伴。多年来，黑龙江省与俄罗斯的贸易额在中俄贸易额中一直占据非常重要的地位。俄罗斯加入世贸组织使中俄边境贸易面临诸多新问题，因此在新形势下研究中俄边境贸易，不仅要注重现实性，更要加强学理性研究，重点探索中俄边境贸易发展的客观规律性，促使中俄区域贸易在新的历史条件下向更高层次发展。

### （一）比较优势和生产要素流动决定了中俄边贸规模

#### 1. 黑龙江省与俄罗斯贸易规模

进入 21 世纪，黑龙江省与俄罗斯贸易额直线上升，贸易规模不断扩大，呈现快速增长的态势。

根据表 6-6 的统计内容，我们可以看出黑龙江省 21 世纪第一个 10 年与俄罗斯的贸易规模上升势头明显。在对俄贸易增速比较示意图（见图 6-5）上，清晰地展示了黑龙江省对俄贸易上升和下滑的规模和速度都高于中俄贸易增速、中国对外贸易增速、黑龙江省对外贸易增速。基于此，我们试图通过经济学发展的基本理论来阐述黑龙江省边境贸易的诸多现象产生的规律和发展的趋势。

#### 2. 中俄边贸规模扩大的理论依据

从边境贸易的发展过程来看，黑龙江省与俄罗斯毗邻的地缘优势无疑是发展对俄贸易的有利条件，但不可否认的是中俄边贸客观经济规律的作用，重要的因素还在于双方利用稳定的政治合作关系，遵循比较优势规律，促进生产要素流动的必然结果。

表 6 - 6　2000~2012 年黑龙江省对俄贸易额占比统计

单位：亿美元，%

| 年份 | 黑龙江省对俄贸易进出口总额 | 黑龙江省对外贸易进出口总额 | 对俄贸易占对外贸易的比重 | 中国对俄贸易进出口总额 | 对俄贸易占全国对俄贸易比重 |
|------|------|------|------|------|------|
| 2000 | 13.7 | 29.8 | 46.0 | 80.0 | 17.2 |
| 2001 | 17.9 | 33.8 | 53.2 | 106.7 | 16.9 |
| 2002 | 23.3 | 43.4 | 53.6 | 119.3 | 20.0 |
| 2003 | 29.5 | 53.2 | 55.4 | 157.6 | 18.8 |
| 2004 | 38.2 | 67.9 | 56.3 | 212.3 | 18.0 |
| 2005 | 56.7 | 95.7 | 59.3 | 291.0 | 19.5 |
| 2006 | 66.8 | 128.5 | 52.0 | 333.9 | 20.0 |
| 2007 | 107.2 | 172.9 | 62.0 | 481.6 | 22.3 |
| 2008 | 161.6 | 298.7 | 54.1 | 568.0 | 28.5 |
| 2009 | 55.7 | 162.2 | 34.4 | 387.9 | 14.4 |
| 2010 | 74.7 | 255.0 | 29.3 | 554.5 | 18.6 |
| 2011 | 189.86 | 385.13 | 49.3 | 792.5 | 23.96 |
| 2012 | 213.1 | 378.2 | 56.3 | 882 | 24.2 |

资料来源：根据历年商务部网站国别数据、《黑龙江省对俄贸易简要统计》、黑龙江省商务厅对俄贸易处、哈尔滨海关统计处、中华人民共和国海关有关数据整理。

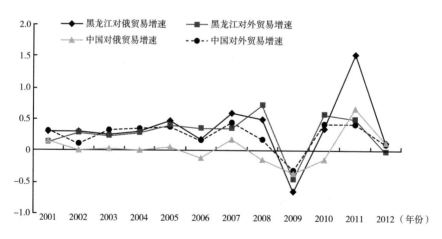

图 6 - 5　对外贸易增速比较

资料来源：根据表 6 - 7 相关数据整理。

第一，双方贸易规模扩大符合经济发展规律。国际贸易的发展是建立在国内生产以及经济发展的基础上的，同时国际贸易规模的扩大又会对国内经济产生反向推动作用，因此黑龙江省与俄罗斯贸易规模的不断扩大既体现了双方经济发展的必然结果，也体现了双方发展外向型经济的客观需要。2003 年，黑龙江省在《中国东北振兴战略》的实施中，实现了经济快速增长。按可比价格计算，2004～2010 年地区生产总值增长幅度均在11% 以上，2011 年增长幅度达到了 12.2%[①]。黑龙江省经济的快速增长为双方贸易规模扩大注入了活力。21 世纪的第一个 10 年，俄罗斯经济大体实现平稳增长，成为新兴经济体的重要一员。从俄罗斯 GDP 总额的增长来看，俄罗斯 2007 年为 8968 亿美元（8.5%）；2008 年为 9439 亿美元（5.2%）；2009 年为 8701 亿美元（-7.8%）；2010 年为 9078 亿美元（4.3%）；2011 年为 9472 亿美元（4.3%）[②]。随着俄罗斯国内经济的增长，2012 年黑龙江省与俄罗斯的贸易总额达到了 213.1 亿美元，黑龙江对俄贸易额又创历史新高[③]。这说明双方国内经济的发展直接影响双方的贸易规模，尤其是俄罗斯国内经济的发展和生活的需求，是影响双方贸易规模的主要因素。

第二，经济发展差异性是推动双方贸易发展的主要力量。传统贸易理论认为，参加国际贸易的双方都生产其具有绝对优势或相对优势的产品，发展具有比较利益的出口产品，可以增加双方收益。在国际贸易的引领下，具有优势的出口产业将会发展成为大规模的现代化产业，并作为一种先导产业带动一大批相关产业的发展，从而产生促进经济发展的产业连锁效应。在现实中，俄罗斯相对较低的民用产品生产能力，导致其对进口轻工产品的大量需求，同时俄罗斯居民人均收入的不断增加，直接刺激俄罗斯民用产品的消费，这就为黑龙江省具有比较优势的轻工产品出口以及相关设备出口提供了广阔的市场空间。而俄罗斯目前具有世界一流的军工、核电、计算机、装备制造、航天等技术，是黑龙江省改造老工业基地需引进的关键性技术，对老工业

---

① 《黑龙江 2011 年 GDP 达 12503.8 亿元》，http://hlj.people.com.cn/n/，2012 年 1 月 20 日。
② http://www.mofcom.gov.cn/aarticle/i/jyjl/m/，2012 年 2 月 20 日。
③ 《2012 年黑龙江省外贸运行情况分析》，哈尔滨海关，2013 年 1 月 12 日。

基地振兴具有重要意义。正是科技水平的差异性为双方的技术贸易和服务贸易的发展提供了可能，也为双方贸易规模的不断扩大提供了广阔的空间。

第三，经济发展战略的耦合性为双方贸易发展提供了机遇。21世纪的第一个10年，中国和俄罗斯为了促进国内经济的协调发展，对国内欠发达地区均采取了振兴战略。2003年中国提出了《振兴东北老工业基地战略》，2007年俄罗斯制定了东部大开发战略，形成了在中俄具有明显地区特色的战略和政策，呈现中俄区域合作上的耦合性。中俄相邻地区的深度开发，必然导致生产要素的重新配置，进而使得双方经贸联系更加紧密。尤其是2009年中国政府和俄罗斯政府共同签署了《中华人民共和国东北地区与俄罗斯联邦远东及东西伯利亚地区合作规划纲要（2009~2018年）》，规划了中俄区域合作的具体项目，以项目带动贸易发展，以贸易促进地区振兴的新思路正在逐渐形成。

事实告诉我们，巩固传统的贸易优势、扩大贸易规模仍是未来双方贸易合作的基础。与此同时，在国际国内新的历史条件下，黑龙江省对俄贸易规模的扩大必须以黑龙江省产业的发展为基础，在产业结构优化发展中，使生产要素达到合理配置是中俄边境贸易发展的必要条件。依托黑龙江省的优势资源在沿边地区建设对俄贸易加工基地，加强沿边地区与内陆腹地的产业合作，推动产业向集群化方向发展，并以此保障双方贸易的可持续发展。

### （二）竞争性与互补性影响着中俄边贸商品结构

#### 1. 黑龙江省与俄罗斯贸易结构

从广义的国际贸易结构分析，历史悠久的黑龙江省与俄罗斯贸易主要以传统的货物贸易为主，基本形成了以黑龙江省进口俄罗斯能源类产品，向俄罗斯出口轻工业产品为主的货物贸易格局。服务贸易和技术贸易发展相对缓慢，且没有形成应有的规模。如对俄服务贸易中黑龙江省与俄罗斯的劳务合作方面，在20世纪末和21世纪初才形成一定的规模。黑龙江省与俄罗斯技术合作在新中国成立初期就已粗具规模，但是作为实现技术合作有效方式的技术贸易还未得到广泛开展。

从狭义的国际贸易结构分析，双方贸易商品结构主要表现为：黑龙江对俄出口服装、鞋类、纺织品等轻工产品，从俄进口原木、肥料、原油、钢材、纸浆等能源类商品。服装、鞋类、纺织品的出口总额在黑龙江省对俄出口总额中居主导地位。但 2011 年对俄的主要商品结构有了巨大的变化，如表 6-7 所示。

表 6-7 2001~2011 年黑龙江省对俄出口商品统计

单位：亿美元，%

| 年份 \ 指标 | 黑龙江省对俄出口主要商品额（服装、鞋类、纺织品） | 黑龙江省对俄出口总额 | 主要商品出口额占对俄出口总额的比例 |
|---|---|---|---|
| 2001 | 6.31 | 7.80 | 80.90 |
| 2002 | 7.10 | 9.72 | 73.05 |
| 2003 | 12.09 | 16.38 | 73.81 |
| 2004 | 16.49 | 21.54 | 76.56 |
| 2005 | 29.32 | 38.36 | 76.43 |
| 2006 | 34.02 | 45.40 | 74.93 |
| 2007 | 50.16 | 81.70 | 61.40 |
| 2008 | 38.60 | 81.19 | 47.54 |
| 2009 | 16.60 | 32.70 | 50.80 |
| 2010 | 29.32 | 42.84 | 69.00 |
| 2011 | 16.42 | 43.17 | 38.03 |

资料来源：根据历年黑龙江省商务厅计财处的相关数据整理。

原木、原油、钢材等是黑龙江省从俄罗斯进口的主要商品（如表 6-8 所示）。从这几种商品进口总值的变动来看，2001~2009 年，除 2003 和 2007 两年进口额较上年有所下降外，整体表现为上升的趋势。尤其是 2011 年原材料的进口比重，已经达到 94.83%，这一现象值得我们关注。

表 6-8 2001~2011 年黑龙江省由俄进口商品统计

单位：亿美元，%

| 年份 \ 指标 | 黑龙江省对俄进口主要商品额（原木、肥料、原油、钢材、纸浆） | 黑龙江省对俄进口总额 | 主要商品进口额占对俄进口总额的比例 |
|---|---|---|---|
| 2001 | 5.95 | 10.19 | 58.39 |
| 2002 | 9.39 | 13.60 | 69.04 |
| 2003 | 8.97 | 13.17 | 68.11 |
| 2004 | 11.70 | 16.69 | 70.10 |

续表

| 年份 \ 指标 | 黑龙江省对俄进口主要商品额<br>（原木、肥料、原油、钢材、纸浆） | 黑龙江省<br>对俄进口总额 | 主要商品进口额占<br>对俄进口总额的比例 |
|---|---|---|---|
| 2005 | 13.98 | 18.40 | 75.98 |
| 2006 | 17.27 | 21.47 | 80.44 |
| 2007 | 16.20 | 25.57 | 63.36 |
| 2008 | 66.43 | 80.42 | 82.60 |
| 2009 | 15.66 | 23.1 | 67.79 |
| 2010 | 20.82 | 31.88 | 60.13 |
| 2011 | 138.83 | 146.39 | 94.83 |

资料来源：根据历年黑龙江省商务厅计财处的相关数据整理。

2009 年受世界金融危机的影响，黑龙江省与俄罗斯的贸易受到了严重冲击，黑龙江省对俄进出口额大幅度下滑，然而从双方贸易结构来看，并无大的变化。2009 年黑龙江省服装、鞋类、纺织品对俄出口额为 16.6 亿美元，占同期黑龙江省对俄出口额的 50.8%，原木、肥料、原油、钢材、纸浆等五种商品进口总额为 15.66 亿美元，占黑龙江省对俄进口总额的 67.79%（如表 6-8 所示）。2011 年黑龙江省的进口商品结构进一步说明了黑龙江省与俄罗斯商品贸易结构的特殊性，而且现行的商品结构在短时期内难以实现合理的调整目标。

**2. 双方贸易结构的理论分析**

黑龙江省对俄贸易的互补性是通过双方的进出口商品结构表现的，然而我们应该看到决定目前商品结构的根本原因毫无疑问是资源禀赋的差异性。但是应该注意的是，资源禀赋的差异性没有起到改变双方产业同构性的作用，因此双方贸易结构体现出的互补，在国际区域合作中要小于与国内其他省份和日本及韩国的竞争。因此推动中俄边境地区的产业内贸易，互补性与竞争性才会得到充分体现，同时才能使双方贸易结构不断优化。

（1）双方贸易结构的互补性。资源禀赋论认为国际分工和国际贸易是由国家间的要素禀赋差异决定的，一国应出口密集使用本国丰裕要素生产的产品，进口密集使用本国稀缺要素生产的产品。黑龙江省与俄罗斯的贸易结构就是建立在黑龙江省出口劳动密集型产品、俄罗斯出口资源密集型产品的基础上的。

黑龙江省与俄罗斯尤其是俄东部地区相比,具有明显的劳动力优势,而俄罗斯的自然资源优势更是不言而喻的。俄东部地区能源储量占世界的1/3 以上,其中石油储量占 1/5 ~ 1/4、天然气占 1/3 以上、煤炭占 1/2 左右;矿产资源储量占全俄的 83.33%;森林覆盖面积达到 5.53 亿公顷,木材蓄积量占全俄的 76.19%[1];农业用地面积为 6531 万公顷,占全俄的30% 左右,还有 1200 万公顷农业用地尚未开发[2];该地区的人口数量却不足 3000 万[3],并且还在逐年减少。在各自优势互补的基础上就出现了在劳动密集型—资源密集型的产业框架下双方分工合作的现实可能性。就现阶段俄罗斯经济发展而言,发展资源型产品出口是其进行资本积累的重要途径,而进口轻工产品是满足国内消费的必然要求,这在短期内是很难改变的事实。从黑龙江省的角度来看,虽然促进对俄劳动密集型产品出口是适应俄罗斯市场的必然结果,但并未体现其产业优势。同时从俄罗斯进口的资源类产品保证了中国国内能源供给安全,然而目前还没有与黑龙江省的产业发展形成紧密联系。从长期来看,处于低级阶段的互补性贸易商品结构将直接影响双方未来产业发展的实际需求,从而阻碍双方经贸合作向更高层次推进。贸易结构的互补性为黑龙江省与俄罗斯东部地区合作提供了可能性,但它不是必然的,要达到自然王国的状态显然难度还不小。

(2)双方贸易结构的竞争性。从黑龙江省对俄出口结构分析,竞争性主要体现在以下方面。第一,双方产业同构性导致的竞争。俄罗斯产业发展以重工业为主,而黑龙江省在新中国成立之初就建立了以重工业为基础的工业体系,因此在双方贸易发展过程中就出现了黑龙江省具有竞争优势的产品却不是对俄出口的主要商品,而其不具有生产优势的产品却是俄罗斯所需的产品。第二,国内外同类产品的竞争。与国内东部沿海地区和日韩等国家相比,黑龙江省轻工业发展基础薄弱,导致当地生产的轻工产品既不具有价格优势,也不具有技术优势。因此,黑龙江省对俄出口的服装、鞋类、纺织品等主要商品大都来自省外,当地产品所占比重极低,在

---

① Бажанов В. А. Ресурсный потенциал азиатской части России и сырьевой безопасность страны в 21 веке. Новосибирск,2004.

② 王世才:《中国与俄罗斯的资源开发合作》,《俄罗斯中亚东欧市场》2005 年第 7 期。

③ 牛燕平:《俄罗斯东部地区劳动力资源与移民问题》,《西伯利亚研究》2006 年第 6 期。

这一过程中该省只发挥了中转作用。随着中俄合作的不断深化，地缘优势对黑龙江省开展与俄罗斯贸易合作的功效在逐渐减弱，内陆省份凭借产业优势对俄贸易发展迅速，增加了黑龙江省商品对俄出口的难度，在出口俄罗斯所需的轻工商品方面的竞争会日益激烈。

从黑龙江省对俄贸易进口角度分析竞争性，主要体现在以下方面。第一，俄方加大了对国内资源的保护力度。俄罗斯急于改变以出口资源性产品为主的国际贸易商品格局，具体措施是不断调整其资源出口政策，逐步提高原料出口关税，期望能改变以出口原材料为主的对外贸易现状。以原木为例，俄罗斯已成为世界上原木出口关税最高的国家之一①。这对黑龙江省来说，与发达省份和周边的日韩两国相比，地方的经济实力显然不具备竞争优势。第二，各国加剧了对俄资源的争夺力度。虽然现代经济增长理论强调技术、资本对经济增长的作用，但不可否认自然资源仍是保持经济稳定发展的重要基础，对于资源匮乏、外向程度比较高的国家这点尤为重要。在东北亚，日本和韩国积极与俄罗斯洽谈资源合作项目，如 2009 年日俄成立合资公司共同开发东西伯利亚地区的两座油田；韩国计划修建经中国东北地区至韩国首尔的天然气输送管道②；2011 年俄罗斯提出了向日本提供天然气的重大建议，日本每年从俄罗斯进口 7000 万吨液化天然气，同时为填补日本核电站的生产损失，日本需要追加进口 1000 万吨液化天然气。有关业内专家预测，今后日本还将扩大液化天然气的进口。俄罗斯业内专家认为，进一步拓展日本燃料能源市场对俄罗斯来说具有战略意义，不仅可以通过出口燃料能源获得巨大收益，而且可以提高俄罗斯与中国进行能源合作对话的信心③。可见，黑龙江省的对俄经济合作不仅体现在与国内各省之间的相互竞争上，而且国际区域内各国间的竞争也日趋激烈，黑龙江省与俄罗斯固有的地缘优势正在不断弱化，贸易结构体现出的互补性仍是处于低层次的互补，并未充分体现双方的产业优势，竞争性

---

① 问泽霞、曹容宁、顾忠盈：《俄罗斯调整原木出口关税政策的动因分析》，《生产力研究》2009 年第 17 期。

② 马友君、张梅：《黑龙江省对俄经贸合作形势分析与预测》，《2010 年黑龙江省经济形势分析与预测》，黑龙江教育出版社，2010。

③ 俄罗斯新闻平台网，2011 年 7 月 2 日。

在一定程度上制约了互补作用的发挥，这使得黑龙江省对俄贸易面临的挑战越来越严峻。

### （三） 中俄边贸的重复博弈导致的双边贸易差额

#### 1. 黑龙江与俄罗斯贸易的差额

自进入 21 世纪以来，黑龙江省与俄罗斯的贸易虽然发展迅速，但差额起伏很大，呈现十分明显的特点，如表 6 - 9 所示。

表 6 - 9　2000 ~ 2011 年黑龙江省对俄罗斯贸易差额统计

单位：亿美元

| 年份 | 出口 | 进口 | 差额 |
|------|------|------|------|
| 2000 | 4.65 | 9.1 | - 4.45 |
| 2001 | 7.8 | 10.2 | - 2.4 |
| 2002 | 9.7 | 13.6 | - 3.9 |
| 2003 | 16.4 | 13.2 | 3.2 |
| 2004 | 21.5 | 16.7 | 4.8 |
| 2005 | 38.4 | 18.4 | 20.0 |
| 2006 | 45.4 | 21.5 | 23.9 |
| 2007 | 81.7 | 25.6 | 56.1 |
| 2008 | 81.2 | 80.4 | 0.8 |
| 2009 | 32.7 | 23.1 | 9.6 |
| 2010 | 42.8 | 31.8 | 11.0 |
| 2011 | 43.4 | 146.3 | - 142.9 |
| 2012 | 51.6 | 161.5 | - 109.9 |

资料来源：根据历年黑龙江省商务厅对俄贸易处统计数据整理。

特点之一，黑龙江省对俄贸易差额正负变化大。从表 6 - 10 可以看出，21 世纪最初的两年，黑龙江省对俄贸易处于逆差，俄方处于顺差。从 2003 年开始，贸易差额状况发生逆转，出现了小额顺差，直到 2009 年，黑龙江省一直处于顺差状态，2007 年黑龙江省顺差额最大，为 56.1 亿美元。2008 年黑龙江省对俄进口大幅度增加，导致当年黑龙江省的顺差额降为 0.8 亿美元，2009 年受国际金融危机和俄罗斯政府出口政策调整的影响，当年顺差额增为 9.6 亿美元。然而，2011 年，黑龙江省的对俄贸易逆差又达到了 142.9 亿美元，创历史最高纪录。

特点之二，黑龙江省对俄顺差扩大依赖对俄出口的增加。总体来看，金融危机前黑龙江省对俄贸易额逐年增加，并且进出口额都有所增加，因此黑龙江省逆差状态的转变并不是由从俄进口的减少引起的，其主要原因是对俄出口的大幅度增加。2000 年黑龙江省对俄出口额仅为 4.65 亿美元，逆差为 50% 左右。而到了 2007 年出口额顶峰时达到 81.7 亿美元，是 2000 年的 17 倍多，同时期的进口额虽然也在增加，但 2007 年进口额不到 2000 年的 3 倍，进口增长幅度显然落后于出口。2011 年进口商品总额 146.3 亿美元，是出口总额 43.4 亿美元的 3.4 倍，贸易逆差大幅度增加。出口额的缓慢增长，增加了实现贸易平衡的难度。

特点之三，顺差额变化易受外部环境影响。2003～2007 年，黑龙江省对俄贸易顺差额一直处于增长状态，但 2008 年由于国际能源价格大幅上涨，黑龙江省对俄进口额增长为 80.4 亿美元，同比增长 214%，而出口却出现小幅下滑，因此导致同期黑龙江省顺差额大幅度下降。再如 2009 年是顺差，而到了 2011 年则出现了巨大的逆差（如表 6－10 所示）。顺差额易受外部环境影响的主要原因在于：一是黑龙江省对俄贸易结构不合理；二是黑龙江省从俄进口的资源型产品价格易受国际市场的影响而出现波动。虽然出口的劳动密集型产品价格比较稳定，但俄方对服装、鞋类、纺织品等劳动密集型产品的需求受收入影响波动较大，而中方对俄罗斯资源型产品需求比较稳定，所以中俄贸易的特点表明贸易差额的不规则变化易受国内市场和国际能源市场价格的双重影响。

**2. 双方贸易差额的博弈分析**

黑龙江省和俄罗斯作为博弈的双方，既可以选择自由贸易，也可以选择保护贸易，这就构成了双方贸易的二元博弈。双方进行重复博弈的过程，也是双方为实现各自利益最大化不断调整贸易策略的过程，最终实现的均衡将是双方贸易环境优化，贸易合作层次提高，贸易效益最大化。虽然贸易差额是影响双方策略调整的重要因素，甚至可能影响双方贸易的发展与进程，但也不能仅凭黑龙江省的逆差或顺差的不规则表现，就简单断定双方贸易策略正确与否。

21 世纪初黑龙江省对俄贸易逆差说明，黑龙江省引进俄罗斯资源大于对俄输出的资源，如果初级产品或者说能源的进口比较多，那么这种逆差对地方经济的发展是有利的;反之,如果消费品、高附加值产品进口过多,无疑会对国内产业造成冲击。黑龙江省对俄出口的主要是服装、鞋类、纺织品、农副产品,而从俄罗斯进口的主要是原油、原木、肥料、煤等资源型产品①。这种商品的进出口结构,对俄逆差意味着其获得了俄罗斯更多的自然资源。2003 年后,黑龙江省始终保持对俄顺差,这是对俄出口商品数量增加,产品附加值相对提高的结果。贸易差额发生的转变并不能说明双方利益关系发生了根本变化,但也不能否认双方贸易政策调整的博弈对中俄边贸的影响。

从生产要素流动的角度来看,黑龙江省产业结构调整使其要素配置逐步趋向合理,所以获得了更高的贸易边际效益。黑龙江省与俄罗斯贸易差额由负向正,再由正向负的变化是由双方贸易发展的特殊条件和特定阶段所决定的,随着市场的变化和双方贸易政策的调整,双方重复博弈的可能性增大,不可否认,中俄区域贸易合作正是在这种博弈中不断发展的。

### (四) 中俄边境贸易的直接区域经济效应

国际贸易的实质是通过产品在世界市场的交换,实现生产要素在世界范围内的优化配置,因此无论是传统贸易理论还是现代贸易理论都认为国际贸易的发展对提高贸易双方福利水平具有积极作用。虽然中俄区域贸易目前对推动双方技术进步、带动投资发展的作用有限,但双方的贸易对地方经济的拉动作用却比较明显。

#### 1. 拉动区域经济增长

贸易双方通过国际分工,将国内有限的生产要素投入本国具有比较优势的产业,以世界市场价格进行交换,提高了生产要素效率。一方面国内生产者面临更为广阔的需求市场,并可以通过改变要素投入量改变生产函数,增强其供给能力;另一方面丰富了国内消费市场,增加了消费者选择的多样性,降低了本国处于比较劣势产品的价格,消费者效用水平得以提高。曾有学者通过对 1995～2007 年黑龙江省的 GDP 及对俄贸易数据进行

---

① 周延丽:《中国东北与俄罗斯东部地区的技术贸易》,www.dpcm.cn,2007 年 11 月 23 日。

回归分析得出，黑龙江省 GDP 总值与对俄进出口总额、出口总额及进口总额都呈现明显的正相关性，对俄贸易进出口总额年度数据每增加 1 万美元，将直接拉动黑龙江省经济增长 8.37265 万美元；对俄出口每增加 1 万美元，直接拉动黑龙江省经济增长 8.326427 万美元；对俄进口每增加 1 万美元，直接拉动黑龙江省经济增长 29.8828 万美元[①]。

中俄边境贸易对促进俄罗斯尤其是俄罗斯东部地区经济发展同样具有重要意义。从俄罗斯进口角度来看，由于俄罗斯东部地区远离欧洲，经济发展水平又相对落后，因此中国的水果蔬菜、服装、箱包等产品在俄罗斯东部地区具有很强的竞争优势。俄罗斯东部地区在引进黑龙江省的劳动力资源的基础上，建立了多个粮食、蔬菜种植、畜牧养殖和农产品加工基地，提高了耕地开发的利用率，满足了当地居民的生活需求。虽然从出口角度看，原油、原木、矿产等资源型产品的出口，是东部地区积累资本的重要途径，但由于俄罗斯担心成为中国的原料附庸国，而且"中国威胁论"、"黄祸论"等反华言论的不断出现，影响了黑龙江省与俄罗斯贸易合作的广度和深度，自然也就削弱了其对当地经济增长的拉动作用。

**2. 促进区域产业结构调整**

对于发展中国家而言，直接引进先进技术和进口高新技术产品是实现国内技术进步的重要途径。在对引进技术消化、吸收的基础上，进行模仿创新，推动区域产业结构的合理调整实现自主创新，通过技术贸易实现本国比较优势的转化。

目前黑龙江省与俄罗斯的贸易合作，由于受双方贸易结构同构性的限制，对推动双方技术进步的作用不大。然而在优化双方进出口商品结构的同时，以技术合作为先导合理调整产业结构，就必须实现黑龙江省对俄技术合作升级，构建以政府为主导、企业为主体、项目为主打的"三位一体"的全方位技术合作。黑龙江省与俄罗斯经济结构具有一定的同构性，但也不排除贸易结构又具有一定的互补性，实现以技术贸易为主导的产业合作是黑龙江省发展对俄贸易的重要目标。将政府间产业发展合作的共识

---

① 王金亮：《对俄贸易在黑龙江经济增长中的作用的实证研究》，《求是学刊》2008 年第 6 期。

落实为相关产业和大企业间在投资、技术改造、工业标准化等方面的广泛交流与合作①，以产业合作为平台，既能促进货物贸易发展，又能推动技术贸易发展，同时也会带动服务贸易的蓬勃发展。黑龙江省与俄罗斯有其各自的产业发展优势和需求，可以开发双方技术合作潜力，共同研究、开发和利用具有互补优势的技术合作，围绕双方产业结构调整的重点领域和关键技术统筹规划，寻找更多的双方利益契合点，以此推进贸易合作升级，培育产业的国际核心竞争力，实现在 WTO 框架下的国际贸易的多赢。

### 3. 深化区域对外开放

国际贸易和国际投资发展水平是衡量对外开放的重要指标，贸易与投资既相互促进又存在一定的替代关系。从中国的发展来看，外商直接投资促进了对外贸易规模的扩大、贸易商品结构的优化及贸易方式的多样化，而对外投资的发展对中国商品规避新贸易壁垒、减少交易成本、利用国外优势资源等具有积极意义。

黑龙江省对俄贸易连年增长，但其与俄罗斯的投资发展速度却非常缓慢。2006～2010 年，黑龙江省对俄投资均维持在 1% 左右的增长，没有大的突破②。同时，黑龙江省对俄投资主要集中于东部地区，投资领域以加工业、农作物种植、餐饮服务业等为主，这对促进其对俄劳务输出、规避俄罗斯高关税壁垒发挥了积极作用，然而相对黑龙江省对俄出口贸易的迅速发展而言，投资对贸易的带动能力有限。优化该省经济发展的硬件和软件环境，吸引俄罗斯投资，同时鼓励有实力的企业"走出去"，实现贸易与投资相互促进、相互带动、共同发展，是深化区域全面对外开放的重要途径，也是形成中俄区域发展的后发优势的必然之路。

---

① 《中俄经济工商论坛开幕》，新华网，2009 年 10 月 13 日。
② 根据历年黑龙江省商务厅计财处相关数据整理。

# 第七章
## "伞"型合作模式的逻辑起点

随着科学技术的不断发展，国际贸易的合作方式日益丰富。在中国东北老工业基地振兴战略与俄罗斯东部大开发战略的实施过程中，东北三省和俄罗斯东部地区以区域内企业为主体，以科技园区、技术合作中心为载体，以产业发展为平台，通过科技人才与技术设备流动、合作研究与开发、技术知识产权转让等多种合作方式，促进双方科技交流及技术、资金、劳动力等要素在区域内的合理配置，实现以技术贸易为先导的中俄产业互动发展，推动中俄地方国际化产业集群的建立。

## 一　黑龙江省对俄技术合作绩效分析

### （一）黑龙江省对俄技术合作的发展

黑龙江省与俄罗斯的技术合作始于 20 世纪 50 年代，时至今日基本经历了四个发展阶段。经过 20 世纪 60 ~ 70 年代的停滞时期，1988 年开始逐渐恢复，经过 90 年代的发展期后，随着两国战略性协作伙伴关系的建立，以及中俄双方技术合作环境和合作政策的不断完善，2000 年后黑龙江省与俄罗斯间的技术合作也逐渐走向更加务实、更加深化的阶段。

**1. 起始阶段（20 世纪 50 年代）**

黑龙江省与俄罗斯的技术合作始于 20 世纪 50 年代中苏两国政府间的援建计划。1949 年新中国成立之初，百废待兴，工业基础薄弱。1950～1952 年，中苏两国就苏联援助中国建设的工业重点项目达成协议，拉开了两国政府间技术合作的序幕。在国家重点建设东北地区工业基地战略的引导下，黑龙江省成为苏联援华项目的重要落户地之一，中苏两国政府合作框架下的黑龙江省与苏联的技术合作由此展开。

从技术合作规模看，这一阶段黑龙江省与苏联的技术合作在全国占有重要位置，在苏联援建中国的 156 个项目中，东北地区有 57 项，占项目总数的 36.5%，其中落户黑龙江省的有 22 项，占全国和东北地区的比重分别为 14.1% 和 38.6%。同时，黑龙江省得到了国家资金的大力支持，计划为 25.6 亿元人民币，占国家工业总投资的 10.3%①。从技术合作领域看，根据国家工业发展的需要，156 个项目主要分布在能源（煤炭、电力）、原材料（钢铁、有色金属、化学）、民用机械加工、国防、造纸等工业领域，而落户黑龙江省的 22 个项目也均集中在上述工业领域（详见表 7-1）。如果按建设的地区划分来看，有 1/3 的项目分布在哈尔滨市，为哈尔滨市发展成黑龙江省重要的工业城市奠定了基础。从技术合作的方式看，主要是苏联向中方无偿提供技术资料、成套设备和派遣专家，而且多数项目都是在几种方式共同作用下完成的。例如，1956 年在苏联专家帮助下建成的哈尔滨汽轮机厂，该厂 80% 以上的进口设备来自苏联，在投产后，苏联还提供了汽轮机产品的设计图纸。

这一阶段合作的主要特点是，双方的合作建立在两国稳定的政治关系基础上、政府间协议框架之下，以国家发展战略作为合作的基本出发点。总体来看，虽然受当时国内经济落后和科技能力缺乏等因素的约束，合作只限于工业领域，合作方式也相对单一，但通过该阶段的合作，黑龙江省不但基本形成了以大中型国有企业为支撑的工业体系，而且为双方今后的合作奠定了基础，提供了经验。

---

① http：//bbs. rednet. cn，2008 年 10 月 20 日。

表 7 - 1　20 世纪 50 年代苏联援华落户黑龙江省的 22 个项目

| 项　　目 | 项　　目 |
|---|---|
| 1. 哈尔滨电机厂 | 12. 佳木斯造纸厂 |
| 2. 哈尔滨汽轮机厂 | 13. 中国第一重型机械集团公司 |
| 3. 哈尔滨锅炉厂 | 14. 鹤岗兴安台 10 号立井 |
| 4. 哈尔滨轴承厂 | 15. 鹤岗东山 1 号立井 |
| 5. 哈尔滨伟建机器厂 | 16. 鹤岗兴安台洗煤厂 |
| 6. 哈尔滨东安机械厂 | 17. 鸡西城子河洗煤厂 |
| 7. 哈尔滨东北轻合金厂 | 18. 鸡西城子河 9 号立井 |
| 8. 哈尔滨量具刃具厂 | 19. 鹤岗兴安台 2 号立井 |
| 9. 电碳厂 | 20. 双鸭山洗煤厂 |
| 10. 电表仪器厂 | 21. 友谊农场 |
| 11. 阿城继电器厂 | 22. 齐齐哈尔钢厂 |

资料来源：http：//bbs. rednet. cn，2008 年 10 月 20 日。

20 世纪 60～70 年代，前期由于中苏关系的恶化，黑龙江省与苏联的技术合作基本终止。后期由于受中国"文化大革命"的影响，双方的技术合作也没有新的进展。在这 20 年中，建立在两国政府合作框架下的黑龙江省与苏联的技术合作进入了停滞阶段。

**2. 恢复阶段（20 世纪 80 年代后期至 90 年代中期）**

1988 年是黑龙江省与苏联技术合作的转折点。在这一年，双方不仅恢复了停滞多年的技术合作，而且合作渠道也由以国家间合作为主逐渐向地方政府与国家的合作，以及地方政府间的合作转变。1988 年 9 月，黑龙江省与苏联俄罗斯联邦签订了《中国黑龙江省和苏联俄罗斯联邦共和国西伯利亚及远东地区建立科技合作协议》，这是当时我国签署的第一个地方政府与苏联的技术合作协议[①]，为地方政府间建立技术合作关系提供了保障。1990～1992 年，黑龙江省还分别与俄罗斯的乌拉尔地区、新西伯利亚地区和远东地区的科研机构签订了技术合作协议。

20 世纪 90 年代初，中国政府提出了"官民并举，多渠道、多层次地

---

① 李剑峰：《黑龙江省和俄罗斯科技合作的历史追溯与理性思考》，《黑龙江社会科学》2004 年第 5 期。

开展以双引（引进技术、引进人才）为重点"的对俄罗斯技术合作的相关政策[1]。"官民并举，多渠道、多层次"的提出，反映了国家对以地方政府为主，提倡民间对外技术合作的支持。国家良好的政策环境改变了过去以政府为主导的合作层次，进一步支持和促进了民间技术合作的开展。

1988 年双方签订了优势互补的 7 个项目，重点涉及农牧畜业和冷冻土建设等领域；1990～1992 年，双方签订了 40 多个项目[2]，涉及农畜牧业、生物技术、化工、航空航天、环保、医疗卫生等领域。

双方科技交流活动的开展为深化技术合作奠定了基础。例如，20 世纪 90 年代初，黑龙江省组织省农科院、科学院对俄远东地区进行了访问，双方就合作项目签订了合作协议书，拓宽了合作领域。

这一阶段技术合作的主要特点为，地方政府与国家间、地方政府间的合作成为继国家间合作后新的合作层次，体现了以地方政府和民间组织为合作主体的合作形式。同时，不但合作规模开始逐渐扩大、合作领域不断拓宽，而且开始在高新技术领域的合作，合作方式也由过去援助性质的非商业性合作逐渐向商业性合作转变。

**3. 发展阶段（20 世纪 90 年代中期至 2000 年）**

1996 年 12 月，中俄双方建立了中俄总理定期会晤机制，下设总理定期会晤委员会、人文合作委员会和能源谈判代表会晤三大机制。1997 年，在中俄总理定期会晤委员会的框架下，双方成立了科技合作分委员会，该委员会的成立促进了双方在经贸各领域的务实合作。截至 1999 年 10 月，中俄双方签订的涉及机械、电子、航空航天、生物技术、新材料、能源等领域的项目共 288 项[3]。同时，中俄双方正努力将合作引向技术创新领域，推进科技成果的转化和实现高新技术的产业化。

在中俄技术合作机制逐渐完善和两国技术合作向产业化及技术创新发展的背景下，黑龙江省与俄罗斯的技术合作也逐渐向技术的产业化方向发

---

① 李凡：《黑龙江省对俄科技合作研究》，硕士学位论文，东北林业大学，2003。
② 李剑峰：《黑龙江省和俄罗斯科技合作的历史追溯与理性思考》，《黑龙江社会科学》2004 年第 5 期。
③ 李剑峰：《黑龙江省和俄罗斯科技合作的历史追溯与理性思考》，《黑龙江社会科学》2004 年第 5 期。

展。2000 年，中俄两国签署了《中华人民共和国科技部与俄罗斯联邦科技部关于在创新领域合作的谅解备忘录》①。根据两国政府的协议，中国将在俄罗斯建立"莫斯科中俄科技园"，经黑龙江省科技厅的努力，国家科技部同意由黑龙江省依托哈尔滨工业大学的莫斯科动力学院落实该项工作。同时，经中俄双方协商，在各国选出五个地方为科技创新中心，而哈尔滨市成为中方的五个"孵化器"之一（其他四个分别是北京市丰台区、江苏省无锡市、陕西省西安市和上海市）。

这一阶段技术合作的主要特点是中俄双方技术合作的机制逐渐完善，进一步推进中俄双方国家间和地方间、地方政府间以及民间的技术合作，黑龙江省与俄罗斯的技术合作正在向技术的产品产业化方向发展。

**4. 巩固阶段（2000 年以后）**

进入 21 世纪，随着中俄两国技术合作的不断推进，黑龙江省与俄罗斯的技术合作也朝更加务实的方向发展，即双方正积极努力实现技术的产业化。

为实现技术产业化的目标，黑龙江省建立了一个科技城、两个科技园和十三个不同领域的技术合作中心（详见表 7 - 2），这些机构多是以大学或科研院所为依托建立的。它们的功能是整合该省的科技人才资源与科研水平及科研条件，促进双方技术合作的开展，成为黑龙江省与俄罗斯技术合作规模发展的平台。截至 2007 年底，黑龙江省累计引进俄罗斯专家927 人次，翻译整理文字资料 2915 万字，引进储备俄方各类项目 1173项，孵化项目 99 项②。

表 7 - 2　黑龙江省对俄技术合作的"一城"、"两园"和"十三个中心"

| 名　　　称 | 名　　　称 |
|---|---|
| 一城： | 5. 黑龙江省中俄技术合作信息中心 |
| 哈尔滨市国际科技城 | 6. 黑龙江省中俄船舶与海洋技术合作中心 |
| 两园： | 7. 黑龙江省佳木斯市中俄技术合作中心 |

① 李剑峰：《黑龙江省和俄罗斯科技合作的历史追溯与理性思考》，《黑龙江社会科学》2004
　　年第 5 期。

② 黑龙江省科技厅，www.hljkjt.gov.cn。

| 名　　称 | 名　　称 |
|---|---|
| 1. 莫斯科市中俄科技园 | 8. 黑龙江省黑河市对俄科技交流与合作中心 |
| 2. 哈尔滨市对俄技术合作产业园 | 9. 黑龙江省中国－白俄罗斯化工与新材料合作中心 |
| 十三个中心： | 10. 黑龙江省对俄技术转移服务中心 |
| 1. 黑龙江省中俄技术合作及产业化中心 | 11. 黑龙江省中俄科技人才合作交流中心 |
| 2. 黑龙江省对俄农业技术合作中心 | 12. 黑龙江省中国－白俄罗斯机电工程合作中心 |
| 3. 黑龙江省对俄工业技术合作中心 | 13. 鸡西市中俄技术合作交流中心 |
| 4. 黑龙江省中乌技术合作中心 | |

资料来源：根据黑龙江省科技厅统计资料整理。

这些科技园和技术中心是继国家间、地方间技术合作渠道后的微观层面的合作形式，也是目前黑龙江省开展对俄技术合作的重要支撑体系。例如，黑龙江省对俄农业技术合作中心已成为全省对俄农业科技领域的合作主体，曾成功开展对俄"生物表面活化剂"项目、"超微粉种衣剂"项目、"俄罗斯大果沙棘引进"等多个项目的合作，而且很多技术已经成功推广到国内其他省份。

国家"振兴东北老工业基地"战略的提出，以及黑龙江省政府对俄经贸政策的引导与资金的支持，给黑龙江带来了新的历史发展机遇，目前其对俄技术合作已粗具规模。据不完全统计，2005～2007 年，黑龙江省引进、消化吸收和产业化的合作项目已达 300 多项①。有 55 个项目进入产业化阶段，96 个项目列入国家技术合作计划，获得国家支持资金 8100 万元，82 个项目列入黑龙江省对俄技术合作专项，累计创产值 16.359 亿元，实现社会经济效益 34.58 亿元②。

由于高新技术是影响当今经济竞争的重要因素，所以加强高新技术领域的合作已成为黑龙江省对俄技术合作的焦点。目前双方已成功开展在航空航天、生物技术等高新技术领域的合作。例如，哈尔滨工业大学通过引进专家和技术，已成功获得载人飞船设计、轨道空间站技术、登月技术、小卫星技术等尖端技术；黑龙江省农业技术合作中心也通过对技术的引

---

① 《黑龙江省已成为对俄科技合作桥头堡和蓄水池》，http://www.youth.cn，2008 年 9 月 3 日。

② 《为龙江喝彩——回顾改革开放 30 年科技成就》，黑龙江新闻网，2008 年 10 月 22 日。

进、消化后成功开发农业高新技术范畴的"生物表面活化剂"等技术，而且实现了产业化。

一直以来，"双引"（引进人才和引进技术并举）是黑龙江省对俄技术合作中最普遍采用的方式，而随着技术合作中心、科研机构、企业等逐渐参与技术合作，合作方式也逐步多样化。目前，在有科研机构参与的技术合作中，采用共同研究与开发的方式居多；在有企业参与的技术合作中，方式较灵活，主要有"双引"和合资合作等。可以看出，技术合作参与者的变化，影响着技术合作方式的选择。

这一阶段技术合作的主要特点是黑龙江省已拥有对俄技术合作的技术、人才、信息等方面的交流平台，双方联系更加紧密，已表现出"引进来"与"走出去"相结合的合作形式。合作领域逐渐拓宽，而且高新技术领域正在成为合作热点。合作渠道更加多样，由国家间、地方政府间合作向微观的科研机构间、企业间的合作转变，微观的科研机构、技术合作中心等逐渐成为技术合作的新主体。从规模的扩大、合作领域的拓宽以及合作方式的变化看，目前双方技术合作正在努力实现技术的产业化。

### （二）黑龙江省对俄技术合作的特点

在经济全球化和区域经济一体化的背景下，在我国对外开放政策和"振兴东北老工业基地"战略的引导下，始于 20 世纪 50 年代的黑龙江省对俄技术合作，经过几十年的发展，目前已表现出合作规模逐渐扩大、合作主体渐呈多元、合作方式日趋多样、合作领域不断拓宽等特点。

#### 1. 合作规模不断扩大

技术合作规模逐渐扩大主要表现为随着技术合作的不断推进，双方在不同历史阶段签订合作项目的数量逐渐增加。20 世纪 50 年代苏联援华 156 个项目中落户黑龙江省的有 22 个；1988 年，双方恢复技术合作之时，签订了 7 个合作项目；1990～1992 年，双方签订了 40 多个合作项目；据统计，2001～2007 年，双方引进、消化吸收和产业化的合作项目达 500 多项①。从 20 世纪 50 年代的 22 个项目，到 20 世纪 90 年代初平均每年的

---

① 《黑龙江省对俄罗斯科技合作亮点频现》，新华网，2005 年 6 月 15 日。

十几个项目，到 21 世纪的平均每年的近百个项目，我们不难发现，双方合作规模在逐渐扩大，而且从其各阶段的增幅看，2000 年后合作规模扩大的速度明显快于前几个发展阶段。

黑龙江省对俄技术合作规模的变化，与中国在不同历史时期采取的经济发展战略密切相关，特别是与中国对外开放政策和对外开放战略的变化联系密切。1992 年，黑龙江省被确立为我国内地的开放省份之一，从此其与俄罗斯的经贸合作开始进入了历史最好时期。21 世纪，国家提出了"科技兴贸"战略，2003 年末又提出了"振兴东北老工业基地"战略，使黑龙江省对俄技术合作进入了新的历史发展时期，对俄方技术的持续需求以及对俄技术合作平台的建立，使双方在科技领域的交流更加紧密，从而促进了双方技术合作规模的扩大。

**2. 合作主体多元化趋势明显**

技术合作主体多元化，主要指技术合作的参与者由合作之初的两国政府，逐渐增加地方政府、科研机构、大学、企业等，而且这些参与者的角色和作用不断发生变化，共同协调来促进双方技术合作的进程。

目前，中俄间的技术合作主要有国家层面的合作、地方（地区）层面的合作以及企业间的合作三种形式，合作的主体分别为政府、科研机构、大学和企业。伴随着我国市场经济体制的逐步建立，各经济主体开始拥有对外开放的自主权，因此在对俄技术合作中的经济主体，包括地方政府也开始变"被动"为"主动"，逐渐成为合作的主体。进入 21 世纪后，随着全省经济发展水平的逐步提高以及对俄经贸关系的稳步推进，对俄技术合作正在朝产业化方向发展，技术合作中心、科研机构、大学等开始以自身在人才和科研能力等方面的优势，通过引进专家、技术和共同研究等方式积极参与对俄技术交流。政府则提供政策支持和法律保障，为产品产业化的尽快实现提供政策条件。

**3. 合作方式渐显多样化**

技术合作方式日趋多样，一方面指双方已由最初的非商业性合作转变为商业性合作，另一方面指技术合作方式以单方的"引进"（引进专家、引进技术、引进成套设备）为主，逐渐发展为"引进来"与"走出去"相结合，以及双方共同参与的共同研究、合作开发等新方式。

改革开放后，随着我国经济的快速发展和科研能力的不断增强，我国更加注重建立自己的自主创新能力，因此，"引进来"、"走出去"和双方共同研究与开发等多种形式成为技术合作的新方式。黑龙江省亦如此，不仅继续努力实施技术的"引进来"，例如在工业领域的合作中，黑龙江化建容器设备有限公司就曾成功引进俄罗斯膜技术有限公司的膜技术及设备，而且还注重实现技术的"走出去"，例如哈药集团自 2003 年以来，已实现多种药品在俄方的注册。同时，代表双方共同参与的共同研究与开发，也成为双方技术合作方式的重要选择，例如黑龙江省化工院曾与俄罗斯科学院共同研发了高效环保的新型漂白剂。图 7－1 说明黑龙江省对俄技术合作方式的变化过程，即由最初的引进（专家、技术、设备）发展到目前的双方共同参与，最终将向以技术贸易方式为主的多样化合作方式发展。

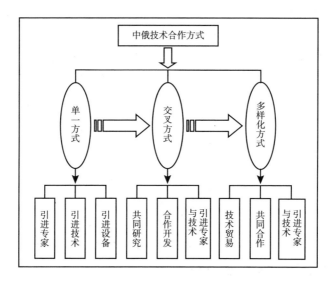

**图 7－1　中俄技术合作方式变化过程**

### 4. 合作领域拓宽已成趋势

合作领域不断拓宽，主要指双方技术合作领域逐渐由最初的工业领域向农林领域、医药领域、环保领域、高新技术等领域拓展，而且某些领域，如工业、农业领域的合作已取得长足进展。

在世界产业发展趋势的带动下，黑龙江省内一些支柱产业的发展初步形成了相对的比较优势，使对俄技术合作领域得到拓宽。以黑龙江省对俄工业技术合作中心2001～2005年引进的1700多个项目为例，这些项目涉及工业、农业、航空航天、环保、医药、生物、能源、物理与核能八大领域（详见表7－3）。

表7－3　黑龙江省对俄工业技术合作中心引进项目<br>分领域统计（2001～2005年）

单位：项

| 领　域 | 项目数 | 领　域 | 项目数 |
|---|---|---|---|
| 工业 | 776 | 生物 | 103 |
| 农业 | 200 | 物理与核能 | 150 |
| 航空航天 | 114 | 能源 | 140 |
| 医药 | 205 | 环保 | 50 |

资料来源：根据黑龙江省对俄工业技术合作中心资料整理。

从引进项目的具体分布情况看（如图7－2所示），主要以工业领域的项目为主，几乎占引进项目总数的一半；其次是农业领域和医药领域的项目，分别占总项目的11%和12%；生物、航空航天、能源、物理与核能领域的项目占总项目的比重均在10%以下，依次为6%、7%、8%和9%；环保领域的项目最少，只占总项目的3%。可见，合作领域的拓宽是在以工业为主要合作领域的基础上逐步展开的，这一进程与黑龙江省产业发展特点密切相关。

### 5. 重视引进技术的产品产业化

产品产业化是指黑龙江省通过与俄罗斯的技术合作，提高了企业的技术能力，使研制的最终产品走向市场。随着中俄两国技术合作向产业化和技术创新阶段的迈进，黑龙江省已注重实现产品的产业化，充分表明双方技术合作向更加务实的方向发展。

目前黑龙江省在探索产品产业化中，已取得很好的成绩，成功实现多个项目的产业化。如引进石油增产剂（НТЖ－3М）技术产业化后，其产品仅在我国东部地区的老油井中使用，第一年就销售300～500吨，第二

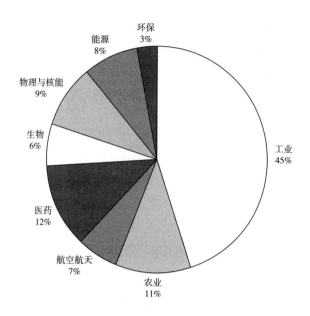

**图 7 - 2　黑龙江省工业技术合作中心引进俄项目的各领域分布情况**

资料来源：根据表 7 - 3 整理。

年就销售 1000 吨以上，具有可观的经济效益和广阔的市场前景。又如引进的铸铁管堆焊修复技术、高纯度电子特种气体制备产业化项目，从植物中提取紫杉叶素生产工艺及设备项目，引进液流热能发生器技术，实现机械能与热能高效转换等项目，产品产业化效果都十分明显。

**6. 注重引进实用性技术**

在由科研机构、企业、地方政府参与的技术合作中，引进实用技术成为各参与主体关注的焦点。在农业领域的合作中，黑龙江省农科院积极引进农作物的育种、种植处理、栽培、病虫害防治等实用性强的技术；在工业领域中，引进深层次开发风化煤资源项目、"伏尔桑"机械耐磨技术、烧结组合新型特殊粉末冶金技术、寒带开采含油污水的治理和石油污染水域的生态恢复技术项目等。这些技术的应用，降低了成本，提高了材料利用率，从而大大提高了企业的生产效率。

**7. 引进项目向高新技术集中**

在黑龙江省对俄技术合作的进程中，从最初只限于在工业领域以引进传统技术的合作为主，逐渐发展到目前的多领域、注重引进传统技术和高新技术并重的特点。以哈尔滨工业大学成功引进俄方先进的航空航天技术为代表，目前黑龙江省的企业、科研机构均在积极引进高新技术，如2001年成功引进的俄农业超轻飞机，加快了农业现代化的步伐。再如高纯度电子特种气体制备技术项目的引进，解决了我国急需的高纯度气体材料的国产化问题，填补了我国高纯度特种气体生产空白，打破了美国等西方国家的封锁和限制。自2000年以来，从黑龙江省对俄的技术合作项目中可以看出，高科技技术的引进数量年年递增，它代表了黑龙江省与俄罗斯技术合作的主要方向和发展趋势。

### （三）黑龙江省对俄罗斯技术合作的困扰

尽管黑龙江省对俄技术合作已取得显著的效果，但仍存在一些影响合作向纵深发展的因素。目前，双方合作中存在的制约因素，主要表现为技术的产业化速度较慢、缺乏企业的主体作用、合作方式较落后、缺乏资金和有效的激励机制等。

#### 1. 引进技术的产业化速度较慢

在黑龙江省对俄技术合作链条的形成过程中存在技术产业化速度较慢的问题，表现为在双方合作的科技项目中，能够实现产业化的项目占双方合作项目的比重较小。据不完全统计，2001～2005年，全省共收集俄罗斯及有关独联体国家科技成果2600多项，引进、消化吸收和产业化的合作项目220多项，已实现产业化的项目近30项[①]。可以看出，相对于可引进的俄罗斯的技术成果，黑龙江省对俄技术合作的规模较小，五年合作的项目总数不到俄罗斯可输出技术成果的9%，而实现产业化的项目也只占引进项目总数的13%。

影响黑龙江省对俄技术合作产业化发展速度的因素如下。第一，市场导向不明确。科研机构、对俄技术合作中心、大学等在全省对俄技术合作中起主体作用。从实际情况分析，这些机构的优势在于拥有专业技术人才，了解科学发展和工艺技术的水平，但不可否认的是，这样的专

---

[①] 《黑龙江省对俄罗斯科技合作亮点频现》，新华网，2005年6月15日。

业人才缺乏对市场信息变化的洞察力和实现产品产业化的经验，所以，就目前来看黑龙江省对俄技术合作缺少市场的导向作用。第二，对引进技术的消化、吸收能力有限。目前全省对俄技术引进、消化和吸收的规模仍很小，这直接影响了技术产业化的进程。第三，缺乏有效的合作监督机制。在专业化生产环节，目前省内的企业与科研机构还没有形成有效的合作机制，致使技术的产业化缺少能直接进行专业化生产的对口企业。

**2. 缺乏企业的主导作用**

企业作为微观经济的主体，以市场为导向组织生产，是技术产业化的重要载体和经济效益的直接实现者。因此，企业在对俄技术合作中应处于前沿和主导地位，它可根据市场需求变化，协调与科研机构的关系，确定对技术的引进、消化、吸收，并最终实现引进技术的产业化。黑龙江省在与俄罗斯的技术合作中，恰恰忽视了企业的主导作用，形成了企业与各种中介机构（合作中心等）作用的错位。

从浙江省巨化集团公司对俄技术合作的经验来看，企业在"让我做"到"我要做"的观念转变过程中，逐步发挥主导作用，并取得了巨大的成就。黑龙江省虽然也有一些企业直接参与对俄的技术合作，但与浙江巨化集团对俄技术合作相比，黑龙江省对俄技术合作的企业由于受资金等条件的限制，多局限于重视引进技术的短期效应，企业的主导作用受到了限制，无法与科研机构联合进行二次创新，导致企业和科研机构的优势资源没有得到充分利用。此外，省内优势产业中的一些大型企业，如装备制造业中的哈尔滨轴承厂等，虽然也是哈尔滨对俄合作产业园的一员，但是并没有像浙江巨化集团一样成为对俄技术合作的真正主体。如图7-3所示，在政府、科研机构、技术合作中心、企业参与的对俄技术合作中，政府以提供政策和法律保障为主，属于技术合作的"间接"参与者；科研机构和技术合作中心等直接与俄方进行技术交流，通过研究与开发等将引进的技术形成技术成果，最后技术成果由企业进行商品化和市场化。可以看出，在这种合作方式下，企业并未成为对俄技术合作的真正主体，而是相对被动地成为科研机构和技术合作中心的技术接收者。

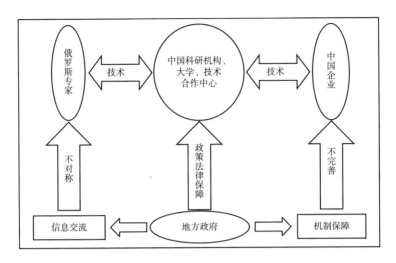

图 7-3 黑龙江省对俄技术合作主体关系

### 3. 合作方式较落后

技术合作方式主要包括技术贸易、合作研究、联合调查、合作开发、合办机构、人才交流等。目前，黑龙江省对俄技术合作方式主要以"双引"（引进人才和引进技术并举）、引进设备、合作研究、合作开发为主。合作形式虽然不少，但是这些合作方式都处于技术合作的互换方式阶段，作为技术合作的高级形式——技术贸易仍未得到有效的开展和利用。

目前双方技术贸易尚未得到有效开展，其原因可能来自以下两方面。第一，缺乏开展技术贸易的支撑平台。技术贸易是技术持有者和需求者建立的以技术使用权为标的的商业性贸易行为，强调双方共同参与，而目前黑龙江省较多关注俄罗斯的技术，俄方技术的持有者对中方的技术需求缺乏相应的了解，双方难以在同一平台上交流与合作。第二，缺乏利用技术贸易方式合作的创新理念。目前技术贸易的方式日益增多，应针对不同的交易目的、标的、交易者自身的条件等选择不同的交易方式，而黑龙江省缺乏将需求技术的特点、自身的条件以及技术贸易方式有效整合的制度保障，使很多较灵活的技术贸易方式得不到推广和应用。

### 4. 缺乏资金支持

从表 7-4 可以看出，黑龙江省研究与试验发展经费支出的绝对规模和相对规模都比较小，这表明其缺乏科技研发的资金支持，这将制约该省与俄共同研发项目的展开。

如图 7-4 所示，虽然 2001~2011 年黑龙江省的研发经费支出呈逐年上升趋势，而且 2006 年黑龙江省政府决定，每年从产业化专项资金中拨款 2400 万元，用于支持对俄合作项目①，但是研发经费支出占 GDP 的比重平均还是比较低，很多项目还处在实验和中试阶段，这些资金还是不足的。同时，黑龙江省对俄合作的资金支持与其对俄经贸"大省"的称呼也是不相符的，与浙江省对俄技术合作的研发经费相比，差距不小。2003年，浙江省在对俄科技合作项目签约仪式暨中俄科技合作论坛上，与俄方共签订了 36 个项目，总研发经费为 9690 万元，项目总投资为 9.75 亿元②。与此相比，黑龙江省对俄技术合作的规模还不够大。

表 7-4　2001~2011 年黑龙江省研发经费支出统计

单位：亿元，%

| 年份 | 研发经费支出 | GDP | 研发经费/GDP |
|---|---|---|---|
| 2001 | 20.10 | 3390.13 | 0.59 |
| 2002 | 23.30 | 3637.20 | 0.64 |
| 2003 | 32.70 | 4057.40 | 0.81 |
| 2004 | 35.35 | 4750.60 | 0.75 |
| 2005 | 48.89 | 5511.50 | 0.89 |
| 2006 | 57.00 | 6188.90 | 0.92 |
| 2007 | 66.00 | 7077.20 | 0.93 |
| 2008 | 86.70 | 3814.37 | 1.04 |
| 2009 | 109.20 | 8587.00 | 1.27 |
| 2010 | 123.00 | 10368.60 | 1.19 |
| 2011 | 128.80 | 12582.00 | 1.02 |

资料来源：根据 2001~2008 年和 2010~2011 年全国科技经费投入统计公报，2009 第二次全国科学研究与试验资源清查主要数据公报（第一号），2007 年黑龙江科技统计手册，2012 年《中国统计年鉴》整理。

---

① 《黑龙江推出新举措对俄重大科技项目银行贷款支持》，http：//news. sohu. com，2006 年 8月 25 日。

② 浙江省科学技术厅，http：//kjt. zjinfo. gov. cn，2006。

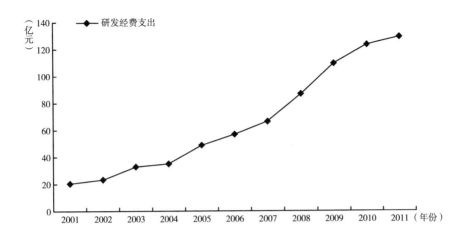

**图 7 - 4  2001～2011 年黑龙江省研发经费支出变动趋势**

资料来源：根据表 7 - 4 整理。

**5. 缺少机制保障**

目前黑龙江省对俄技术合作缺少科技创新机制和技术活动激励机制。目前还没有建立降低或避免对俄技术合作项目创新的风险防范体系。例如，政府给予企业降低税收、贷款优惠、鼓励企业建立创新合作关系等；政府给予科研机构人才和资金支持，增强科研机构的科技研发能力，从而增强企业和产业的竞争力，为选择行之有效的技术合作模式奠定基础。但对如何防范风险，尚无可遵循的规章制度。目前也没有建立有效的信息交流平台，双方企业还没有形成定期进行技术信息交流的制度，以促进双方企业间的紧密合作。缺少激励机制主要体现为，当企业引进俄罗斯技术或输出技术时，无论成功与失败，政府都没有完善的激励机制。

**6. 缺少高科技领域的专业人才**

从黑龙江省地方国有企业、事业单位五大类专业技术人员（工程技术人员、农业技术人员、卫生技术人员、科学技术人员、教学人员）的构成和变化来看，科学技术人员的规模较小，而且在技术人员中所占比重也很低，如表 7-5 所示。

表 7 - 5　2001~2007 年黑龙江省地方国有企、事业单位技术人员情况

单位：人

| 年份 | 工程技术人员 | 农业技术人员 | 卫生技术人员 | 科学技术人员 | 教学人员 | 总计 |
|---|---|---|---|---|---|---|
| 2001 | 175644 | 29905 | 132167 | 5069 | 394674 | 737459 |
| 2002 | 158157 | 29564 | 130269 | 5047 | 393502 | 716539 |
| 2003 | 155432 | 30731 | 132671 | 5694 | 391876 | 716404 |
| 2004 | 127635 | 28149 | 123452 | 3251 | 357853 | 640340 |
| 2005 | 118318 | 28008 | 132515 | 6244 | 367913 | 652998 |
| 2006 | 115626 | 28653 | 130183 | 7043 | 378329 | 659834 |
| 2007 | 116311 | 32285 | 137244 | 7448 | 384827 | 678115 |

资料来源：根据 2007~2008 年黑龙江省科技统计手册整理。

　　如图 7 - 5 所示，虽然除 2004 年科学技术人员出现下降外，其他各年均呈上升趋势，从 2001 年的 5069 人，增加到 2007 年的 7448 人，增加了 2379 人，但其平均增速却很慢，平均每年只增加 397 人。而对于科技领域的人才需求来说，掌握高科技技术的人才还十分缺乏。所以在与俄罗斯进行的技术合作中，结构性人才缺乏的现象仍十分严重。

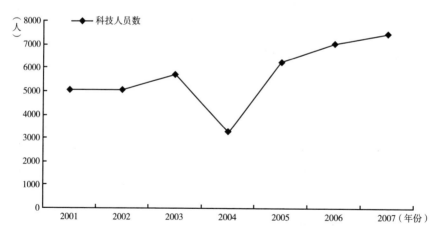

图 7 - 5　2001~2007 年黑龙江省科技人员变动趋势

资料来源：根据表 7 - 5 整理。

　　回顾黑龙江省对俄技术合作的历程，可以看出，目前双方已基本具备技术合作的内外部条件，但从长期合作来看，仍存在一些不尽如人意的地

方。所以如何凭借主客观优势，制定符合黑龙江省对俄技术合作实际的发展战略，构建切实可行的合作新模式，有效满足对俄罗斯技术的不断需求，是推进黑龙江省对俄技术合作战略升级的关键问题。

## 二 吉林省对俄技术合作绩效分析

吉林省位于中国东北地区中部，俄罗斯是吉林省对外经济技术合作的重要伙伴之一，双方的技术合作始于 20 世纪 50 年代，经过几十年的发展，技术合作已成为中俄双方经济贸易合作的重要组成部分。

### （一）吉林省对俄技术合作的发展

吉林省与俄罗斯的技术合作可以追溯到 20 世纪 50 年代，后经过60～70 年代的停滞阶段，80～90 年代中期的恢复阶段，90 年代后期进入过渡发展阶段，2000 年后走向务实的产业化发展阶段。

20 世纪 50 年代，在国家重点建设东北地区工业基地战略的引导下，吉林省成为苏联援华项目的主要落户地之一，中苏两国政府合作框架下的吉林省与苏联的技术合作从此展开。

从技术合作规模看，在苏联援建中国的 156 个项目中，落户吉林省的有 11 项，占全国和东北地区的比重分别为 7.1% 和 19.3%。吉林省与苏联技术合作规模小于黑龙江省与苏联的技术合作规模，落户吉林省的项目总数只占黑龙江省的一半。从技术合作领域看，11 个援建项目主要分布于汽车、化工、煤炭等重工业领域，如长春第一汽车制造厂、中国石油吉林石化公司、吉林染料厂、吉林化肥厂。这主要与当时国家在东北地区建立工业基地的战略有关，同时推动吉林省工业成为我国工业的重要组成部分。从技术合作方式看，与苏联援建黑龙江省的方式基本一致，主要为苏联向中方无偿提供技术资料、成套设备和派遣专家。

以中苏两国稳定的政治关系为基础，吉林省与苏联的技术合作在两国政府技术合作框架下顺利开展。与苏联的技术合作，不仅推进了我国东北工业基地的建设，而且为吉林省经济发展奠定了工业基础。如长春第一汽车制造厂的建成，不仅满足了当时我国汽车生产的需要，而且经过几十年的发展,在长春一汽的带动下,汽车工业发展已成为吉林省的支柱产业。

20 世纪 60~90 年代中期这一阶段,吉林省与俄罗斯的技术合作进程与两国合作基本吻合。具体又可分为:60~70 年代的停滞阶段,主要受中苏关系恶化的影响,建立在两国政府合作框架下的吉林省与苏联的技术合作进入了停滞阶段;80~90 年代中期,中俄两国经贸合作关系改善,国家对以地方政府为主体开展对外技术合作的支持,为吉林省与俄罗斯开展以地方政府、科研机构为主体的技术合作指明了方向。

1996 年,中俄总理定期会晤机制建立,并在此框架下成立了技术合作分委员会,中俄双方技术合作机制不断完善。在这样的背景下,20 世纪 90 年代中期至 2000 年,吉林省对俄技术合作逐渐走向产业化的务实发展阶段。

2000 年至今,吉林省与俄罗斯在科技领域的交往愈加频繁,双方技术合作正有序展开。吉林省通过不断引进俄罗斯专家,实现对俄方技术的引进。据统计,2000~2005 年吉林省共聘请俄罗斯专家 183 人次,参与涉及农业、化工、制药、电子等领域的科学技术项目 61 项[1]。

为了推进以项目为依托,通过整合中俄双方科技资源,实现科技成果产业化的进程,吉林省与中国科学院合作,联合俄罗斯西伯利亚科学院和独联体国家于 2006 年 9 月建立了长春中俄科技园。长春中俄科技园的建立对吉林省与俄罗斯的技术合作起到了极大的推动作用。据不完全统计,长春中俄科技园成立不到一年就组建了中俄菌类联合实验室,孵化和吸引入驻企业 5 户,组织中俄科学家、企业家互访 80 人次,协助科研单位与企业申报政府技术合作项目 9 项、在孵项目 10 余项[2]。几年的发展使长春中俄科技园逐渐成长为吉林省对俄技术合作的信息交流平台和科技成果转化中心。2009 年 1 月,长春中俄科技园成为首批"国家级国际联合研究中心",这有助于吉林省乃至我国发挥科技力量,吸引俄罗斯技术和人才,推进吉林省与俄罗斯的合作研究,促进科技成果的产业化。

---

① 王晓峰:《吉林省引进俄罗斯智力资源的现状与对策》,《人口学刊》2006 年第 4 期。
② 《长春中俄科技园——院地合作开花结果》,《中国高新技术产业导报》2007 年 6 月 25 日。

### （二）吉林省对俄技术合作的特点

随着技术在经济发展中作用的凸显，技术要素的跨国流动成为世界经济发展的重要特征。在此背景下，经过几十年发展的吉林省对俄技术合作已表现出合作主体逐渐多元化、合作方式由"无偿"向"有偿"转变、合作领域不断向高新技术领域拓宽和注重推进"政产学研"的综合发展的特点。

**1. 合作主体逐渐多元化**

随着吉林省与俄罗斯技术合作的发展，技术合作主体逐渐多元化，地方政府、科研机构、大学、企业逐渐加入合作主体的行列。

20 世纪 50 年代，吉林省与苏联的技术合作是在两国政府间合作框架下展开的，合作的主体为两国政府；20 世纪 80 年代，伴随着我国市场经济体制的逐步建立，各经济主体开始拥有对外开放的自主权，因此包括吉林省在内的各地方政府开始成为对俄技术合作的主体；2000 年后，中俄两国技术合作进入产业化发展阶段，吉林省的科研机构、大学、企业等开始发挥各自的科研、生产优势，通过引进专家、技术和共同研究等方式积极参与对俄技术合作，逐渐成为全省对俄技术合作的主体。如吉林大学通过引进俄方专家，成功研制了泡沫增压器，设计出了泡沫浅孔锤；吉林农业大学聘请俄罗斯专家，实现了俄专家对全省蓝莓栽培与种植技术的指导。

**2. 合作方式由"无偿"向"有偿"转变**

技术合作方式由"无偿"向"有偿"转变，主要是指吉林省由最初的通过依靠俄方无偿援助获得技术，逐渐变为双方各自以获得既定利益为目的的商业性合作。具体分析，合作方式由最初的无偿引进人才和技术（"双引"）为主，逐渐增加了双赢性质的共同研究、合作开发、合办机构等多种方式。

20 世纪 50 年代，在苏联专家的帮助下，以长春一汽和吉林石化公司等为代表的一批重点项目落户吉林省。目前，能体现技术合作互补优势的共同研究与合作开发成为吉林省对俄技术合作的主要方式。如吉林省与俄罗斯农科院共同研究的"蔬菜病虫害生物防治技术研究与开发"项目；白城市林科院与俄罗斯科学院达成协议，决定共同建立白刺研究中心。

**3. 合作领域不断向高新技术领域拓宽**

目前，吉林省与俄罗斯的合作领域不断拓宽，逐渐由最初的工业领域向农林、生物制药、高新技术等领域拓展。同时，高新技术以其较高的经济效益成为双方技术合作的焦点。

20 世纪 50 年代，苏联援华落户吉林省的项目均集中在工业领域。20世纪 80 年代后，伴随我国改革开放的逐步推进，各地区对外技术合作的着眼点更体现了本地区经济发展的特点，吉林省将对外技术合作的领域锁定在生物制药、农业生态、高新技术电子信息等领域。目前，吉林省与俄罗斯的技术合作领域也不断朝上述领域拓展。如在生物制药领域，吉林省与俄罗斯科学院、乌克兰科学院、基辅大学合作研究生物制药、无公害农药和病毒免疫技术；在高新技术领域，长春方圆光电技术有限责任公司通过聘请俄罗斯专家来指导指纹生物识别技术的开发，解决了指纹识别系统关键技术问题。

**4. 注重推进"政产学研"的综合发展**

"政产学研"综合发展具体体现为：吉林省以长春中俄科技园为平台，由政府牵头，通过举办项目展示会、洽谈会等为企业提供技术合作信息，政府还给予企业政策、资金、技术等支持，同时注重发挥省内科研机构和大学的科技潜力，以项目为纽带，实现同俄方的共同研究与开发。

为吸引企业入驻科技园，充分发挥企业的生产能力，吉林省政府决定实行园区企业税收返还政策，优惠税收额用于园区建设和管理。长春市科技局规定，凡入驻中俄科技园的企业在申请长春市科技项目时将给予优先支持①。长春中俄科技园鼓励中俄双方开展联合研究与开发，在其推动下，长春应用化学研究所与俄罗斯西伯利亚分院就共同组建中俄稀土功能材料联合实验室达成了一致意见。

---

① 《长春中俄科技园——院地合作开花结果》，《中国高新技术产业导报》2007 年 6 月 25 日。

### （三）吉林省对俄技术合作的困扰

尽管在国家和吉林省政府的共同努力下，近年来吉林省与俄罗斯的技术合作有了较快的发展，但仍存在一些影响双方合作向更深层次迈进的因素，主要表现为缺乏企业的主导作用、技术合作方式较落后、缺乏资金支持和信息交流平台等。

**1. 缺乏企业的主导作用**

企业作为微观经济的主体，是科技成果产业化的重要载体。因此，在由政府、科研机构、大学、企业组成的对俄技术合作主体中，企业应在市场的导向下，协调与科研机构的关系，有计划、有目的"主动"开展对俄技术合作。目前吉林省与处于全国对俄技术合作前列的黑龙江省一样，科研机构、大学等发挥了主导作用，而企业却处于相对"被动"的状态。

从吉林省对俄技术合作情况分析，以吉林大学、吉林农业大学与科研机构为主体的技术合作项目居多，如长春中俄技术合作园成立之初与俄方签订的四个合作项目的主体均为科研院所。

**2. 技术合作方式较落后**

与黑龙江省对俄技术合作方式相似，目前，吉林省对俄技术合作也主要以引进人才、引进技术、合作研究、合作开发等方式为主，但技术贸易所占比重较小，未得到充分开展和有效利用。

**3. 科技投入资金较少**

研究与试验发展（研发）经费支出和研发所占 GDP 的比重能够反映一国（或地区）的科技研发能力。与黑龙江省的研发经费支出相比，2002～2004 年吉林省的支出额要大于黑龙江省，但是 2004 年之后的支出额要小于黑龙江省，并且支出额增长幅度小于黑龙江省。

如图 7－6 所示，虽然 2001～2011 年吉林省的研发经费支出除 2010 年外总体呈上升趋势，而且研发经费支出总额也由 2001 年的 16.5 亿元增加到 2011 年的 89.1 亿元（详见表 7－6），增加了 72.6 亿元。但是研发经费支出占 GDP 的比重仍很低，2004 年的这一比值最高也仅为 1.14%，与发达国家保持科技潜力的 2%～3% 的标准还存在较大差距，这将直接影响其在东北地区的对俄技术合作竞争力。

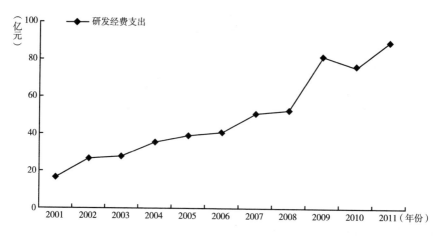

**图7-6 2001~2011年吉林省研发经费支出变动趋势**

资料来源：根据表7-6整理。

**表7-6 2001~2011年吉林省研发经费支出统计**

单位：亿元，%

| 年份 | 研发经费支出 | GDP | 研发经费/GDP |
|------|------|------|------|
| 2001 | 16.5 | 2120.35 | 0.78 |
| 2002 | 26.4 | 2348.54 | 1.12 |
| 2003 | 27.8 | 2662.08 | 1.04 |
| 2004 | 35.5 | 3122.01 | 1.14 |
| 2005 | 39.3 | 3620.27 | 1.09 |
| 2006 | 40.9 | 4275.12 | 0.96 |
| 2007 | 50.9 | 5226.08 | 0.97 |
| 2008 | 52.8 | 6426.10 | 0.82 |
| 2009 | 81.4 | 7278.75 | 1.12 |
| 2010 | 75.8 | 8667.58 | 0.87 |
| 2011 | 89.1 | 10568.83 | 0.84 |

资料来源：根据2001~2008年和2010~2011年全国科技经费投入统计公报，2009年第二次全国科学研究与试验资源清查主要数据公报（第一号），2012年《中国统计年鉴》整理。

#### 4. 缺乏信息交流平台

缺乏信息交流平台体现在两方面：第一，吉林省与俄罗斯还没有建立有效的信息沟通机制，双方的技术交流尚处于随机状态，不利于双方开展长期的合作；第二，吉林省内尚未建立对俄技术合作的信息交流体系，致使省内企业难于及时了解俄罗斯的技术信息，制约了双方技术合作的顺利开展。

## 三 辽宁省对俄技术合作绩效分析

辽宁省是东北地区唯一的沿海省份。改革开放后，辽宁省凭借其优越的地理位置，成为东北地区经济的重要组成部分。在辽宁省的对外开放过程中，俄罗斯是其重要的经济技术伙伴之一，双方的技术合作始于"一五"时期，随着技术在经济发展中作用的日益凸显，技术合作成为双方经济技术合作的重要内容。

### （一）辽宁省对俄技术合作的发展

"一五"（1953～1957 年）时期的苏联援华行动拉开了中苏两国技术合作的序幕，两国政府合作主导下的辽宁省与苏联的技术合作也由此展开。此后，双方技术合作经历了 20 世纪 60～70 年代的停滞阶段，80～90 年代中期的恢复阶段，90 年代后期进入过渡发展阶段，2000 年后步入务实的产业合作阶段。

"一五"（1953～1957 年）时期，辽宁省是苏联援华项目的重要落户地之一。从技术合作规模看，苏联援建辽宁省 24 个项目，多于黑龙江省的 22 项和吉林省的 11 项，占全国援建项目的 15.4%，占东北地区援建项目的 42.1%。从技术合作涉及的领域看，多集中于能源、机械等工业领域（详见表 7－7）。从这些项目的地区分布看，主要集中于沈阳、抚顺、阜新、大连和鞍山等地，其中落户项目居多的是其省会沈阳市和能源城市抚顺，分别为 6 项和 7 项，占项目总数的 25% 和 29%。

20 世纪 60～90 年代中期，辽宁省与俄罗斯的技术合作处于不稳定状态。20 世纪 60～70 年代，双方技术合作受两国关系的影响进入停滞阶段。20 世纪 80 年代末，随着两国经贸合作的全面展开，辽宁省与俄罗斯的技术合作也逐渐进入恢复阶段。

表 7-7　20 世纪 50 年代苏联援华落户辽宁省的 24 个项目

| 项　　目 | 项　　目 |
|---|---|
| 1. 沈阳第一机床厂 | 13. 大连第二发电厂的增容 |
| 2. 沈阳第二机床厂 | 14. 大连造船厂改建扩建 |
| 3. 沈阳航空工业学院 | 15. 大连热电厂 |
| 4. 沈阳风动工具厂 | 16. 抚顺老虎台煤矿 |
| 5. 沈阳电缆厂 | 17. 抚顺胜利矿刘山竖井 |
| 6. 沈阳飞机制造公司 (原称——二厂) | 18. 抚顺龙凤矿竖井的新建扩建 |
| 7. 鞍山钢铁公司 | 19. 抚顺石油二厂 |
| 8. 本溪钢铁公司的扩建 | 20. 抚顺铝厂 |
| 9. 阜新新丘竖井 | 21. 抚顺发电厂 |
| 10. 阜新平安竖井 | 22. 抚顺东露天矿 |
| 11. 阜新发电厂 | 23. 杨家杖子钼矿 |
| 12. 阜新海州露天煤矿 | 24. 四一〇厂 |

资料来源：辽宁省政府网，2009 年 9 月 6 日。

20 世纪 90 年代中期至 2000 年，中俄两国技术合作机制不断完善，这为辽宁省与俄罗斯的技术合作逐步走向稳定发展奠定了基础。

2000 年至今，辽宁省与俄罗斯的技术合作稳步地朝务实的产业合作阶段推进。这一阶段，辽宁省非常重视与俄罗斯在科技领域的交流，通过举办展览会、项目接洽会等促进双方企业对技术供求信息的了解，实现技术合作项目的对接。如辽宁省曾在 2002 年举办俄罗斯高新技术展览会；2005 年在俄罗斯举办沈阳科技项目推介洽谈会；2006 年在沈阳举办中俄仪器仪表领域技术合作项目对接洽谈会。技术转化是实现技术合作的重要环节之一，大连市的对俄技术合作更多地关注对引进技术的转化，而且已走在全省的前列。2001 年大连市科技局成立大连市俄罗斯技术转化中心，而且大连市科技局每年投入 200 多万元用于支持对俄技术合作项目[①]。

## （二）辽宁省对俄技术合作的特点

由最初的接受苏联的无偿援助到现在的商业性合作，经过多年的发展，

---

① 刁秀华：《大连与俄罗斯东部地区的科技合作走势》，《俄罗斯中亚东欧研究》2008 年第 9 期。

辽宁省与俄罗斯的技术合作已表现出企业发挥主导作用、合作方式更加灵活、关注技术成果的转化以及合作由能源城市向沿海城市转移等特征。

**1. 企业发挥主导作用**

与黑龙江、吉林两省以科技园、技术合作中心、科研机构、大学等起主导作用不同，辽宁省在对俄技术合作中，企业发挥了主导作用。主要体现为，企业以市场需求为导向，根据对技术需求的特点直接引进俄方先进技术。与黑龙江、吉林两省相比较，以企业为主导的辽宁省技术合作可以避免技术的重复引进以及促进对引进技术的转化，如大连动静科技有限公司从俄罗斯引进了世界领先的等离子体污水处理技术，并与大连市的高校合作进行转化，现已推广应用①。

**2. 合作方式更加灵活**

技术合作的方式有许多种，既包括非商业性质的无偿援助，如20世纪50年代苏联对中国的援助，又包括目前国际上应用最多的商业性质的合作，如技术贸易等。

目前辽宁省与俄罗斯的技术合作方式较20世纪50年代更为灵活，主要以商业性质的合作为主，包括引进人才、引进技术、合作研究、技术贸易等。如辽宁省盘锦振奥化工有限公司与俄罗斯 YARSINTEZ 研究院曾就丁基橡胶技术签订转让合同；2002年，大连市淡宁实业有限公司与俄罗斯科学院固体物理研究所就精细加工和购置材料合作项目进行了洽谈；大连市现代高新技术发展有限公司与新西伯利亚和物理研究所就合作生产、经营工业加速器签订了协议。

**3. 关注高新技术领域的合作**

随着辽宁省与俄罗斯的技术合作向产业化阶段的迈进，双方合作的领域也在不断拓宽，在产业结构调整中发挥重要作用的高新技术无疑成为双方合作的重点。

为加强与俄罗斯在高新技术领域的合作，推进高新技术成果的转化，2004年大连市建立了高新技术转化基地。该基地已成功从俄罗斯科学院西伯利亚分院引进定影废液再生及银离子智能电化学回收设备、多功能超

---

① 刁秀华：《大连与俄罗斯东部地区的科技合作走势》，《俄罗斯中亚东欧研究》2008年第9期。

音速冷喷涂智能装置、绿色高强度阻燃人造稻壳板制备技术等①。同时，一些大学也锁定了俄罗斯的高新技术，积极开展与俄方在该领域的合作研究，如大连理工大学和俄罗斯托木斯克理工大学联合成立了中俄纳米技术研发中心。

**4. 由能源城市向沿海城市转移**

根据辽宁省内各地区参与对俄技术合作情况的分析，与 20 世纪 50 年代技术合作项目集中于能源城市有所不同，沿海城市正在成为技术合作的主角。

20 世纪 50 年代，苏联援华落户辽宁省的 24 个项目多集中分布在阜新、抚顺等能源城市，其中阜新为 4 项、抚顺为 7 项，两城市的项目数约占全省项目总数的 46%，而沿海城市大连仅为 3 项，约占全省项目总数的 13%。目前，沿海城市大连已成为辽宁省对俄技术合作的主力军，不论是政府机构还是大学、企业都在积极开展对俄技术合作，如大连科技局加大了对俄技术合作的资金支持力度，大连理工大学与俄方研究机构合建研究中心，很多企业纷纷引进俄方技术，推进科技成果产业化等，这均证明沿海城市大连在全省对俄技术合作中具有重要作用。

### （三）辽宁省对俄技术合作的困扰

虽然辽宁省与俄罗斯的技术合作经过多年发展已经取得一些成绩，但技术合作层次较低、缺少政策和机制保障、科研经费短缺等问题仍制约双方技术合作向更深层次发展。

**1. 技术合作层次较低**

辽宁省与俄罗斯的技术合作并未全面展开，双方技术合作的潜力没有得到挖掘，合作层次仍处于较低水平。技术合作规模较小，对调整产业结构具有重要作用的战略性大项目偏少；技术合作主体较单一，与黑龙江和吉林两省相比，辽宁省科研院所、大学等科研机构的优势并未得到真正体现。技术合作方式较落后，技术合作的高级形式——技术贸易的多种灵活方式（许可贸易、技术咨询、技术服务等）仍未得到有效的开展和利用。

---

① 刁秀华：《大连与俄罗斯东部地区的科技合作走势》，《俄罗斯中亚东欧研究》2008 年第 9 期。

## 2. 缺少政策和机制保障

目前辽宁省还没有针对引进俄罗斯技术、人才方面的优惠政策，这将制约其对俄技术合作的开展。同时，辽宁省与俄罗斯缺少投资保护与争端仲裁机制，知识产权保护机制不够健全①。技术贸易强调要保护技术转让方对技术的所有权，而知识产权保护机制不健全将限制辽宁省与俄罗斯开展技术贸易，制约双方技术合作向更深层次发展。

## 3. 科研经费相对短缺

辽宁省的科研经费相对短缺主要指研发经费与 GDP 比值相对较低，从而影响其引进俄罗斯技术和实现引进技术产业化的步伐，这一比值为 2%～3% 被认为是保持科技潜力的基本要求。虽然 2001～2007 年，辽宁省研发经费支出绝对额高于黑龙江和吉林两省，而且支出总额也由 2001 年的 53.9 亿元增加到 2011 年的 363.8 亿元（详见表 7 – 8、图7 – 7），增加幅度较大，但是研发经费与 GDP 的比值还比较小。

表 7 – 8　2001～2011 年辽宁省研发经费支出统计

单位：亿元，%

| 年份 | 研发经费支出 | GDP | 研发经费/GDP |
|---|---|---|---|
| 2001 | 53.9 | 5033.08 | 1.08 |
| 2002 | 71.6 | 5458.22 | 1.31 |
| 2003 | 83.0 | 6002.54 | 1.38 |
| 2004 | 106.9 | 6672.00 | 1.60 |
| 2005 | 124.7 | 8009.01 | 1.56 |
| 2006 | 135.8 | 9251.15 | 1.47 |
| 2007 | 165.0 | 11021.70 | 1.50 |
| 2008 | 189.1 | 13668.58 | 1.41 |
| 2009 | 232.4 | 15212.49 | 1.53 |
| 2010 | 257.5 | 18457.27 | 1.56 |
| 2011 | 363.8 | 22226.70 | 1.64 |

资料来源：根据 2001～2008 年和 2010～2011 年全国科技经费投入统计公报，2009 年第二次全国科学研究与试验资源清查主要数据公报（第一号），2012 年《中国统计年鉴》整理。

---

① 刁秀华：《大连与俄罗斯东部地区的科技合作走势》，《俄罗斯中亚东欧研究》2008 年第 9 期。

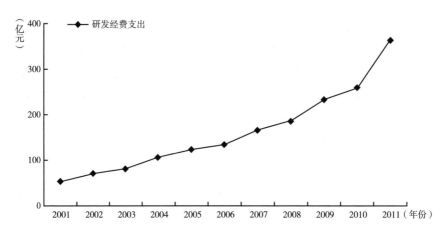

**图7-7 2001~2011年辽宁省研发经费支出变动趋势**

资料来源：根据表7-8整理。

#### 4."政产学研"缺乏配合

在由政府、科研院所、大学、企业共同组成的技术合作主体中，只有以企业为主导，积极协调各参与者的关系，发挥各主体的优势，才能促进技术合作的长远发展。目前辽宁省的对俄技术合作中，政、产、学、研部门相对较独立，缺乏有效的配合，存在科技成果转化率低、技术重复引进和科技资源浪费等问题。

## 四 中俄区域技术合作升级模式的逻辑论证

中国东北三省同俄罗斯多数地区都存在技术合作的关系，而俄罗斯东部地区更是中国东北三省对俄技术合作的重点区域。中俄区域技术合作升级模式是指中国东北三省与俄罗斯东部地区在目前技术合作的基础上，以技术贸易为先导促进产业合作，从产业发展的角度把握双方技术合作的方式、方法，从理论和实践上论证产业发展的需求是中俄区域技术合作的原动力。中俄区域技术合作必须以产业为依托向纵深发展，在技术贸易和产业合作的互动系统中，形成双方的互相支撑、共同发展，把中俄区域合作提升到一个新的高度，以此来促进中俄地方国际化产业集群的建立。

### （一）中俄区域技术合作升级的内涵

中俄区域技术合作升级意在强调双方应突破目前合作所处的低层次状态，在技术合作运行动力的推进下，实现促进中俄区域经济合作的目的。以实现依托俄罗斯东部地区的先进技术促进东北三省产业结构优化升级与增强技术创新能力为目标，从推进双方产业的互动发展出发，创新技术合作方式，发展产业集聚和促进产业集群的形成，为培育中俄区域增长极提供动力。

东北三省与俄罗斯东部地区的技术合作升级应表现为以产业合作为平台，以科研机构、大学、专家和企业等为技术合作主体，通过创新技术合作方式，不仅实现东北三省产业结构优化升级的目标，而且为中俄区域产业互动合作提供技术支撑与合作可能，进而培育中俄区域的增长极。

首先，产业发展是经济增长的基础，技术进步与产业发展又是相辅相成、互相促进的关系。科技成果只有通过产业化才能转化为生产力，成为促进经济增长的主导力量；技术进步又是产业结构升级的重要推动力，通过技术创新促进产业结构的优化升级。在中国东北地区与俄罗斯东部地区的技术合作中，技术将通过产业间的关联作用发挥辐射作用，提高中俄相关产业的融合度，促进双方产业的互动发展，为建立中俄地方国际化产业集群提供技术支撑。

其次，科研机构和大学作为东北区域创新体系的重要组成部分，是区域科技进步的技术源泉，将成为技术合作中技术生产与传播的载体。企业作为微观经济的主体，在市场机制的作用下，为实现通过提高生产技术水平和产品创新带来超额利润的目标，会表现出对生产工艺和新科技成果的需求，与此同时，企业还能为基础研究知识向具体应用的转化提供专有技术人员和制造设备等。

最后，创新技术合作方式不仅是实现技术要素流动的关键环节，而且是发挥技术要素在经济中的主导作用与优化区域内资源配置的重要途径。由于经济因素是技术合作的根本动因，所以，从宏观层面分析，中俄技术合作方式的选择应把双方科技资源与产业统一为整体，以能增强区域产业竞争力并促进双方经济共同发展为基本方向；从微观层面分析，技术合作方式的选择要体现优势互补与优势加强型的产、学、研的协同发展。

### （二）中俄区域技术合作升级的必要性

#### 1. 东北三省产业结构优化升级的选择

需求资源（NR）关系理论即需求（包括各领域、各方面、各层次的需求）与资源（包括人才、资本、设备、信息等）关系理论认为，一国或地区的需求与资源是很难相吻合的，这种不相吻合的关系制约一个国家或地区的经济发展。随着东北老工业基地振兴战略的实施，东北三省产业结构优化升级表现出对技术的需求，而目前东北三省研究与开发投入不足、技术产出较小等问题（详见表7-9）使这一地区的NR出现了不平衡，制约这一地区的经济发展。解决这一问题的主要途径就是依靠本地区的技术革新或引进国外先进技术。自身科技发展水平相对落后，且现阶段与俄罗斯东部地区的技术合作又难以实现产业结构优化升级，这就要求东北三省依托与俄罗斯东部地区的地缘优势，从产业结构优化升级对技术的需求出发，在技术合作方式上实现突破，积极开展能发挥优势互补特点的

表7-9  2001~2011年东北三省研发经费支出统计

单位：亿元，%

| 年份 | 研发经费支出 | GDP | 研发经费/GDP |
|------|------|------|------|
| 2001 | 90.5 | 10543.56 | 0.86 |
| 2002 | 121.3 | 11443.96 | 1.06 |
| 2003 | 143.5 | 12722.02 | 1.13 |
| 2004 | 177.8 | 14544.61 | 1.22 |
| 2005 | 212.9 | 17140.78 | 1.24 |
| 2006 | 233.7 | 19751.19 | 1.19 |
| 2007 | 266.8 | 23324.98 | 1.14 |
| 2008 | 329.60 | 28409.05 | 1.16 |
| 2009 | 423.00 | 31078.24 | 1.36 |
| 2010 | 486.30 | 37493.45 | 1.30 |
| 2011 | 581.70 | 45377.53 | 1.28 |

资料来源：根据2001~2008年和2010~2011年全国科技经费投入统计公报，2009年第二次全国科学研究与试验资源清查主要数据公报（第一号），2012年《中国统计年鉴》整理。

共同研究与开发，以及更高层次的技术贸易。这样不仅可以避免因技术创新带来的风险，减少高额的研发成本，而且可以解决 NR 关系不平衡问题，促进东北三省经济的快速发展。

**2. 提高双方在东北亚区域分工中地位的需要**

国际分工是在社会分工超越国界的基础上形成的，是生产的跨国界空间分布，是国与国之间形成的产业间分工、产业内分工与产品生产过程的分工①。比较优势是国际分工的基础，从静态来看，要素禀赋的不同影响一国（地区）在国际分工中的地位，从生产要素跨国流动的动态角度分析，要素的跨国流动可以改变一国（地区）的静态比较优势，影响国际分工与世界生产布局。在技术主导经济增长的发展环境中，如果一国（地区）按照静态比较优势发展经济，特别是发展中国家仅依托相对丰裕的物质资源和廉价的劳动力资源发展经济，那么在国际分工中很难摆脱以发达国家为中心的长期处于外围地位的发展态势。

目前东北三省与俄罗斯东部地区的贸易结构与商品结构反映双方贸易是建立在静态比较优势基础上的，即商品贸易居主导地位，技术贸易与服务贸易比重较小，同时俄方以出口能源类商品为主，东北三省以出口服装、纺织品等劳动密集型产品为主。由此可见，现阶段中俄双方均没有通过生产要素的流动来转变各自的静态比较优势，使其在东北亚区域分工中处于优势地位。基于此，促进技术合作升级，搭建技术合作的产业平台与创新技术合作方式，促进技术、资金等要素的自由流动，为双方培育具有国际竞争力的产业提供支撑，这将是东北三省与俄罗斯东部地区提高双方各自在东北亚区域生产布局中地位的重要途径之一。

**3. 培育中俄区域经济优区位的要求**

区位是活动行为主体从事经济活动的场所，优区位作为区域资源、环境特征、产业状况和市场环境共同组合的具有比较优势的区位，是促进行为主体实现利益最大化的重要因素之一，也是区域经济发展的基础之一。优区位的形成、转化及演变过程主要依赖生产要素的配置方式。针对一国或地区难以在空间上同时具备劳动、资金、技术、资源等生产要素的问

---

① 张幼文：《世界经济学原理与方法》，上海财经大学出版社，2006。

题，实现资源转换成为促进生产要素优化配置，培育优区位的重要途径。也就是一国或地区依托一种或几种要素的比较优势，吸引其他国家或地区要素的流入，并转化为现实的生产力。

培育中俄区域经济优区位就是要求东北三省以劳动、土地资源、重工业生产等方面的比较优势为依托，俄罗斯东部地区以技术、能源资源等方面的比较优势为依托，吸引对方的优势资源，促进生产要素在双方自由流动，使中俄区域成为资源、产业状况和市场环境具有比较优势的区位。技术合作作为实现技术要素流动的重要途径，为实现这一目的，一方面要协调技术合作主体——政府、企业、科研机构三者的关系，另一方面要探索有效实现技术要素流动的技术合作方式。企业要发挥主导作用，以其资金、劳动要素为依托，吸引俄罗斯东部地区的技术以多种方式流入，如合作生产、技术入股、许可贸易等，或者选择向俄方进行直接投资，使资金与俄方的技术或资源组合，开辟俄方市场，延长产品技术生命周期；政府要发挥协调引导作用，通过制定产业政策引导企业发展方向，通过贷款优惠等方式给予企业资金支持，并完善中俄区域技术合作的信息交流机制与激励机制；大学等科研机构要为企业提供技术咨询与服务。

**4. 构建中俄区域增长极的需要**

增长极主要是指在一定区域内发展起来的推动型产业及其相关联的产业群，这组产业群会促进该区域经济的增长并带动周围地区经济的扩张。区域产业发展是构建区域经济增长极的基础，产业的技术创新是增长极形成的动力。按照这一思路，构建区域经济增长极首先要注重培育区域内的推动型产业；其次是促进推动型产业的技术创新，使其获得经济和技术优势；最后是推动型产业依托这种优势吸引生产要素流入该地区，并通过产业间的关联作用拉动相关产业的经济活动在该地区的聚集。

根据经济增长极形成的过程与条件分析，构建中俄区域增长极将是一个以培育中国东北地区与俄罗斯东部地区主导产业为着眼点，以中俄双方联合开展技术创新为动力，促进中俄地方国际化产业集群形成的过程。构建中俄区域经济增长极将是中俄双方经济合作的创新探索，也是推动中俄区域经济增长的重要途径。

东北三省与俄罗斯东部地区的技术差距使双方技术合作主要以中方引进俄方技术为主，又由于双方还没有真正实现以产业为平台的合作，东北三省对引进技术的产业化效率还较低，同时东北三省又存在科技创新能力较弱的问题，导致双方技术合作长期处于技术引进阶段，对引进的技术较少完成消化、吸收与再创新的过程。基于此，东北三省与俄罗斯东部地区必须突破现阶段的合作层次，朝技术创新方向发展，为培育区域经济增长极提供动力。短期内，东北三省应搭建技术合作的产业平台，即从产业发展对技术需求的实际出发，主要以引进技术为主，促进技术的消化、吸收与再创新；长期内，当东北三省的产业技术水平与科技创新能力增强后，双方应着眼于产业的互动发展，为了建立中俄地方国际化产业集群，应集双方科技资源于一体，开展技术的联合开发与创新。

### （三）中俄区域技术合作升级的基础

从一般系统论的角度分析，中俄区域技术合作系统的初步形成将成为双方技术合作升级的基础。根据一般系统论的观点，即系统是一个由多个互相关联、互相作用的各部分组成的综合体，中俄区域技术合作可视为一个由多个子系统构成的动态发展系统。中俄区域技术合作系统由三个子系统组成，首先是技术合作主体子系统，主要包括技术流动源与技术流动汇，其次是技术合作的内部环境子系统，最后是技术合作的外部环境子系统。

在现阶段中俄区域技术的合作中，技术流动源是指将技术传播出去的俄罗斯东部地区的科研机构、大学、企业等，也可指技术所在地——俄罗斯东部地区；技术流动汇是指吸收和采用技术的企业或组织，也可指技术的流入地——东北三省。具体来看，目前技术合作主体要素包括中俄双方地方政府，双方企业、大学、相关科研机构。中俄区域技术合作内部环境子系统主要由产业结构、信息流通体系、资源禀赋、基础设施、经济条件及相关政策组成。外部环境子系统主要由技术合作双方的经济体制、政治、法律、社会环境等外生变量组成，如图7-8所示。

根据一般系统所具有的整体性和相关性的特点，要实现系统整体最优化的目标，各子系统都必须同时实现协调下的各自利益的最大化。也就是

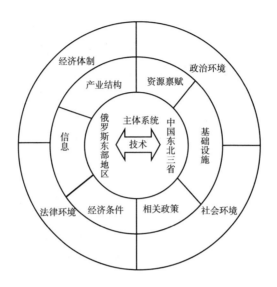

**图7-8 中俄区域技术合作系统构成**

说中俄区域技术合作系统的最优化目标要求各子系统充分发挥各自职能，同时在这里不仅强调技术合作各子系统的发展，而且要体现各子系统间关联作用的充分发挥。

首先，中俄区域技术合作系统中已拥有技术合作主体子系统，这一主体子系统主要由中俄双方参与技术合作的大学、科研机构、企业等组成。目前东北三省已拥有以科技园、技术合作中心、技术转化中心、大学、企业等为代表的主体要素，俄罗斯东部地区主要以大学、研究机构为主。中俄区域技术合作主体子系统在双方技术合作系统中居核心位置，在双方技术供求的作用下，将推动区域内技术的扩散和科技人才的流动，并为技术成果的产业化提供载体。如黑龙江省对俄农业技术合作中心已完成与俄罗斯"生物表面活化剂"、"俄罗斯大果沙棘"项目的合作；吉林省长春中俄科技园通过与俄罗斯进行信息交流，协助企业引进合作项目；辽宁省大连市高新技术转化基地成功引进俄方绿色高强度阻燃人造稻壳板制备技术等。

其次，中俄区域技术合作内部环境子系统已基本确立，为技术要素由技术流动源向技术流动汇的流动提供支持。这种支持作用具体体现在东北三省产业结构优化升级为引进技术的产业化提供了平台，这主要源于依靠科技进步优化产业结构是东北老工业基地振兴的主要内容，也就是说，这一地区产业结构优化发展将表现出对俄罗斯东部地区技术需求的巨大引力。2000 年至今,中国东北三省与俄罗斯东部地区的技术合作十分关注技术的产业化,据不完全统计,2001~2007 年,黑龙江省引进、消化吸收和产业化的合作项目达 500 多项①。同时信息流通体系是组成技术合作内部环境子系统的基本要素,良好的信息沟通将为技术合作主体子系统的正确决策提供保障,提高技术合作系统的运行效率。2000 年后,东北三省十分重视与俄罗斯东部地区开展在科技领域的信息交流活动,既成功举办过面向东北亚地区的高新技术博览会,也召开过直接吸引俄罗斯东部地区技术的高新技术展览会和项目对接洽谈会。

最后,中俄区域技术合作拥有稳定与良好的外部环境子系统。中俄两国战略协作伙伴关系的确立、中央政府高度重视双方地区合作的开展、双方技术合作机制的逐步完善,以及稳定的社会环境和法律环境,为企业的自由竞争与发展创造了有利的外部环境,推动了中俄区域技术合作的稳步开展。

### (四) 中俄区域技术合作升级的动力

**1. 生产要素国际流动的要求与趋势**

生产要素的国际流动是世界经济全球化和区域经济一体化的重要表现,世界经济全球化下的生产要素总是从相对富裕的地方流向相对稀缺的地方,以追求更高收益。在科技全球化背景下,技术作为决定经济增长的关键要素,在各国(地区)间的流动更加频繁,特别是自 20 世纪 90 年代以来,发达国家间的技术贸易发展迅速,在世界技术贸易中占绝对优势。在中俄区域技术合作中,俄罗斯东部地区科技资源相对富足,中国东北三省科技资源则相对稀缺,促进技术要素由俄罗斯东部地区向中国东北三省转移能够使其技术要素在相对价格较高的东北三省获取最大收益,符合生产要素流动方向的客观要求。同时,中俄区域技术合作选择技术要素跨国流动的重要方式——技术贸易来实现技术要素的流动,也符合国际技术贸易发展的要求。

---

① 《黑龙江省对俄罗斯科技合作亮点频现》,新华网,2005 年 6 月 15 日。

### 2. 中俄双方经济政策的引导作用

中国东北老工业基地振兴战略与俄罗斯东部大开发战略的相继提出与实施，为两国地区间的合作提供了机遇与平台。首先，东北三省与俄罗斯的贸易合作正在向更高水平迈进，自东北老工业基地振兴战略实施以来，双方贸易规模持续扩大，2004 年的贸易总额为 44.6 亿，2007 年底就突破了百亿元大关；其次，增强自主创新能力、依靠技术进步提升优势产业竞争力、建设新型产业基地、促进工业结构优化升级等作为东北老工业基地振兴战略的主要内容，将为东北三省与俄罗斯东部地区技术合作提供产业平台。装备制造业、原材料工业、医药工业、现代农业等支柱产业的升级与高科技产业的发展，为东北三省借助于俄罗斯东部技术优势增强科技支撑能力提出了客观要求。与此同时，俄罗斯东部大开发战略的实施对两国突破建立在双方静态比较优势基础上的贸易结构，开展技术贸易促进技术、资金等要素的自由流动，深化优势互补提出了要求。

### 3. 东北三省对俄方技术需求的吸引力

东北三省对俄罗斯技术需求的吸引力也是双方技术合作升级的重要动力之一，这一引力状态受技术流动汇的劳动力、区位、产业、资金、制度等因素的共同影响。

劳动作为企业生产不可或缺的投入要素，与其他生产要素相结合促进企业实现经济效益。对于技术流动汇来说，劳动力价格水平通过影响企业的生产成本决定其吸引技术的能力，劳动力技术水平通过影响劳动生产率影响引进技术的产业化水平。东北三省劳动力价格相对低廉，同时还具有一定规模的专业化技能工人，这样的劳动力水平与技术的结合，一方面会降低引进技术的产业化成本，另一方面为技术成果实现商品化与产业化奠定了基础。

技术流动汇的产业发展对技术的需要是吸引技术流入的重要因素之一。产业经济学理论认为，"工业技术改造既是老工业基地振兴的内容，又是老工业基地振兴的重要途径之一"[1]，现阶段东北老工业基地产业结构优化升级的目标对技术发展提出了现实要求，即需要先进技术来改造传统产业与发展高科技产业。如果东北三省要通过技术创新来解决技术需求

---

① 李悦：《产业经济学》，中国人民大学出版社，2004。

不足的问题，不但要投入大量的资金、人才等创新资源，而且要面临较大的创新风险，相比之下，如果直接引进俄罗斯技术不仅会缩短技术获得的时间、降低技术创新成本，而且还会避免市场风险。也就是说，东北三省产业升级对俄罗斯东部先进技术表现出了巨大的引力。

**4. 俄罗斯对技术输出的推动力**

俄罗斯对外技术合作政策、技术发展水平等是影响其技术输出能力的主要因素。俄罗斯对外技术合作政策由 20 世纪 90 年代探索状态向现阶段产业化合作方向的转变，特别是以向发展中国家输出技术、促进科技成果产业化为内容的技术合作政策，是东北三省与俄罗斯东部地区实现以技术贸易为引领的产业化合作目标的推动力。与此同时，俄罗斯在多领域拥有世界先进水平的技术，使其在世界技术流动场中与其他国家（地区）形成了"位势差"，在追求更多利益、更高价值的驱使下，促进技术对外转移成为其发展科技与促进经济增长的重要选择。所以现阶段俄罗斯对技术输出表现出了较大的推动力。

**（五）中俄区域技术合作升级模式的总体构想**

**1. 升级模式的具体形态**

中国东北地区与俄罗斯东部地区以技术贸易为先导的产业合作升级模式从直观上可以理解为螺旋上升型合作新模式（如图 7-9 所示），该模式以中俄双方的地方政府、企业、专家、大学及科研机构为主体，这既是与俄罗斯东部地区开展技术合作的必要条件，也是逻辑论证的基础。升级的逻辑起点是从技术互换方式开始，进入第一个螺旋中，以技术互换为主的技术合作，通过企业的技术引进，落实到产业上，实现技术成果的转化，使产业结构得到调整，向合理化和高级化推进，把合作推向下一个循环；技术互补方式是第二个螺旋中承上启下的逻辑过程，在中国东北地区与俄罗斯东部地区以技术互补方式为主的技术合作中，从各自产业的实际技术需求出发，利用引进急需的技术，使相同的和相关联的产业在地域上紧密联系起来，推进中国东北地区和俄罗斯东部地区相关产业尽快形成产业集聚，实现经济效益的最大化，促进新的经济发展优区位脱颖而出；中俄区域技术贸易的发展是逻辑的最终目标，也是在最后一个螺旋中以贸易的方式进行中俄区域的技术交流与合作，实现中国东北地区与俄罗斯东部地区以技术贸易为先导的产业合作，通过技术辐射的方式延长产业链，使中俄区域性经济合作的作用增强，形成中俄地方国际化的特色产业集群，以新的增长极出现占据中俄乃至东北亚区域合作的制高点。据此，以双方合作的重大技术项目为引领，以市场需求为导向，以技术成果产业化为平台，达到双方技术再创新的自动和互动的智力对接，提高中国东北地区与俄罗斯东部地区的技术合作在科技进步和经济发展中的显示度，推动中国东北地区与俄罗斯东部地区的经济技术合作进入一个新阶段。

**2. 升级模式的实践依据**

下面我们从产业发展对技术的需求来探讨模式升级。在对中国东北与俄罗斯技术合作项目的研究中，我们随机在中国东北三省与俄罗斯技术合作成功的案例中抽取了 40 个项目（如表 7 - 10 所示），其中黑龙江省 20 项、吉林省 10 项、辽宁省 10 项，对目前中国东北地区与俄罗斯技术合作

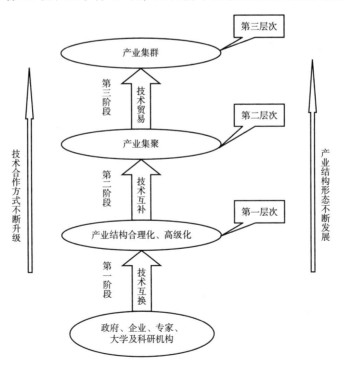

**图 7 - 9　中俄区域技术合作升级模式**

的方式作了统计分析。从表 7 – 10 的统计中可以看出，其中技术互换有
14 项，占 35%；技术互补 24 项，占 60%；技术贸易 2 项，占 5%（详见
图 7 – 10）。据此可证，目前中国东北地区与俄罗斯开展技术合作的主要
方式是技术互换和技术互补，这种合作现状与该地区目前的产业结构向合
理化和高级化调整、逐步向产业集聚发展的状况相吻合，它的存在是客观
的。而技术贸易虽然在双方技术合作中仅占 5%，但是代表了中国东北地
区与俄罗斯技术合作的方向，预示着中俄区域技术合作必须运用国际技术
贸易的方式，按照国际规则推动双方合作的发展。因此，虽然以技术贸易
为先导的中国东北地区与俄罗斯东部地区国际化产业集群的建立具有合理
内核，但还需要双方长期的、真诚的合作实践来证明。

表 7 – 10 抽样调查中国东北地区对俄技术合作项目统计

| 项目 \ 方式 | 技术互换 | 技术互补 | 技术贸易 |
|---|---|---|---|
| 一、黑龙江省 20 项 | | | |
| 1. 航天航空技术合作 | √ | | |
| 2. 物质成分及含量的核分析方法,研制分析装置,并合作开发产品 | √ | | |
| 3. 高纯度电子气体设备 | √ | | |
| 4. 铝合金产品的生产技术（石油钻探管、铝不粘锅等） | | √ | |
| 5. MGP 型液压锤打桩机生产技术 | √ | | |
| 6. 膜技术及设备 | √ | | |
| 7. IZL 鹅掌式深松联合整地机 | | √ | |
| 8. 等离子磁控溅射装置 | √ | | |
| 9. 引进俄基因治疗药物等高端制药技术 | | √ | |
| 10. 引进干扰素,重组人体红细胞生成 | | √ | |
| 11. 直径大于 300 毫米大尺寸蓝宝石晶体的生产技术研究 | | √ | |
| 12. 俄罗斯大果沙棘引进 | | √ | |
| 13. 早熟、优质大豆和玉米项目 | | √ | |
| 14. 生物表面活化剂项目 | | √ | |
| 15. 引进先进的生物制剂 | | √ | |
| 16. 液流热能发生器 | | √ | |
| 17. 中子活化技术 | √ | | |
| 18. 火力电站冷却塔空气动力涡流装置 | | √ | |
| 19. 提取紫杉叶素的生产工艺和设备 | | √ | |

续表

| 项目　　　　　　方式 | 技术互换 | 技术互补 | 技术贸易 |
|---|---|---|---|
| 20. 佳木斯海绵钛项目 | | | √ |
| 二、吉林省10项 | | | |
| 1. 长春光机所与俄罗斯合作开发"ZKW – CO2 轴流激光器产品化"项目 | | √ | |
| 2. "组建中俄光纤激光工程中心"项目 | | √ | |
| 3. "稀土塑料制品着色剂"项目 | √ | | |
| 4. "豆科作物根瘤菌剂"项目 | √ | | |
| 5. 引进专家解决指纹生物识别技术 | | √ | |
| 6. 蓝莓栽培与种植技术指导项目 | √ | | |
| 7. 引进专家研制泡沫增压器 | √ | | |
| 8. 利用俄罗斯技术,合作开展四平地区放射性生态填图 | | √ | |
| 9. 建立白刺研究中心 | | √ | |
| 10. 黑土农田高产优质栽培新技术的合作 | | √ | |
| 三、辽宁省10项 | | | |
| 1. 引进俄罗斯丁基胶技术(双方签订技术转让合同) | | | √ |
| 2. 引进等离子体污水处理技术 | | √ | |
| 3. 合作生产、经营工业加速器 | | √ | |
| 4. 引进定影废液再生及银离子智能电化学回收设备 | √ | | |
| 5. 引进多功能超音速冷喷涂智能装置 | √ | | |
| 6. 绿色高强度阻燃人造稻壳板制备技术 | | √ | |
| 7. 联合成立中俄纳米技术研发中心 | | √ | |
| 8. 引进俄罗斯流感疫苗关键技术 | | √ | |
| 9. 晶体加工和购置材料合作项目 | | √ | |
| 10. 交换包括化学、高纯物质、光电子、微电子和光纤等领域的信息 | √ | | |
| 总计(40项) | 14 | 24 | 2 |

资料来源：该表根据下列资料整理。

① 《稳筑全国对俄科技合作桥头堡》，www. jmskjxx. com，2007 年 3 月 14 日；

② 《中国俄罗斯合作打造黑龙江钛合金产业集群》，http：//big5. china. com，2008 年 9 月 16 日；

③ 潘鑫：《黑龙江省对俄科技合作研究》，硕士学位论文，哈尔滨工业大学，2006 年 7 月 30 日；

④ 王晓峰：《吉林省引进俄罗斯智力资源的现状与对策》，《人口学刊》2006 年第 4 期；

⑤ 《白城市林科院与俄科学院建立科研合作关系》，www. bc. jl. gov，2006 年 12 月 2 日；

⑥ 刁秀华：《大连与俄罗斯东部地区科技合作走势》，《俄罗斯中亚东欧市场》2008 年第 9 期；

⑦ 《沈阳市对俄科技交流合作的探索与实践》，www. lninfo. com，2007 年 1 月 25 日。

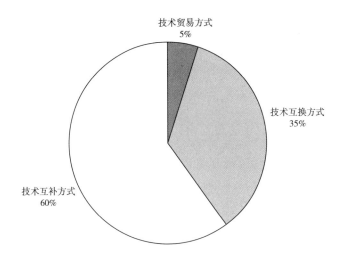

**图 7 – 10   抽样调查中三种技术合作方式的分布情况**

资料来源：根据表 5 – 10 统计整理。

　　从引进俄罗斯技术的现实来讨论模式升级。根据对中国东北地区与俄罗斯技术合作项目的抽样分析，我们得知目前中国东北地区与俄罗斯的技术合作还处在以技术互补为主、技术互换为辅的阶段，这说明中国东北地区与俄罗斯技术合作还处在中低级的层次上。中国东北老工业基地的振兴为该地区的发展注入了新的活力，经济发展的速度和规模对技术提出了更高的要求，用互换和互补方式引进的技术，已经很难满足生产和产业发展的需求，所以就提出了以技术贸易为先导的产业合作目标，要实现这一目标必须有相应的合作方式和合作形式，必须有适应合作发展的平台，从而推动合作向深度和广度发展，这就要求中国东北地区与俄罗斯东部地区的技术合作必须突破现有的模式，上升到一个新的、创新的模式阶段。新模式的基础是产业需求，产业需求自然就成为产业合作的平台，平台上的合作要求进入技术贸易阶段，为未来产业集群的建立提供技术保障，这是中俄区域技术合作升级模式最重要的实践依据。

## （六）中俄区域技术合作升级模式的逻辑起点

　　中俄区域技术合作升级模式的逻辑起点是以推进产业结构调整为基础

的技术互换方式，这种方式有狭义和广义之分。狭义的技术互换是指单纯的技术交换，而广义的技术互换指中国东北地区在以引进技术、引进设备、引进人才为主体的对俄罗斯的技术合作和交流中，双方政府、科学研究机构、大学、企业或科学家个人之间交换信息情报、科学技术、科学研究资源等的合作交流活动。其目的是推动中国东北地区在利用俄罗斯东部地区技术进行产品产业化的过程中，实现合作开发和研究，实现对引进技术的二次开发，使中国东北地区的产业结构在实用技术的引领下，逐渐走向合理化和高级化。

**1. 互换方式的具体形态**

在中国东北地区与俄罗斯东部地球的技术合作升级的螺旋形模式中，第一个螺旋的技术互换方式以政府、企业、专家、大学及科研机构为技术互换主体，引进材料设备、专家互访和引进技术人才为主要互换方式。如图 7 - 11 所示，它是一个独立的系统，有自己的循环发展规律，在解决目前中国东北地区产业结构不合理问题的同时，能增强东北地区产业结构的调整能力、提高产业技术水平、推进产业结构升级，实现产业结构的合理化、高级化，为产业集聚的形成奠定坚实的基础。

**2. 互换方式的主要内容**

互换型是国际区域间一种古老的传统技术合作方式，也是目前中国东北地区与俄罗斯东部地区开展技术合作中普遍存在和卓有成效的方式之一。这种方式虽然是以技术交换为主，但已经不能仅仅理解为技术上的交换，它还涉及人才、信息、情报以及资源等的交流与交换。中国东北地区利用互换方式实现与俄罗斯东部地区的技术合作主要包括以下方式：一是通过双方各种形式互访；二是通过各类国际会议交流；三是通过国际科技展览会和经贸洽谈会等。

互换方式的主要内容是通过引进材料、设备、技术和利用专家互访来实现双方的技术合作。如表 7 - 11 所反映的，在抽样调查中国东北地区与俄罗斯技术合作的 40 个项目中，属于技术互换模式的有 14 个项目，若按照技术互换的合作内容分类，就更能说明技术互换方式中的实质性问题。

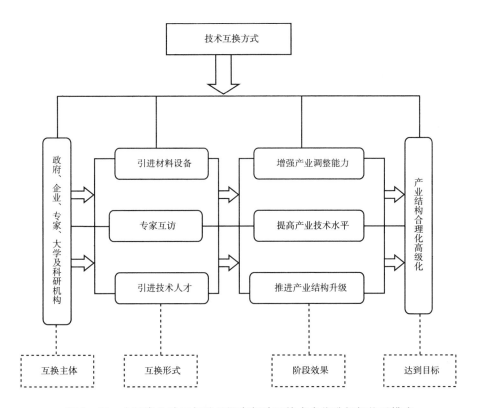

图 7-11 中国东北地区与俄罗斯东部地区技术合作升级螺旋形模式

表 7-11 抽样调查中国东北地区对俄技术互换方式合作项目统计

| 技术互换方式　　　　　项目 | 技术互换方式的内容 | | | |
|---|---|---|---|---|
| | 引进设备 | 引进材料 | 引进工艺技术或产品 | 专家互访及引进 |
| 1. 航天航空技术合作 | | | | √ |
| 2. 物质成分及含量的核分析方法,研制分析装置,并合作开发产品 | | | | √ |
| 3. 高纯度电子气体设备 | | √ | √ | √ |
| 4. MGP 型液压锤打桩机生产技术 | | | √ | |
| 5. 膜技术及设备 | √ | | √ | |
| 6. 等离子磁控溅射装置 | √ | | √ | |
| 7. 中子活化技术 | | | √ | √ |
| 8."稀土塑料制品着色剂"项目 | | | √ | |

续表

| 项目 ＼ 技术互换方式 | 技术互换方式的内容 | | | |
|---|---|---|---|---|
| | 引进设备 | 引进材料 | 引进工艺技术或产品 | 专家互访及引进 |
| 9. "豆科作物根瘤菌剂"项目 | | | √ | |
| 10. 蓝莓栽培与种植技术指导项目 | | | | √ |
| 11. 引进专家研制泡沫增压器 | | | | √ |
| 12. 引进定影废液再生及银离子智能电化学回收设备 | √ | | | |
| 13. 引进多功能超音速冷喷涂智能装置 | | √ | | |
| 14. 交换包括化学、高纯物质、光电子、微电子和光纤等领域的信息 | | | | √ |
| 总计(14 项) | 3 | 2 | 7 | 7 |

资料来源：该表根据下列资料整理。

① 《稳筑全国对俄科技合作桥头堡》，www.jmskjxx.com，2007 年 3 月 14 日；

② 《中国俄罗斯合作打造黑龙江钛合金产业集群》，http：//big5.china.com，2008 年 9 月 16 日；

③ 潘鑫：《黑龙江省对俄科技合作研究》，硕士学位论文，哈尔滨工业大学，2006 年 7 月 30 日；

④ 王晓峰：《吉林省引进俄罗斯智力资源的现状与对策》，《人口学刊》2006 年第 4 期；

⑤ 《白城市林科院与俄科学院建立科研合作关系》，www.bc.jl.gov，2006 年 12 月 2 日；

⑥ 刁秀华：《大连与俄罗斯东部地区科技合作走势》，《俄罗斯中亚东欧市场》2008 年第 9 期；

⑦ 《沈阳市对俄科技交流合作的探索与实践》，www.lninfo.com，2007 年 1 月 25 日。

中国东北地区与俄罗斯的技术合作的第一阶段是通过技术互换的方式来实现的。在合作实践中引进设备、引进材料、引进技术和专家互访等都属于技术互换的主要方式，成为技术互换的支撑形式。从表 7 - 11 中可以看出，在技术互换方式中，应用最多的是引进工艺技术（或产品）和专家互访，均为 7 项，引进设备为 3 项，引进材料为 2 项，其中有 3 个合作项目使用了两种以上的合作形式，这说明了国际技术中互换的实质不是以某一方的利益为转移的，它的复杂性是难以想象的。

（1）引进材料设备增强产业调整能力。引进材料设备是指中国东北地区选择合适的时机，引进俄罗斯质地优良、价格低廉的原材料和较为先进的成套设备，用于产品的生产和改善原有产业的产出效率。黑龙江化建容器设备有限公司曾从俄罗斯膜技术有限公司引进了膜技术和设备①。膜技术的主要作用是分离、浓缩和纯化，应用较广，涉及食品、医药、化工

---

① 《膜技术在水处理中的应用前景》，www.h2o-china.com，2008 年 8 月 20 日。

等领域，膜技术的引进优化了该公司内部生产要素的配置，提高了生产效率和产品的技术含量。辽宁省中俄高新技术转化基地从西伯利亚分院引进了定影废液再生及银离子智能电化学回收设备、多功能超音速冷喷涂智能装置、绿色高强度阻燃人造稻壳板制备等（详见表7-10）。东北三省以互换方式成功引进的高新技术，毫无疑问加快了该地区产业结构调整的速度。

引进材料设备增强产业生产能力是一个循序渐进的过程。由于设备的引进最初是针对某个或某几个企业的具体生产的，如黑龙江化建容器设备有限公司、辽宁中俄高新技术转化基地等，能在短期内实现产品产业化，对生产要素配置的影响还是小范围、小规模的。从长期来看，由于同类企业间竞争关系的存在，各企业纷纷选用新设备来改进生产能力，提高生产效率，从而促进该产业整体技术水平的提高，这必将引起生产要素在各产业间的流动，实现合理配置，从而使产业结构朝合理化方向发展。而当其他产业均通过引进设备提高技术水平时，就为产业结构的合理化和高级化发展奠定了基础，从理论上说引进急需的材料设备能增强对产业发展的调整能力。

（2）利用专家互访提高产业技术水平。技术引进的前提是专家的交流，因为专家是技术的载体，专家互访是实现技术交流的有效形式，专家引进是技术引进的最高级形式。目前，中国东北地区与俄罗斯的技术合作，就充分利用了这种形式并取得了较好的效益。

哈尔滨工业大学曾通过引进俄方专家，成功研发巡航导弹的设计技术软件，还有载人飞船、轨道空间站、登月、小卫星等多项航空航天领域技术的研发，都促进了航天领域高新技术的产业化速度。这不仅增强了哈尔滨工业大学在航空航天领域的科研能力，也提升了黑龙江省乃至中国宇航领域的高新技术水平，为提高其他产业技术合作水平起到了带动和示范作用[1]。吉林省农业大学通过引进俄方专家，在国内率先解决了蓝莓组培脱毒育苗技术难题，而且经国家和吉林省外专局推广，已在全国多个地区得

---

① 《稳筑全国对俄科技合作桥头堡》，www.jmskjxx.com，2007年3月14日。

到应用①。辽宁省大连市的俄罗斯技术转化中心也以聘请俄罗斯专家讲学的方式，加强双方科技信息交流与技术沟通。如表7－11所示，在抽样调查中属于技术互换技术合作模式的14个项目中，有7项属于专家互访及引进方式，占引进方式的50%。

实践证明，专家互访这种合作方式具有直接、便利和简捷的优点，可以省略不必要的环节，直接进入技术的合作主题，达到技术的有效衔接和情感的有益交流，这是目前中国东北地区与俄罗斯东部地区技术合作的有效方式之一。专家作为技术的载体，通过共同参与科研活动或双方科研人员之间正式与非正式的交流体现出来。双方可以通过建立实验室、研究与开发中心等联合开发方式，加强双方长期的技术交流和解决生产中的具体问题。在实践中，吉林省白城市林科院与俄罗斯科学院建立了白刺研究中心。这种共同研究的成果来源于产业需求，所以其成果的产业化速度和规模发展也非常快，直接起到了牵引产业技术水平的作用②。

（3）重视合作中的"双引"，加快产业调整。"双引"即引进俄罗斯的人才和技术。这是中国东北地区与俄罗斯技术合作中应用最广泛的合作方式，特别是引进技术这种方式贯穿双方技术合作的每个历史阶段。从双方合作的历程看，"双引"的合作形式适用领域较广，涉及的产业多，因而有助于实现产业总体发展水平的提高。

技术引进对东北三省的发展起到了积极的推动作用。哈药集团曾成功引进俄罗斯基因治疗药物等高端制药技术，不仅能促进自身生产技术水平的提高，而且可以凭借其在全省医药产业中的主导地位，带动全省医药产业及相关产业的发展。再如，东北轻合金加工厂曾从俄方引进铝合金石油钻探管生产技术、超高强度铝合金生产技术以及铝不粘锅生产技术等，这些生产技术直接应用于企业的生产，使企业生产技术得到更新，从而促进产业整体技术水平的改进③。辽宁省曾成功引进俄罗斯世界领先的等离子

---

① 王晓峰：《吉林省引进技术资源的现状与对策》，《人口学刊》2006年第4期。
② 《白城市林科院与俄科学院建立科研合作关系》，www. bc. jl. gov，2006年12月2日。
③ 《稳筑全国对俄科技合作桥头堡》，www. jmskjkx. com，2007年3月14日。

体污水处理技术，有力地推动了中国东北高新技术产业的发展①。

引进人才和技术共同为产业结构的升级提供动力和技术支撑，从而推动产业结构升级。这是因为产业结构升级即产业结构的高度化，必须在技术进步的主导下才能够实现产业结构从低水平向高水平的转变。企业引进人才和技术，能够不断提高企业生产技术水平，改善生产要素配置，从而促进本产业技术能力的增强。在产业关联性的作用下，该产业会带动相关产业的发展，最终引导产业结构高度化发展。如引进的技术为高新技术时，不但可以通过产业化，发展高新技术产业，还可以利用高新技术改造传统产业，使该产业中的高附加值产品占据主导地位。

**3. 互换方式的实践意义**

一是从产业需求出发，技术与产业直接相连。以推进产业结构调整为基础的技术互换方式，把引进材料、设备、技术以及专家互访和增强产业调整能力、提高产业技术水平、推进产业升级紧密结合起来。通过双方的长期合作，基本确立通过技术互换方式实现技术合作的牢固关系，为推进产业结构调整奠定基础。如图 7-10 所示，从对抽样调查的 40 个技术合作项目的统计来看，有 14 个合作项目属于技术互换型，占抽样调查项目的 35%。

二是从技术适用出发，合作与研发同时进行。技术互换方式的几种合作形式，都是为实现研发和技术的二次开发提供合作基础，从而为产业结构调整提供技术支撑。这是因为在技术互换方式中，中国东北三省主要通过引进设备、技术、材料和专家互换方式实现与俄罗斯的合作。实践证明，这些方式能够满足企业短期生产对技术的需求。但从长期来看，为提升双方技术合作潜力，使企业获得更实用的技术，企业在成功引进材料设备、实现专家互访和引进技术人才的基础上，必须不断结合自身对技术需求的变化，通过与俄方共同研究与开发满足对技术的持续需求，通过二次开发获得实用性更强的技术。所以，成功引进技术、材料、人才等，为研发和二次开发奠定基础并推动其

---

① 《沈阳市对俄科技交流合作的探索与实践》，www.lninfo.com，2007 年 1 月 25 日。

开展，从而增强和巩固企业生产的技术能力，最终为推进产业结构调整提供技术支撑。

三是从合作实践出发，近远期效果同时兼顾。技术互换是中国东北地区与俄罗斯东部地区技术合作中应用较多且目前效果较显著的方式之一，能够对产业结构调整起到推进作用，毫无疑问它已在技术合作中被广泛应用。但从长期发展看，这种模式也存在一定的局限性，用交换方式引进的技术、设备、材料往往不是最先进的，因此引进企业的技术水平也不会是高端的，这就很难拥有竞争力较强的核心技术，导致其在竞争中始终不能成为主角。所以，从技术合作的方式看，技术互换方式是基础的也是相对层次较低的合作方式。

### （七）中俄区域技术合作升级模式的逻辑过程

以促进产业集聚形成为方向的技术互补方式是升级模式的发展过程。以技术互补促进产业集聚的方式是指中国东北三省与俄罗斯东部地区的企业、大学、科研院所或者科学家个人等，在拥有各自资源以及技术优势的前提下，利用自身的优势弥补对方的劣势，并在此基础上为了共同的科学研究任务或目标所进行的科学技术的合作研发和交流。技术互补方式可以使技术合作要素实现取长补短，促使企业消化、利用引进的先进技术，在技术应用过程中实现引进技术的二次开发，形成引进—消化—再创新的良性循环，输出技术和促进产品产业化，使产业规模不断扩大，在技术的引导下形成产业集聚。

#### 1. 互补方式的具体形态

技术互补方式是指充分发挥政府、企业、专家、大学及科研机构的主体作用，主要通过引进核心部件、输出核心部件及加强双方优势技术领域的交流三条途径，形成产业规模，扩大市场融合和市场需求，使产业结构不断优化升级，科技水平不断提高，产业间关联度不断深化，在产业结构合理化、高级化的基础之上促使产业形态向更大规模、更高层次发展，形成产业集聚（详见图 7 - 12）。

#### 2. 互补方式的主要内容

以促进产业集聚形成为方向的技术互补方式不仅是指科学技术的互

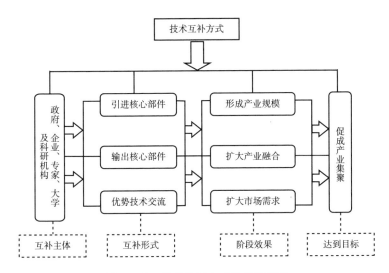

**图 7 - 12  技术补互方式的具体形态**

补，还包括科技研究人员、资金、设备、科学研究资源的互补等。互补是指一方的企业结合自己的生产需要，直接引进对方成熟的生产工艺技术及先进的生产技术，解决企业的技术需要，增强产品的技术含量，提高企业的技术水平和产品档次，扩大生产规模，扩大市场需求，形成相关产业的集聚。

互补方式的主要内容是通过引进核心部件，输出核心部件，引进设备、技术、材料和联合开发来实现双方的技术合作。表 7 - 12 反映的是在对中国东北地区与俄罗斯技术合作项目的抽样调查中，属于技术互补方式的 24 个项目按合作内容分类的情况。

**表 7 - 12  抽样调查中国东北地区对俄罗斯以技术互补方式合作项目统计**

| 项目 \ 技术互补方式 | 技术互补方式的内容 | | | | | |
|---|---|---|---|---|---|---|
| | 引进核心部件 | 输出核心部件 | 引进设备 | 联合开发 | 引进材料 | 引进工艺技术或产品 |
| 1. 铝合金产品的生产技术 | | | | | | √ |
| 2. IZL 鹅掌式深松联合整地机 | | | √ | | | √ |
| 3. 引进俄基因治疗药物等高端制药技术 | | | | | | √ |
| 4. 引进干扰素、重组人促红细胞生成素 | | | | | | √ |

续表

| 项目＼技术互补方式 | 技术互补方式的内容 | | | | | |
|---|---|---|---|---|---|---|
| | 引进核心部件 | 输出核心部件 | 引进设备 | 联合开发 | 引进材料 | 引进工艺技术或产品 |
| 5. 俄罗斯大果沙棘引进 | | | | √ | | √ |
| 6. 早熟、优质大豆和玉米 | | | | √ | √ | |
| 7. 生物表面活化剂项目 | | | | √ | | |
| 8. 引进先进的生物制剂 | | | | | | √ |
| 9. 液流热能发生器 | | | | | | √ |
| 10. 火力电站冷却塔空气动力涡流装置 | | | | | | √ |
| 11. 提取紫杉叶素的生产工艺和设备 | | | | √ | | |
| 12. 佳木斯海绵钛项目 | | | | √ | | |
| 13. "组建中俄光纤激光工程中心"项目 | | | | √ | | |
| 14. 长春光机所与俄罗斯合作开发"ZKW－CO2轴流激光器产品化"项目 | | | | √ | | |
| 15. 引进专家解决指纹生物识别技术 | | | | | | √ |
| 16. 利用俄罗斯技术，合作开展四平地区放射性生态填图 | | | | √ | | |
| 17. 建立白刺研究中心 | | | | √ | | |
| 18. 黑土农田高产优质栽培新技术的合作 | | | | √ | | |
| 19. 引进等离子体污水处理技术 | | | | | | √ |
| 20. 合作生产、经营工业加速器 | | | | √ | | |
| 21. 绿色高强度阻燃人造稻壳板制备技术 | | | | | | √ |
| 22. 联合成立中俄纳米技术研发中心 | | | | √ | | |
| 23. 引进俄罗斯流感疫苗关键技术 | | | | | | √ |
| 24. 晶体加工和购置材料 | | | | √ | | |
| 总计（24 项） | 0 | 0 | 1 | 11 | 3 | 13 |

资料来源：该表根据下列资料整理。

① 《稳筑全国对俄科技合作桥头堡》，www. jmskjxx. com，2007 年 3 月 14 日；

② 《中国俄罗斯合作打造黑龙江钛合金产业集群》，http：//big5. china. com，2008 年 9 月 16 日；

③潘鑫：《黑龙江省对俄科技合作研究》，硕士学位论文，哈尔滨工业大学，2006 年 7 月 30 日；

④王晓峰：《吉林省引进俄罗斯智力资源的现状与对策》，《人口学刊》2006 年第 4 期；

⑤ 《白城市林科院与俄科学院建立科研合作关系》，www. bc. jl. gov，2006 年 12 月 2 日；

⑥刁秀华：《大连与俄罗斯东部地区科技合作态势》，《俄罗斯中亚东欧市场》2008 年第 9 期；

⑦ 《沈阳市对俄科技交流合作的探索与实践》，www. lninfo. com，2007 年 1 月 25 日。

如表 7 - 12 所示，双方实现技术互补的方式较丰富，在实际合作中，除引进核心部件和输出核心部件没有应用外，其他四种方式均有应用。

在技术互补方式中，应用最多的是引进工艺技术或产品，其次分别为联合开发、引进材料和引进设备。其中，属于引进工艺技术或产品的项目为 13 项，约占合作项目的 54%；联合开发为 11 项，约占合作项目的 46%；引进设备 1 项，约占合作项目的 4%，而引进核心部件和输出核心部件方式均为 0。这说明中国东北地区与俄罗斯东部地区的技术合作，虽然发展势头不错，但还没有达到高水平。

（1）引进核心部件，形成产业规模。企业将引进的核心部件主要用于生产设备或产品改进，可产生一定的短期经济效益。引进核心部件将有助于某些产业形成一定的生产规模，为产业集聚的形成奠定基础。核心部件是指一项复杂产品的诸多元件中，最关键和最核心的部分，也就是生产该产品所需技术中最核心部分的物质体现。企业引进核心部件后，将直接体现为产品质量的提高，当该产品被推向市场后，其消费需求将不断增加，从而促使企业扩大生产规模来满足市场需求。在产业内，对利益的追求会使众多企业纷纷效仿，最终促使该产业的发展形成一定规模。同时，为保持经济利益的长期性，双方可通过联合开发的形式，不断改进生产技术，从而进一步推动产业向规模化发展。

从抽样调查的分析中可以看出，目前双方还没有利用引进核心部件的合作方式，至少是还没有成功的案例。这说明在今后的中俄区域合作中，企业应充分认识核心技术给经济和社会发展带来的效益和效应，提高技术引进的档次和水平。一方面要增强消化吸收核心部件的能力，另一方面要通过联合开发或二次开发等方式，实现核心技术的长期适用性，从而提高企业的创新能力和开拓能力。

（2）联合开发，扩大产业融合。联合开发主要是指由于中国东北地区和俄罗斯东部地区在技术或资源等方面存在互补关系，双方可以就某个项目进行共同研究与开发，推进技术合作的"双赢"。联合开发可以增强双方技术合作的互动性，而且技术在实现产业化的过程中，不仅可以把双方企业联系起来，更重要的是将有助于双方产业的有机融合，产生 1 + 1 > 2 的经济效益。

哈尔滨杰力沃科技有限公司与俄方专家共同努力，以大豆加工废弃物为原料，经过创新组分配比、创新工艺开发制作成具有自主知识产权的石油钻井液—油包水钻井液乳化稳定剂。哈尔滨杰力沃科技有限公司开发的稳定剂不仅可以在国内找到市场，而且返销俄罗斯的萨哈林油田①。这一项目的合作开发，不仅有助于实现农业和石油工业的融合，而且促进了中俄双方农业与工业的融合。吉林省与俄罗斯农科院合作研发了两种高效生物新农药产品，发挥了双方在生物农药领域的技术优势，促进了双方在这一领域的交流与合作②。辽宁省大连市现代高技术发展有限公司与新西伯利亚核物理研究所已达成并签订合作生产、经营工业加速器的协议③。所以，中国东北三省应积极推广联合开发这一合作方式，以双方优势互补为原则，促进产业融合，产生 $1+1>2$ 的经济效益。

　　（3）核心部件需求促成产业集聚。核心部件需求促成产业集聚是指一方引进和输出核心部件，在实现扩大生产规模和产业融合的基础上，在企业拥有核心技术优势和市场需求的影响下，为实现规模经济而形成的在地理上的趋向集中现象。

　　核心部件的需求将促使中国东北地区形成产业集聚。在双方联合开发的作用下，企业出于对核心部件的需求和引进，不断提高生产技术水平、优化产品质量。所以，这一合作方式一方面给企业带来短期经济效益，另一方面给产业内其他企业的发展带来机遇，最终使众多企业在实现利润最大化目标的驱使下，选择地理上的集中活动降低运输和谈判成本，实现产品产业化规模，促进产业集聚。

　　目前，中国东北地区对引进核心部件这一合作方式还比较陌生，实践中应用的也非常少，随机抽样中还没有反映利用这种合作方式的案例。中国东北三省的企业从产业互补合作的角度出发，增强引进俄方核心部件的力度，不断提高自身的生产能力，提高产业技术水平，实现技术合作的双赢，为核心部件的引进和投入生产提供技术支撑，促使产业集聚尽快形成。

①　《中国俄罗斯合作打造黑龙江钛合金产业集群》，http://big5.china.com，2008 年 9 月 16 日。
②　王晓峰：《吉林省引进俄罗斯智力资源的现状与对策》，《人口学刊》2006 年第 4 期。
③　刁秀华：《大连与俄罗斯东部地区科技合作走势》，《俄罗斯中亚东欧市场》2008 年第 9 期。

### 3. 技术互补方式的实践意义

第一，技术互补方式是目前中国东北地区与俄罗斯东部地区技术合作的最重要方式。以促进产业集聚形为方向的技术互补方式是以目前中国东北三省与俄罗斯东部地区稳固的技术合作关系为基础，把引进和输出核心部件与形成产业规模和扩大产业融合紧密结合，达到双方技术合作双赢的目的。如图7-10所示，从对抽样调查的40个技术合作项目的统计来看，有24个合作项目属于技术互补型，占抽样调查项目的60%。

第二，技术互补方式是中国东北地区产业集聚的重要推动力。技术互补的几种实现方式，有助于实现双方的联合开发、技术输出和产品产业化，为产业集聚的形成创造了必要的条件。这是因为，在技术互补模式中，如果中国东北地区能实现对核心部件的引进和输出，将促进企业实现产品产业化，提升产品的技术含量档次并扩大市场需求，从而带动企业向规模化发展，形成产业化，达到新的生产规模。同时还可以探索核心部件的输出，不但可以为企业带来经济收益，给新技术的开发提供保障，而且随着双方相关产业的融合，促使双方通过联合开发不断提升技术结合紧密度，并能有效促进交流。由此可见，核心部件的引进和输出对产业集聚的形成有巨大的推动作用。

第三，技术互补是最具生命力的合作方式。技术互补已成为中国东北地区与俄罗斯东部地区技术合作中最重要、应用最多的方式，可以预测今后在与俄罗斯东部地区的技术合作中，将会继续推广和使用技术互补方式。尽管如此，我们也不否认这种合作方式仍存在一定局限性，如由于强调双方合作的互补性，它不像技术互换方式应用范围那么广泛，而且前期准备工作复杂，可行性研究时间较长等。所以，从技术合作的三种方式分析，技术互补的合作层次高于技术互换，技术互换是建立技术互补的基础，而走出技术互补局限性的唯一出路就是发展技术贸易。

### （八）中俄区域技术合作升级模式的逻辑目标

以推动产业集群发展为目标的技术贸易是中俄区域技术合作升级模式的逻辑目标。以推动产业集群发展为目标的技术贸易方式是指中国东北地区与俄罗斯东部地区的企业、经济组织或个人等主体，存在对技术的需求与供给的可能，双方按一定商业条件以专利、专有技术、商标、计算机软件版权等为标的，通过买卖而形成的方式。技术贸易方式一方面可以实现中国东北地区对俄方技术的直接引进，为产业发展提供技术动力，另一方面企业也可以通过技术贸易，实现对核心技术的引进与输出，使其产业链纵向延伸，占领产业链的高端位置，在技术辐射的作用下培育产业集群。

**1. 技术贸易方式的具体形态**

作为中国东北地区与俄罗斯东部地区技术合作的第三个升级阶段——技术贸易，其路径选择仍然以政府、企业、专家、大学及科研机构为主体，在以技术互补为引领的产业集聚逐渐形成的基础上，以引进、输出核心技术和扩展自身优势技术为基本贸易形式，加速产业创新、延长产业链条、形成技术辐射，使产业发展层次达到最终目标——建立中俄地方国际化产业集群。同时，在这一阶段，以产业为平台的中国东北地区与俄罗斯东部地区的技术合作方式也趋于成熟，上升为中国东北地区与俄罗斯东部地区技术贸易方式的最高层次，以此为动力推动中国东北地区与俄罗斯东部地区国际化产业集群的形成（详见图 7 – 13）。

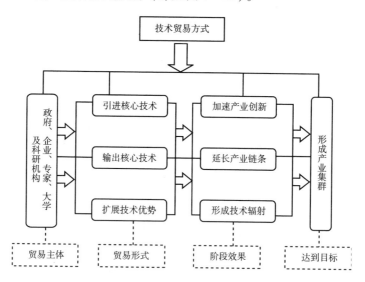

图 7 – 13 技术贸易方式的具体形态

**2. 技术贸易方式的主要内容**

目前在中国东北地区与俄罗斯的技术合作中，虽然有些项目是通过技术贸易进行的，但在技术合作的实践中这种合作方式的应用还不是很普遍。技术贸易的特点在于把无形的知识作为交易对象，交易方式灵活多样，能适用于不同合作情况，因此中国东北三省与俄罗斯东部地区的企业、商业机构或个人可根据具体情况选择合适的方式，直接获得或输出技术，最终在技术辐射的作用下培育产业集群。

首先，我们从理论上确定技术贸易的内容。技术贸易交易的对象主要是软件技术，通过许可贸易、技术咨询与技术服务、技术开发、合作生产、国际工程承包和国际直接投资来实现技术合作。在实践中，有些商品贸易如购买成套设备、整条生产线时，往往带有技术转让的内容，也就是说，与技术转让结合在一起的货物买卖也属于技术贸易的一部分。表7－13所反映的是在对中国东北地区与俄罗斯技术合作进行抽样调查的40个项目中，交易内容属于技术贸易方式的统计数量。

表7－13 抽样调查中国东北地区对俄罗斯以技术贸易方式合作的项目统计

| 项目 \ 技术贸易方式 | 技术贸易方式内容 | | | | | |
|---|---|---|---|---|---|---|
| | 许可贸易 | 技术咨询与技术服务 | 技术开发 | 合作生产 | 国际工程承包 | 国际直接投资 |
| 随机抽取的40个项目 | 1 | 0 | 0 | 1 | 0 | 0 |
| 总计（2项） | 1 | 0 | 0 | 1 | 0 | 0 |

资料来源：根据以下资料整理。
① 《中国俄罗斯合作打造黑龙江钛合金产业》，http：//big5.china.com，2008年9月16日。
② 《沈阳市对俄科技交流合作的探索与实践》，www.lninfo.com，2007年1月25日。

从表7－13中可以看出，运用技术贸易进行合作的项目仅有2项，但这并不说明这种技术合作方式落后或不适合双方开展技术合作。相反，技术贸易的实现方式灵活多样，合作的规范性和国际性恰恰说明它代表了技术合作的方向，是双方应重点使用和推广的合作方式。在目前中国东北地区与俄罗斯的技术合作中，这种合作方式的应用最少，这恰恰从另外一个角度说明双方技术合作亟须提高层次，尽快与世界的技术贸易方式接轨，这样双方的技术合作才会呈现新局面。

从中国东北三省企业拟需求俄方技术的问卷调查和 2008 年第二届"哈科会"黑龙江省企业对俄合作技术的需求看，双方存在开展技术贸易的可能性。例如在农业领域，针对黑龙江省将重点引进俄方种植和栽培技术的情况，企业提出双方可寻求通过专有技术或专利技术的转让来实现合作；在高新技术领域，针对黑龙江省高新技术产业发展相对缓慢的情况，可选择技术开发的方式（委托开发和合作开发）合作，满足企业对高新技术的需求。

其次，从实践上确定发展技术贸易的必要性。目前俄罗斯东部地区推出的一些对外技术合作的项目主要倾向于以开展技术贸易为主的对外技术合作。例如，从 2007 年俄罗斯远东地区推出的涉及科学研究和综合技术服务业的 50 个项目的合作方式看，选择转让技术专利或提供技术咨询的项目有 9 项，约占合作项目总数的 18%；选择建立合资企业的项目有 4 项，约占合作项目总数的 8%。从 2008 年俄罗斯科学院西伯利亚分院参加第五届中国科技展的项目的统计看，在俄方拟与中国合作的 37 个项目中，有 11 个项目拟通过出售许可证的方式（许可贸易）开展对外合作，约占合作项目总数的 30%；有 11 个项目拟通过建立合资企业（国际直接投资）的方式开展对外合作，约占合作项目的 30%（详见表 7 - 14）。在中俄技术合作中，技术贸易所占的份额越来越大，在不久的将来，它会成为双方技术合作的主要方式。

表 7 - 14　俄罗斯科学院西伯利亚分院拟与中国进行合作的项目统计

| 项目＼技术贸易方式 | 技术贸易方式内容 | | | | | |
|---|---|---|---|---|---|---|
| | 许可贸易 | 国际直接投资 | 技术咨询技术服务 | 技术开发 | 合作生产 | 国际工程承包 |
| 1. 衍射光学元件的合成和使用 | √ | | | | | |
| 2. 激光热图技术和设备 | √ | | | | | |
| 3. 获取纳米粉的新技术 | √ | √ | | | | |
| 4. 声动对流材料烘干技术 | √ | √ | | | | |
| 5. 工业固体和日常生活垃圾等离子热处理技术 | √ | √ | | | | |
| 6. 多圆盘空气净化通风设备 | √ | √ | | | | |
| 7. 气体动力冷喷涂技术 | √ | √ | | | | |

续表

| 项 目 / 技术贸易方式 | 技术贸易方式内容 | | | | | |
|---|---|---|---|---|---|---|
| | 许可贸易 | 国际直接投资 | 技术咨询技术服务 | 技术开发 | 合作生产 | 国际工程承包 |
| 8. 自动化激光复合工艺 | √ | √ | | | | |
| 9. 风动冲击式巩固斜坡机械 | | | | | √ | |
| 10. "台风"空气锤 | | | √ | | | |
| 11. "不可抗力"全套设备 | | | | | | |
| 12. 管爆技术 | | | | √ | | |
| 13. 潜式气锤 | | | | √ | | |
| 14. 精华雨水排水系统全套设备 | | | | | | √ |
| 15. 3型风动冲击式机械 | | | | | √ | |
| 16. 井内装药调频爆破技术 | | | | √ | | |
| 17. 自来水和污水通风技术 | √ | | | | | |
| 18. 水吸收净化技术 | | | | | √ | |
| 19. 椭圆偏振计—纳米技术过程检查用具 | | | √ | | | |
| 20. 带有红外线谱显微镜的小型傅立叶分光镜 | | √ | | | | |
| 21. 管道次声监测系统 | | | | | √ | |
| 22. 非坩埚区熔化获得的非高质单结晶硅 | | | | √ | | |
| 23. 光电高灵敏度形变传送器 | | √ | | | | |
| 24. 矿井人员意外事故观察、报警和搜索系统 | | | | | √ | |
| 25. 生物活性物质原料基地 | | | | | √ | |
| 26. 无融合生殖的大果草莓 | | | | | √ | |
| 27. 加快创建野兽毛皮颜色形式的新原理 | | | √ | | | |
| 28. 人类染色体异常分子细胞遗传分析方法 | | | √ | | | |
| 29. 煤矿和矿井安全保证技术 | √ | | | | | |
| 30. 深放置钢索连接件和使用技术 | √ | √ | | | | |
| 31. 层状矿床有用组合开采方法 | | | | √ | | √ |
| 32. 胶质稳定性高的爆震合成纳米金刚石 | | | | √ | | |
| 33. 增加汽车和工业机械装置摩擦节头使用寿命的爆震合成纳米金刚石 | | | | | √ | |
| 34. 获取香草醛的技术 | √ | | | | | |
| 35. 在极端条件下使用的超高分子量聚乙烯合成材料 | | √ | | | | |
| 36. 桥式起重机和轨道运输工具轮缘固态润滑油系统 | | √ | | | | |
| 37. 镍冶金工业提炼工艺 | | | | | √ | |
| 合计(37) | 11 | 11 | 4 | 6 | 9 | 2 |

资料来源：根据《俄罗斯国际经济技术合作项目精选》，《黑龙江省社会科学院》2008年第6期整理。

技术贸易将成为未来中国东北地区与俄罗斯东部地区技术合作的重要方向，所以如何选择以推动产业集群发展为目标的技术贸易的内容和方式，如何利用技术贸易的手段和途径来推进技术合作的成功，成为我们探讨的核心问题。

（1）引进核心技术、加速产业创新。引进核心技术、加速产业创新是指企业通过许可贸易、技术开发或合作生产等技术贸易方式获得以产品开发和创新为目标的核心技术，促进新产品开发，加速实现产业创新的生产模式。许可贸易是国际技术贸易中普遍采用的方式，主要包括转让专利、商标和专有技术的许可使用权。通过许可贸易的方式获得的核心技术，一方面可以用于某些高新技术领域，开发具有绝对优势的新产品，如航空航天领域和生物领域；另一方面可以应用于一些传统领域以优化产品结构，提高产品附加值，如装备制造业和能源工业。这样在核心技术的引导下，将形成具有一定优势的主导产业（可以包括传统产业和高新技术产业），并以这一产业为核心，使本地区出现一些具有横向产业关联的企业。

技术开发是当事人之间就新技术、新工艺、新产品或新材料及其系统的研究开发的贸易行为①，它包括合作开发和委托开发。从黑龙江省科技厅统计的《黑龙江省技术合作项目册》中可以发现，很多项目都倾向于采用这种合作方式来完成。因为生产者通过这种方式，可以解决项目研发中的技术难题，加快对新产品、新工艺以及新材料的研究与推广应用等。2008 年 4 月，辽宁省盘锦振奥公司通过与俄罗斯雅尔辛杰斯（YARSINTEZ）研究院的技术转让，成功获得先进的淤浆法丁基橡胶生产技术，生产出该产业的高端产品，这有助于缓解我国丁基胶需求紧张的局面，并开拓该产品的国际市场②。

（2）输出核心技术、延长产业链条。输出核心技术、延长产业链条是指我国企业通过与俄罗斯的技术合作，转让自己有优势的技术和产品，当我国企业向外输出核心技术或相关产品时，将增强双方相关企业的技术联系和技术的融合度，从而实现延长产业链的目标。2008 年，位于黑龙

---

① 杜奇华：《国际技术贸易》，复旦大学出版社，2008。

② 《辽宁省盘锦振奥公司引进俄罗斯的丁基橡胶技术》，《橡塑技术与装备》2008 年 34 卷第 11 期。

江省佳木斯市的中国铝业公司与俄罗斯阿里阔姆公司共同投资兴建的年产3万吨的海绵钛项目，就是双方通过合作生产的方式实现了海绵钛的大规模生产。由于海绵钛是各种钛材的上游产品，所以这不仅能提升我国海绵钛产业的技术水平，而且能推动钛工业和以钛为原料的产业的发展，如航天航空、化工、冶金等[①]。

（3）形成技术辐射、培育产业集群。形成技术辐射、培育产业集群是指企业通过技术贸易引进核心技术，并以这一企业为核心，以产品为纽带将产业内的上下游企业有机地结成链条，培育具有纵向关联的产业集群，或者通过产品将该企业和其他相关产业内的企业有机结合为生产链条，培育具有横向相关联的产业集群。目前，在中国东北地区与俄罗斯东部地区的技术合作中，还没有这类成功的案例。但在中俄的技术合作中，江苏省的梅兰集团有限公司曾与俄罗斯合作生产化工新材料——有机硅。在成功引进俄方技术后，该公司又通过建立中俄研究中心，不断开发新产品，从而带动周边地区有机硅下游产品和相关产业的发展，为有机硅产业集群的形成奠定了基础。

形成技术辐射不仅要有能够推动技术辐射的企业主体，而且要求这些企业有一定的发展规模和良好的发展业绩，能够保证顺利带动相关企业的发展，从而促进技术辐射并培育产业集群。理论和经验都为中俄区域技术合作的发展指明了方向，但要实现通过双方技术贸易的发展促进中俄地方国际化产业集群的形成，还有待中俄双方共同的努力和奋斗。

**3. 技术贸易方式的实践意义**

以推动产业集群发展为目标的技术贸易方式是指企业通过引进核心技术和输出核心技术来形成技术辐射，在实现产业创新和延长产业链条的基础上培育产业集群。技术贸易方式的实践意义在于以下几方面。第一，突破现有的合作方式。中俄区域的技术贸易以中国东北地区产业结构调整和产业集聚为基础，从双方技术存在相互需求出发，以技术互换和技术互补为技术合作方式。选择技术贸易这一技术合作方式将促进中俄区域技术合作形成互动发展的新局面，突破一直以引进俄罗斯技术为主的合作方式，

---

[①] 姜海晶：《对俄进出口园区和基地凸显效力》，《佳木斯日报》2008年12月17日。

对俄输出中国东北地区具有国际先进水平的技术，形成技术贸易发展的良性循环。

第二，创造合作方式升级条件。实现以技术贸易方式为主的中俄区域技术合作将是一项任重而道远的任务。与江苏省和浙江省对俄技术合作的企业相比，目前东北地区还缺乏有实力的大企业的积极参与。技术贸易方式既要求企业具有坚实的技术实力和经济基础，又要求有良好的企业运营经验和业绩，这些企业应具备引进、消化、吸收俄罗斯核心技术的能力和实现再创新的水平，同时具备对俄罗斯形成技术辐射、输出核心技术的能力和条件等，这就说明，提高中国东北地区有对俄罗斯进行技术合作意向的大企业的科技水平和技术实力是中俄区域技术合作升级的基本途径和必要条件。

第三，促进技术贸易与产业发展互动。中国东北地区与俄罗斯技术合作升级模式探讨了技术合作不断升级与产业发展形态不断升级的内在联系，揭示了技术与产业发展的互动关系和相互促进升级的动力，阐述了引进俄罗斯东部地区先进技术必须以产业为平台，中俄区域的产业合作应以技术贸易为先导，技术与产业的发展相辅相成，实现二者在相互支撑中共同发展，共同创造中俄区域合作的辉煌。

## （九）中俄区域技术合作升级的阻力

### 1. 中国东北三省区域创新体系不完善

区域创新系统理论认为，区域创新体系是区域产业结构升级的根本技术支撑。一个地区的产业结构在由劳动密集型向资金密集型、资金技术密集型、知识密集型产业方向升级的过程中，会引进技术、模仿创新及培育自主创新能力，也就是说，产业升级的过程是技术进步的过程。技术创新体系在技术进步过程中发挥着主导作用，完善的技术创新体系会加速技术的进步。目前中国东北区域创新体系缺乏地区间的联动与合作，同时技术和人才市场的分离也使创新资源难以实现优化配置，这些因素将制约中国东北三省产业结构的优化升级，影响中俄双方开展以产业为平台的技术合作。

### 2. 双方技术合作机制不健全

首先，技术合作激励机制的不健全将制约中俄区域技术合作升级，因为激励机制的缺失会降低企业、科研机构、人力资本等主体参与技术合作的积极性。在中国东北三省开展的与俄罗斯的技术合作中，对那些成功引进技术的企业，政府应通过降低税收、贷款优惠等方式给予支持和鼓励；设立对俄技术合作专项基金，对参与大项目合作的企业和科研机构给予资金支持；对在技术合作中起引领作用的企业和科研机构，作为褒奖和激励，应在人才或资金等方面给予支持。

其次，现阶段中国东北三省还没有设立对俄技术合作项目的风险投资基金。风险投资基金可以解决企业技术转化中的资金短缺问题，在一定程度上分担技术转化风险，在技术合作中起到助推器的作用。目前在中国东北三省与俄罗斯的技术合作中，由于科技成果转化需要大笔转化资金，并且面临较大的市场风险，企业一方面难以评估风险，一方面又面临缺乏资金的难题，所以一些科技成果的产业化被中断了，这将直接影响双方技术合作升级的进程。因此，中国东北三省应联合设立对俄技术合作项目的风险投资基金。

最后，中国东北三省之间缺乏完善的信息交流机制。信息交流机制在东北三省与俄罗斯的技术合作中起着催化剂的作用。东北三省在短期内难以打破行政区划，建立统一的对俄技术合作交流机制，这将直接阻碍区域内的交流与合作，难以实现人才、技术等要素在区域内的互通。同时东北三省与俄罗斯东部地区双方间的信息交流机制也不完善，在老工业基地振兴产业结构调整的阶段，东北三省工业发展面临很多共性的技术问题，对俄罗斯东部地区的技术需求存在较大的相似性，而东北三省目前与俄罗斯还没有建立统一的针对产业合作的科技信息交流机制，这将制约中俄区域技术合作升级的实现。

笔者认为我们应从中国东北地区对俄技术合作的实践出发，在技术合作与产业发展相互促进内在联系的基础上，依据国际技术贸易和产业集群理论，提出以产业为平台的中国东北地区与俄罗斯东部地区的技术合作升级模式。中俄双方应以中国东北地区与俄罗斯东部地区技术合作为主线，以产业为平台，以政府、企业、专家、大学及科研机构为主体，通过技术互换、技术互补和技术贸易三种技术合作方式的自动和互动，实现双方合作不断升级，促进产业形态的不断发展，推进产业结构层次的不断提高，最终实现以技术贸易为先导的产业合作，建立中俄地方国际化产业集群，推动中俄区域合作新模式的发展。

# 第八章
## "伞"型合作模式的实现途径

建立中俄地方国际化产业集群是"伞"型合作新模式的重点和支撑点，我们通过分析可以得出，建立中俄地方国际化产业集群是十分必要的，并且是可行的。如何建立中俄地方国际化产业集群，采取何种措施促进产业集群的形成和发展，是我们需要研究和论证的中俄区域经济合作发展中的热点问题。

## 一　中俄地方国际化产业集群
## "井"字模式构想

要推动国家和地区产业结构向合理化、高级化方向发展，产业集群的建立就不应局限于一个国家或一个地区。如何建立具有比较优势特色的国际化产业集群、如何实现跨地域的产业交流与合作、如何通过优势互补不断丰富产业集群的内涵和外延、如何使产业集群的发展打破地域限制是目前区域经济学研究和亟须突破的重点和难点问题。中国东北地区和俄罗斯东部地区位于东北亚的中心地带，具有先天的地理优势和区位优势。因此，立足两国地方经济的共同快速发展，以双方产业合作为基础，互利合作、互相促进、共同发展，推动中俄地方国际化产业集群建立，合力打造东北亚中心地带的区域经济综合体成为中俄两国经济发展的长期共同目标。

中俄地方国际化产业集群以中国东北地区和俄罗斯东部地区为主体，是多个产业集群共同发展的区域经济体。该集群利用中国东北地区和俄罗斯东部地区较成熟的优势产业基础，发挥其辐射和扩散作用带动技术合作的深入发展，加强各优势产业的互动与合作，加之中国东北地区和俄罗斯东部地区在产业结构上的互补，更为中俄地方国际化产业集群的建立提供了可能。基于以上说明，笔者提出建立中俄地方国际化产业集群的"井"字发展模式架构，详见图 8 – 1。

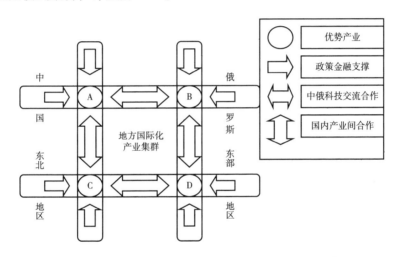

图 8 – 1 中俄地方国际化产业集群 "井" 字模式示意

首先，从整体上讲，"井"字模式是以中国东北地区和俄罗斯东部地区具有比较优势的产业为交点，带动相关产业的快速发展，形成以优势产业为龙头、相关产业和其他产业相配套的产业链条。这一模式可以发挥这四个优势龙头产业的辐射力和带动力，通过产业间和产业内的交流与合作，辅以良性的互动合作机制，打造具有较强竞争力、特色鲜明的经济综合体，使其成为带动区域内众多产业同步发展的原动力。在多个产业的快速发展下，"井"字的中心区域，即中俄地方国际化产业集群的形成区域将逐步形成。

其次，从局部来讲，"井"字的左半部分是中国东北地区优势产业的代表，右半部分是俄罗斯东部地区优势产业的代表。其中，左右两半部分"十"字交会处代表以优势龙头产业为中心的两类优势产业间的科技交流与合作，即国内优势产业为实现地区经济协调快速发展、共同促进产业集群的不断升级而进行的科技交流与合作。"井"字的两条贯穿左右两部分的延伸线代表区域间优势产业的技术交流与合作，即以实现中俄龙头产业的优势互补、相互促进、共同发展为目标而进行的中俄间的技术交流与合作。从另一个角度讲，"井"字的四条延伸线代表优势龙头产业链条向相关产业的不断延伸和扩展，是其辐射和带动作用的体现。

总的来说，中俄地方国际化产业集群"井"字发展模式架构可以归结为：以中国东北三省和俄罗斯东部地区四个具有比较优势的产业为中心，以相关政策和相关产业为支撑，以技术交流与合作为纽带，构筑具有地方国际化特色、辐射和带动能力较强的区域经济综合体，即中俄地方国际化产业集群。

## 二　建立"井"字模式的中国东北地区的产业基础

### （一）中国东北地区产业总体发展状况

相对于浙江、广东、江苏等省产业集群发展给区域经济发展带来的巨大推动作用而言，东北地区产业集群发展相对落后，对经济发展的贡献作用较小，具有比较优势的产业集群建立和发展的速度缓慢。但作为新中国重要的装备制造业基地，东北三省拥有一些优秀的重工企业，具备一定的工业基础。在国家振兴东北老工业基地政策的支持下，东北三省形成了一些比较优势突出的产业，这些产业的发展成为东北地区未来产业发展的基础，也是东北地区未来产业集群建立的主体。

**1. 黑龙江省的产业发展**

（1）黑龙江省产业发展现状。黑龙江省作为我国社会主义工业建设的摇篮和重要的原材料供应基地，对全国的经济建设做出过突出贡献。经过 50 多年的发展，黑龙江省已成为国家重要的商品粮基地、能源原材料基地、装备制造业基地和石油化工基地。

2003 年振兴东北老工业基地的战略提出后,黑龙江省紧紧抓住新一轮的产业转移和产业调整的重要机遇,从区域经济的整体发展视角出发,制订了以"哈大齐"工业走廊为主导的六大支柱产业发展计划:发展装备制造业,建立现代化装备制造业基地;发展石化工业,建立国家一流的石化供应基地;发展能源工业,建立东北地区能源基地;发展绿色、特色食品加工业,建立全国重要的食品加工业基地;发展医药工业,建立我国"北药"生产基地;发展森林工业,建立我国重要的森林工业基地[①]。

随着东北老工业基地振兴战略的不断深入及六大支柱产业发展计划的逐步实施,各大支柱产业得到快速发展,其对黑龙江省经济的贡献作用日益明显。2006 年,六大支柱产业实现主营业务收入 5387.1 亿元,同比增长 22.1%,固定资产投入 758 亿元,同比增长 25.8%,其中装备制造业、能源工业、石化产业、食品加工业四大主导产业一直发展较快[②];2007年,四大主导产业实现工业总产值 5390 亿元,占规模以上工业的89.2%,分别实现利税 1694.4 亿元、利润 1235.1 亿元,占所有规模以上工业利税、利润的 95.5% 和 96.7%[③];2008 年四大主导产业实现工业总产值 6540.9 亿元,占规模以上工业的 89.1%,分别实现利税 1939 亿元、利润 1389.9 亿元,占所有规模以上工业利税、利润的 95.5% 和 96.7%,其竞争优势和对经济的贡献作用日益突出[④]。

(2)黑龙江省产业的发展特点。目前,黑龙江省整体产业发展水平不高,但个别产业已经具备明显的比较优势,是产业集群发展建设的主体,如"哈大齐"工业走廊地区的装备制造业、石化产业、食品加工业、医药产业及高新技术产业等。以这些产业为主导,辅以现代服务业作为保障,为促进以"哈大齐"为中心的产业升级打下了坚实的基础,是促进该地区经济发展的长线保证。

黑龙江省发展水平较高的产业主要集中在"哈大齐"工业走廊地带,

---

① 张晓琦:《黑龙江省发展产业集群的金融支持》,《经济研究导刊》2007 年第 3 期。

② 《2006 年黑龙江省国民经济和社会发展统计公报》。

③ 《2007 年黑龙江省国民经济和社会发展统计公报》。

④ 《2008 年黑龙江省国民经济和社会发展统计公报》。

从一定意义上来说，"哈大齐"地区产业发展的现状代表整个黑龙江省产业发展的基本情况。"哈大齐"工业走廊以哈尔滨、大庆、齐齐哈尔为节点，以肇东、安达为两翼，以哈大铁路与高速公路为纽带，形成了多个产业共同发展的产业集聚地带，基本上形成了以哈尔滨、大庆、齐齐哈尔为中心的装备制造业、石化产业及高新技术产业集中区和以肇东、安达为外围的绿色食品加工及农副产品加工产业集中区的产业格局，实现了五座城市的相互对接，延伸了以三大节点城市为主线的产业链条，形成了以哈尔滨、大庆、齐齐哈尔三座城市为增长极，以肇东、安达等地区为延伸路径的经济发展格局，促进该工业带比较优势的扩散和辐射效应的增强是未来产业集群建立和发展的重点地区。

（3）黑龙江省优势产业的发展。黑龙江省曾经的辉煌及其资源禀赋优势造就了现在一些具有一定比较优势和发展潜力的产业，如装备制造业、石化产业和食品加工业等，这些产业的发展在一定程度上代表黑龙江省未来产业的发展方向。

第一，装备制造业的发展。黑龙江省是我国开发建设最早的工业基地之一，装备制造业基础雄厚，经过多年发展与建设，装备制造业体系趋于稳定，且发展迅速。近年，装备制造业成为黑龙江省四大主导产业中经济效益增长最快的产业，利润增长幅度在四大主导产业中名列第一①，在黑龙江省的经济发展过程中占有十分重要的地位。同时，还形成了一大批具有竞争力和特色的大型企业，如致力于直升机、轻型运输机、直线客机、航空发动机、直升机减速传动系统、汽车及汽车发动机生产的哈尔滨航空工业（集团）有限公司，我国最大的发电设备、舰船动力装置和成套设备出口企业——哈尔滨发电设备集团公司，以及作为国内综合制造能力较强、最大铸锻钢生产基地的中国第一重型机械集团公司等。

按照《黑龙江省装备制造业"十一五"发展规划》，黑龙江省应重点建设成为生产发电设备、重型机械、冶金成套设备、数控机床等若干有特色和知名品牌的重大技术装备制造基地，不仅要发展一批具有自主创新能力、主业突出、具有较强竞争力的大型装备制造企业集团，更要发挥大企

---

① 《黑龙江省装备制造业实现又好又快发展》，国家重大技术装备网，2008年4月16日。

业的集聚效应，建设和完善以哈尔滨、齐齐哈尔等地区为重点的发电设备、重型装备制造产业群。例如，在该地区建立以哈尔滨电器集团公司和中国第一重型机械集团公司为核心，致力于我国大型发电设备及成套设备制造的产业集群；建立以齐齐哈尔第一机床厂、齐齐哈尔第二机床厂等大企业为核心，致力于机床类产品生产的产业集群。总之，黑龙江省装备制造业的发展方向将集中于以现有竞争力较强的大型企业集团为主体，利用其比较竞争优势推动产业向集群化发展，提高生产效率，发挥对其他产业的辐射和带动作用①。

第二，石化产业的发展。黑龙江省石化产业已经具有一定规模，区域产业分布比较合理，初步形成了以"哈大齐牡"石化产业带为主体，以大庆聚烯烃基地为龙头，以绥化地区粮食化工及精细化工基地、佳木斯鹤岗农药化工基地和桦林子午胎生产基地为两翼，上下游一体化综合发展的石化产业群。

黑龙江省大庆市的石化产业基础最雄厚。以大庆石化公司、大庆炼化公司、大庆石化总厂、大庆石油管理局化工集团、蓝星公司等为龙头的石化企业规模大、技术水平高，拥有石化装置130套，资产总额达434亿元，能够生产100多种、500多个牌号的产品，年加工原油能力达1200多万吨。大庆市立足于培育产业新高地，成立了石化产业发展小组，制订了《做大做强大庆石化产业建议方案》，提出了"调整工艺路线，做强油化工；加快天然气开发，做大气加工；延伸产业链条，做好深加工"的发展思路。近年来，大庆市不断加大对石化产业的支持力度，先后扩建并线60万吨乙烯、30万吨聚丙烯等一批重大石化产业项目。60万吨乙烯并线改造和45万吨聚丙烯两大装置投产后，大庆市的乙烯生产规模翻一番，达到120万吨，聚丙烯生产能力达75万吨，大庆乙烯和聚丙烯生产规模挺进国内国际市场前列②。从规模、技术水平和产能等各项指标来看，大庆市是黑龙江省石化产业群的主聚集地带，具备建立石化产业集群主体的资格，是黑龙江省石化产业发展的希望。

① 《黑龙江省装备制造业"十一五"发展规划》，www.eecce.com，2007年4月2日。
② 于忠斌、孙昊：《打造世界级基地》，《黑龙江日报》2007年5月22日。

第三，食品加工业的发展。近年来，黑龙江省食品加工业发展迅速，发展前景较好，形成了以各大乳制品企业为主体、以绿色有机食品为特色的食品加工产业群。2006年底，黑龙江省拥有规模以上乳品企业66家，依托黑龙江乳业集团有限公司、完达山乳业公司、红星集团、大庆银螺乳业公司、宝泉岭垦区圣元乳业公司等大型乳制品企业，形成了包括液态奶系列、奶粉系列、乳类升级产品系列的乳制品产业集群。2006年，黑龙江省乳制品产量为1277496吨，同比增长30.32%，全年实现乳制品工业总产值121亿元，同比增长11.72%，乳制品产值占全省GDP的2.8%，实现利润3.87亿元①。同时，大豆、玉米、啤酒、肉类、马铃薯加工等产业发展迅速，产业聚集度不断提高，是推动未来黑龙江省食品加工业发展的重要力量。根据《黑龙江省食品业"十一五"发展规划》，黑龙江省食品加工业紧紧抓住实施振兴东北老工业基地战略所带来的机遇，通过制定和实施以市场牵动龙头企业、龙头企业带动原料基地、原料基地带动农户为主要形式的龙头带动战略，实现以食品工业促进农业产业化的联动发展模式，最终促进食品加工业集群的形成。

**2. 吉林省的产业发展**

（1）吉林省产业发展现状。自改革开放以来，吉林省工业和农业发展均取得了突破。在农业方面，吉林省依托农业资源的优势，粮食产量进一步快速增长；在工业方面，吉林省以政府为主导，以国有大中型企业为主体，呈现以汽车、石化两大产业为支柱，兼顾医药和食品两个优势产业发展，集技术改造和重点项目建设于一体的产业发展格局。

自东北老工业基地实施振兴战略以来，吉林省在原有的产业基础之上，注重以各地建设工业集中区为突破口，引导生产要素聚集，逐步形成了以五大产业基地为代表的产业集聚区，即以中国第一汽车集团公司为中心的汽车产业基地，以吉林石化公司为依托的石化产业基地，以非公有制企业为龙头的农产品加工基地，以大型企业为主体的现代中药和生物制药基地，以开发区为载体的光电子信息等高科技技术产业基地。目前全省已建成以五大产业基地为龙头的各类开发区、工业集中区100多个。2007年，区内

---

① 《2007黑龙江统计年鉴》。

生产总值超过 2000 亿元，占全省生产总值的 40% ，实现工业增加值 1200 多亿元，同比增长 24% ，占全省工业增加值的 70% ，产业集聚效应明显，以产业集聚促进经济发展成为推动吉林省经济发展的突破口和亮点之一①。

（2）吉林省产业发展特点。吉林省依托各地特色资源和骨干企业，不断调整产业布局，促进特色产业的品牌化经营，呈现以长春、吉林两市为第一圈层，通化、敦化、四平、松原等城市为第二圈层的圈层式产业发展空间格局。在第一圈层内，初步形成了以交通运输设备制造、石化和高科技等资本和技术密集型产业为主体的聚集区。其中具有代表性的为：以中国第一汽车集团公司为中心，形成了产业链、服务链、信息链完整的汽车产业集聚区长春汽车城；以长春国家光电子产业基地为核心，初步形成了以光电子信息和软件产业为主的产业集聚区；以吉林市吉化公司为主体，发展精细化工和合成材料等新产品为产业链条延伸的石化产业集聚区②。在第二圈层内，初步形成了以四平、辽源市及延边自治州为中心的玉米、大豆精细加工和绿色食品加工集聚区和以通化、敦化市为中心的医药产业集聚区。

地域上的圈层式发展并没有阻碍各产业间的互动与合作，圈层间产业的带动和推动作用明显。如长春汽车工业园的建设，推动了四平、辽源等地区汽车零部件产业的发展；吉化公司和松原油田形成了良好的产业链纵向延伸；通化、敦化等地区医药基地的发展和四平、辽源等地区农产品加工基地的发展对长春市医药和农产品加工等产业产生了知识和技术需求。吉林省产业间的互动与合作强化了产业集聚区之间的联系，有着向产业集群发展的态势。

（3）吉林省优势产业的发展。第一，汽车产业的发展。自 1953 年中国第一汽车集团落户长春市以来，经过 50 多年的发展，形成了以一汽集团公司为核心的整车、各类专用车、汽车零部件等研发、生产与贸易为一体的较为齐全的汽车工业体系，辅以吉林大学、一汽技术中心等为主体的

---

① 刘亮明：《积聚生产要素延长产业链条——吉林产业集群发展取得突破》，《人民日报》2008 年 3 月 2 日。

② 于蓬蓬：《吉林省产业集群发展的模式分析与路径选择》，《北华大学学报》2008 年 6 月第 3 期。

教学、科研机构的支撑，逐步形成了集产学研为一体、规模效应和产业集聚效应突出的国家级汽车产业基地。汽车产业已成为吉林省的第一大产业，对吉林省的经济发展做出了巨大贡献。

截至 2006 年底，吉林省汽车工业规模以上企业有 272 家，其中整车制造企业 5 家，专用车制造企业 12 家，汽车零部件企业 255 家，行业从业人员 16.4 万人，资产总额达 1314 亿元。2006 年，吉林全省汽车行业完成工业总产值 1535 亿元，同期增长 22.3%，比 2005 年净增产值 280 亿元，占全省工业的近 1/3；完成工业增加值 430 亿元，同期增长 52.2%；实现利润 44.5 亿元，同期增长 64.1%；全年完成汽车产量 63.3 万辆，同比增长 21%，其中轿车 40.7 万辆，同比增长 32.7%；汽车及零部件出口交货值突破 19.7 亿元，增长 24%。其中一汽集团（含一汽大众）完成工业总产值 1240 亿元，同期增长 23.5%[①]。伴随着以整车生产为主的长春汽车产业开发区和以建立汽车及零部件研发、制造和服务业基地为目标的吉林市汽车工业园区的不断发展，以及以 2007 年 9 月 26 日成立的吉林省汽车零部件研发中心为代表的科技创新和零部件创新体系的逐步建立，吉林省汽车产业不断升级、进步[②]。

第二，医药产业的发展。吉林省依托生物技术优势和长白山丰富的药物资源优势，在重点提高自主研发能力和加速改造企业 GMP 的基础上，大力发展现代中药和生物制药产业。近年来，吉林省医药产业发展迅速，产业集中度逐步提高，规模不断扩大，形成了通化、敦化两大药城，建立了吉林、长春医药产业园，吉林修正、通化东宝、延边敖东、长春生物制品等龙头企业的生产规模不断扩大。医药产业已经成为吉林省经济发展的主要增长点之一。

以通化市医药产业发展情况为例，2008 年 5 月 27 日，通化市被中国医药质量管理协会授予"中国医药城"的称号。从数量和规模上来看，该市的制药企业已发展到 80 多家，产值超亿元的企业达 17 家，8 家企业进入全国中药工业利润百强，其中修正药业集团的产值突破 60 亿元。全

① 《吉林汽车领跑中国》，新华网，2007 年 9 月 1 日。
② 吉林省人民政府网站，www.jl.gov.cn，2007 年 6 月 6 日。

市制药企业可生产 21 个剂型、4605 个品种，其中自主研发的有 130 个品种，拥有自主知识产权的 83 种，中药保护品种 103 种，国家一、二类新药 16 种，年产值超亿元的单品种药 6 个，涌现修正、万通、东宝、金马、紫鑫、长龙等一批知名企业和人胰岛素、斯达舒、万通筋骨片、镇脑宁等一批畅销品牌，成功实现"小地方大产业"①。

与此同时，伴随着医药包装、医药机械和医药信息服务等相关产业的不断发展，吉林省医药产业链条不断延伸，产业关联度和协调发展能力逐步提高，医药产业结构逐步向合理化、高级化方向发展。

**3. 辽宁省的产业发展**

（1）辽宁省产业发展现状。在《辽宁老工业基地振兴规划》的指引下，辽宁省重点建设两个基地、发展三大产业，即建设现代化装备制造业基地和重要的原材料供应基地，发展高新技术产业、农产品加工业和现代服务业。在该方针引导下，辽宁省各地发挥当地的比较优势，围绕地区主导优势产业实现装备制造业、资源开采和加工业及高新技术产业等核心产业的集群式发展，并形成了一批发展势头强劲、集聚效应明显的产业集群。

产业集群是辽宁省产业发展的主导方向，截至 2007 年，辽宁省以中小企业为主体的产业集群为 105 个，集聚企业 13600 多家，平均每个集群包括 125 家企业，其中企业数量超过 100 家的产业集群有 20 个，吸纳就业人数约 100 万，年销售收入达 3000 多亿元，上缴税金约 90 亿元，出口交货值为 350 多亿元②。全省产业集群营业收入正在以年均递增率超过50% 的速度增长，其中确认的 683 家龙头骨干企业分布于各个产业集群中，平均每个集群 6.6 家，销售收入约 1200 亿元，约占全部产业集群经济总量的 40%，是带动产业集群发展的主要力量。从地区分布来看，沈阳、大连、鞍山、辽阳等大中型城市的产业集群在全省产业集群中占有较大比例，产业集群已经成为当地经济社会发展的重要支撑力量。随着各个产业集群的不断深入发展，"五点一线"地区一些重点产业集群规模化发展已具雏形，实现了阶段性突破和进展，伴随着抚顺、辽阳两市的石化深

---

① 江大红：《小中药铸就大产业》，http://health.sohu.com，2008 年 6 月 23 日。

② 沈殿成：《辽宁省——产业集群营业收入年均递增超 50%》，《商务时报》2008 年 3 月 29 日。

加工产业集群规划的迅速启动，辽宁省产业集群的发展正向更全面、更深入的层次迈进①。

（2）辽宁省产业发展的特点。凭借特有的区位优势、资源优势和技术优势，辽宁省产业呈现网络状分布的发展格局，形成了以沈阳市为中心、分散于"辽宁中部城市群"的中部产业聚集区和以大连市为中心、分散于"五点一线"区域的南部产业聚集区。各区域内部城市间以高速公路和铁路为纽带，联系紧密。两大产业聚集区在秦沈铁路、沈大高速和哈大铁路等相互交错的交通网络的共同作用下，形成了区域间互动合作密切的网络复合型空间结构。

两大区域综合考虑工业基础和区位优势等多种要素，侧重发展的产业有所不同。如中部地区，以沈阳市为中心的"辽宁中部城市群"，包括沈阳、抚顺、鞍山、本溪、营口、辽阳和铁岭等城市，根据自身优势发展各具特色的产业，形成了以沈阳机床股份有限公司和金杯汽车股份有限公司为中心的装备制造业和汽车零部件产业，以鞍山钢铁集团公司和本钢集团有限公司为中心的钢铁产业和以抚顺石油化工公司为中心的石油化工产业等工业基础雄厚、专业分工趋于合理、互补性和关联性强的产业发展链条，使得该地区成为我国重要的原材料工业基地和装备制造业基地，也成为我国北方最大的石化工业基地、国家级精细化工和催化剂生产基地；而南部沿海地区，以"五点一线"区域为网络框架，形成了石化等重工业产业集群，并呈现多样化发展的趋势，如大连软件园形成的电子信息产业集群，大石桥市建立的镁质材料产业集群和以沈阳市西柳市场为带动点的纺织服装产业集群等，并且基本形成了系列化配套、产业链、公共服务良性运转的网络结构，具备向更高级产业集群发展的基础②。

从空间角度来看，这一网络结构以鞍山市为主要链接纽带，正逐步推动两大区域产业在更高层次上的互动与合作。以石化产业为例，为了促进抚顺和大连两市的石油及化工产业的互动与合作，鞍山市围绕辽化下游产品和鞍钢煤焦油深加工，以鞍钢、中钢、中橡等企业为龙头，加快烯烃、

---

① 《辽宁省政府新闻发布会》，www. ln. gov. cn，2008 年 3 月 25 日。
② 唐晓华、王伟光：《辽宁产业集群——现状、思路与对策》，《辽宁日报》2008 年 5 月 26 日。

环氧乙烷等化工新材料产业的建设，使两大区域间的产业合作更加紧密。

（3）辽宁省优势产业的发展。第一，装备制造业的发展。目前辽宁省基本形成了以机械、电子信息、医药化工、汽车制造、环保为支柱产业，涵盖航空、建材、冶金、纺织、煤炭、服装等门类的产业体系。装备制造业作为辽宁省第一大支柱产业，一直保持快速的增长态势。2006 年，全省规模以上工业企业完成工业增加值 3850 亿元，按可比价格计算，比上年增长 18.7%，装备制造业增加值为 983.91 亿元，占规模以上工业增加值的 25.6%，比上年增长 24.8%[1]；2007 年，规模以上工业企业完成工业增加值 5047 亿元，比上年增长 21.0%，装备制造业增加值达到 1432.44 亿元，比上年增长 32.3%，占规模以上工业增加值的 28.4%[2]；2008 年，全省规模以上工业企业完成工业增加值 6603.1 亿元，比上年增长 17.5%，装备制造业增加值为 1894.0 亿元，比上年增长 22.3%，占规模以上工业增加值的 28.7%[3]。各项数据表明辽宁省装备制造业的规模和影响力都在不断增长，发展势头强劲。

随着辽宁省装备制造业集群的不断发展，其装备制造业企业的自主创新能力也在不断增强。2007 年，在国家提出重点发展的重大技术装备领域，辽宁省已建立 14 个国家级重大产业技术研发平台，重大技术装备不断实现技术突破。大连重工起重集团接连开发研制出国内首台具有自主知识产权的百万千瓦核电站用核岛环行桥式起重机、船用大型曲轴以及三峡工程 70 万千瓦水轮机转轮，结束了此类产品依赖进口的局面；中国第一重型机械集团公司在国内率先研制出百万千瓦级压水堆核电压力容器，打破了国外的技术垄断；大型加氢反应器不仅做到了国产化，而且实现了出口；沈阳鼓风机集团研制生产的百万吨级乙烯装置裂解压缩机打破了国外垄断，实现了我国石化装备的重大突破；沈阳变压器集团有限公司研制的 780MVA/500kV 变压器成为世界最大容量三相组合式变压器，并应用于国家重点水利工程[4]。

---

[1] 《2006 年辽宁省国民经济和社会发展统计公报》。

[2] 《2007 年辽宁省国民经济和社会发展统计公报》。

[3] 《2008 年辽宁省国民经济和社会发展统计公报》。

[4] 唐成选：《我省装备制造业爆发力强劲显现》，《辽宁日报》2008 年 5 月 1 日。

第二，汽车产业的发展。辽宁汽车产业的发展开始于1949年，从最初的汽车修理业到随后建立的沈阳汽车制造厂、沈阳汽车修配厂、丹东汽车改装厂、辽阳汽车弹簧厂及丹东汽车工具厂等，为辽宁汽车产业的后续发展打下了基础。20世纪90年代以后，随着一批汽车工业协作配套企业的建立和金杯海狮等品牌汽车效益的提高，汽车工业逐渐发展成为辽宁省的支柱产业之一。2005年，辽宁汽车工业产销双双突破15万辆，出口规模、出口品种以及出口地范围都有了不同程度的增加。辽宁汽车产业不仅有中华轿车、华晨金杯等国产品牌，宝马、上海通用等整车生产商及美国伦福德公司、美国李尔公司、德国德科斯迈尔公司等零部件企业也纷纷在辽宁建厂。沈阳航天三菱汽车发动机制造有限公司、沈阳航天新光集团有限公司、大连柴油机有限责任公司、朝阳柴油机有限责任公司等发动机生产企业及其他汽车零部件等协作配套企业与整车制造企业共同构成了辽宁省的汽车及零部件产业集群①。

　　雄厚的制造业基础为辽宁的汽车工业发展打造制造优势，同时，汽车工业的发展也带动了交通运输、钢铁、电子信息等产业的发展。随着近年来辽宁省对汽车产业扶持力度的加大，汽车产业得到更加快速的发展。以沈阳市为例，截至2006年，沈阳市已经拥有7家汽车整车制造厂、4家发动机汽车生产企业及95家汽车零部件生产企业，汽车整车年生产能力接近40万辆，发动机年生产能力超过30万台。在沈阳市经济开发区，聚集了华晨宝马、米其林、普利司通、沈飞日野、李尔、江森等35家世界著名汽车及零部件企业，上海通用北盛汽车的201新型车及二期扩建、宝马新三系列、华晨金杯M2等的建成，为辽宁省汽车产业发展注入了强劲的动力②。汽车产业集合了整车制造、零部件生产、产品营销、售后服务等多个环节，对一个地区的专业化研发、生产、服务等行业的发展都会产生极大的拉动作用。

　　第三，镁质材料产业的发展。辽宁省的镁质材料产业主要集中在南部镁质资源丰富的大石桥市。经过20多年的发展，目前该市拥有570多家

　　① 唐晓华：《产业集群——辽宁经济增长的路径选择》，经济管理出版社，2006。
　　② 《辽宁汽车产业凸显集群效应》，www.syhgkj.gov.cn，2006年2月6日。

企业，固定资产达 45.6 亿元，每年创造产值 150 亿元，形成了以青花集团、大连新型集团等代表企业为核心，中小企业为补充的竞争力较强的辽宁镁质材料产业聚集区。

镁质材料广泛应用于汽车、化工、建材、家电、军工、航天等产业，辽宁省 60 多家镁质材料企业先后同北京科技大学、大连理工大学、宝钢集团有限公司等多家大专院校、科研机构和大型企业建立了长期技术协作关系。在各方的努力下，辽宁省依托资源优势，以企业为主体建立了以 5 个省级企业技术研发中心为核心的镁质材料技术创新体系。2003 年，大石桥市被国家科技部确定为国家镁质材料产业化基地；2004年，大石桥市 575 家镁质材料企业中采矿企业有 68 家，加工企业 507家，形成了 4 个系列 200 多个品种的镁质材料生产体系；2005 年，大石桥市又被中国耐火材料行业协会确立为全国镁质耐火材料生产和出口基地①。镁质材料产业同装备制造业、汽车制造业等其他产业共同形成了趋于完整的、关联度较高的产业链条，并实现了产业间互动合作的良性循环，为辽宁省产业多领域、多层次共同发展做出了突出贡献，成为辽宁省重要的经济增长点之一。

### （二）"井"字模式中的中国东北三省产业集群

中俄地方国际化产业集群作为发挥中国东北地区和俄罗斯东部地区优势产业辐射作用和带动作用的平台，在两地区技术交流与合作的基础上，谋求双方经济共同发展，将扩大地区在中俄两国乃至整个东北亚的影响。中国东北三省作为建立中俄地方国际化产业集群框架的中方代表，应充分发挥自身比较优势，扩大地区间、国家间的交流与合作，以推动中俄地方国际化产业集群的建立。

**1. 中国东北三省产业在"井"字模式中的角色**

中国东北三省的产业发展各具特色，产业集群的程度也不尽相同，为充分发挥东北三省优势产业在中俄区域合作新模式中的辐射和带动作用，推动东北地区的产业向全方位、多层次、共同发展的模式演进，各省应立

---

① 唐晓华：《产业集群——辽宁经济增长的路径选择》，经济管理出版社，2006。

足整个东北地区，打破行政区划的约束，以优势产业为基础，以构建产业集群为目标，并以产业集群为龙头，在地区间互利合作的前提下和相关产业的拉动下，形成不断向横向和纵向延伸的产业链条，打造"井"字模式中东北三省的龙头产业集群。

（1）中东北三省打造龙头产业集群的产业选择。在"井"字模式中，中国东北三省打造的龙头产业应集中于装备制造业和汽车制造业两个领域。第一，装备制造业的选择。首先，从全国来看，装备制造业是我国工业领域中最大的产业，对国民经济的快速发展起到重要的推动作用。我国的工业增加值位于世界第4位，仅次于美国、日本和德国，随着经济形势的不断变化，装备制造业在国民经济中的战略地位越来越重要。在我国的对外贸易中，装备制造业是扩大出口的关键产业，是多年来我国出口创汇的生力军。在保障国家安全方面，作为制造业的主要支撑，装备制造业关系国家的军事安全和经济安全，具有不可替代的作用；在扩大就业机会方面，由于装备制造业具有劳动密集型的特征，因此它能够吸纳更多的不同层次的从业人员，增加就业量。据统计，2000年装备工业每万元固定资产吸纳78人，远高于化工业的46人、冶金工业的37人和石油工业的18人，也高于工业平均吸纳的52人①。在发展潜力方面，我国装备制造业基础雄厚，经济的高速发展很大程度上依赖该产业的支撑。因此，装备制造业将长期扮演国民经济增长的主要动力的角色，其发展潜力和前景十分乐观。

其次，从东北地区来看，东北三省作为老工业基地之一，装备制造业的发展起步较早，具有先天的基础优势，该产业长期以来一直是地区经济增长的主要支柱之一。从单个省份来看，东北三省长期以来的发展思路过于单一，又受到行政区划的束缚，各省之间缺乏高效的产业间交流与合作。加上东北三省产业结构趋同，单个省份在装备制造业产业方面并不具备构建具有国际竞争力产业集群的基础条件和规模。但从整个东北地区来看，虽然各省产业重叠现象严重，但在装备制造业领域各具优势，存在一

---

① 王金蕾、李宏林：《中国装备制造业产业——现状与发展路径选择》，《东北财经大学学报》2005年第4期。

定的互补性。如辽宁省的内燃机车、冷冻设备、风动工具产量居全国第一，石油设备居全国第二，造船业产能占全国造船业产能的比重为33%，机床产值占全国机床产值的27%；吉林省汽车工业销售收入占全国汽车销售收入的14%；黑龙江省大型火电和水电装备分别占全国火电和水电市场的33%和50%[①]。若将各省优势产业有效地结合起来，形成东北三省装备制造业领域的整体优势，将使东北三省装备制造业的竞争优势更加突出，构建装备制造业产业集群的根基更加稳固。

最后，从方针政策角度来看，东北三省在各自制定的“十一五”规划纲要中，均将装备制造业作为支柱产业重点发展，力图打造自身的装备制造业基地。在国家振兴东北老工业基地方针的指引下，辅以各省在装备制造业领域中的倾斜政策及自身的工业基础，使得装备制造业成为未来东北三省经济发展的重要依靠和推动力之一。

综上所述，在中俄地方国际化产业集群中，中国东北地区建立龙头产业的首选是装备制造业。

第二，汽车制造业的选择。在对产业状况的研究中，通常用区位商来衡量区域内优势产业的发展状况和集群程度，区位商的计算公式为

$$LQ_{ij} = \frac{Y_{ij}/Y_j}{T_i/T}$$

其中，$LQ_{ij}$ 为 $j$ 地区 $i$ 产业的区位商，$Y_{ij}$ 为 $j$ 地区 $i$ 产业的产值或就业水平，$Y_j$ 为 $j$ 地区的总产值或就业水平，$T_i$ 为全国 $i$ 产业的总产值或就业水平，$T$ 为全国的总产值或就业水平。假设全国各地区对 $i$ 产业的产品需求相同，若 $LQ_{ij} > 1$，则说明 $j$ 地区的 $i$ 产业所占的产业份额大于全国平均水平，$i$ 产业专业化程度高，有可能是 $j$ 地区的优势产业；反之，若 $LQ_{ij} < 1$，则 $i$ 产业不具有优势。$LQ$ 值越大，表明 $i$ 产业专业化程度越高，成为优势产业的可能性越大。

通过表8-1对产业细化分类后计算的区位商可知，石油和天然气开采业的区位商最大，交通运输设备制造业和石油加工、炼焦及核燃料加工业的区位商分列第2、第3位。单从区位商角度来看，比较优势最大的产

---

① 赵蕾：《东北三省装备制造业现状分析及对策研究》，《商业经济》2008年第8期。

表 8 – 1  东北三省 2005 年、2006 年部分行业区位商

| 行　　业 | 2005 年 | 2006 年 |
|---|---|---|
| 煤炭开采和洗选业 | 1.093 | 1.122 |
| 石油和天然气开采业 | 5.225 | 5.344 |
| 黑色金属矿采选业 | 1.280 | 1.315 |
| 农副食品加工业 | 1.325 | 1.391 |
| 纺织业 | 0.193 | 0.183 |
| 文教体育用品制造业 | 0.099 | 0.112 |
| 石油加工、炼焦及核燃料加工业 | 2.306 | 2.169 |
| 医药制造业 | 1.537 | 1.594 |
| 塑料制品业 | 0.396 | 0.522 |
| 通用设备制造业 | 1.085 | 1.110 |
| 专用设备制造业 | 0.909 | 1.011 |
| 交通运输设备制造业 | 2.515 | 2.365 |
| 通信设备、计算机及其他电子设备制造业 | 0.133 | 0.121 |

资料来源：根据东北三省的统计年鉴，通过区位商公式计算所得。

业应该是石油和天然气开采业，但从实际情况来看，石油和天然气开采业属于资源型行业，而中国东北三省的储量有限，所以产业发展潜力有限，难以长期维持竞争优势。因此，另一个龙头产业应在交通运输设备制造业和石油加工、炼焦及核燃料加工业这两个行业之间进行选择。

交通运输设备制造业相对于石油加工、炼焦及核燃料加工业来说具有无可比拟的优势，汽车制造业作为交通运输设备制造业的主体，其优势尤为突出。

首先，从工业基础角度来看，在整个东北地区的工业体系中，汽车制造业基础雄厚。2008 年中国第一汽车集团公司全年实现销售收入 2184 亿元，稳居中国机械 500 强之首，并在世界机械 500 强中居第 49 位。随着哈尔滨哈飞汽车工业集团有限公司、金杯汽车股份有限公司等汽车企业的不断成熟，汽车制造业逐步壮大，加之其属于装备制造业的分支，拥有装备制造业提供的优良基础和强大支撑，使得汽车制造业发展拥有持续的原动力。

其次,汽车制造业与上下游产业的关联程度比较强。据悉,汽车制造业每增加 1 元的产值,对上游产业的拉动是 0.65 元,对下游产业的拉动是 2.63 元;其每增加 1 个百分点的产出,能够带动钢铁、石化、电子、纺织、服务业等诸多相关产业增加 10 个百分点的产出;每一个汽车制造业岗位能够带来 25 个其他岗位的就业。同时,汽车制造业技术密集度较高,讲求规模经济,利于带动相关产业的科技进步和结构优化[①]。

最后,东北三省汽车企业生产能力较强,市场前景广阔。目前,东北三省汽车企业通过与大众汽车公司扩大合作建立了以长春为代表的汽车产业基地,形成了以解放卡车基地、一汽大众二厂基地、一汽轿车新基地和一汽与丰田汽车公司合作的越野车基地为主体的新的产业布局。面对不断扩大的俄罗斯市场和世界市场,汽车制造业的发展潜力巨大。

因此,在选择装备制造业作为龙头产业集群主体的同时,我们选择交通运输设备制造业的代表——汽车制造业,作为继装备制造业之后衍生出的另一个龙头产业集群的主体。

基于以上分析,东北地区应将装备制造业和汽车制造业作为主体,打造中俄地方国际化产业集群"井"字模式中的装备制造业产业集群和汽车制造业产业集群。同时应与其他产业互相支撑、互相推动、共同发展,形成具有较强竞争力的产业群,以在中俄地方国际化产业集群的大框架内发挥其辐射和带动作用,推动整个东北地区经济的快速发展。

(2)东北三省龙头产业集群发展现状。第一,装备制造业的发展。装备制造业是东北老工业基地发展的基础和灵魂,是东北地区经济发展的重要支柱。随着振兴东北老工业基地战略的实施,装备制造业迎来了又一次的辉煌,东北三省装备制造业发展速度也逐步加快,规模效应日益显著。

2008 年,辽宁省装备制造业实现利税总额 429.5 亿元,利润总额 281.9 亿元,分别比上年增长 14.7% 和 19.7%[②];2008 年吉林省装备制造

---

① 竺延风:《发展汽车工业,振兴东北老工业基地》,《经济纵横》2005 年第 1 期。
② 《2008 年辽宁省国民经济与社会运行报告》。

业完成工业总产值 539 亿元，实现销售收入 420 亿元，利税 30 亿元，2009 年 1~4 月，完成工业总产值 185 亿元，实现销售收入 169 亿元，利税 11 亿元，同比分别增长 35%、36.9%、22.8%[①]；2007 年黑龙江省规模以上装备制造业完成工业总产值 914.7 亿元，同比增长 12.8%，完成工业增加值 241.3 亿元，实现利税 83.7 亿元，分别增长 14.9% 和82.3%，实现利润同比增长 107%，达到 50.9 亿元，相当于前四年的利润总和，规模以上装备制造业工业增加值为 383 亿元，年均增长 20%，其支柱产业地位日渐凸显[②]。

东北三省的装备制造业竞争力均较强，产业发展各具特色，形成了较为完善的产业体系和合理的装备制造业生产力布局。黑龙江省装备制造业综合竞争力在全国居第 20 位，产业链条较长。依托其资源优势的装备制造业产业链横向链接研发，涉及制造、服务及运营等不同产业，纵向涵盖和影响林业、硅钢业、钢铁业、金属制品制造业、电子元器件制造业、有色金属制造业、橡胶制造业及化学原料及制品制造业等门类众多的相关产业，对关联产业的波及效应较强。目前，黑龙江省装备制造业在全国排名前几位的优势行业分别是货车制造业、飞机制造业、冶金工业专用设备制造业、发电机制造业、汽轮机制造业、锅炉制造业等。截至 2007 年末，黑龙江省装备制造业共有规模以上企业 619 家，职工总数达 19.7 万，资产总额为 1018 亿元，占全省规模以上企业总资产的 18%，实现主营业务收入 839 亿元，是 2003 年的 2.4 倍，年均增长 24.5%[③]。此外，黑龙江省的装备制造业具有较强的自主创新能力，2006 年在全国排第 9 位。目前黑龙江省形成了以哈尔滨电站设备集团为核心的发电设备制造业产业链条，并以锅炉、电机、汽轮机三大动力厂为依托，主要生产电站锅炉、水轮机、汽轮机、发电机及水力发电机组等大型机械产品，其发电设备在国内市场的比较优势明显。同时，黑龙江省还拥有国内最大的铸锻钢生产基地——中国第一重型机械集团公司，齐齐哈尔第一机床厂和第二机床厂等

---

① 《吉林装备制造业亟待在扩大内需中实现新突破》，中国金融投资网，2009 年 6 月 26 日。

② 赵蕾：《东北三省装备制造业现状分析及对策研究》，《商业经济》2008 年第 8 期。

③ 《装备制造业已成黑龙江省四大支柱产业中经济效益增长最快的产业》，东北科技创业网，2009 年 2 月 3 日。

企业规模效益突出①。

吉林省装备制造业竞争力在全国排第 25 位，截至 2009 年上半年全省装备制造业规模以上企业有 844 家，从业人员 15 万人，能够批量生产各门类产品 2000 多种②。经过长期的改组和改造，长春、四平、吉林三市的装备制造业具有一定的集中度。如长春市的轨道设备和电工设备优势明显，长春轨道客车有限公司的轨道客车达到国际先进水平，生产能力和规模居亚洲第一位，国内市场占有率超过 70%；四平市的装备制造业优势体现在通用设备领域，四平市东风机械装备有限公司生产的东风牌收割机连续两年出现脱销，产品远销阿塞拜疆、朝鲜、几内亚等国，2006 年实现产值 7700 万元；吉林市在石化设备和起重设备领域的位置举足轻重。2006 年，长春、四平、吉林三市装备制造业产值总和超过全省装备制造业总产值的 80%③。

辽宁省装备制造业竞争力在全国排第 12 位，截至 2009 年上半年，全省装备制造业规模以上企业达 8000 多家，比 2008 年同期净增 2000 多家④，产业集群已经粗具规模。如在沈阳，以沈阳机床集团为核心的机床加工制造业集群，以沈阳重型机械集团为核心的专用设备制造业集群等；在大连，以大连重工·起重集团公司为主的起重设备、冶金设备等重型机械成套设备制造业集群，以大连冰山集团有限公司为龙头的 400 多家制冷产业集群，以中国第一重型机械集团公司大连基地为主的重机企业和以大连叉车有限公司为主的工程机械制造业集群等。目前，辽宁省初步形成了包括辽阳、鞍山、瓦房店等较大工业城市的沈阳—大连装备生产基地⑤。总的来看，辽宁省装备制造业工业体系比较完整，雄厚的装备制造业基础使其具有突出的比较优势和竞争优势，在许多行业的市场占有率均超过 10% 或

---

① 綦良群、王巍、马健：《黑龙江省装备制造业产业链现状及特点分析》，《工业技术经济》2008 年第 2 期。

② 《吉林装备制造业亟待在扩大内需中实现新突破》，中国金融投资网，2009 年 6 月 26 日。

③ 《抢抓机遇推进吉林装备制造业再振兴》，中华机床网，2007 年 8 月 13 日。

④ 《辽宁省装备制造业规模以上企业总数已达 8000 多户》，中华人民共和国人民政府网，2009 年 7 月 14 日。

⑤ 卢昌崇、李宏林、郑文全：《辽宁装备制造产业集群的解析与重构》，《经济管理》2005 年第 23 期。

在全国名列前茅，并形成了一些竞争力较强的大企业、大集团。如辽宁省20强装备制造企业之一的瓦房店轴承集团，其产品占据15%的国内市场份额，在世界行业排名中居第15位。其制造企业在大型输变电设备、列车车辆成套设备、大型连铸连轧成套设备等方面在国内市场上都占有重要地位。例如通过多年的产业积累和技术创新，沈阳机床集团的数控机床、东软集团的数字医疗设备等均达到国际先进或国内领先水平（详见表8-2）。

第二，汽车制造业的发展。东北三省的汽车制造业经过多年发展，均已具有一定的优势，产品占据一定的市场份额，并在振兴东北老工业基地的浪潮中飞速发展。其中，哈尔滨、长春、沈阳三市的汽车制造业是东北三省汽车制造业整体发展水平的代表。

表8-2 辽宁省具有优势和基础的装备制造业行业和企业

| 在全国具有优势的行业 | 在全国具有一定基础的行业 | 优势企业 | 优势产品 |
|---|---|---|---|
| 水轮机、冷冻设备、微电机、诊断器材和电真空器件、机器人、数控机床、环保机械、小客车和计算机整机制造业（其中造船业2004年突破190万吨，产能占全国的1/3，占世界的3%~4%；机床产值100亿元，占全国的26%左右；内燃机车、冷冻设备、风动工具产量居全国第1位，石油设备居全国第2位，数控机床居全国第3位） | 车用柴油发动机、远洋运输船舶、铁路机车及铁路设备、轴承等行业 | 沈阳机床集团为全国最大的机床开发制造商，进入世界机床行业15强；大连机床集团公司跻身世界机床业销售20强；大森数控占国内中等数控系统21.6%市场份额；瓦房店轴承集团主要经营指标在中国轴承行业排第1位，世界第15位；大连冰山集团、大连重工·起重集团为国内同行业的最大工业企业；沈阳鼓风机股份有限公司国内市场占有率已达到50%以上；沈阳机车车辆有限责任公司是亚洲最大的货车生产基地；大连机车车辆有限公司的规模产量在国内具有绝对优势，且在国际上也处于前列；内燃机车出口占全国总量的80%以上；大连新船重工集团是我国最大的造船企业，进入国际造船企业前30强；新松公司开发的机器人已有4大类、10余种，成为我国为数不多的能与国外公司抗衡的装备产品 | 超高压输变电设备，千万吨级露天煤矿采矿设备、大型全断面隧道掘进机，30万吨油轮，高吨位大型起重机，4万空分装置用压缩机组，大功率内燃机车和蒸汽机车，歼击机、导弹、舰艇，高速加工中心、数控机床及数控系统、组合机床，铁路机车，燃气轮机，环保设备，大中型轴承，低速大功率柴油机，嵌入式软件系统，机器人及自动化生产线，数字化医疗影响设备等 |

资料来源：单超、王奇、刘光德、孙超：《辽宁老工业基地装备制造业优劣势分析》，《经济师》2007年第2期。

黑龙江省的汽车制造业以哈尔滨哈飞汽车工业集团为代表。截至2006年12月底,哈飞汽车工业集团有限公司年产销汽车突破26万辆,产销发动机突破46万台,均创历史新高,实现销售收入100亿元①。截至2007年7月,哈飞集团累计向中南美洲出口汽车6000辆,出口范围遍及中南美洲的巴西、秘鲁、玻利维亚、厄瓜多尔、危地马拉、智利、委内瑞拉、哥伦比亚等国家和地区,出口车型包括"路宝"等微型车在内的多款畅销车型。哈飞汽车在哥伦比亚首都圣菲波哥大的市场份额占57%,卡利市市场份额占12%②。此外,哈飞汽车还累计向叙利亚出口汽车4.5万辆,成为占据叙利亚市场份额最大的中国汽车品牌。至2008年3月25日,哈飞汽车继2003年产销突破100万辆以后,仅用4年时间就实现了产销突破200万辆大关的飞跃,创造了自主品牌的新纪录,产能达到年产40万辆,并拥有微型货车、微型客车、微型轿车、三厢轿车、MPV五大系列近百款车型③。目前,由哈尔滨哈飞汽车工业集团和东安动力股份有限公司配套的汽车零部件专业化配套园区,已经有哈尔滨东阳汽车塑料制品有限公司、乐华汽车车轮有限公司、哈飞凌飞汽车焊装件有限公司等41家企业入驻,核心产业链基本完善,初步形成了小规模的产业集群④。

吉林省的汽车制造业以长春汽车制造业为代表。2007年,长春汽车达到整车生产能力104万辆,实际生产82.3万辆的规模,在全国整车产量方面排第2位。其中,一汽大众汽车以48.9万辆的产量成为国内规模最大的单体轿车主机厂,一汽解放汽车公司成为国内最大的中、重型卡车生产企业,长春汽车城形成的步伐逐步加快⑤。

与黑龙江、吉林两省相比,辽宁省汽车制造业的发展更是突飞猛进,在不断创新的基础上,形成了以整车、发动机、零部件为主的汽车制造业

---

① 《去年哈飞汽车销售超26万辆》,中国汽车新网,2007年1月12日。

② 《哈飞汽车出口中南美"一骑绝尘"同行第一》,www.sohu.com,2008年7月15日。

③ 《哈飞汽车集团第200万辆汽车下线》,中国中小企业哈尔滨网,2008年6月10日。

④ 綦良群、王巍、马健:《黑龙江省装备制造业产业链现状及特点分析》,《工业技术经济》2008年第2期。

⑤ 《200万辆——长春汽车挑战极限》,《长春日报》2008年6月30日。

生产体系和由生产、销售、服务等环节共同构成的产销体系。辽宁汽车制造业正逐步走向成熟。2004年辽宁省汽车产业的工业总产值在全国排第10位，2005年辽宁汽车工业产销均突破15万辆，全年汽车销量增长25.5%，高于当年全国的平均水平①。汽车行业实际出口整车及CKD散件4974辆，出口交货值15.8亿元，同比增长17.8%，出口品种有轿车、轻型客车、轻型载货汽车、运动型多功能车及皮卡等，出口汽车量和贸易额与2004年相比分别增长1.25倍和1.29倍，均创历史新高，产品出口到中东、东南亚以及南美洲和非洲等的54个国家和地区。随着海狮、中华、宝马和中顺等汽车厂商的进入，以及各汽车工业园和零部件工业园的建立，辽宁汽车制造业的知名度不断提高，实力不断增强②。

2007年，沈阳市汽车业整车产量达35.6万辆，同比增长33.7%，高出全国平均增幅10多个百分点；汽车及零部件产业实现工业总产值670亿元，同比增长41%；出口汽车累计1.5万辆，比2006年增长108%；出口金额达1.13亿美元，增长129%，并形成了欧洲、俄罗斯、美国加其他国际市场"3+1"的出口格局③。从单个汽车企业来看，仅华晨汽车集团控股有限公司就突破整车销售30万辆大关，整车销售300369辆，实现收入430亿元，同比增长32%；整车出口1.55万辆，同比增长79%；上缴税金35亿元，同比增长46%，核心指标增幅位居中国汽车企业前列④。

在市场销售服务方面，以华晨汽车为代表形成了较为完善的汽车销售服务体系，建立并完善了与其销量相适应的营销体系和网络布局。截至2010年底，华晨汽车销售网络总数已经达到3645家⑤。为了提高企业的经营能力，华晨汽车实施网络下延、加大支持和强化管理的方法，鼓励中心城市经销商向二、三级城市辐射，销售政策也向二、三线城市倾斜，以促进细分市场的开拓。2010年初，华晨汽车还正式启动了汽车后市场业务，并且已经成功开发汽车装饰类、加装类、养护类、精品类以及"华

① 《辽宁汽车工业协会成立》，www.chinajsb.cn，2006年4月24日。

② 《辽宁汽车产业凸显集群效应》，沈阳市皇姑区科学技术局，2006年2月6日。

③ 《华晨3+1海外拓展》，中国证券网，2008年6月4日。

④ 《华晨整车销售突破30万辆》，解放网，2008年1月23日。

⑤ 《华晨汽车集团，销售网络》，http://www.brilliance-auto.com。

晨之家"专用件等五大类、216 种产品，优化淘汰产品 11 种①。为了进一步推进全国网络"华晨汽车后市场产品品牌店"建设和公司"网购平台"的建设，华晨汽车计划建设 100 家后市场产品品牌店，全力打造华晨汽车后市场品牌。2008 年，沈阳华晨金杯汽车有限公司、沈阳中顺汽车有限公司、沈阳金杯车辆制造有限公司、沈阳沈飞日野汽车制造有限公司、上海通用（沈阳）北盛汽车有限公司、沈阳天鹰专用汽车制造有限公司、沈阳北方交通工程有限公司、沈阳斗成专用车有限公司等 8 家汽车企业获得中国 2008 年汽车整车出口资质，这标志着全国乃至世界对辽宁汽车工业发展的认可②。

**2. 东北三省产业集群在"井"字模式中的发展前景**

从产业集群理论的角度来看，产业集群的形成需要在龙头产业的带动下形成产业集聚，利用其专业化、集中化、网络化和地域化的特性形成竞争优势，提高相关产业的生产效率，促进企业创新与发展，带动地区经济增长。

作为中俄地方国际化产业集群"井"字模式中的一极，东北三省以装备制造业和汽车制造业为龙头，在中国振兴东北老工业基地战略和俄罗斯东部大开发战略实施的背景下，通过双方的技术交流，在不断创新的基础上将优势产业的辐射和带动作用不断放大，为构建中俄地方国际化产业集群提供强大的产业支持。

（1）装备制造业的发展前景。自 2003 年以来，东北三省先后提出要走新型工业化道路，大力发展先进装备制造业，并将其作为基础性、战略性产业。各地方政府对装备制造业的发展提供了政策、资金、技术支持。装备制造业的发展是振兴东北老工业基地的重要支撑，打造装备制造业集群是东北三省在中俄地方国际化产业集群框架下的优先选择，也是东北地区装备制造业发展的最优路径。

东北地区装备制造业集群的建立基于其雄厚的工业基础。东北地区主要的重工产品在全国占有较大的比重，其中汽车产品占全国的 25%，造

---

① 《华晨汽车集团销售网络》，http：//www.brilliance-auto.com。
② 《沈阳建中国自主品牌汽车研发和制造基地》，新华网，2009 年 7 月 13 日。

船占全国的近33%，钢铁占全国的12.5%，大型火电设备占全国的43%，水电设备占全国的59%①。在建设中俄地方国际化产业集群的大框架中，东北地区装备制造业产业集群的建立需要合理、有效地发挥各省装备制造业领域优势产业的带动作用，在合理分工的基础之上共同构建东北三省的装备制造业产业集群。

从产业选择上看，各省应选择比较优势明显的产业重点发展，在整个东北地区产业间交流与合作的基础上，实现产业互补，避免产业重构带来的资源浪费和技术水平滞后对产业集群建立带来的不利影响。以黑龙江省为例，黑龙江省锅炉、汽轮机及发电机制造业的经济指标在全国同行业中均居第3位，具有明显的行业优势；冶金专用设备制造业居全国同行业第2位，具备为冶金行业配套生产大型器械的设计制造能力，在全国也居领先水平；铁路运输设备修理业和货运制造业均居全国同行业第2位；在焊接技术研究和开发领域，其焊接工艺和方法及研究开发水平均处于国内和国际领先地位；在大型机械化农机具领域具有行业优势，居全国第3位。总的来说，黑龙江省在全国排名前五位的优势行业为货车、微型汽车、飞机制造业、冶金专用设备制造业、发电机制造业、汽轮机制造业、锅炉制造业、机械化农机具制造业、切削工具制造业等数十种装备产品。因此，黑龙江省应以这些优势行业为核心，通过与辽宁、吉林两省的产业交流与合作，实现三省之间的产业互补，并紧抓俄罗斯东部大开发战略带来的机遇，逐步开发俄罗斯东部地区市场②。同时完善电站主机、辅机和配套工业联动发展的生产体系，建立东北三省装备制造业集群中的电站成套设备产业基地，以沈阳哈工量用具有限公司、哈尔滨轴承集团公司、齐齐哈尔第一机床厂、齐齐哈尔第二机床厂等大型骨干企业为产业带动点，实现哈电站集团、齐机床集团、哈飞集团、哈工量集团、哈轴集团等大型集团企业的技术配套进一步集聚，在东北三省区域内外技术交流与合作的基础上不断创新，与沈阳机床、大连机床等企业进行技术资源整合，实现跨省延伸产业的完整配套体系和技术自主创新体系，构建东北地区大型、重型机

① 鲍振东：《2006 年东北地区发展报告》，社会科学文献出版社，2006。
② 崔丹、龙云飞：《对黑龙江装备制造业产业集群创新发展的讨论》，《学术交流》2007 年第10 期。

床及重型速冻机床功能部件集群，实现东北三省装备制造业产业集群由目前的点状、链状分布逐步向宽带状、网络状分布发展，形成区域内产业链条的交叉和延伸的配套体系①。

从整体区域发展的框架来看，东北地区应当将现有的黑龙江"哈大齐"工业走廊、辽宁"沿海五点一线"、吉林"长吉一体化"产业带连接起来，并将其作为东北地区装备制造业产业集群的主线，形成以装备制造业为核心、相关产业为支撑的产业链，打造中俄地方国际化产业集群中的一个极点，建立在整个东北亚地区具有重要战略地位的装备制造业基地②。

（2）汽车制造业的发展前景。汽车产业集群的建立独立于装备制造业集群，主要在于其突出的比较优势。东北汽车产业应当结合东北三省的区位优势，在国内外市场需求的拉动下，促进汽车制造业的集群式发展，这也是促进东北汽车产业和地区经济发展的需要。

从目前东北地区汽车制造业的发展状况来看，中俄地方国际化产业集群框架下汽车制造业产业集群的建立应以吉林省的汽车制造业为中心、辽宁省与黑龙江省为两翼，在品牌上打造以一汽集团为中坚，华晨和哈飞为辅助，各大自主品牌交相辉映、合作成长的格局。

首先，中国第一汽车集团公司总部地处东北地区中心地带，地理优势得天独厚。这里聚集着多家大型汽车制造企业，包括全国汽车制造业规模最大的一汽集团，全国最大的铁路客车科研、生产基地——长春轨道客车股份有限公司等超大规模企业，工业装备高度集中，是带动整个东北地区汽车产业发展的最佳点。东北地区应以长春为核心，加强东北汽车基地建设，争取做大做强整车生产的主业，并以此为主线，带动零部件产业的发展。

其次，在汽车制造业的分工上，东北地区应发挥各省的比较优势：黑龙江省以微型车为主，辽宁省以重型车为主，而吉林省应注重中、重型卡车的生产。同时，通过交流与合作实现汽车零部件产业的分工重组，在汽

---

① 崔丹、龙云飞：《对黑龙江装备制造业产业集群创新发展的讨论》，《学术交流》2007 年第 10 期。

② 崔丹、龙云飞：《对黑龙江装备制造业产业集群创新发展的讨论》，《学术交流》2007 年第 10 期。

车发动机和其他零部件产业领域集中各省技术优势，整合各省资源优势，为东北汽车产业集群的建立和完善提供技术和设备支持，建立良性互动合作机制，实现东北汽车制造业集群在中俄地方国际化产业集群中的辐射带动作用。

在市场需求方面，俄罗斯汽车市场每年有 50 万~90 万辆的缺口，基于中国东北地区在地理位置上的优势和汽车制造业的雄厚基础，积极开拓俄罗斯市场是中国东北汽车制造业发展的路径选择之一。在开发俄罗斯市场方面，辽宁、吉林两省在整车生产的基础上，应重点增强其在汽车服务业方面的优势，促使中国东北汽车制造业链条逐渐趋于完整。在汽车服务业不断升级的前提下，黑龙江省应充分发挥与俄罗斯临近的区位优势，为扩大东北汽车制造业的海外市场提供支持，同时依托与东北地区众多高校等科研机构的联合，为创新型汽车制造业产业集群的形成和完善提供原动力。东北三省正在共同努力建设该地区集汽车研发、制造、零部件加工和汽车物流、贸易、服务于一体的汽车制造业发展平台，建立中俄地方国际化产业集群框架下的东北地区及东北亚地区汽车制造业产业集群综合体。

**3. 东北三省在"井"字模式中的互动合作机制**

建设中俄地方国际化产业集群框架下的东北装备制造业集群和汽车产业集群并实现其辐射和带动作用，东北三省间的互动合作尤为重要。

以装备制造业和汽车制造业为例，目前东北地区装备制造业集群的建立仍然存在瓶颈，如产业同构问题突出，行政区划的束缚阻碍了技术、资金等生产要素自由流动，三省间研发和生产布局方面跨省的横向联系较少，这在一定程度上阻碍了产业集约、高效、快速发展。因此，东北地区装备制造业产业集群和汽车制造业产业集群的建立应以三省间的互动合作为出发点，以相应政策为支撑，以产业链条的延伸为导向，整合三省优势资源，形成省际的有效分工，提高要素配置效率，在资源共享和优势互补的基础上，建立产业共性技术合作研究平台，实现东北三省装备制造业和汽车制造业的区域一体化。

东北地区装备制造业集群和汽车产业集群的建立要以具有比较优势的大型企业为核心，高校等科研机构的技术创新应为产业集群发展提供原动力，还要有相关政策和相关产业的支撑，构建各省之间的技术合作和产业合作平台，才能实现东北老工业基地的振兴。以辽宁省造船业的发展为例，除了发挥其自身在大型数控机床等方面的优势以外，应加强与齐齐哈尔第一机床厂和第二机床厂等同领域优势企业间的交流与合作。同时，应强化与各省高校等教育科研机构的合作，发挥东北三省的人才和技术优势，保持产业的持续技术创新能力，如哈尔滨工业大学的焊接技术在世界处于领先地位，可以为辽宁省造船业的发展提供技术支持。总的来说，装备制造业集群和汽车产业集群的发展除了需要各产业间的合作以外，还需要高校等科研机构提供技术支撑。各省应打破行政区划的限制，充分发挥地区优势，按照"平等互利、加强合作、优化资源、有序竞争"的原则，培育要素市场，完善区域协作网络，加强技术合作，健全服务体系，推动东北地区的资源优化配置和产业重组，构建跨行政区域的一体化公共平台，形成以建立产业集群为目标的区域发展格局。

具体来说，在政策支持方面，自 2003 年党中央、国务院下发《关于实施东北地区等老工业基地振兴战略的若干意见》，并把振兴东北老工业基地作为继建设沿海经济特区、开发浦东新区和实施西部大开发战略之后的又一项加快区域经济协调发展的重大战略以来，东北三省也相继出台了一系列政策。辽宁、吉林、黑龙江三省分别制定并实施了《辽宁老工业基地振兴规划》、《振兴吉林老工业基地规划纲要》、《黑龙江省老工业基地振兴总体规划》，各老工业基地城市如沈阳、大连、哈尔滨、鞍山、抚顺、营口、伊春等也相继制定并实施了老工业基地振兴规划。国家有关部门也陆续编制完成了如《东北地区电力工业中长期发展规划》、《振兴东北老工业基地公路水运交通发展规划纲要》等相应的专项规划。这些政策规划的制定与实施在进一步推动东北老工业基地调整与改造的同时，也为东北地区装备制造业集群和汽车产业集群的建立提供了强大的政策支撑，使其发展有了一个良好的外部政策环境和方向。

产业集群的建立和持续发展需要高校等科研机构的支持。科研机构与企业之间的联合是东北装备制造业集群和汽车产业集群建立的必然选择，是产业集群发展的原动力。东北地区拥有雄厚的科技人才基础和大量的技术创新载体，科教力量雄厚，"产学研"联合发展的潜力巨大。2001 年，东北三省大学院校数量占全国的 11.6%，大学教职工数量占 12.7%，大学毕业生人数占 12.8%；2003 年，辽宁、黑龙江、吉林三省综合科技进步指数分别列全国第 6、第 12、第 13 位；截至 2005 年，东北三省已建立国家级企业技术中心 41 个（含分中心 1 个），占全国的 11.8%。目前，已经形成以中国科学院沈阳金属所、沈阳自动化研究所、长春光机所、大连化物所等为代表的研究机构和以哈尔滨工业大学、吉林大学、大连理工大学、东北大学等为代表的重点高校构成的重要技术梯队，科技持续创新能力突出。此外，东北地区大量技术力量雄厚的骨干企业为技术创新和发展提供了雄厚的载体，并初步形成了以鞍钢、哈电、一汽、沈飞、哈飞、黎明、一重、大连机床、沈阳机床、沈鼓、大连造船、吉化、大化、东软等为代表的人才、信息、技术、装备等比较完善的技术创新型企业。大量的科技人才储备和科研机构及众多实力雄厚的创新型企业，共同构成了保证东北地区装备制造业集群和汽车产业集群获得持续竞争力的基础，使产业集群有了建立和发展的现实基础和动力源泉[①]。

根据迈克尔·波特的产业集群竞争理论，相关行业的支持是产业集群获得竞争力的关键要素之一，其中，相关行业主要包括银行、风险投资等金融机构和中介服务机构等。首先，金融行业是经济发展的基础，是产业集群内进行技术创新的重要资金来源，金融行业的支持是产业集群建立和持续发展的重要保障。因此，在金融行业的支持和带动下，改善东北地区的投资环境、强化东北地区资金实力，既是建立东北地区装备制造业集群和汽车产业集群的前提条件，也是产业集群持续发展的必要条件。其次，中介服务机构专业化程度高，活动能量大，组织形式先进，拥有信息、技术、投资、管理等各方面的专家，可以为产业集群内的企业提供专业化服务，帮助企业获得市场机会和投资。最后，产业集群的建立需要半官方性质的企业联合会、行业协会、商会、技术中心等各种服务机构以及律师事务所等中介服务机构构成的基础服务网络体系的协助与支持。总的来说，东北地区装备制造业集群和汽车产业集群的建立和持续发展，只有在各类相关行业的配合与支撑下，才能够挖掘其应有的竞争力，并发挥其带动地区经济发展的效用。

---

① 王任飞：《自主创新——东北振兴的必由之路》，《宏观经济》2006 年第 5 期。

从区域发展的框架来看，东北地区装备制造业集群和汽车产业集群的建立需要以现有的黑龙江"哈大齐"工业走廊、辽宁"沿海五点一线"、吉林的"长吉一体化"工业带为主体框架，通过互动合作实现工业带之间的连接。东北三省应当以三大工业带为产业集群构建的主体，通过优势互补形成产业合理分布的格局，将主体功能优势发挥到最大，为产业集群高效、集约、快速发展提供基础（如图8-2所示）。

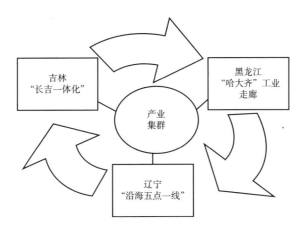

**图8-2　东北三省产业带互动示意**

总的来说，中俄地方国际化产业集群框架下的东北地区装备制造业集群和汽车制造业产业集群的建立是一个多行业、多领域互动合作的过程，是产业向高级化、合理化演进的过程（如图8-3所示）。

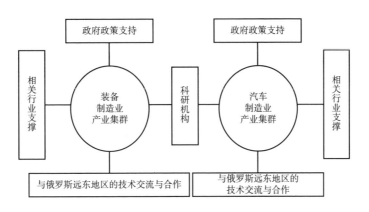

**图8-3　东北三省产业集群构建示意**

# 三 建立"井"字模式的俄罗斯东部地区的产业基础

## （一）俄罗斯东部地区产业发展状况

俄罗斯东部地区主要包括西伯利亚地区和远东地区，该地区幅员辽阔，资源丰富，被称为世界上最后一块尚未开发的宝地，该地区主要以发展能源资源类产业为主。

### 1. 俄罗斯东部地区产业发展现状

俄罗斯东部地区拥有丰富的自然资源，主要包括油气资源、煤炭资源、森林资源、矿产资源等。依托其丰富的资源储量，该地区拥有以燃料动力工业和采矿冶金业、林业和农业为主的产业结构体系，其中燃料动力工业在全俄的经济发展中占有重要地位。

第一，油气资源方面。西伯利亚地区的石油储量占全俄的77%，天然气储量约占全俄的85%，仅秋明油田的远景储量就高达400亿吨，比美国的全部油气储量还多，该地区占俄罗斯近70%的石油出口和90%的天然气出口。远东地区每平方公里的石油保障率为96吨，天然气为31万立方米，因此，远东地区也被世人认为是俄罗斯石油天然气开发最有前景的地区①。

第二，煤炭方面。西伯利亚地区煤的预测储量高达7万亿吨以上，占世界地质储量的50%左右，1998年该地区探明的煤炭储量就高达1597.18亿吨。远东地区煤炭的储量占全俄煤炭储量的40%，每平方公里煤的保障率为4000吨，而且煤炭资源遍布所有行政区，其中萨哈共和国是远东最大的产煤区②。

第三，森林资源方面。西伯利亚地区45%的土地被森林覆盖，覆盖

---

① 《西伯利亚地区经济社会发展、远东地区经济社会发展》，www.baike.baidu.com，2008年4月。

② 《西伯利亚地区经济社会发展、远东地区经济社会发展》，www.baike.baidu.com，2008年4月。

面积达到 2.75 亿公顷，占全俄森林总面积的 41.96%；木材蓄积量占全俄总蓄积量的 48.8%，占世界的 12%。远东地区森林覆盖率为 45.9%，林地面积也达到 49589.8 万公顷（1998 年数字），占全俄的 44.65%；森林覆盖面积为 2.78 亿公顷，占全俄的 35.87%；木材蓄积量达 203.62 亿立方米，占全俄的 27.39%，仅次于西伯利亚地区位居全俄第二[①]。

第四，矿产资源方面。俄罗斯已探明的矿产储量潜在价值约为 30 万亿美元，仅西伯利亚和远东地区就达 25 万亿美元，占全俄已探明矿物资源的 80% 以上。20 世纪 90 年代，西伯利亚地区的铂类矿可采储量占全俄的 99.3%、铜占 70.3%、钼占 82.0%、铅占 86.3%、锌占 76.6%、镍占 68.2%，其中仅东西伯利亚北部的诺里尔斯克就集中了世界镍储量的 35.8%、铂类矿的 40%、铜的 9.7%、钴的 14.5%。1998 年西伯利亚的白云石储量为 4.45 亿吨、石灰石为 21.27 亿吨、耐火黏土为 1334.99 亿吨。远东地区金刚石储量为 5 亿克拉，占全俄金刚石储量的 83% 以上，黄金储量占 40%，锡矿占 95%，钨矿占 24%，锑矿占 88%，汞占 63%，硼占 90%，萤石占 41%，蕴藏着锰矿 1510 万吨、铅矿 180 万吨、锌矿 250 万吨、铜矿 80 万吨、银矿 48000 吨、钛矿 1030 万吨[②]。

此外，俄罗斯东部地区还拥有丰富的水利资源和动植物资源，是俄罗斯的天然资源库。丰富的资源储量使该地区的燃料动力工业、采矿冶金业、林业和农业等产业发展迅速，规模不断扩大，在俄罗斯经济发展过程中的作用日益增强。

第一，燃料动力工业。主要包括石油工业、天然气工业、煤炭工业和电力工业。西伯利亚作为目前俄罗斯最重要的燃料动力综合体发展基地，其燃料动力工业在俄罗斯经济发展过程中的地位举足轻重。该地区目前已经具备雄厚的燃料动力生产实力，建成了西西伯利亚石油天然气综合体、库兹巴斯煤田、坎斯克—阿钦斯克燃料动力综合体、安加拉和叶尼塞梯形水电站以及一系列国有地区发电站。西伯利亚燃料动力工业决定全俄燃料

---

[①] 《西伯利亚地区经济社会发展、远东地区经济社会发展》，www.baike.baidu.com，2008 年 4 月查阅。
[②] 《西伯利亚地区经济社会发展、远东地区经济社会发展》，www.baike.baidu.com，2008 年 4 月查阅。

动力综合体的发展，是国家的能源和经济安全的保障，巩固着俄罗斯作为石油天然气生产和出口大国的地位，同时为全俄提供近一半的外汇收入。俄罗斯专家认为，西伯利亚燃料动力工业在很长时期内仍是俄罗斯经济发展中举足轻重的部门。东西伯利亚和远东地区作为未来俄罗斯的主要燃料能源基地，目前燃料动力工业的发展由于受多方面因素的影响，仍然处于待开发和待提高的阶段，2001~2002 年这些地区石油和凝析气的开采量占全俄开采总量的 1.2%，天然气占全俄开采总量的 6%~8%。目前该地区已经开始在西伯利亚与远东萨哈共和国，以及萨哈林大陆架的油气资源基础上建立新的燃料能源基地，再加上东西伯利亚和远东地区燃料动力工业的发展，这些都为俄罗斯进入亚太地区市场提供了强有力的支撑。总体来说，东部地区在俄罗斯燃料动力工业发展中的中心地位长期内不可动摇。

第二，采矿冶金业。西伯利亚地区丰富的金属矿物资源使得采矿冶金业的规模不断扩大，成为该地区的主要经济优势之一。该地区拥有全俄最大的采矿冶金综合体，黑色冶金业的产量占全俄的 15%，有色冶金产量占全俄的 60% 多。采矿冶金综合体始终是西伯利亚优先发展的部门之一，其矿物原料基地的建立、冶金设备技术改造等始终是国家和地区发展的重点，在保证及加强俄罗斯矿物燃料和金属制品在国际市场上的地位方面尤其重要。该地区以克拉斯诺亚尔斯克边疆区为代表建立了有色冶金中心，形成了以俄罗斯铝业集团、乌拉尔—西伯利亚铝业集团、诺利亚斯克采矿冶金联合体、乌拉尔贵金属控股公司等大集团为代表的采矿冶金综合体。此外，西西伯利亚还是俄罗斯第三大钢铁工业基地。远东地区是俄罗斯三大有色冶金生产地区之一，主要从事有色金属和贵金属等的开采和精选，其产品远销国内外，也是俄罗斯重要的采矿冶金综合体之一，在全俄有色冶金综合体中占据重要位置。萨哈共和国（雅库特）是全俄有色冶金生产的五大地区之一，2000 年占全俄有色冶金工业产值的 10.52%，2003 年远东地区几乎占全俄金刚石产量的 100%、锡产量的 100%、黄金产量的约 50%，钨产量的 100%、萤石产量的 91%、铅精矿的 70% 和含硼原料产量的 100% 及硼产品的 95%。总的来看，俄罗斯东部地区是全俄采矿冶金综合体的重要组成部分，对全俄的经济发展具有极大的贡献，是俄罗斯经济发展的重要部门之一。

第三，林业。俄罗斯东部地区拥有丰富的森林资源，森工企业在地区经济乃至全俄经济发展中起着重要的作用，整个东部地区是俄罗斯主要的林业基地。2001 年初的统计数据显示，在俄罗斯所有 3000 家大、中型林业企业中，仅西伯利亚经济区就有 1020 家，西伯利亚地区所生产的 60% ~65% 的原木和成材以及 40% ~45% 的纸浆都运往全国各地或远销国外。该地区森工企业的生产能力和发展速度均高于全俄的平均水平（如表 8 – 3 所示），并形成了以克拉斯诺亚尔斯克—伊尔库茨克和外贝加尔森林经济区木材采伐和加工为中心的东西伯利亚森工综合体，以托木斯克州和秋明州为中心的西西伯利亚森工综合体。

表 8 – 3 2002 年西伯利亚木材加工业生产情况

| 木材加工业 | 生产情况 | 木材加工业 | 生产情况 |
|---|---|---|---|
| 锯材（万立方米） | 1760.0 | 铁路枕木（万条） | 407.0 |
| 成品窗（万平方米） | 315.6 | 活动房（万平方米） | 13.5 |
| 成品门（万平方米） | 408.0 | 火柴（万盒） | 672.8 |
| 矿山支架（万立方米） | 0.8 | 桌子（万张） | 375.1 |
| 胶合板（万立方米） | 180.8 | 椅子（万个） | 312.4 |
| 镶木地板（万平方米） | 166.6 | 柜子（万个） | 263.0 |
| 木质纤维板（亿平方米） | 3.0 | 沙发床（万张） | 16.2 |
| 刨花板（万立方米） | 273.2 | 木床（万张） | 62.7 |
| 胶结刨花板（万立方米） | 6.4 | | |

资料来源：赵立枝：《俄罗斯西伯利亚经济》，黑龙江教育出版社，2003。

远东地区则形成了主要以远东南部地区的滨海边疆区、哈巴罗夫斯克边疆区、犹太自治州、萨哈林州和阿穆尔州为主体的森林采伐、木材加工和制浆造纸业联合统一的森林综合体。同时，远东地区还拥有哈巴罗夫斯克边疆区、滨海边疆区、阿穆尔州、萨哈（雅库特）共和国和堪察加州等森林经济区，生产能力较强，其木材出口到中、日、韩等国，是俄罗斯森林工业的重要发展地区之一。

第四，农业。俄罗斯东部地区的农业在国民经济中占有重要地位。东西伯利亚经济区是俄罗斯畜产品的主要生产基地，西伯利亚和远东在历史上则被称为俄国的"谷仓",主要包括西西伯利亚地区的阿尔泰边疆区、鄂木斯克州、东西伯利亚外贝加尔地区的赤塔州和远东南部的阿穆尔州及滨海边疆区等。但从总体来看,与其他产业发展相比,该地区的农业发展水平不高,而且受多方面因素的影响,其产值和经济地位远远落后于其他产业,并呈现不断下降的趋势,该地区农业的发展始终是国家和地区经济发展中的难题。总的来说,农业发展要重现 20 世纪 80 年代的辉煌仍需要一段时间。

**2. 俄罗斯东部地区产业发展的特点**

俄罗斯东部地区产业发展的特点主要体现在以下几个方面。

第一,俄罗斯东部地区的产业结构比较单一,主要发展资源型产业,对该地区丰富的能源资源具有高度依赖性。

第二,长期以来,俄罗斯东部地区始终是俄罗斯经济发展的助推器,对俄罗斯经济发展的贡献极大,是俄罗斯的经济支柱之一。

第三,从该地区的发展历史和发展趋势来看,俄罗斯东部地区长期以附加值不高的初级产品生产为主的现状很难改变,科技创新能力也有待提高。但由于当地巨大的能源资源蕴藏量,目前的产业结构问题在短期内不会显现。

第四,俄罗斯东部地区作为俄罗斯能源资源生产综合体的核心,与初级产品生产相关的行业发展非常迅速,能源产业链不断延伸,已经形成相对完善的产业群体。以石油工业为例,形成了包括寻找和勘探新的石油产地、建设油井、对原油进行开采和运输、石油深加工和加工产品的销售、石油开采、加工设备的生产及维护等相互关联性较强的产业链条,带动了更大领域内产业的发展。各产业已经出现集群化发展的倾向,从燃料动力综合体到采矿冶金综合体到森工综合体,产业的发展越来越趋向规模化,各类产业集群已具雏形。

第五,从俄罗斯近几年的地区发展规划和国家发展战略及其实施的情况来看,俄罗斯东部地区的产业发展已经从原来的集中于某一地区的非均衡发展向区域内均衡发展的方向演进。从地域格局上看,能源资源类产业的重心正从西西伯利亚地区向东西伯利亚地区和远东地区转移,东西伯利亚和远东地区将承接西西伯利亚石油等产业,从而成为新的能源资源类产业中心。

## （二）"井"字模式中的俄罗斯东部地区产业集群

### 1. "井"字模式中俄罗斯东部地区产业集群的选择

俄罗斯东部地区是中俄地方国际化产业集群"井"字模式的另一极，因而俄罗斯东部地区产业集群的选择和建立对中俄双方合作构建中俄地方国际化产业集群至关重要。

产业集群理论认为，产业集群形成的前期阶段是产业集聚或企业集聚，而产业集聚或企业集聚的形成除了一些偶然的因素以外，还主要包括以下因素：专业化劳动力市场的存在、接近最终市场或原材料集贸市场、政策激励、特殊的智力资源或自然资源的存在、有基础设施可共享、原料和设备供应商的存在等[①]。从这些主要因素出发，兼顾俄罗斯东部地区产业发展现状，在中俄地方国际化产业集群"井"字模式中，能源产业是俄罗斯东部地区的优势产业的首选。

第一，长期以来俄罗斯东部地区一直是俄罗斯能源产业的中心，西伯利亚地区雄厚的科研实力与顶尖的科研机构聚集了众多的高科技人才，使得俄罗斯东部地区成为俄罗斯最重要的专业化劳动力市场之一。

第二，俄罗斯能源资源蕴藏量丰富，占世界总储量比例较大。据统计，俄罗斯拥有世界石油资源的13%，天然气资源的45%，煤炭资源的23%，而且这些资源主要集中在俄罗斯东部地区。作为能源产业链条的一部分，丰富的能源资源蕴藏量使能源产业的发展拥有了巨大的原材料市场供给，为能源产业发展提供了坚实的基础。

第三，近年来，俄罗斯在制定国家和地区经济发展规划时都将能源产业作为重点发展产业之一，旨在将能源产业打造成为全国的支柱产业。以2003年5月22日俄罗斯联邦政府正式批准的《2020年前俄罗斯能源战略》为代表，政府陆续颁布了一系列相关的激励政策，为俄罗斯能源产业的发展提供政策支持，为俄罗斯东部能源产业发展提供良好的外部环境和明确的政策指引。

第四，俄罗斯东部地区特殊的产业结构使得能源产业链条不断向纵向

---

① 王缉慈：《地方产业群战略》，《中国工业经济》2002年第3期。

延伸，尤其是石化产业。东部地区大批石油化工研究机构和众多的高等院校，培育了大批石化产业所需的科技人才，与丰富的自然资源储量一起共同为推动石油产业高效、快速、集约式发展提供了所需的自然资源和智力资源保障。

第五，目前俄罗斯东部能源产业的发展处于设备落后的瓶颈，但从整体来看，该地区基础设施比较完善。在东部大开发战略的推动下，该地区的基础设施建设和设备更新速度正不断加快，完善的基础设施将为能源产业的发展提供硬件方面的保障。

第六，俄罗斯东部地区雄厚的工业基础和特殊的地理位置是能源产业发展的重要基础条件。首先，虽然俄罗斯东部地区军工企业通过转型谋求自身发展，但掩盖不住其生产设备所蕴含的高技术水平；其次，俄罗斯东部地区与中国东北地区地理位置临近，中国东北地区雄厚的装备制造业与俄罗斯东部地区能源产业生产设备更新而产生的需求形成互补，中俄良好的贸易往来基础可促进两地区在该领域的贸易合作与技术合作，为俄罗斯东部地区能源产业的发展提供多重保障。

综上所述，从产业集群理论角度出发，俄罗斯东部地区能源产业具备产业集聚所需的主体要素，具备向集群式发展的基础。因此，在中俄地方国际化产业集群"井"字模式中，俄罗斯东部地区优势产业首选能源产业，以能源产业作为主体构建东部地区的龙头产业集群之一。

"井"字模式中俄罗斯东部地区另一优势产业的选择为化工产业，其原因主要有以下几个方面。第一，俄罗斯能源产业的发展离不开化工产业的支撑，化工产业不仅是能源工业产业链条上的一点，还具有扩展延伸的能力。这主要是由俄罗斯长期在化工领域的优势以及俄罗斯东部地区石油、天然气和煤炭等其他储量丰富矿藏的开采和生产对化工产业发展具有高度需求决定的。

第二，俄罗斯化工产业的基础雄厚，拥有一大批专门的研究机构，具备在能源资源储量丰富的基础上将化工产业发展壮大的潜力。在化工研究机构方面，比较著名的有主要从事含氟聚合物、各类聚烯烃和各类符合材料生产和应用研究的聚合物股份公司，其生产技术水平较高，并向俄罗斯和境外的企业转让技术；1930年成立的基本化学设计院，主要从事科研和设计两大业务，并长期将磷肥和饲料添加剂（磷酸盐）作为工作领域的重点；物理化学研究院，主要从事结构聚合物、膜分离技术、催化剂、防腐工艺等方面的基础研究和应用研究；安加尔斯科化工公司是俄罗斯最大的化工企业之一，主要从事石油化工、化肥等产品的生产，下设7个分厂，炼油能力以及合成氨、尿素、硝铵及乙烯等产品的生产能力较强，其产品曾向我国东北地区出口；1992年成立的东西伯利亚财经集团公司，拥有职工10万人，集"产、学、研"于一体，下设伊尔库斯克能源公司、乌苏里斯克股份有限公司及Cemak工厂等，是科研能力和生产能力较强的化工机构之一①。鉴于此，在俄罗斯东部大开发战略的实施过程中，可以利用俄罗斯东部地区资源优势以及其得天独厚的基础条件发展化工产业，而化工产业的发展反过来对能源战略的实施又具有巨大的推动作用。

第三，从人才储备上来看，俄罗斯东部地区虽然人口不多，但科技实力雄厚，最具代表性的就是西伯利亚地区。该地区科技潜力巨大，其核心为俄罗斯科学院亚伯利亚分院。包括9个地区研究中心及80个研究所和工艺设计单位，科研人员约25000人。新西伯利亚市的科研技术潜力仅次于莫斯科，位居全俄第二，是集科研所、工艺设计研究所、图书馆、实验室及生产基地为一体的大型区域性科研综合体。虽然从目前来看，俄罗斯人才外流现象严重，但总的来说，俄罗斯东部地区科研人员数量在全俄仍然占很大比重，是俄罗斯科研人员较集中的区域之一，其中，西伯利亚地区的118所高等院校为俄罗斯东部地区储备了大量的人才②。

第四，俄罗斯东部地区特殊的地理位置及其化工产业的雄厚基础，使其化工产品拥有广阔的市场，出口潜力巨大，是俄罗斯的化工产品生产和出口基地。目前，俄罗斯石油化工产品的出口主要集中在矿物肥料、氨水和甲烷及合成橡胶领域。在俄罗斯的化工产品行列中，占主导地位的是矿物肥料，而且生产的矿物肥料基本用于出口。2004年其出口的化肥产品占国际市场的80%，磷肥占85%，钾肥占90%；氨水在国际市场上的占有率也达到15%，是世界上最大的氨水出口国，且出口前景广阔；俄罗

---

① 白颐：《对波兰、芬兰、俄罗斯化工技术的考察》，《化学技术经济》1998年第2期。
② 赵立枝：《俄罗斯西伯利亚经济》，黑龙江教育出版社，2003。

斯是世界上最大的氨肥出口国之一，其主要产品有氨基甲酸、硝酸铵、硫酸铵等，产品出口到巴西、墨西哥、秘鲁等，而且近几年，正在开拓拉丁美洲和西欧市场；俄罗斯是国际市场上最大的甲醇出口国之一，充分利用2003～2004年良好、稳定的国际环境，出口规模不断扩大，产品出口至芬兰、斯洛伐克、波兰、土耳其和美国等；作为世界上最大的合成橡胶生产国之一，俄罗斯国内生产的50%～55%橡胶销往国外市场，产品主要出口至中国、比利时、匈牙利、乌克兰和爱沙尼亚等[1]。因此，从俄罗斯化工产品出口市场的现状来看，其出口市场潜力巨大，而且随着时间的推移，化工产品的市场将更加广阔。

第五，俄罗斯东部地区的化工产业在能源工业发展的带动下已经粗具规模，为化工产业集群的建立打下了坚实的基础。在石油化工方面，俄罗斯东部地区具备一定的技术水平和整体实力。在最重要的油气生产基地——西西伯利亚地区的秋明油田的周围，克麦罗沃州、扎木斯克州、托博尔斯克州、鄂木斯克州，以及东西伯利亚的克拉斯诺亚尔斯克边疆区都有规模巨大的石化产业，其中鄂木斯克石油加工厂是全俄油气加工业的支柱性企业之一，其石油深加工程度高于全俄62.5%的平均水平，达到80%～85%，达到世界发达国家的石油深加工水平[2]。在远东，虽然化学和石油化学工业在其工业生产中的比重不高，但其化工产业基础及发展趋势良好。2001年，远东出口化学和石油化学产品2910万美元，而且2000～2002年，哈巴罗夫斯克边疆区研制出11种新的化学制剂，可见其化工产业良好的基础；2002年滨海边疆区化学和石油化学工业生产比上年增长64.9%，并且经过近几年的发展，总体生产能力不断提高[3]。

从以上分析来看，俄罗斯东部地区的化工产业具备众多产业集聚形成的基本要素，具有向产业集群发展的潜力。因此，在"井"字模式中，俄罗斯东部地区应选择化工产业与能源产业作为优势产业，并以此为核心主体建立"井"字模式中带动和辐射能力较强的龙头产业集群。

① 《俄罗斯化工产品的出口潜力》，《远东经贸导报》2006年9月25日。
② 赵立枝：《俄罗斯西伯利亚经济》，黑龙江教育出版社，2003。
③ 殷剑平：《俄罗斯远东经济》，黑龙江教育出版社，2003。

**2. "井"字模式中俄罗斯东部地区产业集群的发展前景**

"井"字模式的建立既需要优势产业的支撑，也为优势产业集群化发展提供了良好的外部环境和引导方向。俄罗斯东部地区作为中俄地方国际化产业集群"井"字模式中的一极，以其丰富的资源能源储量和较完备的工业基础，发挥自身的产业优势，推动能源产业集群和化工产业集群的建立，并带动相关产业共同发展，在拉动当地经济高速增长的同时，为中俄地方国际化产业集群的建立奠定坚实的基础。

（1）能源产业的发展前景。能源产业集石油、天然气、煤炭以及以能源资源为基础的相关产业于一体，对资源依赖性较强，俄罗斯东部地区能源资源储量的优势使得其能源产业的发展具备了坚实的后盾。能源产业集群的建立不仅是俄罗斯经济发展的要求，也是利用其实现规模经济、维持俄罗斯东部地区产业持续发展的前提和基础。

能源产业长期以来一直是俄罗斯东部地区的支柱产业，目前已发展成为以西西伯利亚为中心的具有一定规模的燃料动力综合体，具备建立能源产业集群的基础。自 2005 年以来，俄罗斯已经建立 13 个经济特区，其中工业生产型经济特区主要集中在俄罗斯东部地区，为俄罗斯东部地区能源产业集群的建立和发展提供了良好的外部环境，以东部已经建立的经济特区为基础，能源产业集群得到更快速的发展。从目前的形势来看，受西西伯利亚开采能力、能源储量减少等多方面因素的限制，能源产业的重心已经逐步向东西伯利亚和远东地区转移，但西西伯利亚雄厚的工业基础在能源产业集群建立过程中的作用仍不容忽视。在 2002 年批准的《西伯利亚经济发展战略》和修改后的《远东及外贝加尔地区 2013 年以前经济社会发展联邦专项规划》等政策的支持下，俄罗斯东部地区的投资环境及基础设施建设快速发展，为能源产业集群的建立奠定了坚实的基础。此外，建立能源产业集群也是俄罗斯东北亚战略的重要组成部分。随着能源产业集群的建立和不断完善，俄罗斯东部地区的经济得到更快速的发展，产业结构和工业水平不断提高，中国、日本等东北亚国家的能源需求也会得到满足。

（2）化工产业集群的发展前景。俄罗斯东部地区化工产业基础雄厚，作为能源产业的分支，随着能源产业的快速发展，能源产业对化工产业发展的要求越来越高。俄罗斯在化工领域拥有较多的先进技术，因此打造以石化产业为主的化工产业集群，不但可以为能源产业集群的建立和发展提供强有力的支撑，也是在化学原料储量丰富的基础上将自身技术优势发挥到极致的最有效形式。

从目前的发展趋势来看，俄罗斯东部地区的化工产业发展前景广阔，《2020 年前俄罗斯能源发展战略》明确提出要积极发展油气化工，为俄罗斯能源工业的发展和能源战略的顺利实施提供支撑。该地区化工产业集群的建立，不仅影响俄罗斯东部地区，对中国东北地区的化工产业也有一定的积极作用，尤其是在当前中国东北地区和俄罗斯在化工领域的交流与合作比较频繁的基础之上，为未来俄罗斯与中国东北地区的化工产业合作提供了良好的外部环境和巨大的合作空间。俄罗斯东部地区化工产业集群的建立为中俄产业合作提供了有利的合作平台，也是整个东北亚地区化工产业交流与合作的杠杆。随着能源发展战略的实施，越来越多的投资将集中于该地区，在打造东北亚地区能源中心的基础上，建立化工产业中心同样具有比较优势。而且，由于化工产业与能源工业之间的高度关联性，化工产业的发展规划也与能源产业的发展规划同期进行。如远东化工产业的发展规划明确提出化工产业的发展将依靠萨哈林大陆架石油天然气开发项目，在阿穆尔共青城石油加工厂基础上建立强大的石油化工基地，对南雅库特天然气和萨哈林石油天然气进行综合加工，生产多种石油化工产品，以满足本地区的需求，并出口国际市场。

因此，俄罗斯东部地区化工产业集群在整个东北亚地区巨大的市场需求和化工领域的交流与合作的推动下，充分发挥自身技术优势和资源优势，不断延伸产业链条，发挥其在促进俄罗斯东部地区经济发展和提高整个东北亚地区化工产业水平中的领导与推动作用。

### 3. 俄罗斯东部地区在"井"字模式中的互动合作机制

在中俄地方国际化产业集群的建立过程中，俄罗斯东部地区的能源工业产业集群和化学工业产业集群作为俄罗斯东部地区的两个龙头产业集群，其建立和发展除了需要"井"字模式营造的良好大环境，还需要立足整个俄罗斯东部地区，加强能源产业和化工产业间及与其他产业之间的联系，推动产业良性互动发展，共同实现俄罗斯东部地区的振兴。

从俄罗斯东部地区目前发展情况及发展趋势来看，建立能源产业集群和化工产业集群，需要俄罗斯在互动合作的基础上，加强政府政策和具有比较优势的科研机构及外国投资等相关行业的支撑。充分发挥俄罗斯东部地区的资源优势和科研优势，使龙头产业集群以科技为原动力互相促进、互相补充，促进能源工业和化学工业产业链条的横向和纵向延伸，形成以龙头产业集群为中心、通过扩散作用和辐射作用带动相关行业的共同发展、通过技术合作和交流建立中俄地方国际化产业集群中俄罗斯东部地区的框架。

因此，在"井"字模式中，能源产业和化工产业之间的互动与合作应主要体现在以下几个方面。第一，整合资源，实现俄罗斯东部地区相关产业领域的有效分工与合作。俄罗斯东部地区的产业主要集中于资源类行业，如以石油、天然气和煤炭为主的燃料动力综合体、以林业为主的森工综合体等。从目前的发展状况来看，俄罗斯东部地区的产业由于行政区划的原因，各地区的发展水平不均，分工合作程度有限，这严重影响大框架下产业集群的建立。以能源产业为例，西西伯利亚石油开采与加工水平较高，基础设施比较完善，与相关行业间的合作机制也趋于成熟，其多方面的基础和经验与东西伯利亚及远东地区相比都有一定的比较优势，而远东地区由于气候条件等多方面原因，在石油开采和加工方面始终面临较大的困难。因此，在能源产业中心由西西伯利亚向东西伯利亚和远东地区转移的过程中，俄罗斯不仅应该依据地区优势进行分工，各地区还应突破行政区域限制，加强产业合作，西西伯利亚地区应为东西伯利亚和远东地区的发展传授丰富的发展经验，投资当地的基础设施建设，推动和引导东西伯利亚和远东地区石油工业的发展，并以此促进各地区石油工业的均衡发展，实现地区经济的均衡发展，为更大范围、更大规模产业集群的建立提供良好的环境。总之，东部地区在建立能源产业集群和化工产业集群的过程中，要在整个地域范围内加强相同产业之间的交流与合作，形成地区间的优势互补，实现整个东部地区产业的均衡发展与共同发展，为中俄地方国际化产业集群的建立提供一个良好的开端。

第二，能源产业和化工产业的互动与合作。能源产业与化工产业的互动合作范围较广，如能源产业的发展需要石化产业的支撑，大部分化工产品的生产需要能源工业提供的原料，而能源产业的持续和健康发展需要化工产业对其提供技术支持等。中俄地方国际化产业集群的建立将使能源产业和化工产业的联系更加紧密，合作范围也更加广泛，对相关行业的带动作用也会随之增强。在这个框架下，能源产业和化工产业以俄罗斯东部地区具有明显优势的科研机构为纽带，利用相关政策和外国投资等相关机构的支持，形成以科技带动产业，以产业带动地区经济发展的良性循环体系，最终实现龙头产业集群的健康、持续发展。

第三，外国投资等服务机构的支撑作用。俄罗斯东部地区能源产业集群和化工产业集群的建立需要大量资金的投入，而其丰富的资源蕴藏量和潜在的科技发展前景具有较强的外资吸引力，因此，为了更好地建设龙头产业集群，外国投资等服务机构的支撑必不可少。一方面，外国投资减轻了俄罗斯政府的财政压力，与此同时，随着外资的进入，一些具有比较优势的技术也在该地区得到广泛运用和发展，这从侧面提高了该地区众多领域的技术水平，有利于俄罗斯东部地区与外界的科技交流与合作；另一方面，外资的进入也为俄罗斯东部地区，尤其是西伯利亚地区的科研优势提供了发挥的机会，使其能够发挥更大的潜力，顺应了俄罗斯东部地区科技发展规划项目的要求。

第四，相应政策的支撑。俄罗斯东部地区能源产业集群与化工产业集群的建立需要相应政策的支撑，以《俄罗斯东部大开发战略》、《西伯利亚经济发展战略》、《远东及外贝加尔地区2013年以前经济社会发展联邦专项规划》等政策为代表，一系列旨在为促进俄罗斯东部地区经济发展提供良好外部环境的政策不断出台。随着俄罗斯东部地区各类经济特区的陆续建立，其政策对建立产业集群的支撑作用日益明显。为俄罗斯东部地区建立能源产业集群和化工产业集群提供了明确的指导方针和政策支持，使中俄地方国际化产业集群的建立成为可能。

总的来说，为实现俄罗斯东部地区产业集群的建立、发挥其应有竞争力和对地区经济发展的带动作用，该地区需要加强能源产业和化工产业内及产业间的分工与合作，这需要多方面政策与各相关机构的支撑才能够实现。

# 四 中俄在产业集群"井"字模式中的合作与分工

中俄地方国际化产业集群"井"字模式的建立需要中、俄两国以技术合作、产业合作等多种形式促进优势产业集群的形成,同时,两国需要摆脱行政区划的束缚,通过双方互动合作发展,打造东北亚地区的区域经济发展中心,推动中俄地方国际化产业集群早日建立并实现可持续发展。

## (一)"井"字模式中双方的合作

"井"字模式中,优势产业的选择不局限于目前的比较优势,同时还包括对中俄在该领域展开合作的可能和合作前景的客观估计。为了实现中俄地方国际化产业集群"井"字模式的建立,除了以中国东北地区和俄罗斯东部地区的区位优势为基础以外,中俄双方在"井"字模式中的产业内和产业间的合作尤为重要。

### 1. "井"字模式中产业内的合作

第一,装备制造业。东北地区作为老工业基地,装备制造业基础雄厚,俄罗斯东部地区在装备制造业的某些领域具有绝对优势,尤其是以军工产业为主的机电产品的技术水平远高于中国东北地区在该行业的水平。通过对近年来中国东北地区和俄罗斯东部地区贸易结构的分析来看,双方在装备制造业领域的贸易往来呈上升趋势,为中俄实现更高技术水平的产业内合作奠定了基础。"井"字模式中,双方在装备制造业的合作主要集中于充分利用中国东北地区的装备制造业基础和人力资源优势,通过技术合作和贸易往来加强中俄在装备制造业领域的交流,为中国东北地区装备制造业产业集群的建立提供了有力支撑。

第二,汽车制造业。中国东北地区汽车制造业规模较大,某些生产技术和水平较俄罗斯有一定的优势,如车身设计和制造的技术水平远高于俄罗斯的技术水平,但车型主要集中于轿车和轻卡等车型上。而俄罗斯基于其强大的军工基础,在汽车底盘和汽车发动机的生产技术和水平方面的优势明显。因此,在建立中俄地方国际化产业集群的大框架下,汽车制造业产业集群的建立，一方面需要发挥中国东北地区的汽车制造优势，另一方面还需发挥俄罗斯的技术优势。建立中国东北地区的汽车制造业产业集群，需要充分发掘俄罗斯的汽车销售市场，以汽车制造业领域的技术合作作为中俄产业合作的纽带之一，实现汽车制造业在中俄"井"字模式中的持续、健康发展。

第三，能源产业。中国东北地区的能源工业主要集中于黑龙江省大庆市的石油工业，以及七台河、鸡西、双鸭山、鹤岗等地的煤炭工业。但是，由于长期的开采发掘，产量大不如从前，而且对地方经济的拉动作用日益减弱，迫使大庆、七台河等地区通过城市转型谋求经济持续发展。尽管如此，由于该地区能源工业的基础仍然比较完善，技术也相对成熟，对俄罗斯东部地区的能源工业产业集群的建立和发展有一定的互补作用。目前在油气勘探开发领域，中国在陆相盆地隐蔽油气藏勘探技术、多层砂岩油气早期注水分层开采技术、高含水油田控水稳油综合治理开发技术及复杂断块油田滚动勘探开发技术等多项技术领域具有国际领先水平，在油气藏描述技术、低渗透油田注水开发技术及稠油蒸汽吞吐开发配套技术等一些特殊类型油田并发配套技术领域也接近国际先进水平。由于俄罗斯东部地区，尤其是远东地区特殊的地理环境给俄罗斯东部地区能源工业产业集群的建立和发展带来一定的困难，因此，在中俄地方国际化产业集群建立的背景下，加强中国东北地区与俄罗斯东部地区在能源工业领域的技术合作是俄罗斯东部地区建立能源工业产业集群的前提之一。中俄两国政府也大力支持双方在能源产业领域的合作，2009年4月21日，中俄双方共同签署了《中俄石油领域合作政府间协议》，双方管道建设、原油贸易、贷款等一揽子合作协议随即生效①；2009年4月27日，石油管道通往中国的支线在俄罗斯阿穆尔州斯克沃罗季诺市开工建设，5月18日中俄输油管道中国境内段开工，按照中俄双方达成的协议，管道建成后，俄罗斯将每年向中国供应原油1500万吨，合同期为20年，以后还将进一步增加供应量②；2009年10月13日，中国总理温家宝与俄罗斯总理普京在进行第

---

① 《中俄原油管道工程中国境内段正式开工》，新华网，2009年5月18日。
② 《中俄原油管道境外开工》，《北京晨报》2009年4月29日。

十四次定期会晤期间，就双方的能源合作达成共识，不仅一致同意深化石油领域上下游一体化的合作，确保中俄原油管道 2010 年底前全线贯通并于 2011 年起稳定供油，而且在天然气领域取得了突破，签署了《落实2009 年 6 月 24 日签署的〈关于天然气领域合作的谅解备忘录〉路线图》和《关于俄罗斯向中国出口天然气的框架协议》，（俄罗斯）计划于 2014～2015 年开始向中国供应天然气，每年向中国输送 700 亿立方米的天然气[①]；中俄成立了首家合资天然气石油公司，并获准控股俄罗斯的天然气田，双方合作领域在扩大、成果在深化、前景具有可持续性[②]；双方在核能等新能源领域的合作也逐渐展开，双方签署了《中国核工业集团公司与俄罗斯原子能公司关于田湾核电站有关问题的谅解备忘录》。此外，中国经济高速发展对能源的大量需求也迫切需要中俄双方加强能源产业合作，同时也为双方合作提供了广大的空间。

第四，化工产业。俄罗斯东部地区化工产业集群的建立一方面可以充分发挥其在该领域的科研优势和资源优势；另一方面，在未来一段时期内，中国东北三省将化工产业作为发展的重点产业之一，为两国在化工领域更加深入的合作提供了可能。因此，在现有的基础上，两国应当发挥俄罗斯东部地区的科研优势和资源优势，结合中国东北三省的政策优势，在优势互补的基础上集中研究与开发化学新材料、新产品，形成完整的化工产业链条，为化工产业集群的建立及相关领域的发展提供支持。

**2. "井"字模式中产业间的互动合作**

"井"字模式中的产业间合作主要是指中俄地方国际化产业集群重点发展优势产业之间的互动与合作，通过技术贸易和产业合作等多种合作方式使优势产业间的联系更加密切，推动中俄地方国际化产业集群发展成为一个联系密切、结构合理的强大区域经济综合体，使其成为区域经济发展模式的典范。

具体来说，中国东北地区的装备制造业能够提供俄罗斯东部地区能源工业发展所需要的设备，尤其是石油开采所需要的设备。而能源工业的发

---

① 《温家宝与普京在京举行中俄总理第十四次定期会晤》，新华社，2009 年 10 月 13 日。
② 《中俄合资公司获俄天然气开采权》，新华社，2009 年 10 月 13 日。

展在为化工产业提供相应原材料的同时，也需要化工产业尤其是石化产业提供相应的技术支持，从而实现能源工业的技术升级与产业优化。另外，化学工业所提供的新材料、新产品在装备制造业和汽车制造业领域也将得到广泛运用，这是实现装备制造业和汽车制造业可持续发展所必需的。汽车制造业作为装备制造业的分支，对装备制造业的依赖性较强，它的发展水平在一定程度上代表着该地区装备制造业的发展水平，二者密不可分，汽车制造业与装备制造业的不断发展又对化学工业和能源工业提出了更高的要求，形成四大产业集群之间互相支撑、互相拉动的局面，以此带动中俄地方国际化产业集群中各个产业的同步发展与进步。产业间互动合作的原动力在于中国东北地区和俄罗斯东部地区科研机构的发展和创新，以此促进整个中俄地方国际化产业集群内各个产业的健康与快速发展，建立中俄产业合作的中心领域，扩大产业间的合作规模，促进产业的融合，以扩大中俄地方国际化产业集群在更大范围、更广阔领域内的辐射范围并发挥其带动作用。

## （二）"井"字模式中双方的分工

中俄地方国际化产业集群"井"字模式的建立不仅需要产业内和产业间的合作，明确、合理的分工机制也是产业集群建立过程中的要点之一。中俄两国应充分发挥各自的生产要素优势，合理配置生产要素，实现规模经济，推动中俄地方国际化产业集群的建立。

从生产理论上来看，产业集群的建立过程就是生产要素投入生产并形成规模经济的过程。从生产要素的角度来看，劳动、资本、技术和资源作为最重要的四类生产要素，它们需要在互相配合的前提下才能够实现规模经济，进而实现从产业集聚到产业集群的发展。在中俄地方国际化产业集群建立的过程中，中俄在"井"字模式中的分工主要体现为双方分别提供四类生产要素的过程，即如何充分发挥各自的生产要素优势，以实现跨地区、跨国家的互动合作机制下的产业集群的建立。

从中俄目前的情况来看，生产要素方面的分工主要是指以中国东北三省和俄罗斯东部地区为过渡点，充分发挥中国的劳动力和资金优势及俄罗斯的资源和技术优势，实现各类生产要素的合理有效配置，在中俄地方国际化产业集群建立的共同目标下，实现两国、两地区的共赢。

首先，中国拥有巨大的劳动力优势，东北三省不论从劳动人口数量上还是素质上与全国其他地区相比都具有一定的优势。2005 年，除京、津、沪之外，东北三省的人均受教育年限为全国最高水平，辽宁省万人科学家和工程师数列全国第 4 位，排在北京、上海、天津市之后；黑龙江省排在陕西、广东、江苏、湖北省之后，列第 9 位；吉林省继浙江、山东省之后列第 12 位。从科技人力资源指数来看，吉林省列第 5 位，辽宁省列第 6 位，黑龙江省列第 7 位，均高于全国平均水平①。东北三省应充分发挥这个优势，力争通过与其他地区的合作和劳动力输出将全国各类劳动力有效地分布于中俄地方国际化产业集群建立的重点领域和地区，在改善东北地区失业状况和缓解全国劳动力剩余的基础上，为中俄地方国际化产业集群的建立提供强大的人力资源支撑。

其次，中国巨额的外汇储备及鼓励企业"走出去"战略的颁布和实施，加上中国政府对东北地区资金、政策等多方面的支持，使得东北三省除了满足老工业基地振兴所需以外，还有足够的资金促使东北地区和全国其他地区利用东北三省对俄的地理优势加入对俄投资的行列，为建立中俄地方国际化产业集群提供强有力的金融支撑，使双方地方国际化产业集群的建立成为可能。

最后，相对于中国东北地区而言，俄罗斯东部地区的资源蕴藏量十分丰富，具有长期、持续、大量开采的潜力。同时，俄罗斯东部地区拥有大量的科研机构和一大批高素质人才，众多领域的技术水平远高于中国东北地区。俄罗斯东部地区显著的资源优势和技术优势与中国东北地区的劳动力优势和资金优势共同构成了产业发展所必需的四大生产要素，也明确了中俄在地方国际化产业集群"井"字模式中的分工机制，使双方在生产要素互补的基础之上的合作能够延伸到更多领域。

## （三）"井"字模式中双方分工与合作的有利因素

### 1. 地理优势

中国东北三省与俄罗斯东部地区独特的区位优势为双方的产业合作创

---

① 鲍振东：《2006 年中国东北地区发展报告》，社会科学文献出版社，2006。

造了条件，使中俄地方国际化产业集群具备了建立的可能性。

中国东北地区位于东经 118°53′~135°05′，北纬 38°43′~53°33′，处于欧亚大陆的东部，北起黑龙江，南接渤海、黄海，与俄罗斯、朝鲜、蒙古接壤，毗邻日本、韩国，是沟通欧洲和东北亚之间里程最近的大陆桥的重要中间站；俄罗斯东部地区位于欧亚大陆的东北部，东临太平洋，隔海与日本、美国的阿拉斯加州相望，北濒北冰洋，南与中国、朝鲜、蒙古、哈萨克斯坦接壤；中国东北地区的东部与俄罗斯远东地区接壤，边境线达3300 公里，在黑龙江省与远东地区约 3045 公里的边境线上分布着 15 个对外开放口岸，其中的多个口岸与远东的重要城市仅一江之隔，黑河市与布拉戈维申斯克市相距仅 0.75 公里。吉林省珲春市与远东地区毗邻，距日本海仅 15 公里，距远东地区的波谢特湾仅 4 公里。中国东北地区与俄罗斯东部地区处于东北亚的中心地带，优越的区位优势使得中俄产业合作在原有的基础之上具备了多领域、多层面共同发展的潜力，该地区也是在中俄两国战略伙伴关系基础上打造东北亚地区区域合作中心的重要区域之一。

**2. 资源优势**

中俄地方国际化产业集群的建立，在一定程度上依赖自然资源的禀赋，两地区的土地资源、森林资源和能源及矿产资源十分丰富，为产业集群的建立提供了物质基础。

东北地区的土地资源丰富，拥有世界上少有的黑土带，松嫩平原、三江平原和辽河平原的降雨充沛，河流纵横发达，是我国著名的"粮仓"。东北地区林业用地面积达 3875 万公顷，占全国的 14.7%；森林覆盖率接近 40%，森林资源主要分布于大、小兴安岭以及长白山和完达山等地区。在能源和矿产资源方面，东北地区的石油和天然气、煤炭资源在全国占有举足轻重的地位，拥有大庆、辽河、吉林三大油田和鸡西、鹤岗、抚顺等大型煤矿，油母页岩、金刚石、硼矿、玉石、溶剂灰岩等矿产的储量均居全国首位，铁矿储量约占全国的 25%，菱镁矿约占 80%，是中国原材料供应基地之一。

俄罗斯是资源大国，已探明的资源储量占世界总量的 21%，居世界首位。其中，俄罗斯东西伯利亚和远东地区油气资源丰富，石油储量约

175 亿吨，天然气储量约 60 万亿立方米，约占全俄油气资源总量的 25%；森林资源丰富，东西伯利亚与远东地区在木材蓄积量方面分列全俄第 1、第 2 位。此外，该地区的金属矿和非金属矿十分丰富，几乎拥有世界上已经发现的一切矿物资源，并且储量丰富。西伯利亚与远东地区长期以来一直是俄罗斯的矿物原料基地，丰富的资源储量使得大量的能源资源类产业在该地区聚集，是俄罗斯的能源资源类产业基地。

**3. 技术优势**

技术合作是中俄地方国际化产业集群建立和发展的原动力，是产业集群间互动与合作的纽带，中国东北地区和俄罗斯东部地区雄厚的科技实力为中俄地方国际化产业集群的建立提供了技术支持和可持续发展的可能。在中俄建立地方国际化产业集群的大框架下，中俄的技术优势有了充分发挥的空间，产业集群的建立也是中俄技术优势与技术合作的最终成果。

中国东北地区作为老工业基地，经过多年的发展，在石油化工、重型机械制造、机车、汽车和飞机制造、机床制造等领域的技术水平较高，集中了大庆油田、鞍山钢铁集团公司、中国第一汽车集团公司等一批知名度较高、行业竞争力较强的大型国有企业，大量的能源、原材料、装备制造等优良生产设备及丰富的生产经验为中俄地方国际化产业集群的建立提供了强有力的支撑[1]。在人口素质和人才储备方面，中国东北地区人口的平均文化水平高于全国。具有初中以上文化程度的人口占该地区人口总数的48%，且科研院所数量多，有高等院校 142 所，占全国高等院校总数的11.6%，拥有自然科学研究机构 700 多家（含中科院所），各类专业技术人员 215.18 万，占全国的 9.9%[2]，并拥有一批训练有素的专业化技术工人。

俄罗斯东部地区科技实力雄厚。新西伯利亚高科技区建立于 20 世纪60 年代，是目前俄罗斯的综合性科技基地，该地区有闻名于世的俄罗斯科学院西伯利亚分院、俄罗斯医学科学院西伯利亚分院、俄罗斯农业科学

---

① 钱平凡：《振兴东北老工业基地要实施产业集群发展战略》，《经济纵横》2004 年第 1 期。
② 鲍振东：《2006～2007 年东北地区经济社会发展总报告》，社会科学文献出版社，2007。

院西伯利亚分院和俄罗斯各部委下属的科研机构，聚集了国立核物理研究所、热物理研究所、宇航研究所、自动化研究所等近 30 个国立科研院所，有科技人员 2 万余人，是目前世界上人数最多、规模最大的高科技产业开发区[①]；远东地区拥有俄罗斯科学院远东分院、各部委系统和大学院校下属的科研机构数百家，众多的军方研究机构亦聚集于此，高水平科研人员和尖端科技人才众多。总的来看，俄罗斯东部地区技术优势明显，在微电子和毫微电子、高温超导、化学、天文物理、电光绘图新工艺、分子生物学、航空航天、新材料等领域的技术居于世界领先地位。雄厚的科技实力和大量的人才是中俄地方国际化产业集群建立的基础，也是在中俄地方国际化产业集群框架下互动合作发展的保障。

**4. 政策优势**

中国东北地区和俄罗斯东部地区的政策方针为中俄产业合作提供了良好的外部环境并指明了方向，也为中俄地方国际化产业集群的建立提供了相应的政策支持。

中国政府将振兴东北老工业基地政策提升到战略高度，在政策、资金上给予众多优惠，同时也明确指出东北老工业基地的振兴要加大开放力度，积极利用外资推动国有企业改革。例如，2005 年 6 月颁布了《国务院办公厅关于促进东北老工业基地进一步扩大对外开放的实施意见》，在鼓励外资参与国有企业改组改造、扩大开放领域、提高技术水平、促进区域经济合作等方面提出了若干意见。此外，《振兴东北老工业基地科技行动方案》启动了振兴东北的科技专项，《关于东北地区老工业基地矿产资源若干政策措施》明确了东北地区土地和矿产资源利用的优惠政策等诸多旨在发展老工业基地的政策措施。

2007 年 8 月 21 日，《东北地区振兴规划》作为"中国第一个由国务院正式批复"的地区性发展规划正式公布，明确了东北地区振兴规划的主要内容。工业方面，国家支持装备制造业、农产品加工工业、主要的原材料加工工业和高新技术及相关产业的发展；金融方面，中央财政对国有林区、粮食主产区和资源型城市转型给予支持，国家政策性银行还将继续

---

① 《世界十大著名高新技术开发区》，中国知网，2006 年 3 月 10 日。

加大对东北地区的信贷支持,对投资东北地区的内外资企业用作再投资的利润免征所得税等。具体措施包括:建立健全资源开发补偿机制和衰退产业援助机制,按照积极发展接续替代产业的发展思路,通过试点、示范,积极探索资源型城市可持续发展的途径;切实转变经济增长方式、增强自主创新能力,促进工业结构优化升级;引导区域分工与合作,加强跨区域重大基础设施建设,培育新增长点等。该规划将全力把东北地区打造成为"具有国际竞争力的装备制造业基地、国家新型原材料和能源保障基地、国家重要商品粮和农牧业生产基地、国家重要的技术研发与创新基地、国家生态安全的重要保障区"[①]。另外,2008年颁布的《国家发展改革委关于印发我国东北地区老工业基地与俄罗斯远东地区合作规划的通知》明确了东北老工业基地振兴的初步方针。与此同时,俄罗斯联邦政府也通过了《远东和外贝加尔地区2013年前经济社会发展规划》,为两国开展地方合作指明了方向与合作领域。在俄罗斯东部大开发战略、西伯利亚经济发展战略等政策的共同支撑下,俄罗斯东部地区经济发展战略方向越发明确。结合当前俄罗斯东部地区经济发展状况,加快俄罗斯国内外产业间的合作成为振兴俄罗斯东部地区的重要途径。

此外,中俄政府都对加强中国东北三省和俄罗斯东部地区合作给予大力支持,2009年9月23日,两国政府正式批准了《中国东北地区同俄罗斯远东地区及东西伯利亚地区合作规划纲要》,10月13日,在中俄两国总理第十四次定期会晤期间,温家宝总理同普京总理就落实该纲要与深化双方地方合作达成共识。

众多优势相结合,中俄地方国际化产业集群的建立成为中俄谋求经济发展与产业合作的必然趋势,形成了产业合作向更深入、更高层次迈进的基础,并具备了相关的潜力。

## (四)"井"字模式中双方分工与合作的制约因素

### 1. 行政区划的限制

行政区划对构建"井"字模式的限制主要表现在两方面。一方面,

---

① 《国务院批复东北地区振兴规划》,新浪财经,2007年8月8日。

中国东北三省长期处于行政管理模式下，各省经济多在各自规划指导下发展，地区经济发展缺乏统一的指导原则和有效的规划方案，致使各省间的经济交流与联系受阻，限制了区域内生产要素的自由流动。同时由于各省间产业结构趋同，在经济发展缺乏有效协调与沟通的情形下，区域内产业缺乏分工合作，而且还造成资金、技术、人才等资源的浪费，从而制约这一地区产业集群的建立。

另一方面，中国东北地区与俄罗斯东部地区跨国行政壁垒的存在使两国难以制定并实施统一的促进地方国际化产业集群建立与发展的产业政策，更难以给予企业统一的优惠。由于地方保护主义的存在，两国企业均在各国的市场保护制度和政策下组织生产，各产业企业为争夺利益形成激烈的市场竞争，从而难以建立互助与协作的关系，这将影响中俄地方国际化产业集群的建立。

**2. 区域合作机制不健全**

中俄地方国际化产业集群的建立包括中国东北地区和俄罗斯东部地区产业集群的建立，以及中俄双方互动产业集群的建立，不仅涉及中国东北三省间、俄罗斯东部各地区间的共同利益关系，而且还涉及中俄国家间的共同利益。所以，健全的合作机制协调和规范各方行为，将有助于中国东北产业集群、俄罗斯东部地区产业集群与互动的中俄地方国际化产业集群的建立。

首先，区域协调机制是区域合作机制的基础，目前东北三省还没有完善的促进区域内人才流动、技术流动、创新资源共享、资源开发、环境保护等方面的协调机制。东北三省处于各自为政的发展状态，没有统一的要素市场，这制约着区域内生产要素的自由流动，阻碍东北三省产业集群的形成。同时，中国东北三省与俄罗斯东部地区之间缺乏有效的协调机制，如统筹配置中俄区域科技资源、促进科技成果转化生产力的协调机制等。

其次，区域共享机制是促进合作的动力。中俄双方产业内横向关联的企业与双方产业间纵向关联的企业都是构建"井"字模式的主体，建立共享机制来充分保障中俄双方企业的利益是促进中俄地方国际化产业集群形成的关键。目前中国东北地区的共享机制还不完善，由于受改革开放前计划经济影响，政府经济政策多表现为国有企业的经济行为。同时，中国东北地区与俄罗斯东部地区还没有促进企业合作的区域共享机制。

最后，区域补偿机制是对合作参与者的激励，建立完善的利益补偿机制，通过对利益损失方实施利益补偿可以调动合作者的积极性。中俄地方国际化产业集群的建立将涉及能源的消耗和环境污染等问题，但是目前并不完善的资源补偿机制和生态补偿机制都将对"井"字模式中中俄双方合作的积极性产生消极影响。

**3. 双方技术合作层次较低**

技术合作是推动中俄地方国际化产业集群建立的重要动力。而目前中国东北地区与俄罗斯东部地区技术合作还处于较低层次，这将制约中俄双方的分工，降低生产要素的使用效率。

第一，由于目前中国东北区域创新体系缺乏地区间的联动与合作，技术和人才市场处于分离状态，使得区域内创新资源难以实现优化配置。东北地区缺乏统一大项目的带动，难以培育支持和支撑产业发展的技术源。同时，东北地区缺乏支持技术合作的金融与市场服务平台，如完善和统一的科技投入机制、促进企业技术创新的信贷优惠政策、技术咨询与评估机构等。这些因素都将影响东北地区产业发展对技术和创新资源的需求，制约产业集群的形成和发展。

第二，中国东北地区企业的技术水平较低，这导致企业消化吸收技术的能力较弱，技术创新能力不强，企业之间以及企业与大学、科研机构之间缺乏协同合作等问题，这些问题降低了东北地区对俄罗斯技术实现产业化的速度，阻碍了以技术创新为动力的产业集群的形成。

第三，目前俄罗斯对中国东北地区的技术输出以传统领域的技术为主，高新技术相对较少。这将影响双方开展深层次的技术合作，制约双方高新技术产业发挥集聚和集群效应。

第四，中俄双方技术合作方式较落后，合作领域较单一。目前双方主要以中国东北地区引进俄罗斯技术和人才为主，而双方共同研究开发新技术、新产品的合作开展的较少，且缺乏合作创新。双方合作领域多集中在传统领域，而在俄罗斯拥有技术优势的新材料、生物制药、石油化工等领域的合作项目较少。

#### 4. 双方贸易摩擦与管理的限制

近年来，俄罗斯政府对中国商人采取的"灰色清关"行动成为引发双方贸易摩擦的重要因素，也直接影响了双边民间贸易的开展。俄罗斯在贸易管理中存在的不符合市场经济要求等问题也影响了中俄双方在贸易、投资与技术方面的合作。例如，为吸引外资开发境内资源，俄罗斯于1996 年颁布了《产品分成协议法》和《与俄罗斯本国及外国投资者签订租让协议法》①，根据这两部法律，外国投资者不仅可以长期租赁其自然资源，还可以按照协商好的比例分配产品。但是随着近年俄罗斯经济的快速发展，俄政府开始制定法律对进入其战略领域的外资进行限制，这直接影响了中俄双方的经贸合作。为此，在中俄总理第十四次定期会晤期间，中俄双方签署了《中华人民共和国海关总署和俄罗斯联邦海关署关于规范通关监管秩序的合作备忘录》，期望通过双方的通力合作早日解决中俄贸易合作中的矛盾。

## 五　打造中俄地方国际化产业集群的思考

### （一）中俄地方国际化产业集群的实施阶段

中俄地方国际化产业集群的建立主要分为三个阶段，即起步阶段、内涵提升阶段和外延扩张阶段。中俄地方国际化产业集群建立过程中的各个阶段都需要多方面的政策支持及多个相关行业的支撑。同时，各个阶段需要考虑的问题也不尽相同。如何促使中俄地方国际化产业集群更快、更好地建立并尽快发挥其优势作用，需要我们从理论和实际角度进行多方面思考。

#### 1. 起步阶段

这一阶段是指从中国东北地区和俄罗斯东部地区产业发展现状出发到四大产业集群的初步建立阶段。中国东北地区和俄罗斯东部地区目前的发

---

① 陈君、田新山：《影响俄罗斯东部地区发展的因素探析》，《牡丹江师范学院学报》2009 年第 1 期。

展状况就处于这一阶段,这是中俄地方国际化产业集群建立的基础和前提。因此,为了推动中俄地方国际化产业集群的建立,在这一阶段应侧重于改善以下几方面情况。

第一,改善中国东北三省目前产业结构雷同的现象,即摆脱各省相同产业的重复建设,抓住重点领域,明确重点建设产业,立足整个东北三省,使各省产业实现精、强、联系密切的整体产业链条。

第二,解决目前由于行政区划带来的各省、各产业之间交流与联系等诸多方面不通畅的问题,立足大东北建设,在更高的层面上实现东北三省之间的交流与合作,并以此为基础,推动东北优势产业集群建立。

第三,提高中国东北地区金融等服务机构的水平,建立完善的金融服务体系,为东北地区优势产业的建立和规模的扩大提供相应的资金和政策支持。

第四,完善中国东北三省包括通信、交通、港口等多个领域在内的基础设施建设,为东北地区优势产业的形成及健康发展提供便利的条件。

第五,在中俄政府提供的稳定的合作环境中,积极开展与俄罗斯东部地区的合作,加快中国东北地区和俄罗斯东部地区的交流与互访,为中俄地方国际化产业集群的建立提供中俄产业互动合作的机遇,打造两地区政府间和产业间良好的合作氛围。

**2. 内涵提升阶段**

这一阶段主要是指从"井"字模式中四大产业集群的初步建立到产业集群之间实现良性互动合作的过程,是中俄地方国际化产业集群的最终建立过程。这一阶段的重点是如何在第一阶段基本建立的四大产业集群中,通过技术合作与贸易等多种方式,实现各大产业链条间的链接、交叉和延伸,推动互动合作机制完善、竞争力强的地方国际化产业集群综合体的建立。

一方面,要在产业集群建立的基础上寻求更多方面、更多领域的创新,以实现产业集群在更高层次、更宽领域内的持续升级,保证四大产业集群的可持续发展能力,实现四大产业集群对区域内相关产业永久的龙头带动作用。

另一方面,建立产业集群间的良性互动合作机制,以科研机构技术创新所产生的动力为源头，寻求各大产业链之间的交点，实现产业集群间的互相推动和带动作用，并通过此推动力和带动力形成的"惯性"保证产业集群间互动合作水平以螺旋式向更高层次递进。

具体来说，就是在保证各大产业集群持续优化升级的过程中，以技术创新为原动力，通过各产业链条间的相互作用实现各产业集群的互动与合作。化工业在为装备制造业和汽车制造业生产发展提供所需新材料的同时，装备制造业和汽车制造业的技术升级也会对化学工业新材料提出更高要求，以此刺激化学工业的不断创新与进步；同理，能源工业在为装备制造业和汽车制造业提供汽油等终端产品的同时，也会受到装备制造业和汽车产业发展对终端产品需求多样化所产生的促进能源工业不断升级的推动力；汽车制造业的发展作为装备制造业发展的重要分支，一方面受装备制造业的支撑，另一方面汽车制造业的快速发展对装备制造业提出了更高的要求，装备制造业整体水平的提高为汽车制造业更快、更好地发展提供了技术上的支持；能源工业一方面为化学工业的发展提供原材料，另一方面能源工业自身的发展离不开化学工业的支持，只有在化学工业快速发展的前提下，能源工业才能向更高级、更高效、更环保的产业集群形式演进。因此，在四大产业集群互动合作、互相作用下形成机制完善、竞争力强的产业集群综合体——中俄地方国际化产业集群，是这一阶段要努力实现的目标。

**3. 外延扩展阶段**

此阶段主要指中俄地方国际化产业集群建立后对中俄两国及其他周边国家乃至东北亚地区经济发展的带动和辐射作用。主要体现在以下几个方面。

第一，中俄地方国际化产业集群的建立是对产业合作发展模式的创新，为寻求跨区域、跨国界的产业发展模式提供了理论上可行、实践中可操作的经验和示范作用。

第二，中俄地方国际化产业集群的建立能够实现更广范围内生产要素的流动。这主要体现在两个方面，中俄两国国内生产要素的转移和中俄两国国外生产要素的转移，即中俄两国国内生产要素向中国东北地区和俄罗斯东部地区的转移，为地方国际化产业集群不断发展进步提供源源不断的活力，以及中俄两国国外生产要素向中俄两国的转移，为中俄地方国际化产业集群的不断发展和产业链条的延伸及规模的扩大提供了可能，也体现了中俄地方国际化产业集群在东北亚地区的重要影响。

第三，中俄地方国际化产业集群的建立对东北亚地区的国际经济合作起到了促进作用，这也体现为两个方面。一方面，中俄地方国际化产业集群的建立为中俄两国在更大范围内的产业合作与技术合作提供了可供借鉴的经验，是中俄经济合作不断升级的保证之一；另一方面，中俄地方国际化产业集群的建立所产生的示范效应，将推动中俄同日本、韩国、朝鲜及蒙古等东北亚国家间的经济合作，这是加速东北亚地区经济和谐、快速、健康发展与提高东北亚地区国际经济地位的前提条件。

### （二）打造中俄地方国际化产业集群的理论探索

"井"字模式提出了以跨国、跨地区的合作，重点建立优势产业集群来带动中国东北地区和俄罗斯东部地区经济振兴的观点。国内外有众多通过建立产业集群成功地实现区域经济发展的案例。经过多年的发展，这一产业组织形式已成为各国政府促进经济发展的重要政策。中俄地方国际化产业集群中重点产业集群的建立不仅具备一般产业集群发展的优点，还具有自身的特色，主要在于中俄地方国际化产业集群是通过中俄两国合作共同建立的跨国界、跨地区的产业集群，这种产业集群建立的形式在国际上属于首创，其规模及所涉及地区广泛，对经济的拉动起到重要作用。

"井"字模式提出了以优势产业集群带动相关行业共同发展的长期规划。在中国东北老工业基地振兴和俄罗斯东部地区振兴的过程中，两国对优势产业进行重点建设，发挥其辐射、带动和示范作用，这为优化中国东北老工业基地产业结构和实现俄罗斯东部地区快速振兴提供了发展路径。产业集群的建立对金融等服务行业和交通运输、港口等基础设施的要求，促使这些领域快速发展，为今后实现经济快速增长和产业持续发展提供了强有力的支撑。

"井"字模式提出中俄要在互补基础上实现互动合作，促使中俄区域资源优化配置。中俄在多个领域内都存在互补性，而先天的地理优势使中国东北地区与俄罗斯东部地区间的区域性互补合作成为可能，当前中俄两国间广泛的、稳定的政治合作，也为中俄区域合作提供了稳定的政治环境，使中俄两国在更广泛领域的合作有了坚实的后盾。这些具有互补性的领域包括能源、技术、劳动力等，都是中俄经济持续快速发展所必需的条件，也是提高两地区人民生活水平所必需的条件，多领域的互补与互动合作是中俄地方国际化产业集群建立的根本动力，也是中国东北地区和俄罗斯东部地区实现优化资源配置的基础。

"井"字模式提出了以点带线、以线带面、以面向外延伸的可持续发展的观点。面对当前中国东北地区和俄罗斯东部地区发展的现状，结合区域经济发展理论，两国应建立以多个密切关联的优势产业集群为辐射点，从而带动相关行业的快速发展。建立以点、线结合而成的区域经济发展综合体，即"井"字模式的中心区，并以该区域形成的规模经济和健全的产业结构和完善的发展理念，推动中俄两国实现更广泛区域内的经济快速发展与合作，这是推动中俄两国经济可持续发展的重要途径。

中俄地方国际化产业集群的模式构想使我们对中俄地方经济及东北亚地区经济的发展方向有了明确的认识，为中俄经济和东北亚地区经济的健康发展提供了可行的路径，增强了中俄经济加速发展的希望，更开辟了一个理论上和实践中均可行的产业合作模式新领域。

# 参考文献

［1］〔俄〕B. 苏斯洛夫：《创新方案——新西伯利亚科学中心的经验》，新西伯利亚，2004。

［2］〔俄〕B. 苏斯洛夫：《俄罗斯科学院西伯利亚分院科技与创新潜力的作用评估》，第四届中俄区域合作与发展国际论坛，2006。

［3］〔美〕迈克尔·波特：《国家竞争优势》，中信出版社，2007。

［4］安虎森：《新区域经济学》，东北财经大学出版社，2008。

［5］白露、王向阳：《FDI 技术溢出机理及对策研究》，《工业技术经济》2009 年第 5 期。

［6］鲍振东：《2006 年东北地区发展报告》，社会科学文献出版社，2006。

［7］蔡宁、吴结兵：《产业集群与区域经济发展——基于"资源—结构"观的分析》，科学出版社，2007。

［8］杜奇华：《国际技术贸易》，复旦大学出版社，2008。

［9］樊莹：《国际区域经济一体化的经济效应》，中国经济出版社，2005。

［10］惠宁：《产业集群的区域经济效应研究》，中国经济出版社，2008。

［11］李京文：《21 世纪的俄罗斯经济发展战略》，中国城市出版社，2002。

[12] 李悦：《产业经济学》，中国人民大学出版社，2004。

[13] 柳琦、丁云龙：《产业集群的技术成因分析》，《中国科技论坛》2005 年第 4 期。

[14] 吕政：《振兴东北老工业基地科技支撑战略研究》，经济管理出版社，2008。

[15] 钱平凡：《振兴东北老工业基地要实施产业集群发展战略》，《经济纵横》2004 年第 1 期。

[16] 邱成利：《制度创新与产业集聚的关系研究》，《中国软科学》2001 年第 9 期。

[17] 孙键、刘云：《中俄科技合作现状分析与发展对策》，《中国基础科学》2008 年第 3 期。

[18] 魏剑锋：《产业集群发展与政府角色》，《统计与决策》2007 年第 21 期。

[19] 吴德进：《产业集群论》，中国社会科学出版社，2006。

[20] 吴晓波、耿帅：《区域集群自稔性风险成因分析》，《经济地理》2003 年第 6 期。

[21] 熊爱华、汪波：《基于产业集群的区域品牌形成研究》，《山东大学学报》2007 年第 2 期。

[22] 熊智根：《论中俄科技合作的战略创新》，《全球科技经济瞭望》2003 年第 12 期。

[23] 殷剑平：《俄罗斯远东经济》，黑龙江教育出版社，2004。

[24] 尤安山：《东亚经济多边合作的发展趋势》，《世界经济研究》2004 年第 4 期。

[25] 余锡欧：《黑龙江与俄罗斯经贸科技合作研究》，中共黑龙江省委政策研究室，2001。

[26] 张秀生：《区域经济理论》，武汉大学出版社，2005。

[27] 张毅、陈雪梅：《分工演进、社会资本与产业集群》，《当代经济科学》2005 年第 3 期。

[28] 张幼文：《世界经济学原理与方法》，上海财经大学出版社，2006。

[29] 赵蕾：《东北三省装备制造业现状分析及对策研究》，《商业经济》

2008 年第 8 期。

［30］赵立枝：《俄罗斯西伯利亚经济》，黑龙江教育出版社，2004。

［31］赵立枝：《西伯利亚经济发展战略为中俄区域经贸科技合作带来新机遇》，《俄罗斯中亚东欧市场》2005 年第 12 期。

［32］周延丽：《中国东北与俄罗斯东部地区发展技术贸易的绩效分析与技术评价》，《俄罗斯中亚东欧市场》2007 年第 7 期。

［33］周延丽：《中国东北振兴战略与俄罗斯开发远东战略的联动趋势》，《俄罗斯中亚东欧市场》2006 年第 12 期。

［34］朱瑞博：《模块化抗产业集群内生性风险的机理分析》，《中国工业经济》2004 年第 5 期。

［35］黑龙江省科技厅，www. hljkjt. gov. cn。

［36］黑龙江省商务厅，www. hl-doftec. gov. cn。

［37］辽宁省统计局，www. ln. stats. gov. cn。

［38］吉林省人民政府网站，www. jl. gov. cn。

［39］振兴东北网，www. chinaneast. gov. cn。

［40］中华人民共和国商务部，www. mofcom. gov. cn。

［41］国别数据网，http：//countryreport. mofcom. gov. cn。

［42］Степанова М. В：Регионольная экономика. Москва. ，инфра，2001.

［43］Гохберг М. Я：Федеральные округа РФ，Эхо，2001（3）.

［44］Павлов К、Шишкина Е：Специфика развития отдалённых регионов，Экономист，2005（5）.

［45］Вдовенко З：Политика промышленного развития в регионе，Экономист，2005（3）.

［46］Суспицын С. А：Параметры социально-экономического положения регионов России. ，Новосибирск，2004.

［47］Родионова. И. А：Экономическая география и региональная экономика. Москва，Московский Лицей，2003.

［48］Суслов В. И、ЕршовЮ. С：Межрегионыльные экономические отношения в годы реформы состояние и перспективы，Регион：

экономика и социалогия, 2002（1）.

［49］ Березина Е. А、Ионкин В. П: Воздействие политических факторов на экономическое развитие региона, Регион: экономика и социалогия, 2003（1）.

［50］ Ивченко В. В: Регионалное экономическое программирование: трудный путь становления, Эхо, 2002（2）.

［51］ Ремина Т. Е、Матятина В: Проблемы развития секторов российской экономики, Экономист, 2004（7）.

［52］ Родионова И. А: Региональная экономика, Москва, 2003.

［53］ Гранберг А. Г: Сибирь и ДВ: общие проблемы и свойства экономического роста, Регион: экономика и социология, 2003（4）.

［54］ Кузнецова О. В: Стратегия экономического развития Сибири, Регион: экономика социология, 2002（3）.

［55］ Ранберг А. Г、Ишаев В: Программа экономического и социального развития Дальнего Востока и Забайкалья, Экономист, 1997（9）.

［56］ Леонов С. Н: Стратегия развития производительныз сил Дальнего Востока, Экономист, 2003（9）.

［57］ Домнина И、Моркова Н: Государственное регулирование в регионахсевера. , Экономист, 2001（3）.

［58］ Кузнецова О. В: Теоретические основы государственного регулиров-анияэкономического развития регионов, Вопросы экономики, 2002（4）.

［59］ Леонов С. Н: Региональная экономическая политика в переходной экономике, Владивосток: Дальнаука, 1998.

［60］ К. Павлов、Е. Шишкина、М. Шишкин: Специфика развития отдалённых регионов, Экономист, 2005（5）.

［61］ Рябухин С. Н: Целевые программы развития регионов, Эко, 2003（4）.

［62］Гранберг А. Г. Региональная экономика и региональная наука в России: десять лет спустя, Регион: экономика и социология, 2004 (1).

［63］Федеральная целевая программа 《Экономическое и социальное развитие Дальнего Востока и Забайкалья на 1996 – 2005 и до 2010 года》, Владивосток, 2004.

［64］МинакирП. А、МехееваН. Н: Стратегия Дальнего Востока и Забайкалья до 2010 года, Регион: экономика и социология, 2002 (3).

［65］В. И. Суслов: Сибирский фактор инновационного пути развития России: концептуальные положения, Регион: экономика и социология, 2004 (1).

［66］Кашина Н: Сбалансированность бюджетного обеспечения региона, Хкономист, 2005 (4).

［67］Е. И. ДеваеВа、В. Д. Калашников: Экономическе сотрудничество дальнего востокР россии и страндзиатска тихоокеанского регикна, ХабароТск, 2007.

［68］Пространственная Экономика, Дальневосточное отделение РАН, 2007、2008、2009 (1) (2) (3) (4)。

［69］Cooke, P. , "Regional innovation systems—General findings and some new evidence from biotechnology clusters", *Journal of Technology Transfer*, 2002。

［70］Baptista, R. , "Geographical Clusters and Innovation Diffusion", *Technological Forecasting and Social Change*, 2001 (66)。

［71］Baptista, R. , "Swann P: Do Firms in Clusters Innovate More", *Research Policy*, 1998 (27)。

［72］Bell, M. and Albu, M. , "Knowledge Systems and Technological Dynamism in Industrial Clusters in Developing Countries", *World Development*, 1999 (27)。

［73］Belleflamme, P. , Picard, P. and Thisse, J. , "An Economic Theory of

Regional Clusters", *Journal of Urban Economics*, 2000 (48)。

[74] Cabronara, N., Giannoccaro, H. and Pontrandolof, P., "Supply Chains within Industrial Districts—A Theoretical Framework", *International Journal of Production Economics*, 2002 (76)。

[75] Carrie, A., "From Integrated Enterprises to Regional Clusters —The Changing Basis of Competition", *Computers in industry*, 2000 (42)。

[76] Altenburg, T. and Meyer-Stamer, J., "How to Promote Clusters— Policy Experiences from Latin America", *World Development*, 1999 (27)。

[77] Bianchi, P. and Bellini, N., "Public Polices for Local Networks of Innovators", *Research Policy*, 1991 (20)。

[78] Bhattacharya, M. and Bloch, H., "The dynamics of industrial concentration in Australian manufacturing", *International Journal of Industrial Organization*, 2000 (18)。

[79] Itsutomo, Mitsui, "Industrial Cluster Policies and Regional Development in the Age of Globalization—Eastern and Western Approaches and Their Differences", 30th ISBC in Singapore, 2003。

图书在版编目（CIP）数据

中俄地区合作新模式的区域效应/郭力著．—北京：社会科学文献
出版社，2015.5
　（俄罗斯学．东部系列）
　ISBN 978 - 7 - 5097 - 6957 - 7

　Ⅰ.①中…　Ⅱ.①郭…　Ⅲ.①区域经济合作 - 研究 - 东北地区、
俄罗斯　Ⅳ.①F127.3 ②F151.254

中国版本图书馆 CIP 数据核字（2015）第 000203 号

俄罗斯学·东部系列
## 中俄地区合作新模式的区域效应

著　　者／郭　力

出 版 人／谢寿光
项目统筹／李延玲　孙丽萍
责任编辑／李延玲

出　　版／社会科学文献出版社·国际出版分社（010）59367245
　　　　　　地址：北京市北三环中路甲 29 号院华龙大厦　邮编：100029
　　　　　　网址：www. ssap. com . cn
发　　行／市场营销中心（010）59367081　59367090
　　　　　　读者服务中心（010）59367028
印　　装／三河市东方印刷有限公司

规　　格／开 本：787mm×1092mm　1/16
　　　　　　印 张：23.5　字 数：361 千字
版　　次／2015 年 5 月第 1 版　2015 年 5 月第 1 次印刷
书　　号／ISBN 978 - 7 - 5097 - 6957 - 7
定　　价／89.00 元

# 后　记

　　本书是省长指令性项目《黑龙江省发展以技术贸易为先导的产业合作推进中俄经济合作战略升级》的结项专著。本书是国家社会科学基金项目（批准号：06BJY092）结项报告的修改稿，该项目于 2010 年 9 月结项，鉴定等级为优秀。该项研究成果在 2012 年被评为一等奖。本书还是 2011 年度教育部人文社会科学重点研究基地重大项目《俄罗斯东部地区的发展与中俄合作新空间》的中期研究成果（项目批准号：11JJDGJW004）。

　　中俄地区合作的探索性研究永无止境，虽然我们努力在理论和实证研究上做了较为深入的探索，但其中的观点还有待理论的验证和实践的检验，也请相关专家不吝赐教，我们将万分感谢您的关心和帮助。

　　该书是笔者在研究报告的基础上，经过两年的不断充实和完善而完成的。在修改的过程中，得到了国内外学者的诸多建议和意见，也得到了笔者研究生们的热情帮助，在此一并表示谢意。

　　还要感谢社会科学文献出版社的编辑和老师们，感谢他们的关心、帮助和支持，我们将继续努力，不断丰富中俄区域合作的研究成果。

2013 年 12 月